企业会计理论与实务研究

王小毅　著

吉林科学技术出版社

图书在版编目（CIP）数据

企业会计理论与实务研究 / 王小毅著． -- 长春：
吉林科学技术出版社，2024.5
ISBN 978-7-5744-1394-8

Ⅰ．①企… Ⅱ．①王… Ⅲ．①企业会计－研究 Ⅳ．
①F275.2

中国国家版本馆 CIP 数据核字（2024）第 099783 号

企业会计理论与实务研究

著	王小毅
出 版 人	宛 霞
责任编辑	鲁 梦
封面设计	树人教育
制 版	树人教育
幅面尺寸	185mm×260mm
开 本	16
字 数	420 千字
印 张	19.5
印 数	1~1500 册
版 次	2024年5月第1版
印 次	2024年12月第1次印刷

出 版 吉林科学技术出版社
发 行 吉林科学技术出版社
地 址 长春市福祉大路5788号出版大厦A座
邮 编 130118
发行部电话/传真 0431-81629529 81629530 81629531
81629532 81629533 81629534
储运部电话 0431-86059116
编辑部电话 0431-81629510
印 刷 三河市嵩川印刷有限公司

书 号 ISBN 978-7-5744-1394-8
定 价 75.00元

前　言

随着社会的发展，各种信息技术被广泛应用于企业管理领域，并取得了非常卓越的应用成果。对企业财务管理体系改革来说，企业想要收获理想的财务管理成果，就必须加紧推进管理会计的智能化发展，全面提高财务管理效率。

企业财务会计是以货币为主要计量单位，采用专门的方法和程序，对企业的经济活动进行完整、连续、系统的反映和监督，旨在为会计信息使用者提供会计信息、提高经济效益的经济管理活动。企业财务会计同时又是一种会计信息系统，为企业内外信息使用者提供及时、准确、全面、系统的会计信息，以便他们做出正确的决策。

在互联网时代，互联网正成为连接一切的中心，促进了融合，破除了传统企业和传统思维打造的障碍，互联网也改变了传统财务会计活动，提高了会计核算的充分性，改变了会计信息的载体和信息存储方式，加快了信息处理、披露和使用的及时性，增强了信息的共享性，赋予了传统财务会计理论和实务新的特征。本书立足于互联网时代，通过对当前企业财务会计的现状进行分析，阐述了在互联网时代，企业如何运用互联网更好地为决策者和投资者提供会计信息，降低企业经营风险。

本书对现代企业管理会计的实践应用、管理方式等论述得较为详细，希望能为相关企业提供参考，从而引领企业管理会计系统趋向智能化和信息化发展，不断提高企业的财务管理水平和运行效率。

由于编写时间、学术水平和角度的局限，本书难免存在一些问题，一些方面的探讨也不够详尽，恳请读者对本书提出批评和建议，以便及时匡正和改进。

目　录

第一章 绪论

第一节 企业会计的职能作用

一、企业会计的含义

会计，是在社会生产实践中产生的，是由于生产实践的需要而逐渐形成的。

搞经济离不开会计，"经济越发展，会计越重要"。正如马克思指出的："过程越是按社会的规模进行，越是失去纯粹个人的性质，作为对过程的控制和观念总结的簿记就越是必要……"这里所说的"簿记"，就是我们现在所说的"会计"。那么究竟应当怎样来正确理解企业会计的含义呢？我们可以通过对会计不同侧面的观察，从中得出正确的结论。

首先，会计离不开计量，它计量着经济活动过程中所占用的财产物资和所发生的劳动耗费。它主要是以货币数量来描述经济过程，评价经济上的得失。会计记录就是数字和文字的结合，而文字说明是寄托在数量的基础之上的。从这一方面看，会计首先是一种计量技术。

其次，会计对经济活动过程中占用财产物资和发生劳动耗费的数据资料，应用专门的方法进行系统的搜集和科学的加工整理，及时而准确地提出各种有用的会计信息，以利于了解和掌握经济活动过程。从这一方面看，会计是一个经济信息系统。

最后，会计的特点是，主要用货币量度对经济活动过程中占用的财产物资和发生的劳动耗费进行计量和系统的计算。记录和分析、检查，为的是掌握它们的增减变化和变化的原因与结果来评价企业的生产经营情况。而这样做的目的，就在于强化内部的管理与监督，落实经营管理责任，肯定经营管理的绩效，从一个特定的侧面管好企业的生产和经营。从这一方面看，会计的实质是管理，是一种经济管理活动。

综上所述，企业会计的含义可以这样来理解：会计是一种以货币为主要量度，对企业的生产经营过程进行连续的、系统的、全面的、综合的反映和监督，并运用其提供的信息资料参与企业经济预测与决策，旨在加强企业管理，提高经济效益的信息系统和管理活动。

二、企业会计的职能作用

经济改革 10 年来，随着我国经济建设的飞速发展，企业会计的地位得到了很大的提高。人们日益清楚地认识到会计对企业经济管理的作用。企业会计运用货币量度这一综合性的价值指标，对企业的生产经营过程进行"控制和观念总结"，可以使企业管理者从价值形式上纵观生产经营的全貌，据以指导和指挥生产经营的进行，并使之朝着预期的目标发展。在此"控制"可以理解为会计监督，"观念总结"可以理解为会计反映。反映和监督，是会计的两个不可分割的基本职能。只有充分地发挥会计的基本职能，进而在现代化大生产的企业管理中发挥会计的参与经济预测与决策的派生职能，才能达到加强企业管理、提高经济效益的目的。

反映和监督，是指对企业生产经营活动中资金运动全过程进行的信息总结和控制。一方面，包括对资金耗费、占用、补偿和分配的反映与监督：（1）资金耗费的反映和监督即是对料、工、费的耗费和产品、劳务形成情况进行控制和总结；（2）资金占用的反映和监督，即是对各类资金的筹措、储备、运用和周转情况进行控制和总结；（3）资金补偿的反映和监督，即是对销售收入、销售成本、税金和利润进行的控制和总结；（4）资金分配的反映和监督，即是对企业纯收入的结交、提留和使用进行的控制和总结。另一方面，反映和监督从方法上又可包括事前、事中和事后的控制和总结。（1）事前的反映和监督包括按经营目标测算目标成本和目标利润，编制财务成本计划，并层层分解落实；（2）事中的反映和监督指按既定目标进行的日常管理，既包括进行内部经济核算和加强经济责任制、加强归口分级的责任管理，也包括加强会计核算和成本计算过程中的目标控制和总结；（3）事后的反映和监督，主要是指对已实现的经营实绩进行分析、评价、考核，及时提出反馈信息，以便对今后时期的管理提出改进意见。

会计除了具有反映和监督的基本职能外，还具有进行预测和决策的职能。预测就是以历史的会计信息资料和现在可能取得的有关信息为基础，运用一系列科学方法和已掌握的实际经验，预计、推测资金运动发展变化的必然性和偶然性的过程。也就是在占有大量可计量的数据资料的基础上，运用各种定性和定量的方法去测算企业一定时期的生产经营情况和可能出现的经济前景，还要测算企业为达到经营目标需要具备的某种条件，从而为确定各项经济指标、制定各种财务计划提供可靠的依据。决策是根据预测得到的有关信息资料，经过归纳整理和分析研究后，对生产经营中的重大问题做出战略性决择的过程。企业决策，归根结底是提高经济效益的决策，各管理部门毫无例外地都应参与其本职工作进行有关的经营决策，但作为综合管理的会计部门，由于本身所处的地位和特点，必须运用价值尺度能动地参与企业生产经营的总目标决策和长、短期经营决策，如投资决策、技术改造决策、开发新产品决策、开拓市场决策、物资能源决策、成本价格决策和收益分配决策等。这些决策，虽然最终要由企业领导者做出最佳的选择，但没有会计人员的积极参与，很难得出正确的结论，决策离不开会计。

第二节　企业会计的对象

一、资金及资金运动

会计的对象是指会计所反映和监督的内容，它与会计的特点有密切的联系，会计的特点是：主要运用货币作为统一的计量尺度，对经济活动过程进行总括的、全面的反映和监督。因此，由会计的特点决定了会计的对象，只能是社会再生产过程的各个环节中那些可以用货币表现的内容。那么哪些是可以用货币表现的内容呢？这就要涉及资金的概念。所谓资金，就是指企业生产经营过程中财产物资的货币表现。

社会再生产是在不断扩大的规模上进行的，随着社会主义扩大再生产的反复进行，资金也不断地运动着。因此，社会主义扩大再生产过程中那些可以用货币表现的内容，也可概括为社会主义扩大再生产过程中的资金运动。这也是会计的一般对象。

企业的资金运动有两种表现形态，一种是资金运动的静态表现，另一种是资金运动的动态表现。

（一）资金运动的静态表现

资金运动的相对静止状态，简称静态，表现为资金在其运动的某一瞬间，通常指某一时点，保持自身形态，没有发生数量和形态变化的相对静止状况，也就是资金运动的某一个横截面。从某一瞬间来看，这种静态表现可以说是资金运动整个过程的一个起点或一个终点。对该瞬间以前的过程而言，它是终点，对该瞬间以后的过程而言，它又是起点，资金运动在这一点上处于绝对运动中的相对静止，但又在这一点上开始了资金的向前运动。所以，考察会计对象首先应从资金的静态开始。

资金运动的静态表现，可以从两个方面来认识。一方面，资金可以表现为用货币计量的财产物资，这些财产物资的具体存在形态代表着某些物质经济要素。例如，作为劳动资料的厂房和机器设备，作为劳动对象的原材料，以及作为劳动成果的产成品等。资金的具体存在形态称为资金占用，它表明了资金的分布状况，体现了资金的自然属性。另一方面，资金总是从一定的渠道形成。例如，国家财政拨入的国家固定基金、国家流动基金，从银行借入的银行借款，以及企业内部形成的各种专用基金等。资金的来源渠道称为资金来源，它决定于生产资料的所有制形式和国家经济管理体制，体现了资金的社会属性。

工业企业的资金占用，按其在生产过程中的表现形态和分布状况分为固定资金、流动资金和专项资金三类。企业生产经营中所必备的主要劳动资料，如厂房、建筑物、机器设备及运输工具等有形固定资产和专利权、商标权、专有技术等无形资产所占用的资金，称为固定资金。企业生产经营中所储备的原材料、燃料、包装物、低值易耗品等，正在加工中的在产品、部分完工的半成品和加工完毕的产成品所占用的资金，以及在结算过程中占用的应收款项和现金、银行存款等货币资金，称为流动资金。企业在产品生产经营活动以外进行固定资产更新改造、大修理、兴办集体福利事业和对外短期投资等活动所占用的资金，称为专项资金。

企业拥有的固定资金、流动资金、专项资金，都有其相应的来源渠道。这些资金主要是国家财政拨入的、企业内部形成的、从银行借入和在结算中吸收的应付款项。前两项资金来源由企业自行支配，可长期使用，称为自有资金来源，后两项资金来源属于企业的债务，要在一定期限内偿还，称为非自有资金来源。

企业的固定资金来源，主要有国家拨入的，包括国家基本建设拨款和专用拨款；企业内部形成的，包括按规定提留形成的更新改造基金及税后留利形成的生产发展基金，还有从银行借入的基本建设投资借款和专用借款，以及接受其他单位投入和从社会筹集的固定资金等，由这些资金来源购建的固定资产，其价值形态构成企业的固定基金。

流动资金来源主要有国家拨给企业供长期周转用的流动资金和从银行及其他金融机构借入的流动资金借款。此外，还经常吸收一部分结算中的应付款项和接受其他单位、个人投入的流动资金等。这些资金来源构成了企业的流动基金、流动资金借款和负债。

专项资金来源，主要有国家财政根据企业的实际需要拨入的专用拨款和企业按规定提取留用的各种专用基金，以及从国外引进设备时吸收的部分专项应付款。此外，在结算过程中，也可能吸收少量的专项应付和暂收款项。

商业企业与工业企业资金运动的静态表现基本相同，只是在流动资金占用方面存在差异。商业企业的流动资金占用主要分布在商品资金上，包括在途商品、库存商品、原材料、在产品、委托加工商品和委托代销商品等；非商品资金包括包装物、物料用品、低值易耗品等货币资金和结算资金占用，其他不再赘述。

（二）资金运动的动态表现

资金运动的动态表现为资金的循环与周转、资金的耗费与收回、资金的筹集与分配。

1. 资金的循环与周转

企业的资金在生产经营过程中随着供应、生产、销售经济活动的不断进行而不断改变其占用形态。资金从货币资金形态开始，顺次通过供应阶段、生产阶段和销售阶段，分别表现为储备资金、生产资金、成品资金，又恢复到货币资金形态。这种从货币资金开始，通过供、产、销三个阶段，顺次转化资金形态，最终回到货币资金形态的运动过程为资金的一次循环。

供应阶段，是企业为保证正常生产经营不间断地进行，而购进材料物资，形成物资储备的过程。从资金运动的角度看，购入材料物资要支付货款和运杂费，从而货币资金转化为储备资金形态。

生产阶段，是企业生产耗费和产品制造过程。生产耗费包括固定资产及材料等物化劳动耗费和劳动者的活劳动耗费。由于生产耗费，使储备资金转化为生产资金形态。劳动者在生产过程中耗费的劳动，形成产品中被创造的价值，其中一部分以工资形式支付给劳动者作为劳动报酬，计入产品成本。在生产阶段，还要发生一些其他费用支出，如水、电费支出等，也使货币资金转化为生产资金形态。在这个阶段，通过计算，把各项应由产成品负担的生产耗费分配给各种产品，并在完工产品验收入库时，生产资金转化为产品资金形态。可见，工业企业的生产过程，既是商品产品制造的过程，又是旧价值转移和新价值创造的过程。

销售过程，是将生产的商品产品售给购买单位并收取销货款的过程，也是资金由成品资金转化为货币资金形态的过程。

企业的资金顺次经过以上三个阶段，便完成了资金的一次循环。由于企业的生产经营是不间断的再生产过程，企业的资金也必须不断地循环，这种周而复始的资金循环，就形成了资金的周转。

2. 资金的耗费与收回

资金的耗费与收回是从资金补偿的角度来考察资金运动的结果，它和资金的循环与周转同时进行。前已述及，企业为了生产产品，要发生各种资金耗费，包括劳动资料、劳动对象和活劳动的耗费。生产过程中的全部资金耗费即生产费用，将其归集到产品上去，就形成了产品成本。然后，通过产品销售，取得销售收入，资金得以收回，产品的价值得到了实现。至于产品销售出去以后，收回的全部价值大于原来耗费的价值部分，就是劳动者创造的新价值中为社会所贡献的部分，用货币表示，就是产品销售收入大于产品成本的部分，它形成企业的纯收入，是资金运动的结果。

3. 资金的筹集与分配

企业的资金筹集是指国家财政通过预算拨给企业资金，或者通过银行的信贷方式供应给企业资金。除此以外，企业也可以通过其他方式自筹资金。资金的筹集使企业资金数量增加，即资金投入企业，它是资金运动的前提条件。资金的分配是指企业对纯收入的处置。企业的销售收入抵补销售成本后，要扣除销售税金，并以营业外损益相调整之后，形成企业的利润。利润是企业的经营成果，其中大部分以所得税、调节税或承包费、利润的形式上交国家预算，作为国家财政收入，其余部分留给企业，用于发展生产、职工福利和奖励等方面的开支。资金的分配使一部分资金退出企业。资金的筹集与分配也属于资金运动的动态表现。

资金运动的动态表现，是同资金运动的静态表现密切联系在一起的。资金的循环与周转、耗费与收回，产生了费用成本和经营成果。资金的筹集与分配，产生了资金的投入和退出，它们必然引起资金占用和资金来源的增加与减少。所以，它们相互影响、相互制约、互为因果。

商业企业的经营过程主要包括供应和销售两个阶段。供应过程，主要是购进商品；销售过程，主要是销售商品，取得销货收入。在供应和销售过程中，会发生一定的耗费，这就是商业的流通费用。商业企业的销售收入扣除掉已销商品的进货成本和各项流通费用后的余额，就是企业的纯收入，再扣除掉销售税金后就是商业企业的经营成果。这部分经营成果要在国家和企业之间进行分配。此外，商业企业也要与财政部门、银行及其他单位发生上缴下拨、信贷和结算等各项经济活动。由此可见，商业企业的资金是按照购入和销售两个阶段的顺序运动的。也就是说，随着商品购进，资金从货币形态转化为商品资金形态；随着商品销售，资金又从商品资金形态转化为货币形态。因此，商业企业的资金总是沿着"货币到商品，商品到货币"这样的顺序，周而复始地不断循环与周转。同样，它的运动也包括资金的耗费与收回和资金的筹集与分配。

二、企业会计的对象

上述企业资金运动的静态和动态两种表现形态都是会计要反映与监督的内容，是会计的一般对象的具体化，也是通过预测、决策、计划、控制和检查考核进行会计管理的对象。

第三节 企业会计的基本任务与方法

一、企业会计的基本任务

企业会计的作用是由会计在企业中所处的地位和企业的根本任务决定的。企业的根本任务是根据国家计划和市场需求，生产和销售满足社会需要的商品产品（或劳务），为国家创造税利收入，为社会主义建设积累资金，为提高人民生活水平做出贡献。为了实现企业的根本任务，企业领导者（作为企业法人代表）应充分认识和利用会计的职能，发挥会计在企业管理活动中的应有作用。会计在企业管理活动中的基本作用，是加强经济管理，提高经济效益。为此，企业领导者应该要求会计完成如下基本任务。

（一）及时提供会计信息，有效控制资金运动

会计的对象是企业的资金运动。资金的正常运动是实现企业再生产过程的重要保证。因为一定量的资金代表着一定量的物化劳动，随着生产经营的不断进行，各种物化劳动的耗费和活劳动的消耗，形成产品成本，再通过产品销售让渡产品，收回货币。这些运动过程的数量变化，是企业管理人员必须掌握的信息。会计的职能作用决定了及时、正确地提供这些信息是它的基本任务。并且，会计还必须在提供信息的基础上及时分析资金的使用情况，为企业领导者提供资金运动的趋势信息，并指出不合理因素，向决算者提供资金控制的措施意见。在此，提供会计信息只是基础工作任务，加强资金控制管理才是更主要的任务。因为加强资金控制管理，意味着合理有效地使用资金。如果企业通过合理安排资金结构，以尽可能少的资金量获取了尽可能多的经济效益，就说明节约了资金，也就是节约了物化劳动和活劳动，这样，企业可以把节省下来的资金用到其他方面的建设上去。因此，管好用好资金，不仅有利于促进企业生产的发展，而且是促进国民经济迅速发展的条件。

（二）降低产品成本，增加企业盈利

产品成本是反映企业生产经营活动的一项综合性指标。企业劳动生产率的高低，设备使用效果、材料利用率和产品质量的好坏，管理水平的高低等，都会直接或间接地在

成本指标中反映出来。企业领导者必须发挥会计在成本管理中的作用，认真贯彻勤俭办企业的方针，及时掌握成本信息，加强成本控制，促进增产节约，严格经济核算，降低产品成本，增加企业盈利。

（三）参与经营决策，搞好财务计划

企业经常会遇到经营决策问题，如项目投资决策、新产品开发决策、设备更新决策、技术改造决策、产品销售决策等。决策是企业管理的首要环节，对企业经济效益的高低关系重大。正确的决策为增产节约奠定基础，错误的决策会造成不可避免的损失浪费。会计必须在大量已有的资金运动信息资料的基础上，运用科学的方法，预测出未来资金运动的趋势，并提出可行的管理措施对其加以控制，从而形成若干可供选择的经营方案。会计在参与企业领导者的经营决策之后，还必须根据决策的方案认真编制企业财务计划，并实施财务计划，使资金按照计划的轨道向前运动，以保证经营目标的实现。因此，参与经营决策，搞好财务计划，是会计基本任务从传统的、被动的事后监督和检查转变为主动的事前控制和指挥，是发挥会计管理的能动作用的重大改革。

（四）正确处理国家、企业和职工三者的关系，圆满完成税、利上缴任务

企业在生产经营活动中应以收抵支，并有盈利。企业的盈利要按照国家的规定进行分配，其中一部分留归企业，用于生产发展、职工福利和职工奖励等；另外一部分以税金和利润的形式上缴国家。可见，企业盈利的分配，对于正确处理国家、企业和职工三者利益关系具有十分重要的意义。为此，企业会计必须正确核算产品成本、计算收入，按要求分配盈利。属于国家应得的部分，要及时足额上缴；属于企业和职工应得的部分，要给予保证。

（五）加强会计监督，严格财经法纪

会计监督是利用价值形式对企业经济活动所实行的监督。会计部门在有计划地形成、运用和分配资金的过程中，主要是通过控制财务收支和分析检查财务指标来进行监督的。企业的各项经济活动一般都要通过财务收支来进行，这些收支活动体现着企业对国家有关方针政策、法令制度的遵守和执行情况。会计部门只有加强会计监督，控制财务收支，才能及时发现和制止违反财经法纪的行为。

二、会计的基本方法

会计的方法是实现会计职能，完成会计任务的手段。会计方法可以分为两部分：一是会计核算方法，二是会计管理方法。

（一）会计核算方法

会计核算方法是会计作为一种计量技术和一个信息系统所应用的专门方法，主要有货币计价、设置账户、复式记账、填制和审核凭证、登记账簿、成本计算、财产清查和编制会计报表。这些方法的基本内容概括如下：

1.货币计价。货币计价是现代会计区别于其他任何经济工作的特点和基本方法。虽

然会计也经常应用实物量和时间量指标进行管理与核算，但更加偏重于使用货币量指标。这是因为企业中不同质的财产物资不能以实物量简单相加。例如，2 张桌子加 5 把椅子，其结果是什么单位？所以，必须将其换算成它们所共同含有的人类劳动——价值量，即在价值的基础上才能相加。在当今商品货币经济条件下，商品的价值量可以通过货币计量尺度的职能加以反映。比如，桌子每张 20 元，椅子每把 10 元，则 2 张桌子和 5 把椅子共计 90 元。因此，运用货币计价，是会计连续、系统、综合地反映和监督企业生产经营的特点与前提条件。

2. 设置账户。设置账户是对会计对象的具体内容进行归类反映的一种专门方法。因为会计对象的具体内容是复杂的，对由各种经济业务（会计术语称"会计事项"）所引起的资金增减变动及其结果进行科学的分类记录，就必须首先对会计对象进行合理的分类，并在此基础上分别地设立会计科目。会计科目是这一分析所得到的若干项目，是会计账户的名称，会计账户按会计科目设置，是会计科目的具体形式。

设置账户便于取得经营管理上所需要的资料，随时检查分析各项经济指标的完成情况。

3. 复式记账。复式记账是对每一项经济业务在两个（或两个以上）相互关联的会计账户中同时进行等额登记的一种记账方法。任何经济业务的发生都必然引起资金的增减变动，如用银行存款购买材料，一方面要引起材料占用的储备资金增加，另一方面要引起货币资金（银行存款）的减少。采用复式记账方法，要对资金增减变动分别在有关的两个账户中相互联系地进行登记，以反映材料的增加数、银存款的减少数。这样方可全面地、相互联系地反映资金的增减变动情况，了解资金的来龙去脉。

4. 填制和审核凭证。会计凭证是用来记载经济业务、明确经济责任、作为记账依据的书面证明。所有会计凭证在审核无误后，才可据以记账。通过会计凭证的填制和审核，能为会计记录提供完整、真实的原始资料，并能经常地监督、国家的财政制度和财经纪律的遵守情况，以及计划和预算的执行情况。

5. 登记账簿。账簿是序时地、分类地记录和反映各项经济业务的簿籍。登记账簿就是根据会计凭证，在账簿上连续、完整、系统地记录经济业务。设置必要的账簿，按一定的方法和程序进行登记，并定期进行对账和结账，就可以提供完整、系统的会计信息资料。

6. 成本计算。成本计算是把生产、建设企业为进行生产、建设而发生的物化劳动和活劳动的耗费，按照一定的对象（如产品品种或工程项目）进行归集，以便确定各对象的生产费用额，计算出总成本和单位成本的会计核算方法。进行成本计算，可以了解有关的成本水平及其构成，考核成本计划的完成情况，便于挖掘企业内部人力、物力和财力的潜力，促进成本费用水平的降低。

7. 财产清查。财产清查是指定期或不定期地对各项财产物资进行实物盘点，并与账面数量进行核对，以及对债权债务进行查询与核对。在清查中如果发现账实不符，应查明原因，明确责任，严肃处理。通过财产清查，可以查明各项财产物资、债权债务的实有数，有利于正确编制会计报表和加强财产物资的管理。

8.编制会计报表。会计报表是根据日常的会计核算资料编制，用以反映企业一定时期财务状况和财务成果的表式报告文件。编制会计报表，可以反映企业在某一时点的资金状况，揭示企业一定期间内产品成本水平和利润指标完成情况。基层企业的会计报表经逐级汇总后，还能为国家宏观经济管理部门进行综合平衡和编制下期计划或预算提供依据。

上述会计核算方法是互相联系、紧密结合的一整套方法体系。一般地说，发生每一项经济业务，都要先填制和审核凭证，然后再按规定的账户，采用复式记账的方法，登记在有关的账簿中。月终，则根据账簿的记录，计算成本，进行财产清查，并在账实相符的基础上编制会计报表。从填制和审核凭证开始，到编制出会计报表为止，通常称为会计核算的一次循环。由于它是以记账、算账和报账为主要内容的方法体系，因此也称为簿记方法。

（二）会计管理方法

会计管理方法可以分为会计分析方法和会计检查方法两部分。

1.会计分析方法。会计分析方法从分析手段上划分，又可分为定性分析方法和定量分析方法。定性分析，一般由预测、决策者从某种认识论和方法论出发，根据以往的经验和个人思维方式，对分析对象进行综合评价，从而做出基于个人逻辑推理的分析结论。而定量分析则由预测、决策者依据历史或现实的有关统计和会计数据，使用相应的数量计算方法，对研究对象进行量的测算，依数量值做出分析结论。显然，定性分析可以使人们经过长期实践积累的丰富经验在分析过程中充分发挥积极的影响，但缺乏对事物发展变化的数量计量，这就难免使分析结果带有一定的不准确性；而定量分析往往注重事物发展变化的一个或几个数量方面的因素影响，却对更多的其他因素做了假定，这同样会影响其结论的准确性和实用性。从某种意义上说，定性分析与定量分析的优缺点恰好是互补的，因此，我们在进行会计分析工作中应综合运用定性分析和定量分析方法，使二者取长补短、相得益彰。会计分析方法从会计管理的阶段上划分，可以分为预测、决策、计划、控制和考核的方法。预测、决策和计划方法，是经济业务发生之前的管理方法。控制方法是经济业务发生过程中的日常管理方法。考核方法，是经济业务发生之后的总结管理方法。这些方法在以往的企业财务管理中局限于计划和分析两个阶段，而今会计管理已经大大地丰富了分析的范围和手段，具体引用了一系列现代管理的定量分析方法，如回归分析法、量本利分析法、货币时间价值分析法、价值工程、ABC分析法等。这些方法的内容及其应用，本书将在以后各章中详细介绍。

2.会计检查方法。会计检查是会计监督的重要体现。按检查的时间性划分，会计检查分为事前、事中和事后检查。会计检查所采用的方法，具体包括顺查法、逆查法和抽查法。这些方法是企业中防范经济舞弊，纠正会计处理差错，保护财产物资安全和严肃财经法纪的有利工具。

第四节 企业的会计工作组织与法规

会计工作的组织,包括会计机构的设置,会计人员的配备及其职权,建立总会计师制,会计制度的制定与执行,以及会计档案的保管和会计工作的交接等会计工作的法规与责任,正确地组织会计工作对充分发挥会计作用,完成会计任务,具有重要的意义。

一、会计机构的设置

我国当前的经济管理体制,实行统一领导、分级管理的原则。因此,全国的会计工作领导体制,是由财政部主管,各级财政部门管理本地区的会计工作。各企业在国家统一规定下具体组织与处理本单位的会计工作,并在本单位的范围内组织分级核算。所以,中央和地方各级企业单位一般应设立财务会计司(局)、处、科、股(组),负责办理本企业的会计事务和指导下级会计工作。在一些规模较大、核算工作任务繁重的基层企业,可在其财务会计机构下设置职能科室;规模较小、核算工作量不大的基层企业可以不设独立的会计机构,但应设专职的会计人员办理日常的会计工作。各企业的会计人员应该有明确的分工,实行岗位责任制,坚持钱账分管的原则,会计管账不管钱,出纳管钱不管账。

《会计法》规定:"各单位根据会计业务需要设置会计机构,或者在有关机构中设置会计人员并指定会计主管人员。"企业的行政领导人领导本企业的会计机构、会计人员和其他人员执行《会计法》,并保证会计人员的职权不受侵犯。具体地说,各企业行政领导人对会计工作负总的责任,会计主管人员根据各项党和国家的方针、政策、制度的规定,负责会计工作的具体组织领导,会计人员是在会计主管人员的领导下,根据企业会计工作的基本任务办理会计业务。

各级会计机构所配备的专职会计人员,应该同其所从事的会计工作相适应,并且力求有较高的素质和较为稳定的条件。会计人员的调动,须先征得本单位会计主管人员的同意;会计主管人员的调动,须由上级主管部门批准。为了保障会计人员的职权不受侵犯,《会计法》对此规定:"会计人员按照干部管理权限的规定任免……会计机构负责人、会计主管人员的任免,应经过上级主管单位同意。"具体办法是在任命这些会计人员时,应先由企业领导人提名报上级主管单位,上级主管单位人事部门和财务会计部门对提名进行考核,并报经行政领导人同意后,再通知该企业按规定进行任免。

会计人员忠于职守、坚持原则,受到错误的处理时,上级主管单位应当责成所在单位予以纠正;玩忽职守、丧失原则,不宜担任会计工作的,上级主管单位应当责成所在单位,予以撤换。

《会计法》还规定:"对认真执行《会计法》,忠于职守,做出显著成绩的会计人员,给予精神的或者物质的奖励。"

二、会计人员的职权

会计工作的基本任务是反映预算和财务计划的完成情况，贯彻增产节约、增收节支，加强经济核算，监督检查财政、财务制度和财经纪律的遵守执行。因此，这是一项政策性强、涉及面广，又是一项专业技术性要求较高的工作，各企业应选派政治品质好、有一定业务水平的干部担任会计工作。各个企业及其主管部门，要注意会计人员的培训工作，不断地提高会计人员的政治素质和业务素质，加强企业会计队伍的建设。

（一）会计人员的基本职责

为了充分发挥会计人员的积极性，使他们更好地完成会计工作，国务院颁发了《会计人员职权条例》。根据此条例的规定精神，企业会计人员的基本职责是：

1.按照国家预算管理制度的规定，正确编制和认真执行预算或财务计划，如实反映计划执行情况，遵守各项收支制度，保证及时完成上缴税利任务，分清资金渠道，合理使用资金，严格执行开支范围和标准。

2.按照国家会计制度的规定，做好记账、算账、报账工作，并加强现金管理，做好结算工作，做到手续完备、内容真实、数据准确、账目清楚、日清月结，及时编制会计报表，按期上报，并要妥善保管会计凭证、账簿和报表等档案资料。

3.按照经济核算原则，分解各项计划（预算）指标，归口落实管理责任，深入实际调查研究，定期检查分析计划（预算）执行情况，挖掘增收节支的潜力，努力提高资金的使用效益。

4.遵守、宣传、维护国家财政、财务制度和财经纪律，正确地进行会计监督，保护公共财产的完整，同一切违法乱纪行为做斗争。

（二）会计人员的主要权限

我国现行会计制度规定，会计人员在履行其职责的过程中，主要有如下的权限。

1.有权要求本单位有关部门、人员认真执行国家批准的计划、预算，遵守国家财经纪律和会计制度，如有违反，会计人员有权拒绝付款、拒绝报销或拒绝执行，并向本单位领导人报告，或向上级机关、财政机关报告。会计人员对于违反制度、法令事项，不拒绝执行，又不向本单位领导人或上级机关报告的，应与有关人员负连带责任。

2.有权参与本单位编制财务计划和预算，制定定额，会签经济合同和参加有关会议。领导人和有关部门对会计人员提出的有关财务开支和经济效益方面的问题和意见，要认真考虑，合理的意见要加以采纳。

3.有权监督、检查本单位有关部门的财务收支、资金使用和财产保管、收发、计量、检验等情况。有关部门要提供资料，如实反映情况。

（三）会计人员应具备的素质

企业会计是国家预算管理的重要组成部分。企业会计人员肩负着参与企业资金运动管理的任务，他们必须具备一定的素质，才能切实地履行其职责。为此，企业的会计人员必须坚持四项基本原则，贯彻执行党的十一届三中全会以来的路线、方针和政策，贯彻《会计法》《会计人员职权条例》等法规，遵守社会主义法制和职业道德规范。

1. 热爱本职，忠于事业

对自己所从事的工作热爱忠诚，不见异思迁，明确会计工作在社会主义建设事业中的重要地位和作用。忠于职守，认真负责，发挥主观能动性和工作创造力。不计较私利，将国家和人民的利益放在首位，立足本职工作，从党的要求和工作的需要出发，为开创会计工作新局面做出应有的贡献。

2. 坚持原则，维护纪律

严格执行党和政府有关财经方面的方针、政策、制度和办法。做到照章办事，依法办事。树立全局观念，反对本位主义。虚心接受和积极协助有关部门的监督和检查，主动提供资料和反映情况，保护公共财产的安全完整。要敢于向化大公为小公、损公肥私、贪污盗窃、营私舞弊、铺张浪费及其他经济领域中的不正之风和违纪行为做坚决的斗争。

3. 刻苦钻研，练技精业

要懂得本职工作的应知、应会，掌握基础理论和一定的专业技术知识，并不断地补充和更新自己的知识水平。要加强综合能力的培养，努力提高政策水平，管理能力、业务技能和职业道德修养。

4. 认真求实，反映正确

认真求实是会计人员职业道德的本质表现。要客观真实地反映经济情况，不隐瞒、不歪曲，不受他人强加的意志支配，不受所在单位小团体利益的影响，做到实事求是、核算准确、反映正确。

5. 讲求效益，当好参谋

必须牢固地树立会计工作以提高经济效益为中心的思想，积极促进国家预算收支任务的圆满实现，坚持勤俭节约的原则，使有限的资金发挥最大的经济效益。要正确处理微观经济效益与宏观经济效益和国家、企业、个人三者的利益关系，协助领导做出决策，当好参谋。

三、建立总会计师制

大中型企业和业务主管部门设置的总会计师是一个行政职务。企业和部门的总会计师是企业和部门行政领导人领导下的、在企业和部门财经管理工作方面的有力助手，是代表企业和部门行政领导人管理单位和部门财经工作的主要负责人。总会计师属企业和部门领导的副职干部，与企业和部门各位副职都是在企业和部门行政领导人的领导下，按照各自的分工，对企业和部门领导人直接负责。总会计师的人选，需从已经具有会计师以上专业技术职称的会计人员中产生，由本企业和部门提名，报经上一级主管单位批准。

企业总会计师的基本任务和职责是：

组织有关部门编制年度经费预算与各项财务收支计划，正确处理国家、企业、职工三者之间的关系，落实完成计划的措施，对执行中存在的问题提出改进的建议；

参与企业主要经济计划与实施方案的审查，做经济方面的可行性分析，并从经济效益上，监督其实际情况；

组织开展群众性的经济核算工作，建立与健全经济核算体系，建立各级经济活动分析制度，挖掘增收节支的潜力；

组织与提出增收节支、提高经济效益的措施，促使各方面合理使用人力、财力和物力，努力开辟财源；

合理筹集资金，正确调度资金，以保证企业资金的需要，并控制资金的合理使用，提高理财水平，充分发挥资金的使用效果；

代表企业参与审议和签订重要经济合同，并监督合同的履行；

组织推行现代化管理方法，加强信息工作建设，努力提高财务信息的利用水平，不断改善企业的经济管理；

监督本企业执行国家财经政策、法令、制度，遵守财经纪律；

组织财会干部的业务学习与培训工作，负责财会干部的考核，参与财会干部技术职称评定，促进会计人员智力开发，不断提高业务管理水平。

企业总会计师的权限是：

代表企业主要领导人协调企业副职及各部门的经济关系，贯彻组织经济责任制和经济活动，对企业的经济活动实行监督，有权参加企业的领导办公会议，有权参与企业管理中重大经济问题的会议与决定；

总会计师直接领导企业的财务会计与审计职能机构，并统一安排与指导企业其他职能机构的一切会计与审计工作；

总会计师在企业主要领导人授权下，审查签署企业的各项财务收支计划，审批各项开支；

总会计师签署的财物管理办法和会计核算制度，企业各机构都必须严格遵守；

主要经济合同，均需总会计师签署生效；

对不符合财经政策、法令、规章制度的收支，违反财经纪律的行为，总会计师有权进行检查并加以制止，制止无效时，除向企业主要领导人报告外，并有权上报上级主管部门处理；

企业的会计和审计机构负责人的任免、调动、使用和晋级，应事先征得总会计师的同意。

四、企业会计制度的制定和执行

会计制度是组织和从事会计工作所必须遵循的规范和准绳。

我国的企业会计制度包括工业、农业、商业、交通、建筑等各种企业的会计制度。根据统一领导、分级管理的原则，由财政部负责全国会计制度的制订，中央各主管部门和省、自治区、直辖市可根据财政部统一规定的要求，制定本部门、本地区的补充规定和实施办法。企业会计制度按其内容划分，可以分为综合性会计制度、专业性会计制度和会计人员方面的制度。这些会计制度的基本内容大致包括以下九个方面：

1. 关于会计基本任务的规定；

2. 关于会计机构和会计人员的规定；

3. 关于会计凭证和账簿的设置、记账方法和账务处理程序的规定；

4. 关于预算内资金和预算外资金的核算办法；

5. 关于财产物资的核算办法与清查的规定；

6. 关于会计报表的种类格式及其编制方法的规定；

7. 关于会计科目设置的规定；

8. 关于会计分析、会计检查的内容与方法的规定；

9. 关于会计业务的移交、接任和会计档案的保管与销毁办法的规定。

会计制度属于上层建筑的范畴，会计制度并非一成不变。随着经济的发展、经济关系的改革、经济管理体制的改革以及人们对客观事物认识的不断提高，会计制度也必将进行不断的调整，会计制度要为促进国民经济的发展服务。会计制度的修改、补充或废除，应由原制定的机关和部门负责。

五、会计交接

会计人员按照《会计人员职权条例》的规定，因调动工作或因故离职，必须办理会计工作交接。交接就是把自己经手的工作交代给接替人员。会计交接是前任会计人员因工作变动将工作移交给后任接替者。通过交接可以明确双方应负的责任，保持会计工作的连续性，使会计工作得以顺利进行。会计人员办理交接，是一项严肃的工作，各级领导必须充分重视会计交接工作，督促检查交接的办理，以保证交接工作的完成。

搞好会计交接，对于加强会计管理、发挥会计反映与监督的职能作用有着重要的意义。首先，搞好会计交接是保证会计工作连续性的重要环节，通过移交可以进一步归纳整理业务，形成完整的会计资料，为接替人创造良好的工作条件。其次，会计交接也是会计检查的一个重要内容，通过交接，可以从中发现和总结会计工作中的问题、不足和成绩，有利于加强对会计工作的领导和改进会计工作。最后，会计交接也是一项对会计人员的考核。通过会计工作交接，对移交人员是一项从学识水平、业务能力，到工作成就的系统、全面的考核，从而为领导提拔干部提供了依据，对本人也是一次很好的总结机会。

会计人员办理交接时，应将自己经管的事项向接替人移交清楚。会计交接的主要内容有：

1. 会计凭证、账簿、报表及会计档案资料；

2. 公章、现金、国库券、支票簿及空白收据等；

3.工作计划、预算资料及预算执行分析总结资料等；

4.有关的文件规定、规章制度；

5.经办未了事项和其他应交接的工作。

一般会计人员办理交接时，由会计主管人员或其指定人员监交；会计主管人员交接工作，由单位领导人或其他指定专人监交，必要时上级主管部门可指派人员参加监交。

会计人员在交接工作时，必须认真核对有关账簿的余额和库存现金、银行存款的实际余额，保证账账相符、账款相符，并按照应移交事项编制移交清册，会同监交人员，由交接双方逐项当面点清。交接不清，移交人不得离职。移交清册应由交接双方和监交人签名盖章，经单位领导审阅后，作为会计档案妥善保存。

记账人员办理交接时，为了手续清楚，应将所经管使用的账簿的每一账户都结出余额，并加盖名章，同时要在"经管人员一览表"上签名盖章，明确责任，并注明移交日期。

会计主管人员办理交接时，除编制移交清册外，还应编制交接日止的资金平衡表，作为移交清册的附件存查。

经决定撤销或合并的单位，会计主管人员和有关的会计人员，必须会同有关人员负责做好清理工作，将各项财产物资、债权债务、上缴下拨事项清理完毕，并要把全部账目向接收单位交代清楚，否则不能离职。单位领导和有关部门，应当监促办好这项工作，不能在清理工作结束以前，调走会计人员。

各单位的财产物资保管人员离职时，也应办理交接手续。交接办理可参照会计人员的交接办法办理。必要时，会计主管人员可以指派专人参加监交。

交接完毕后，交接双方和监交人，要在移交清册上签名盖章，移交清册上必须有单位名称、交接日期、交接双方和监交人的职务、姓名，移交清册页数以及需要说明的问题。

六、会计档案

会计档案是各项经济活动的历史记录，是总结经验、进行决策所需要的主要资料，也是检查各种责任事故的重要依据。会计档案的范围，包括会计凭证、会计账簿和会计报表等，都是重要的经济档案和历史资料。

本年度内的会计档案，为了业务需要和查阅方便，应由企业的会计部门负责保管。会计部门应当指定专人，负责会计档案的保管工作。会计档案不得随意毁损和散失，未经批准，不得外借和提出。已经装订成册的会计档案，应当登记、编号保管，不得任意拆分，以防错乱和丢失。有条件的单位，应在年度决算终了，报经上级批准后，会计部门编造会计档案清册，将会计档案移交给本单位的档案管理部门保管。为了做好会计档案的保管工作，并方便查阅，档案管理部门应指派熟悉会计业务的人员，负责会计档案的保管工作。

无论是企业的会计部门或档案管理部门，都应自会计档案所属会计年度终了后的第二年一月一日起，按现行会计制度的规定，会计档案保管到规定的期限，就可报请上级主管部门批准销毁。报批前，应先由本企业档案管理部门、财务会计部门共同组织鉴定，严格进行审查，提出应该销毁或继续保管的处理意见，并编造"会计档案销毁清册"，经本企业领导审查后，报请上级主管部门批准。

经上级主管部门批准销毁的会计档案，应由本企业领导人指定专人，并会同档案管理人员和财务会计人员，按批准的"会计档案销毁清册"进行清点、核对和监销。会计档案销毁后，监销人应在"会计档案销毁清册"上签名盖章，并将监销情况向本企业领导人汇报。"销毁会计档案清册"应视同会计档案，妥善保管。

第二章 会计的基础知识

第一节 我国会计制度的变迁与发展

一、我国古代会计制度的产生与变迁

（一）会计行为的起源

1. 会计行为的萌生

据考古文献记载，大约 100 万年以前，中华民族祖先就已经开始在中国广袤的土地上辛勤劳动并繁衍生息。当时生产力水平极端低下，人类连基本的生存问题都无法解决，因此也就不可能产生计量、记录方面的想法。当然，最初的会计行为也没有发生。

当人们的生活资料逐渐丰富，在满足日常生活的情况下还有剩余时，人们才开始去关注和计量劳动成果。随着原始人群进化到氏族社会之后，生产力水平有所提高，人们已经能够把自然界的东西逐步加以改造，或再生产出来，用以改善和提高自己的生活水平。尤其是到旧石器时代晚期，人们不仅能够正常生产食物、衣服、住房等生活资料，还能够将其生产出来的生活资料加以运用，保证人们正常的生活需要。根据考古发现和考古学家推断，当时山顶洞人的生产工具除了石制器具外，还有比较细致的骨器，山顶洞人除了进行渔猎活动外，还会通过选材、打制、钻孔、着色等工序制造出各式各样的装饰品，由此催生了人类在计量和记录方面的活动。

可以说，这个时期，伴随着生产力水平的逐步提高，人们已经开始有意识地进行记录并计量。但在当时，这种简单的记录与计量行为只是个别人的偶然行为，不具有普遍性。学术界普遍认同的一种观点是，人类早期的会计行为是从旧石器时代开始萌生。

2. 母系社会的原始计量、记录行为

人类社会进入母系社会之后，生产资料和生产收获物归部落集体所有，部落里的全体成员集体劳动，共同享用劳动产品。作为部落首领，要保证氏族的正常繁衍，首先要解决生活资料的储藏与分配问题。当时人类处于采集经济阶段，为了解决越冬之际食物的储藏、分配问题，需要有计划地多采集些果子储存到山洞里，保证秋天采集到的果子够大人、小孩吃到来年春天。当许多果实堆放在一起的时候，母系氏族的首领首先要考虑的是如何分配和储备果实。要解决这些问题，就需要进行具体的计划，而要把具体的

计划变为现实，就需要进行计量和记录。当时人类社会尚处于未开化状态，加之生产关系简单，人们还未曾想到借助生产工具进行记录，母系氏族的首领只是在头脑中对这些采集到的自然果实先进行简单的筹划，再根据头脑中的筹划进行分配。由此可见，人类最初的账簿是人的头脑。

伴随着社会生产力的进一步提高，母系氏族部落里的首领除了要掌管生活资料的分配外，还要统筹食物的加工，以及丧葬、生育事宜的安排。在处理日益复杂的生产、分配事务的过程中，氏族首领单凭头脑计算和记事已经无法应付，一次次失败的教训促使她们不得不想方设法在头脑之外找寻一种新的能够解决记事与计量的方法。当大脑不堪重负的时候，人类自然想到借助外物进行记录，如在石头上或木板上进行笔画计数。考古学家根据出土的山顶洞人制作的刻有各种纹路的鹿角棒断定，当时的人类很可能已经有符合当时生产力水平的计量与记录方法。

据史料记载，至今已发现的人类最早用于计量记录的符号：（1）捷克的摩拉维亚洞穴幼年狼胫上刻画的符号（距今 2~3 万年）；（2）非洲乌干达与扎伊尔交界处的"伊尚戈骨头"（公元前 8500 年）。

而我国有记录最早用于计量记录符号的遗址为：（1）旧石器时代北京周口店龙骨山山顶洞人在鹿角棒上刻下的弯曲或平行的浅纹道和四块骨管上的豁口；（2）中国山西峙峪人在骨片上的绘图记事。考古成果证实了，在旧石器时代的中晚期人类已经进入原始计量、记录时代——简单"刻记记事"时期。

3. 父系社会产权私有引起原始计量目的的变革

当人类社会从母系社会发展到父系社会，男子代替妇女成为氏族里的主要劳动力，直接推动了社会生产力的发展，生产工具不断改进，耕地面积不断向外扩大，社会生产进步速度较快。这一时期最有意义的变化是手工业与农业的分工，二者的分离促使了直接以交换为目的的商品生产的出现。当时存在于氏族部落的剩余产品，虽然表面上有一部分仍然是作为公共的积蓄，属于全体部落成员所有，但是某些在部落里有权势的家长和部落的首领，通常利用他们拥有的职权，采用各种手段将共有财产化为己有，财产私有化的观念在这一时期开始显现。私有财产带来了频繁的交换，在多次的交换之中，人的头脑也逐渐变得复杂。那些富有的人们，作为经济学上的"理性人"，开始考虑如何去保护这些财产的安全，更重要的是考虑如何去扩大自己的私有财产。这种想法对原始的计量、记录方法提出了新的要求。对内保存时，他们会小心翼翼地在财产上标明专属于自己的标记，与别人的财产进行区分，便于自己掌控；对外交换时，由于财产所有权要进行转移，他们自然对财产的计量与记录方法的运用更为敏感。当时的渔猎经济有所发展，人们结绳为网的捕鱼活动较为频繁，捕鱼所用之绳轻便且易于携带，为计量与记录方法的创制和发展提供了新思路。人们将绳子结为不同形状用以代表不同实物，并在这些不同形状的绳子下面打结，以结表数，用来记录实物数量的增减变化，可以说，"结绳记事"是父系社会里最主要的计量与记录方法。

综上所述，随着生产力水平不断提高和商品经济的出现，会计活动由最初的人类偶然行为发展到头脑筹划，再到借助外物，由"刻记记事"到"结绳记事"。随着财产私有观念的产生，导致了母系社会与父系社会人类会计计量目的的差别。在母系社会里没有出现私人占有财产的现象，人们计量、记录财产，仅仅是为了维持现有的生活以及合理地分配财产，只是单纯地出于管理生产、管理生活的目的，保障大家共同的生存。当父系社会的私人财产制度出现之后，私有财产的占有者就开始把对经济生活的计量与记录方法作为保护个人私有财产的一种主要手段，以求保护和不断扩大私有财产。可以说当时偶然的、随机的会计行为主要用于记事，只在个别人的思想行为中存在，还未有统一规范，所以也并未有相应的会计制度的出现。

（二）会计制度的初创与变迁

随着社会的进一步发展，进入夏朝，国家出现了。国家需要收取赋税，会计制度才有了产生的土壤并逐步发展起来。笔者将古代会计制度分为以监督为目的的"官厅会计"制度和以管理为目的的"民间会计"制度两条线索来进行探讨。

1. 会计制度的产生

（1）官厅会计

"官厅"是处理国家事务的机关，"官厅会计"则负责处理国家的会计事务工作。夏朝是中国历史上第一个出现国家的朝代，官厅会计部门随之问世。当时，国王和奴隶主意识到，要想从奴隶那儿获取更多的谷物，有效地监督奴隶劳动，就必须建立起一些必要的经济制度来规范计量与记录方法。据史料记载，自夏代以来，国家的统治者就非常关注财政经济，他们将国家财政收支的考核作为一项重要任务，夏朝建立贡赋征收制度，规定以五十亩为一耕作单位，按照百分之十的比例纳税上贡，传说夏朝宫廷里设置"百官"，有专门管理财政收支的官员。

（2）民间会计

当原始交换关系发生之后，各个家庭，尤其是那些产品略有富余的家庭，卷入了交换领域，随之家庭经济的核算显得尤为重要，他们不仅通过核算达到了保护财产的目的，也为了不断扩大其私有财产，通过记录开支的方法来安排处理家庭生产和生活。于是，这类围绕着私有财产计算的家计核算便成为事实，它与官厅会计对应，我们称之为民间会计。夏代民间会计的发展状况由于史料不足，已无据可考。商代出现主要从事奢侈品长途贩运的行商，为了计算买卖的盈亏，他们通常用"朋来"和"得贝"表示收入或盈利，用"朋亡"和"丧贝"表示支出或亏损。这是人们在商品交换过程中自发形成的核算意识，是一种人们自发形成的会计制度。

2. 官厅会计的变迁

夏、商两代，由于史料不足，官厅会计无法仔细考究，西周是我国奴隶社会经济发展的鼎盛时期，"会计"二字，就是起源于西周时代。笔者主要从西周时期梳理我国官厅会计的发展演进。

（1）会计组织机构的建立与发展

西周时期，国家出于控制政治经济的需要，专门建立了会计组织机构。《周礼》中详细记载了周王朝的会计组织的架构、职能和分工状况：在会计组织机构中，司会为计官之长，对周王朝的财政收支进行全面核算；司会之下设有司书，具体主管会计核算，相当于现在的出纳；出纳细分为九个部门，即"九府出纳"，这九大部门控制了整个周王朝的财务收支。从《周礼》一书中可见,西周的会计组织已经构成了一个比较严谨的会计管理系统。《周礼》实际上是战国时期归纳创作而成的,因而融合了战国前各个时代的会计组织制度,我们把上述会计制度看作是从西周到战国时代的基本事实。

秦汉时代是我国封建社会的初步发展时期,秦朝将国家财政与皇室财政分为两套体系,建立两套账簿,实行财政收支归口核算,既各自独立,又相互调剂,这是秦汉时期对会计组织的一大创举。隋唐时期,我国的会计组织系统得到了进一步完善,唐朝中央政府财计组织各部门之间分工明确,并设有审计部门对财务收支进行监督,这是前所未有的进步。明朝大体承袭元朝官制,会计组织较元朝有所改进,设有分管会计、出纳和户籍记账的主管部门。

清朝会计制度主要依靠国家财政和皇帝财政两套不同的财政体系进行管理,实行分算管理的方法,它继承了秦汉时期会计制度,并在此基础上设立户部专门管理财政。光绪三十三年(1907),户部改称为度支部,其下设立十司,税务征收由田赋司管理,会计司则负责会计核算和内部审计等事务。同年,省财政处设立,隶属于度支部,这次对财政部门的明确命名是我国会计组织建设的开端。

(2)会计记账方法的变化

中国古代的会计记账方法,是指将发生的经济事项记录到账簿中的方法。

西周时期,"以参互考日成,以月要考月成,以岁会考岁成",意思为在对当日发生的经济事项加总考核后,以一个月为周期对日成进行汇总考核,以一年为周期对月要进行总和考核。春秋战国时期,会计记账方法开始规则化,作为会计记录符号的"入""出"二字,已经开始置于每项经济活动之前,这是我国会计记账方法的一大进步。

秦代将经济业务细化得更加清楚,在沿袭春秋会计记账方法的基础上,"入禾""入粟""入皮""入钱"是对"入"字的补充说明,"出禾""出钱"等也表明了具体的开支。汉代记录流水"账",将每笔经济事项按发生时间的先后顺序记录在账簿中,一定时间对所发生的总额进行汇总,结算余额。

唐代是我国单式记账法的完善时期,但又不拘一格,有意识地通过改变记账方法全面反映经济业务活动,对每一笔经济事项的记录,一般仍遵循旧习集中反映它的一个主要方面,但出于方便核算与管理的需要,并不排斥对两个方面同时记录。

宋朝最具有代表意义的是出现了"四柱结算法","四柱结算法"是中式会计方法体系的精髓,它集中归纳了中式会计的基本原理,能科学系统地反映经济活动发生的全过程,这是中式会计方法的一大突破。明代官厅会计的核算方法吸收了民间会计记录简明扼要的特点,一般前列时间和会计记录符号,次列会计事项内容的简明摘要,说明经济事项发生的原因,最后依次摆列数量、单价和金额,在会计记录中注意突出会计事项的主体部分。清代官厅会计记账方法仍然受到民间会计记账方法的影响,经历了由"龙门账"到"四脚账"的转变,继承了"四柱结算法"中结账与平账的方法,突出了中式会计记账方法的特点。

总之,随着国家政治体系日趋繁杂,经济活动越来越细分,古代官厅会计组织逐步形成了庞大、严密的系统，会计记账方法也由简单记录逐步规范，至清末，我国官厅会计已经基本形成了性质明确、责任分明的中式记账方法。

3. 民间会计组织的变迁

原始社会的经济处于极其简单的状态，当时所谓的家庭核算，一般仅作为家长的附带工作进行。春秋战国时期，手工业方面形成了官营与私营并存的局面，私商势力更为活跃，出现了许多贱取贵卖的富商，那些私人经营者由小到大、雇工操作、核算费用、家累千金、富比王侯，这些人不仅在经营上有一套体系，也有一套专门的核算方法。

秦代的中、小商人在市场上摆摊销售商品，商人们通常是一边经营，一边做出记录。西汉时代商品货币经济迅速发展，同时带动了这个时代的民间会计发展。由于钱财累积较多，这些富贾开始聘用专职会计为他们记账。此时，会计作为一种新兴职业，开始在民间广泛兴起。魏晋南北朝时期，民间普遍存在由男子管理经营各种事宜，由其妻子核算账目的情形。

唐代的经济已经发展到古代的鼎盛时期，这个时期的金融机构以及典当业都聘请有自己的专职会计。宋朝时期手工业作坊兴盛，商业繁荣，宋代的民间会计发展甚好，据记载，"京城资产百万者至多，十万而上，比比皆是"。一些大贾垄断商行、控制市场，甚至通过各种途径夺取宋家王朝的赋税和专卖收入，他们已成为当时一股强大的势力，因而，这些富商大贾聘请专职会计已成为普遍之事。在宋代，把会计叫"主管"，把主管所记账目叫作私家"簿记"。

元代，民间把从事会计工作的人叫作"坐管先生"。明清时代，随着商品货币经济的萌芽、发展，私人"账房"会计组织的轮廓日渐清晰。

清代的"账房"组织，以典当、钱庄和票号三业为代表。典业"账房"在企业内部处于中心地位，管钱者为出纳，管账者为会计，二者上奉经理使命、下管全店收支，对内有监督保管之权，对外有制约营业之能。钱业"账房"一分为四：分别为"外账房"（工作偏重外交）、"内账房"（工作偏重内部事务）、"洋房"（经手银、洋出纳者）、"钱房"（经手铜钱、纸币者）。票号"账房"有分号与总号之分，两者之间既通过"账房"运转资本，又通过"账房"遥控收支，以达到集中财产之目的。可见，到明、清时期，"账房"已发展成为我国民间会计的基本组织形式，成为业主管理经济的助手和参谋。

（三）古代会计制度变迁的特征

1. 官厅和民间会计分属于正式与非正式制度

正式制度是指人们（主要是政府、国家或统治者）有意识创造的一系列政策法规，非正式制度是在人们长期的交往中无意识形成的，具有持久的生命力。从古代会计制度变迁的历史来看，我国官厅会计是一种正式制度，它的产生与发展是以政府意识为主导的，国家初现需要有财政收入，于是政府开始从民间征税，最初夏朝宫廷里设置的"百官"，就是为了核算税收，成为官厅会计的雏形。之后随着经济活动日益复杂，各朝代的会计部门逐渐完善，可见官厅会计是由国家主导的自上而下形成发展的。

我国民间会计则是一种非正式制度，它的产生是在人们商品生产交换过程中根据需要自发形成的，起初只是富商大贾为了计算买卖盈亏的行为，后来逐步演变为私人"账房"。民间会计规模的壮大还促进了现代会计职业组织的形成，它使得商人可以直观清晰地了解收支情况，从而促使商品交易更好地进行。会计组织的自发产生，对古代商业的发展无疑起到了促进作用。

2. 不同会计制度变迁的主体和诱因不同

第一，政府作为正式制度的供给主体引起官厅会计变革。综观我国古代官厅会计财计组织与会计记账方法发展变迁历程，我们发现，在我国会计的发展史中，国家的作用不可小觑，官厅会计制度变迁的主体是政府。然而在西方国家，尤其是欧美国家，会计的发展模式与我国截然相反。美英两国的会计发展主要靠会计职业界的发展向前推动，在不断发展的过程中，国家适时干预；而我国会计大体上是为国家财政服务的，国家掌握暴利进行制度提供，成为我国古代官厅会计变迁的主要供给者。

第二，商品经济的发展与繁荣，带来了企业商贾商业经营范围扩大，面对日益复杂的经济业务以及出于核算个人盈亏的需要，商人们意识到对钱来钱往以及结余进行记录是有必要的，在这样的因素诱导下，民间会计开始发展起来，可以说，我国民间会计的变迁是由商人团体引导的诱致性制度变迁。

3. 会计制度是伴随着会计行为的发展而存在的

中国古代会计制度的变迁经历了漫长的历史过程，从原始社会初期人类偶然的计量与记录行为产生，到母系氏族部落首领头脑中简单的规划，再到父系氏族为保护私有产权而日益复杂的会计计量行为的演变，这是我国最初会计行为发展的历史轨迹。在会计行为发展到一定阶段，才逐渐出现了规范会计组织以及改进会计核算办法的会计制度。夏朝的建立、国家的产生促使官厅会计成形，商品经济的出现则促使民间会计繁荣发展。可以说，我国古代经历了由会计行为到会计制度的演变，至清末，会计财计组织已初具规模，会计记账方法也带有明显的中式簿记的特点。

4. 官厅和民间会计制度的目的不同

在古代会计发展的历史长河中，我们不得不将会计制度分为"官厅会计"与"民间会计"来分别讨论，官厅会计的产生最初是基于国家财政（税收）的需要，随着国家体系日趋成熟，官厅会计部门也日益细分，逐步成为国家的管理工具，通过核算国家财政收支，起到开源节流的作用；民间会计的记账方法与官厅会计相比较为简单，对于比较复杂的经济业务，民间会计只要求能看懂账目即可，而没有记账体系，其目的主要是为了方便商贾们核算账目以及查账。一般而言，在我国古代，"官厅会计"的发展引导着人类会计发展的主要方向。

二、我国近代会计制度的变迁与融合

我国近代史的开端为 1840 年鸦片战争爆发，于 1949 年中华人民共和国成立时结束，这一时期的会计制度变化以 1912 年"中华民国"成立为界。1912 年以前，由于"重农抑商"思想残留，会计学理论并没有显著进展，从 1912 年到 1949 年，社会经济发展较快，会计制度在经济发展的带动下，经历了东方文化和西方文化相融合的过程，进入发展和变革的时期。可以说民国时期会计制度最突出的特点是将我国传统的中式会计体系与西方先进的西式会计体系相融合并得以继续发展。

（一）近代会计制度的发展与融合

1. 引入西方复式簿记方法

清末，我国铁路干线主权落入西方列强手中，导致各种会计制度陷入一片混乱，政府为了统一铁路会计，1912年起，从我国自办铁路——京张铁路开始进行会计制度改革，采用西式簿记法进行会计核算，这是北洋政府时期最早的一次特别会计改革。1913年，北洋政府特派委员会赴美访问，制定出改良中式会计的十项则例，基本统一了各种会计科目与会计核算方法。在记账方法方面，统一以借贷为记账符号，实行横式的左借右贷的记账方法；在会计科目设置方面，科学地分类编号，设有款、项、目、节四级；在支出方面，将资本支出与费用支出做出明确划分；在会计报表方面，制定了统一格式，能够全面反映各铁路财务状况，有助于主管部门依此做出决策。

民国初期，西方资本主义国家在中国广开银行，但由于当时国人缺少现代银行会计方面的知识，于是直接采用了西式复式簿记法：设置专门的"传票"作为银行记账凭证；会计账簿直接采用西式账页；设置日记账、分类账，分类账在日记账的基础上反映资金收付。除此之外，我国邮政部门，由西方国家直接操控的工厂、商行等也采用了更具合理性的西式簿记法。

2. 颁布会计法律

民国时期的会计思想独具特色，这一时期的显著特点是实现了会计的法治化，开创了我国会计法治化的先河。

民国时期分为北洋政府时期和国民政府时期，这两个时期分别采用不同的会计方法，北洋政府时期会计制度的建设主要以日本会计法律制度为蓝本，国民政府时期的会计制度建设则主要效仿美国和欧洲会计法律制度。从1912年起，政府在会计法治建设方面结合当时中国实际经济状况，陆续制定了一系列法律，如会计法、审计法、商业会计法、会计师法、预算法、决算法及有关各种法律的实施细则。通过颁布具体的会计法律法规，国家初步实现了对财政系统的全面控制，地方政府可以更好地发挥其在规范会计行为时所起到的重要作用。这一系列法令的实施，使会计立法逐步走向规范化，我国会计制度建设朝着更加完善的方向迈进。具体做法如下：

1912年3月，北洋政府财政部制订《会计法草案》，全案共有八章三十六条，明确突出了会计立法的目标是向西方政府会计立法靠拢，强调会计法在规范政府会计行为中的重要地位及主要作用。该草案的主要内容是：对会计年度的划分首次做出明确规定，岁入岁出要依据预算，现金由公库办理出纳，对政府工程及买卖借贷行为做出规范，规定征收国税要有一定的法律依据等。

1914年，北洋政府希望借助会计立法改良中国落后的会计工作，于是颁布了《民三会计法》，这是中国历史上的第一部会计法，是中国会计法治化的开端。《民三会计法》在格式与主要内容上与《会计法草案》大体相同，只是叙述更加简洁，概括性更强。《民三会计法》是根据日本的《会计法》进行编制的，其内容并未过多参考中国实际情况，有些条款的立定和陈述与日本的《会计法》几乎没有区别。

同年 3 月，财政部颁布《会计条例》，10 月 2 日经参政院议决将该条例更名为《会计法》，这是我国正式颁布的第一部真正意义上的"会计法"。全文共九章三十七条，对会计工作及会计组织做出了较为全面的规范，对总则、预算、收入、支出、决算、契约、期满免除、出纳官吏以及附则等方面做出了详细规定。

1915 年，北洋政府颁布《中华民国约法》，该法规定国家每年的岁入岁出预算应当交由审计院审定，审定之后由大总统做出报告交给法院请求承诺。《中华民国约法》将审计权利列入其中，说明了对会计监督的重视。同年 10 月另行制定《审计法》，这是中国历史上经过立法程序的第一部《审计法》。

1918 年，北洋政府农、财政两部起草《会计师暂行章程》，标志着中国会计师事业的诞生。章程规定：大学商科毕业后，有主管会计 3 年以上经验者，具备申请会计师的资格。1925 年，"'中华民国'会计师公会"作为会计师制度施行与监督必不可少的机构于上海成立。1929 年，南京政府工商部又制定了《会计师章程》，次年对这个章程重新进行修订，更名为《会计师条例》，至此，我国会计师职业得到了一定程度的认可。

1935 年 8 月，国民政府宣布废止原《会计法》，决定从 1936 年 7 月 1 日起施行新"会计法"。新《会计法》的内容涵盖广泛，包括通则、会计报告、会计科目、会计簿籍、会计凭证、会计人员、会计事务程序、会计报告程序、会计交代、附则等各项具体规定，全文共十章一百二十七条。

这部《会计法》是通过参考美国的《预算与会计法案》和《民三会计法》的相关内容来制定的，它专门运用于预算单位（政府机关），以强化政府在会计工作中的控制作用，保证会计工作规范化施行。《会计法》推动中国会计制度建设逐步走上科学、严密、系统化的道路，对我国会计制度建设具有深远的意义。

1948 年，国民政府又颁布了《商业会计法》，它的目的是为企业设立专门的会计行为规则。它的颁布标志着国民政府对政府会计和企业会计分别进行立法模式的确立。

可见，这一时期建立会计法律体系主要是在国家求富求强的目标指导下，借鉴西方会计法律成功经验，通过自上而下地引入会计法律法规使我国会计制度内容更加完善丰富。

3. 会计师职业的兴起

1923 年，《会计师制度之调查及研究》一书对英国、美国、加拿大、澳洲、欧洲大陆及日本等国家和地区的会计师制度进行了总结，并结合中国实际探讨了会计师资格取得、会计师推行方法及法规改善等问题。该书通过讲述西方国家会计师事业的成功经验，针对当时我国缺乏会计专业人才的情况，指出中国应学习西方建立会计师制度，通过提高会计人员素质来保证会计工作有效进行。国民政府时期，政府设立了会计师试验委员会和会计师审查委员会，规定只有审查和试验合格的人才能成为会计师。不仅如此，《会计师暂行章程》还借鉴英美成熟理论，对违反会计义务的工作者做出了取缔其会计师资格的规定。当时，政府规范与法律约束相结合，为推动我国会计师事业发展打下了坚实的基础。

（二）近代会计制度变迁特征

1. 西式簿记法节约交易成本

我国在近代之前所采用的记账方法被统称为中式簿记法，所谓中式簿记法，专指我国上收下付形式的单式簿记，单式簿记具有原理浅显、方法简便、易于操作等特点。宋代"四柱结算"法的出现开启了我国收付记账方法的先河，这一记账方法在我国运用千余年，必定有其合理之处，但中式簿记的不足之处也使得交易成本居高不下。第一，账户分类不合理，记账时除了对"人欠""欠人"的金额做出记录，其他大多数业务在发生时只做单方面记录，一般只记录现金、银行存款的收付及应收、应付等往来款项，不能全面反映债权债务关系。第二，账户设置不完整，账户与账户之间缺乏对应关系，不能进行平衡结算，难以防止错误和发现舞弊，做不到及时纠正。经济越发展，这些缺点越凸显，随着经济活动日益复杂，降低交易费用的要求必然促使中式簿记方法面临改革。西方的复式簿记在各方面都明显优于中式簿记，它不仅能够将借、贷事项与金额准确记录下来，将发生的每一笔经济业务同时在两个或两个以上的会计科目中进行反映，还能根据业务量大小、账目复杂程度随时调整簿记。西式簿记法在我国的应用大大减少了交易成本。

2. 强制性变迁和诱制性变迁并存

民国时期，会计职业组织在我国缓慢兴起，这一职业团体的出现要求我国会计制度更加完善，成为我国会计制度变迁的内在诱致性因素。但不同于西方国家，这一职业组织在我国还没有足够的历史沉淀，加之我国会计体系建设不具规模，对政治经济影响甚微，会计制度发展远远落后于西方，根本不可能像西方国家一样完全依赖民间职业性机构规范会计体系，这样的状况决定了我国如果想顺利完成会计制度变迁，在会计体系建设方面有所突破，只能通过政府出面从宏观角度进行干预，由政府作为主体引导会计制度变迁。从民国时期会计制度发展的历史来看，我国这一时期会计制度变迁带有明显的政府强制性特点。自古以来，我国的政治体系都是设立一个高度集权的中央政府，由中央政府对经济活动中大大小小的企业进行管理，是强政府、企业的管理模式，中央政府作为会计制度变迁的主体，利用手中的权力制定各种会计法律、法规，在会计核算方法变革和会计制度变迁的重大活动中扮演着唯一的主角，不以任何个人或者团体的意愿为转移，他们的想法在制度安排中均不被受到重视，政府主导的会计制度强制性变迁有效解决了制度短缺问题，迅速提供了变迁过程中所需要的制度安排，这是近代中国会计制度变迁的最主要特征。

3. 经济受西方控制是会计制度变迁的外因

16世纪中期至17世纪初，我国封建社会走向晚期，洋务运动的发展、《马关条约》的签订致使清政府放宽对民间设厂的限制，外国资产阶级强行在中国开办近代企业，资本主义经济关系开始萌芽。1840年，我国在鸦片战争中战败之后，逐步沦为半殖民地半封建国家，帝国主义国家在我国进行疯狂掠夺，不仅使我国的经济发展受到限制，同时受到影响的还有我国的政治体系、财政状况和工业结构。西方国家主要通过控制中国通商口岸、剥夺中国关税自主权、对华进行商品输出和资本输出等手段操纵中国经济命脉。当时清政府的财政收入大部分来自海关税收，资本主义国家强行掠夺我国关税自主权，导致我国关税收入低于当时世界上其他国家关税水平的平均值。

中国丧失关税自主权之后，西方列强开始向我国频繁输出商品和输出资本，对我国进行倾销和掠夺。为了适应资本输出的需要，西方资本主义国家开始在中国广泛开设银行，较早成立的银行有英国汇丰、德国德华、俄国道胜、法国东方汇理、日本正金、美国花旗等，这些银行的开设实现了各国对中国的金融控制，它们成为西方国家掠夺中国经济财富的中心。为了达到更加有力的控制，他们还在中国建立起许多垄断组织的分支机构，向中国当地政府贷款并对社会的各个行业进行投资，甚至组成联合银团来控制中国的财政经济。此外，由于中国的海关、铁路、航运和邮电等重要部门都被西方列强控制，财会大权直接操持于西方人之手，会计制度多由他们设计制定，走向西化是大势所趋。

4. 西方会计制度影响广泛

1912 年民国成立以前，我国长期处于封建统治状态，"重农轻商"观念紧紧束缚着人们的思想，使得商业得不到正常发展，这对会计学理论的发展和应用产生了阻碍，会计制度更是无法发挥它在经济生活中本应体现的作用。而此时的西方文明正以破竹之势飞快崛起，大洋彼岸的西方会计学理论体系逐渐完善并逐步走向成熟，西方学者通过对日常经济活动的总结创立出能全面反映业务活动的西式借贷记账法，并在此基础上对会计学理论和会计制度体系做出更为深入的研究，建立起一套自己的记账方法。此时在亚洲最具有代表性的国家当数日本，日本在明治维新运动之后国力逐渐强盛，走上独立发展经济的道路。日本在自身经济得到发展的情况下还采用了欧美先进的西式簿记方法，对其会计制度改革有锦上添花之效。中国看到日本引进西方会计制度的利好之处，也萌生了同样的想法，可以说当时日本引入西方记账方法这种做法影响了我国对会计制度早期的改革。

三、现代会计制度的发展变迁与完善

我国现代会计制度从 1949 年开始至今，经历了一系列的变革和发展。下面将我国现代会计制度分为改革开放前与改革开放后两部分分别进行讨论。

1949 年 10 月 1 日，中华人民共和国成立，在社会主义道路选择及计划经济的影响下，采用了苏联会计模式，但并不是一帆风顺。

改革开放之后，随着经济发展重心的转移，以及社会主义市场经济道路的确立，经济活动更加复杂，会计作为政府、企业、个人的一项重要管理工具，在会计准则的约束下开始发挥其管理职能。进入 21 世纪，我国会计体系分为非营利组织会计（政府会计）与营利组织会计（企业会计），由于非营利组织会计正在向营利组织会计模式转变，因此重点讨论企业会计制度的变迁。

（一）改革开放前会计制度的变迁

1. 新中国会计制度的重构与变迁

1949 年 10 月 1 日，中华人民共和国成立，新中国的经济在经历了抗日战争及解放战争之后已经伤痕累累，不堪重负，急需建立一套与本国经济现状相适应的财政经济体制。当时的中国政府做出了向苏联借鉴计划经济体制的重大决定，走上了计划经济发展的道路。受新的政治和经济环境变化的影响，会计制度一方面开始逐步清除并改造西方会计理论与方法，另一方面开始建立符合国情的会计方法和制度。

新中国成立之初，经济处于恢复时期，由于新中国成立初期的政治、经济、文化体系都尚不健全，我国把目光投向了当时走社会主义道路较成功的苏联，照搬苏联走上了计划经济的道路，会计工作也进入向苏联学习的阶段，逐步确立了以"资金运动论"为核心的会计理论体系。具体做法如下：建立统一会计制度，确立财务组织，实行总会计师责任制。然而全盘借鉴不久之后就有弊病显露，由于当时我们并没有结合具体国情，就盲目地对苏联的会计制度照搬照抄，这种不加分析的引入苏联会计制度的做法，最终表现为会计系统与经济系统不适应。为此，在1952年年底针对这一系列难题做出了重大的会计调整，规定不同所有制性质的企业以及具有不同规模的企业分别采用不同的会计制度。

2. 改革开放前会计制度变迁的特征

（1）全盘照搬苏联模式的会计制度具有系统性和强制性

新中国会计制度的建设进程中，由于我国没有形成自己独立的会计体系，学界对会计对象、会计本质、会计定义、记账方法及会计职能等做了一系列讨论之后，我国采取的做法基本上是对苏联的现行会计制度照搬照抄。当时的苏联具有统一的会计规范体系，会计的确认、计量、记录和报告采取政府法规的形式规范，具有强制性。新中国学习苏联制定统一会计制度，《中央重工业部所属企业及经济机构统一会计制度》于1950年7月1日发布，它的发布标志着我国会计制度得到统一，这是新中国在会计建设方面的第一个重大举措。此制度施行之后，铁道部、交通部、邮电部、贸易部、农业部等各部门都有了统一的会计制度；1956年出台的《国营工业企业基本业务统一会计报表》可以更加规范地对会计信息进行报告。

（2）计划经济下的会计核算是为了达到既定产值目标

在计划经济体制下，产权高度集中，企业不是一个独立核算的经济主体，不具有自主决策权，依附于国家经济指标，不具有独立性。国家对商品的统购统销政策使得企业不存在风险，不需要去考虑成本和收入的问题，企业不着眼于利润的实现，更多的是考虑怎样达到既定的产值目标。当企业的财务目标不是利润最大值，而是向着一个固定的产值指标迈进时，会计工作重心便不是以计量收益状况为核心，而是转移到关注每期期末余额是不是达到固定要求，各项财产是不是能不断保值和不断升值，所持有的资产是不是会持续增值。这样的会计工作必然脱离了它本职的计量功能，无法显现其应有的核算作用。在这种核算制度下，会计工作必然会偏离原始目标，会计制度也必然受到严重影响。后期，国家为了阻止这种局面的恶化，着手对全国上下的会计事务进行统一管理，确保会计工作能够更好地服务于各个企业进而达到国家要求。

（3）会计制度成为完成经济指标的工具

新中国成立之后到改革开放之前，我国先后经历了"大跃进"与"文化大革命"两重困难，政治遭到破坏，经济千疮百孔，这一时期的会计制度只是国家用来完成经济指标的工具，是建立在统收统支体制下的资金平衡会计模式。会计功能无法真正发挥出来，会计制度变迁也是服务于国家经济，在计划经济体制下为克服经济困难而进行。新中国成立之初的 30 年中，我国经济发展道路曲曲折折，但是也不乏正面力量。30 年的历程使人们对会计有了进一步的认识，会计工作变得越来越重要，成为经济发展与改革过程中不可或缺的一个重要因素。

（二）改革开放以来会计制度的发展与完善

1. 企业改革对会计准则制定提出要求

改革开放初期，我国企业会计制度没有统一规范：有的采用西式簿记，有的采用中式簿记，还有的采用改良的中式簿记；会计计量基础也不统一，有的以权责发生制为基础，有的以收付实现制为基础。即使同一行业，由于会计制度的选择各不相同，所采用的数据既没有可比性也无法据以合并，这种各自为政的会计制度给当时的经济发展带来了一定程度的阻碍。我国实行改革开放后，经济制度不再是计划经济，商品经济发展使得企业规模扩大，企业目标也有了新变化，产权清晰、权责明确、政企分开、管理科学等要求成为现代企业的共同目标，原先统一的会计制度就明显不符合经济发展要求，构建新的合理的会计核算规范迫在眉睫。

2. 我国会计准则的变迁历程

（1）会计准则探索阶段。1987 年以前，我国会计学界就对会计改革进行过讨论，但当时的焦点都集中于改革会计管理体制，并未提出制定会计准则的想法。

1987 年，中国会计学会专门成立"会计原则及会计基本理论研究组"（后改为"会计基本理论和会计准则研究组"），标志着我国会计准则研究正式进入了有组织的阶段。

1989 年 3 月 8 日，财政部发布《关于拟定中国会计准则的初步设想（讨论稿）》和《关于拟定我国会计准则需要研究讨论的几个主要问题（征求意见稿）》两份文件，这是我国会计准则制定过程中最早的公开文件。

1990 年 4 月，《中华人民共和国会计准则（草案）提纲》被制定，并于 1990 年 11 月和 1991 年 11 月做了两次修订，最终第三稿定为《企业会计准则第 1 号——基本准则（草案）》。

（2）会计准则初步建立阶段。经国务院批准，财政部于 1992 年 11 月 30 日以第 5 号部长令的形式签发了《企业会计准则》。这一准则的出台标志我国基本会计准则正式建立。紧接着，财政部又组织制定了 13 个行业会计制度，以方便会计实务具体操作。1993 年下半年，财政部会计司专门成立了两个专家组（分别是德勤国际会计公司担任的国外专家组和有 10 名成员的国内专家组）从事会计准则的具体制定。

1994 年 2 月，财政部会计司正式公布具体会计准则的征求意见稿，并在广泛接受社会意见的基础上于 1997 年 5 月 22 日起陆续出台了近 20 项具体准则。

（3）会计准则成熟阶段。1998 年之后，我国会计准则根据国内外经济形势变化不断修订，与国际接轨，具体准则由原来的 20 项增加到 22 项。2006 年 2 月，财政部对以前的准则进行修订，颁布了《企业会计准则》，在原先的具体准则上新增了 16 项准则，使得会计准则的变迁进程与国际会计准则趋于同步。

3.改革开放以来会计制度变迁的影响因素

（1）交易费用理论下会计准则的运用

一项制度的变迁需要以交易成本最低原则来进行，如果不能降低交易成本，那么制度变迁就达不到变迁的目的，会计准则作为制度的一个方面，它的选择和变迁也必然按照交易费用最低化的原则来进行。新中国成立初期，市场在计划经济体制下不能发挥效用，会计制度是与当时的计划经济体制相适应的一种制度。社会主义市场经济替代计划经济之后，"有效市场"逐步确立，在这种情况下，如果继续沿用原来的会计制度，市场交易费用必然增加。当企业的经营者与出资者是同一个人时，他就可以在经营企业的同时获取利润，因为经营权与所有权集于一身，经营者不需要外部与内部的任何鼓励就会本能地出于"理性人"的角度追求利益最大化，所以也就无须对其经营进行督促和监管。市场经济体制下的现代企业所有权与经营权分离，经营者希望在经营企业的同时更多地增加享受成本，而所有者（股东）则希望经营者通过减少享受成本而为企业创造更多利润，所以股东会运用自己的监督权来干预企业的运作，试图采取最佳的会计核算方法和程序。当然，债权人也向企业投入了一定资金，他们为了保证自身利益不受侵害，会在与经营者签订的合约中添加有利于自身的协议内容。会计准则的制定对经营者、所有者、债权人三方都做出了一定限制，协调三方利益，能够有效地提高企业运作效率。由于企业适用于统一的、共同的会计准则，所以在交易过程中可以在很大程度上减少一些不必要的花费，从而减少交易成本。

（2）市场规模扩大引起会计制度变迁

自1992年至今，我国经济受国际化影响至深，在世界经济一体化影响下，一方面国内资本市场迅速发展，另一方面国际经济交往大幅增加，这两方力量的推动，使我国海外直接投资流入总额在1990年至1996年巨幅增加，创下了1563.42亿美元新高，并且此后，这一数量和规模仍呈不断攀升之势。近年来，国际性筹资活动规模日益扩大，各国跨国上市和发行证券等活动越发频繁，资本市场国际化程度逐步提高，这些因素都在一定程度上促进了我国会计制度的变迁。1992年之后，我国会计制度变迁的方向逐步显示出向国际惯例靠拢的趋势。

第二节 会计理论的定位与作用

一、会计理论的定位

财务会计理论是从会计实践中产生的，在历史的变迁中不断演化形成了现代财务会计的理论框架。研究财务会计理论对于理解今天的财务会计实务以及预测未来都具有重要的意义。

"理论"一词，按照《韦氏新国际辞典》的解释，是"一套紧密相连的假定性的、概念性的和实用性的原理的整体，构成了对所要探索领域的可供参考的一般框架"。

我国《辞海》对"理论"的释义是："概念、原理的体系，是系统化了的理性认识。"从学术研究的角度看，"理论"是实践中概括出来的关于自然和社会知识的科学且系统的结论。

对自然科学而言，"理论"往往体现为定理、推论或命题，而且随着实验者进行实验结果的不同而不断发展和完善，最终达到约束条件下的"广泛可接受性"，所以自然科学的理论较为精确，获得了"硬科学"的赞誉。而对社会科学来说，"理论"的普遍认可度大大降低，根本原因是社会科学领域的理论难以直接进行检验。以经济学为例，有主流经济学与非主流经济学之分。就管理学而言，所谓理论往往来自一些个案的经验，有时难以取得共识，众说纷纭。作为经济学和管理学的下游，会计学领域的会计理论同样具有多样化的特征。

关于会计理论的概念，不同的会计学者和组织有着不同的解释。

1966年美国会计学会在发表的《基本会计理论说明书》中将会计理论定义为"前后一致地将假定性的、概念性的和实用性的原理的整体，构成对所要探索领域的可供参考的一般框架"。与此同时，提出了会计理论研究的四个目的：

（1）确定会计的范围，以便定义会计的概念并有可能发展会计的理论；

（2）建立会计准则来判断、评价框架信息；

（3）指明会计实务中有可能改进的某些方面；

（4）为会计研究人员寻求扩大会计应用范围以及由于社会发展的需要扩展会计学科的范围，提供一个有用的基本框架。

这一定义，强调了会计理论的构成内容及其体系问题。

英国会计学教授麦克·哈卫和弗莱德·克尔合著的《财务会计理论与准则》认为："会计理论可以定义为：一套前后一贯的概念性、假设性和实用性主张，用于解释和指导会计师确认、计量和传输经济信息的行为。"

美国会计学家莫斯特（Kenneth.S.Most）在其《会计理论》中描述："理论是对一系列现象的规则和原则的系统描述，它可视为组织概念、解释现象和预测行为的框架。会计理论由对来自会计实务的原则和方法程序的系统描述组成。"

1977年，美国会计学家亨德里克森（Eldon S.Hendriksen）在《会计理论》（1992）中发表论著，他认为："会计理论可以定义为一套逻辑严密的原则，它：（1）使实务工作者、投资人、经理和学生更好地了解当前会计实务；（2）提供评估当前会计实务的概念框架；（3）指导新的实务和程序的建立。会计理论可用来说明现行实务，以获得对它们的最好理解。"这里强调的是，会计理论的表现形式是会计原则。

1986年，瓦茨和齐默尔曼（Walts and Zimrnennan）在《实证会计理论》中，从实证会计研究方法的认识角度，对会计理论做了如下解释："会计理论的目标是解释和预测会计实务""解释是指为观察到的实务提供理由""预测是指会计理论应能够预计未观察到的会计现象""包括那些已经发生但尚未搜集到系统证据的现象"。他们倡导的理论研究限于对"是什么"和"将会是什么"的解释，较少涉及"应当如何"的逻辑演绎领域。

2000 年，艾哈迈德·里亚希 - 贝克奥伊（Ahmed Riahi-Belkaoui）在《会计理论》中提出，理论可以被定义为"以解释和预测会计现象为目标，通过辨别变量之间关系来系统反映现象的系统观点的一套相互联系的概念、定义、命题"。这种观点与亨德里克森的极为相似，也是主要强调会计理论的构成内容，即认为"会计理论"应当是一套系统的原则或者互为关联的概念、定义所构成的体系。

2004 年，亨利·沃尔克（HarryI.Wolk）等在《会计理论》（第六版）中指出，"会计理论"可被定义为"用于起草会计准则的基本规则、定义、原则和概念，以及它们的由来。站在实用主义的角度，会计理论的目的在于改进财务会计和财务报告"。这一观点是对会计理论功能的直接表述。

美国财务会计准则委员会（FASB）指出，财务会计概念框架（Conceptual Framework of Framework of Financial Accounting，简称 CF），是由相互关联的目标和基本概念所组成的逻辑一致的体系，这些目标和基本概念可用来引导首尾一贯的准则，并对财务报告的性质、作用和局限性做出规定。财务会计概念框架，实际上就是对财务会计基本理论的一种特定表述。现在大多数人认为，会计理论主要是指财务会计概念框架，它主要包括会计目标、会计假设、会计概念和会计准则，是一个旨在探索会计本质的总体性参考框架。

葛家澍（1996）在其著作《市场经济下会计基本理论与方法研究》中指出，财务会计理论是来自财务会计实务，高于会计实务，反过来又可以指导会计实务的一套规范性的概念框架。它的任务在于解释、预测并指导财务会计实务。需要说明的是，会计理论范围有广义和狭义之分，广义的会计理论包括财务会计理论、管理会计理论和审计理论，本书研究的是狭义的财务会计理论。

研究会计理论就要科学地界定会计的概念，合理地确定会计的范围，以进一步发展会计理论，指导会计实践，并不断改进会计实务，为会计信息使用者提供信息，为会计研究人员扩大会计应用范围提供有用的框架。

二、会计理论的功能

由于理论是对现实的抽象和简化，而现实世界不但错综复杂且日新月异，因此完美无缺的会计理论实际上是不存在的。人们对会计理论加以选择的一个重要标准就是会计理论所能解释和预测会计实务的范围及其对使用者的改进。

对会计理论的作用或功能的认识，有两种不同的观点，其中规范会计研究者认为会计理论的作用在于解释、预测和指导会计实务；而实证研究者认为理论的作用仅限于解释和预测。

规范研究学派的观点可以从美国会计学会对会计理论研究的目的中发现：

（1）确定会计的范围，以便定义会计的概念，并有可能发展会计理论；

（2）建立会计准则来判断评价会计信息；

（3）指明会计实务中有可能改进的某些方面；

（4）为会计研究人员寻求扩大会计应用范围以及由于社会发展的需要扩展会计学科范围时提供一个有用的框架。

实证研究对会计理论的认识，在瓦茨和齐默尔曼（Watts and Zimmerman）所著的《会计理论的供求：一个借口市场》中集中体现为三个方面：

（1）教学需要。通常不同的会计政策会产生不同的经济后果，为了降低企业的代理成本，需要设计不同的会计政策和会计程序。但是，程序的多样化会导致技术、格式上的不一致，增加了教学难度，因此理论工作者往往从评价和检查现存的会计系统中总结不同程序的相似性和差别来发展会计理论。

（2）信息需要。会计理论的作用不限于对会计实务的解释和描述，还包括预测会计程序对不同利益相关者的影响。例如，在审计契约中，注册会计师往往需要会计理论去对不同的会计程序可能导致的代理成本、审计风险以及诉讼可能性进行评估。

（3）辩解需要。按照代理理论，委托方和代理方的目标函数往往并不一致，前者以追求利润为首要目的，而后者除了希望公司货币收益最大化，还希望有较多的闲暇舒适的环境、带薪休假，甚至缔造个人的经理帝国。所以不能排除代理方存在牺牲委托方的利益来追求个人利益的行为。会计理论的存在，可以使审计人员充分了解企业管理当局操纵盈余的经济后果，提升审计人员的业务技能，而且可使审计人员有充足的理由去抵制管理当局的盈余操纵行为。

概括地说，西方会计学者普遍认为会计理论的作用主要包括两方面：一是解释现存的会计实务；二是预测或指导未来的会计实务。或者说，建立会计理论的意图是对现行的惯例进行论证和批判，而会计理论形成的主要动力来自必须对会计所做或期望要做之事提供证据。然而，会计理论又要接受会计实务的验证，所以，美国会计学家贝克奥伊认为："某种给定的会计理论应能解释和预测会计现象，但当这些会计现象出现时，它们又反过来验证理论。"美国会计学家亨利·沃尔克强调："理论的作用主要在于解释和预测不同事物或现象之间的关系。他认为，会计理论对会计实务的作用主要是通过会计理论对于会计政策选择（准则制定）的影响而得以实现。"

国内学者魏明海总结了会计理论的三种基本功能。

1. 信息传递和经验总结功能。作为会计理论，包含关于现实存在会计实务的信息知识和对该项实务活动的描述，能起到信息搜集传播和经验归纳总结的效用。

2. 解释和评价功能。为什么现存的会计实务会被采用？为何以及如何产生？实效如何？这些问题都可借助会计理论给予回答。所谓"解释"是指会计理论为现存的会计实务说明其理由。这是会计理论指导会计实务作用的具体体现。人们之所以研究会计理论，一个重要方面就是要对现存的会计实务做出合理的解释，以说明对某项交易之所以采用这种方法和程序，而不采用其他的方法和程序的理由，从而为现存会计实务提供理论依据。

3. 预见和实践功能。会计理论不只是解释会计实务在一定时期内如何进行、产生何种作用，还要预见会计实务中将要产生的新现象和新问题，并预测会计实务的发展趋势和前景。所谓"预见"是指会计理论能对未来可能发生的新的会计实务进行预测或指导，对会计人员期望所做之事提供理论依据。在众多尚未制定出会计规范的领域中，利用会计理论的指导制定会计准则和制度在内的各种规范，以解决实务中的新问题。

我国目前正处在向市场经济转型的关键时期，会计理论面临着新的发展机遇，会计理论研究空前活跃，会计改革涌现出来的新情况、新问题，迫切需要会计理论适时做出科学的解释与指导。制定适合中国市场经济特色的会计法规、会计政策、会计准则，也需要会计理论研究作为坚强的后盾。因此，我国会计理论研究，除了发挥信息需要、教学需要和政策支持功能外，还应积极吸收发达国家的先进会计理念、会计理论和会计方法，为我国会计改革服务，促进我国的经济发展和经济体制进一步完善。

三、会计要素

（一）会计要素的概念

会计工作的对象是资金运动，而资金运动所牵涉的具体内容不但十分广泛，而且性质与作用相差也很大。为了有条理地对会计对象进行核算与监督，就必须按经济内容的特点对会计对象进行分类，以便在会计工作中根据不同的类别进行确认、计量、记录和报告。会计要素就是会计对象的最基本分类，也是会计对象的具体化。会计要素是设定会计科目的基本依据，也是会计报表的根本要素。我国《企业会计制度》将会计要素分为六类：资产、负债、所有者权益、收入、费用和利润。在这六类会计要素中，根据各会计要素的变动与否，又可把会计要素分为动态会计要素和静态会计要素。其中，收入、费用和利润属于动态会计要素，而资产、负债和所有者权益属于静态会计要素。

将会计的对象分解成若干个会计要素，是对会计内容的第一步分类。其作用有如下三个方面：

（1）会计要素分类能够分类提供会计数据和会计信息，这就使得利用会计信息进行投资和经营决策、加强经济管理变得切实可行。

（2）会计要素分类使会计确认和计量有了具体的对象，为分类核算提供了基础。

（3）会计要素为会计报表搭建了基本框架，根据会计要素组成的会计报表可以很好地反映各个会计要素的基本数据，并科学地反映各会计要素间的关系，从而为相关方面提供更有价值的经济信息。

（二）会计要素的内容

1. 资产

资产，是指过去的交易、事项形成的并且由企业拥有或者控制的资源，该资源预期能给企业带来经济利益。

一家企业要从事生产经营活动，必须具备一定数量的物质条件。在市场经济条件下，这些物质条件可以表现为货币资金、房屋场地、原材料、机器设备等，也可以是不具有实物形态的各种款项，如以债权形态出现的各种应收款项，还可以是以特殊权利形态出现的专利权、商标权等无形资产，以上这些物质条件统称为资产。资产是企业从事生产经营活动的物质基础。根据资产的定义，不难发现资产具有以下特点。

（1）资产是由企业过去的交易、事项所形成的。也就是说，资产一定是现时的资产，而不能是预期的资产。只有过去发生的交易或事项的结果才能增加或减少企业的资产，未来的、还未发生的或尚处于计划中的事项的可能后果不能确认为资产。比如，某企业在某年的1月份与另一企业签订了一项购买设备的合同，实际购入设备的时间在3月份，则该企业不能在1月份将该设备确认为自己的资产，因为交易并没有完成。

（2）资产应为企业拥有或控制的资源，拥有或控制的企业享有某项资源的所有权，或者虽然不享有某项资源的所有权，但该资源却能被企业所控制。享有某项资源的所有权是指企业有权占有此项资源，完全可以按照自己的意愿使用或处置该资源并享有使用或处置该资源所带来的经济利益，其他单位或个人未经企业许可不得擅自使用。被企业所控制是指企业对某些资产虽不拥有所有权，但能够按照自己的意愿使用该资源并享有使用该资源所带来的经济利益。按照实质重于形式的原则，假如企业能够控制某项资源，则该资源也应确认为企业的资产，如融资租入固定资产。

（3）资产预期会给企业带来经济利益，是指资产直接或间接导致现金或现金等价物流入企业的潜力。这种潜力可能来自企业日常的生产经营活动，也可能是非日常的生产经营活动；带来的经济利益可以是现金或现金等价物的形式，也可以是转化为现金或现金等价物的形式，还可以是减少现金或现金等价物流出的形式。

资产预期是否会为企业带来经济利益是资产的重要特征。比如，企业采购的原材料可以用于生产经营过程，制造商品、提供劳务，对外出售产品后收回货款，货款就是企业所获得的经济利益。假如某一项目预期不能给企业带来经济利益，那么这一预期就不能确认为企业的资产。前期已经确认为资产的项目，假如不能再为企业带来经济利益，那么也不能再确认为企业的资产。

会计人员在具体核算和反映资产时是分类进行的，会计信息的使用者在分析企业资产及其他财务状况时也需要按照一定的标准对资产进行分类。总体来说，资产分类的目的如下：

（1）便于管理当局对企业进行有效的管理；

（2）便于财务报表使用者更好地了解企业及其经营状况；

（3）向财务报表使用者提供有关变现能力的信息；

（4）完整地描述企业的经营活动；

（5）有助于更好地理解财务报表信息。

按照不同的标准，资产有不同的分类，这里主要根据资产的流动性对其进行分类。资产按其流动性可分为流动资产、长期投资、固定资产、无形资产和其他资产。

（1）流动资产。流动资产是指可以在一年或者超过一年的一个营业周期内变现或者耗用的资产，主要包括现金及各种存款、短期投资、应收及预付款项、存货等。现金及各种存款，包括库存现金以及在银行和其他金融机构的存款。现金和各种存款处于货币形态，所以又被称为货币资产。短期投资是指各种能够随时变现并且持有时间不准备超过一年的投资。应收及预付款项包括应收票据、应收账款、其他应收款、预付账款等。

存货是指企业在日常活动中持有以备出售的产成品或商品、处在生产过程中的在产品、在生产过程或提供劳务过程中耗用的材料和物料等。

（2）长期投资。长期投资是指除短期投资以外的投资，包括持有时间准备超过一年（不含一年）的各种股权性质的投资、不能变现的或不准备随时变现的债券投资及其他股权投资。如股票、债券以及其他企业联营的投资，它们只有在收回投资时才可以变为现金。

（3）固定资产。固定资产是指使用期限超过一年的房屋、建筑物、机器、机械、运输工具，以及其他与生产、经营有关的设备、器具、工具等。

（4）无形资产。无形资产是指企业为生产商品或者提供劳务、出租给他人，或为管理目的而持有的、没有实物形态的非货币性长期资产，如专利权、非专利技术、商标权、著作权、土地使用权、商誉等。

（5）其他资产。其他资产是指除流动资产、长期投资、固定资产、无形资产以外的其他资产，如长期待摊费用。

2. 负债

负债是指过去的交易、事项形成的现时义务，履行该义务预期会导致经济利益流出企业。负债表示企业的债权人对企业资产的部分权益，即债权人权益。它具有以下特征：

（1）负债是指由于过去的交易或事项而使企业现时承担的对其他经济实体的经济责任和义务，只有企业承担经济义务或事项确实发生时才给予确认。比如，企业从银行借入资金，就具有还本付息的义务；从供应商赊购材料或商品的同时，应对其负有偿还货款的义务。对于还没有履行的合同或者是在将来才发生的交易意向，则并不构成企业当前的负债。比如，企业与供应商签订的购货合同（或订单），约定在3个月后进行交易，这仅仅是未来交易的意向，并不能作为企业的负债。

（2）负债是预期会导致经济利益流出企业的现时义务，负债不能够无条件地取消。不管是哪种原因产生的负债，企业在偿还负债时都将使企业经济利益流出企业。在履行现时义务清偿负债时，导致经济利益流出企业的形式有很多，可以是用现金偿还或用实物资产形式清偿，还可以是举借新债偿还旧债；可以用提供劳务的形式偿还，还可以将债务转为资本等。

总之，负债是企业的一项现时义务，必须在未来某一特定时日以牺牲自己的经济利益作为代价偿还，而偿还的对象和金额是可以确认的，也是可以合理估计的。因此，某一项目是否作为企业的一笔负债，基本的判断标准就是看负债的含义及特征。

企业的负债按其流动性，分为流动负债和长期负债。

（1）流动负债。流动负债是指将在一年（含一年）或者超过一年的一个营业周期内偿还的债务，包括短期借款、应付票据、应付账款、应付职工薪酬、应交税费、应付利润、其他应付款等。

短期借款是指企业从银行等金融机构和其他单位借入的期限在一年以内的各种借款。

应付票据是指票据出票人承诺在一年内的某一指定日期，支付一定款项给持票人的一种书面凭证，包括银行承兑汇票和商业承兑汇票。

应付账款是指企业在生产经营过程中因购买商品或接受劳务而发生的债务。

应付职工薪酬是指企业为获得职工提供的服务而给予的各种形式的报酬以及其他相关支出。

应交税费是指企业应当上交给国家财政的各种税费。

应付利润是指企业应付而尚未支付给投资者的利润或股利。

（2）长期负债。长期负债是指偿还期限在一年以上或者超过一年的一个营业周期以上的债务，包括长期借款、应付债券、长期应付款等。

长期借款是指企业从银行或其他金融机构借入的期限在一年以上（不含一年）的各项借款。

应付债券是指企业通过发行债券，从社会上筹集资金而发生的债务。

长期应付款是指企业除长期借款和应付债券以外的其他各种长期负债，包括应付融资租入固定资产的租赁费、以分期付款方式购入固定资产等发生的应付款项等。

3. 所有者权益

所有者权益是指所有者在企业资产中享有的经济利益，其金额为资产减去负债后的余额。

所有者权益在股份制公司中被称为股东权益，在独资企业中被称为业主权益。它具有以下特征：

（1）所有者权益是企业的投资人对企业净资产的要求权，这种要求权是受企业资产总额和负债总额变动的影响而增减变动的。

（2）投资者的原始投资行为采取的无论是货币形式还是实物形式，所有者权益与企业的具体资产项目并没有直接的对应关系，所有者权益只是在整体上、抽象意义上与企业资产保持数量上的关系。

（3）权益的所有者凭借所有者权益能够参与企业的生产经营管理，并参加利润的分配，同时承担企业的经营风险。

所有者权益包括实收资本（或者股本）、资本公积、盈余公积和未分配利润等。

实收资本是指投资者按照企业的章程或合同、协议的约定，实际投入企业的资本，包括国家投入资本、法人投入资本、个人投入资本和外商投入资本等。

资本公积是指由所有者共有的非收益转化而形成的资本，包括资本溢价或股本溢价、资产评估增值、接受捐赠的资产价值等。

盈余公积是指按照国家有关规定从税后利润中提取的积累资金，包括法定盈余公积金、任意盈余公积金和法定公益金。

未分配利润是指企业留于以后年度分配的利润或待分配利润。

4. 收入

收入是指企业在销售商品、提供劳务及让渡资产使用权等日常活动中所形成的经济利益的总流入，包括主营业务收入和其他业务收入。收入不包括为第三方或者客户代收的款项。此处的收入主要是指企业在连续不断的生产经营活动过程中通过交易而产生的收入，所有不对外的销售商品、提供劳务服务等非交易活动不产生收入。换言之，企业只有在对外发生交易的过程中，才能使经济利益流入企业，也才能产生收入。

由收入的定义可知收入具有以下特征。

（1）收入是企业在日常交易活动中形成的经济利益流入

日常交易活动是指企业为完成其经营目标而从事的所有活动以及与其相关的其他活动，如企业销售商品、提供服务或劳务等活动。日常交易活动取得的收入是指企业在销售商品、提供劳务等主营业务活动中获得的收入，以及因他人使用本单位资产而取得的让渡资产使用权的收入。

（2）收入会导致企业所有者权益的增加

与收入相关的经济利益的流入会导致所有者权益的增加，不会导致所有者权益增加的经济利益流入不符合收入的定义，不能确认为收入。比如，企业向银行借入款项，虽然导致了企业经济利益的流入，然而该流入并不导致所有者权益的增加，反而使企业承担了一项现时义务，因此，企业对于因借入款项所导致的经济利益的增加，不应当确认为收入，而应当确认为一项负债。

（3）收入只包括本企业经济利益的流入

收入只包括本企业经济利益的流入，不包括为客户或第三者代收的款项和从偶发的交易或事项中产生的经济利益的流入。代收的款项一方面增加企业的资产，另一方面也增加了企业的负债，因此，不属于本企业的经济利益，不能作为企业的收入。偶发的交易或事项产生的经济利益的流入属于非日常活动所形成的利润，不符合收入的定义，也不能确认为企业的收入。

企业收入按照性质的不同可分为商品销售收入、劳务收入和让渡资产使用权等取得的收入；按照日常经营活动在企业所处的地位，收入可分为主营业务收入和其他业务收入。

5. 费用

费用是指企业为销售商品、提供劳务等日常活动所发生的经济利益的流出。成本是指企业为生产产品、提供劳务而发生的各种耗费。企业应合理划分期间费用和成本的界限：期间费用应当直接计入当期的损益，成本应当计入所生产的产品、提供劳务的成本。

按照费用的定义，经分析可知费用具有以下特征。

（1）费用是企业在日常经营活动中发生的经济利益流出

在日常活动中发生的经济利益流出是指企业为取得收入而发生的所有活动以及与之相关的其他活动产生的经济利益流出，如物资采购过程中发生的采购费用，为生产商品所消耗的直接材料费、直接人工费和制造费用，商品销售过程中发生的销售成本以及销售费用，为管理和组织生产发生的管理费用，因使用其他单位资产而支付的租赁费、财务费用等。有些交易或事项虽然也能使经济利益流出企业，如对外捐赠、存货盘亏、固定资产报废损失等，但因其不属于企业的日常经营活动中发生的，故不属于费用而属于支出或者损失。

（2）费用会引起所有者权益的减少

按照费用与收入的关系，费用可以分为营业成本和期间费用。

营业成本是指销售商品、提供劳务或销售材料等业务的成本。营业成本按照其与主营业务收入和其他业务收入的关系，可以分为主营业务成本和其他业务支出（也称为其他业务成本）。主营业务成本是企业在销售商品和提供劳务等日常活动中发生的成本。其他业务支出是除主营业务成本以外的其他销售或其他业务所发生的支出和相关费用等。根据配比性原则，发生的营业成本必须与其对应的收入项目在同一会计期间确认。

期间费用包括销售费用、管理费用和财务费用。销售费用是指企业在销售商品过程中发生的费用，管理费用是指企业为组织和管理企业生产经营所发生的管理费用，财务费用是指企业为筹集生产经营所需资金等而发生的费用。

6. 利润

利润是指企业在一定会计期间内实现的全部收入和利得减去全部费用和损失后的差额。利润是企业在一定会计期间的经营成果，包括利润总额、营业利润和净利润。影响企业利润的因素有营业活动和非营业活动，其中营业活动是主要因素。利润不仅是企业经营的目的和动力，也是考核和比较企业经济效益高低的一个重要经济指标。

利润总额是指营业利润加上补贴收入、营业外收入，减去营业外支出后的金额。

营业利润是指主营业务收入减去主营业务成本和主营业务税金及附加，加上其他业务利润，减去销售费用、管理费用和财务费用后的金额。

净利润是指利润总额减去所得税后的金额。

四、会计的职能

所谓会计的职能，是指会计在经济管理中所具有的功能，也就是人们在经济管理工作中能用会计做什么。马克思认为"过程越是按社会的规模进行，越是失去纯粹个人的性质，作为对过程的控制和观念总结的簿记就越是必要"。我国会计界普遍认为，马克思在这里所说的"簿记"指的就是会计，而"过程"指的是再生产过程，"观念总结"则是用观念上的货币（是价值尺度而不是实际货币）对各单位的经济活动情况进行综合的数量核算（或反映），而"控制"则是按照一定的目的和要求，对单位的经济活动进行控制并使其达到预期目标，也就是监督。因此我们认为，核算和监督是会计最主要的两项职能。

（一）核算职能

会计的核算职能是指会计能以货币为计量单位，综合反映企事业单位的经济活动，为其经营管理提供会计信息。核算职能也称为反映职能，是会计最基本的职能，更是会计发挥其他职能的基础。日常会计工作中经常提到的记账、算账、报账，就是会计核算职能的具体体现。

　　所谓记账，就是运用一定的记账方法，将一个企事业单位所发生的全部经济业务在账簿上予以记载。所谓算账，就是在记账的基础上，计算企业在生产经营过程中的资产、负债、所有者权益、成本和经营成果，或是计算行政事业单位预算资金的收入、支出和结余情况。所谓报账，就是在记账、算账的基础上，将企业的财务状况、经营成果或事业单位的资金收支情况，通过会计报表向企事业单位内外部的有关各方通报。

　　一般来说，会计的核算职能具有以下两个方面的特点。

　　（1）会计主要是利用货币计量对经济活动的数量方面予以反映的。在反映经济活动时，会计一般会采取实物、劳动和货币这三种量度。在商品经济条件下，作为价值尺度，货币可以综合计算劳动的耗费、生产资料的占有、收入的实现等，综合反映经济活动的过程和结果，所以会计主要是以货币为计量单位，从数量上去反映经济活动。

　　（2）会计反映是连续的、系统的、完整的。要反映经济活动的整个过程，会计反映所提供的数据资料就不能只是简单的记录，而要对初始资料进行分类、分析和汇总，将其转换成有条理且成系统的会计信息，而非杂乱无章、支离破碎的会计信息。特别要注意的是，会计反映的内容一定要完整，不能有丝毫遗漏。

（二）会计的监督职能

　　会计的监督职能是指会计按照一定的目的和要求，利用会计核算所提供的经济信息，控制企事业单位的经济活动，使其达到预期目标。会计的监督职能具有以下特点。

　　1. 企业内部会计监督、社会监督和国家监督共同构成了会计监督

　　企业内部会计监督是一个企业为了保护其资产的安全完整，保证它的经营活动符合国家法律、法规和内部规章制度要求，提高经营管理效率，防止舞弊，控制风险等目的，在企业内部采取的一系列相互联系、相互制约的制度和方法。会计的社会监督主要是由社会中介机构，如会计师事务所的注册会计师依法对受托单位的经济活动进行审计，并据实做出客观评价的一种监督形式，是一种外部监督。会计的国家监督是指政府有关部门依据法律、行政法规的规定和部门职责权限，对有关单位的会计行为、会计资料所进行的监督检查。单位内部会计监督、有关部门对单位实施的国家监督以及由注册会计师承办的社会审计监督，组成了三位一体的会计监督体系。它们之间相互依存，共同为社会经济服务。

　　2. 会计监督是以国家财经法律、行政法规和国家统一会计制度为依据的

　　为了促进有序竞争和有效资源配置，打击违法行为，规范会计工作，保证会计资料正确、可靠，为了给投资者、债权人、社会公众以及政府宏观调控部门提供真实、准确的会计资料，为了维护社会经济秩序，会计监督必须以国家法律、行政法规和国家统一会计制度为依据。

　　3. 会计监督主要是利用会计核算所提供的各种价值指标所进行的货币监督

　　如前所述，会计主要是通过提供单位一系列经济活动的经济指标，综合核算经济活动的过程和结果，如资产、负债、所有者权益、收入、成本费用、利润以及偿债能力、获利能力、营运能力等指标。会计监督就是根据这些价值指标而进行的。由于价值量指标具有综合性，所以利用价值指标进行监督，不仅可以比较全面地考核和控制各单位的

经济活动，而且可以经常并且及时地对经济活动进行指导和调节。

会计监督不仅利用价值指标进行货币监督，而且可以进行实物监督。

4.会计监督是通过会计核算经济活动同时进行事前、事中和事后监督

事前监督是指会计部门根据有关法律法规、政策和国家统一的会计制度，通过参与各种决策以及制订相关的各项计划和费用的预算，对各项经济活动的合理性、合法性进行审查；对于那些违反相关的法律法规、政策、制度以及相关的各种计划和费用预算的，加以限制或制止，以便限制浪费，促进经济效益的提高。事中监督，是指在日常会计工作中，对已经发现的问题提出建议，迫使有关部门采取相应的措施，调整经济活动，使其按照预定的要求和预期的目标进行，也就是通过会计监督控制经济活动。事后监督，就是指以事先制订的目标、计划、预算为依据，通过分析已获得的会计资料对已发生或完成的经济活动的合法性、合理性、有效性进行评价和考核。

为经济管理提供信息是会计核算的主要职能。会计是为经济管理服务的，是经济管理必不可少的工具。会计的监督职能就是对经济活动加以控制、促进、指导和考核，是经济管理的主要构成部分。会计的核算职能和监督职能是密不可分、相辅相成的。如果没有会计核算，会计监督就会失去存在的基础；如果没有会计监督，会计核算就会失去存在的意义。因此，只有把会计核算和会计监督结合起来，才能发挥会计在经济管理中的作用。

五、会计的内容

会计的内容就是会计要核算和监督的内容，即会计的对象。对研究和运用会计方法而言，明确会计的内容具有非常重要的意义，因为只有了解了会计要核算和监督的内容，才能有针对性地采用恰当的方法予以核算和监督，进而发挥会计在经济管理中的作用。

（一）会计内容的一般说明

在社会再生产过程中，各种各样的经济活动并存，会计并不能核算和监督再生产过程中经济活动的所有方面，而只能核算和监督能用货币表现的经济活动。在商品经济条件下，这部分能用货币表现的经济活动既构成了实物运动，也构成了价值运动。会计核算和监督的内容是商品经济中的价值运动，具体包括在再生产过程中价值的耗费和收回，价值的取得、分配和积累的过程，而这正是会计核算和监督的一般内容。

（二）会计的具体内容

不同的会计主体，其经营活动范围和类型会有所不同。就工业企业来说，一般包括筹资活动、投资活动和经营活动，其中经营活动的资金运动包括资金投入、资金运用、资金退出三个阶段，而资金运用又包括供应活动、生产活动和销售活动三个过程。

1.筹资活动

筹资活动是企业重要的经济活动之一。企业可以通过自有资金或借入资金来实现筹资活动。自有资金是指企业所有者投入资金，这些资金有可能来源于所有者的投入，也

可能来源于企业利润的留存；借入资金是指企业通过向银行金融机构以及其他债权人融资而筹集的资金，主要目的在于补充企业自有资金的不足。

2. 投资活动

投资活动指的是企业使用所筹集的资金获取所需的各种经济资源的过程，是企业重要的经济活动之一。企业的投资分为对内投资和对外投资。对内投资指的是为了维护和扩大企业的经营能力而进行的投资，如建造厂房、购买机器设备等。对外投资指的是将企业资金投放到企业之外的其他经济实体来赚取投资报酬。对外投资既可以表现为以货币资金、厂房、机器设备等方式进行的直接投资，也可以表现为通过在证券市场上购买股票、证券等方式进行的间接投资。

3. 经营活动

经营活动指的是企业利用内部投资进行经营的过程，也是企业的重要经济活动之一。企业的经营活动是由各个不同的经营环节构成的。工业企业的资金运动通常由三个阶段（资金进入、资金运用和资金退出）以及三个过程（供应过程、生产过程和销售过程）构成。

来看看商品流通企业的例子。商品流通企业是国家经济中组织商品交换的基层组织，它也是自主经营、自负盈亏的经济实体。商品流通企业的主要经济活动是商品购销存活动。通过商品流通，能满足市场对各种商品的需要；同时为投资者提供利润，也为企业自身发展积累资金。

商品流通企业的经济活动分为供应和销售两个过程。在供应过程中，企业为了购进商品就需要支付商品价款，需要支付运输、装卸费用，需要与供应单位等发生货币结算业务，然后验收商品入库等待销售，在这期间，需要支付商品保管、存储费用。在销售过程中，企业为了销售商品，需要支付运输、包装、广告宣传等销售费用，商品销售后就能取得营业收入，在补偿全部劳动耗费之后，剩余部分就构成企业盈利。企业盈利要按照规定上缴税费，提取公积金和公益金，并在投资者之间分配利润。商品流通企业中，财产物资的增减变化，购销存过程中发生的各项费用、营业收入，以及财务成果和利润分配，是会计核算和会计监督的内容。另外，商品流通企业除了上述的经营活动以外，还要和税务、银行、其他单位以及职工个人发生款项的上交下拨、存贷和结算等经济活动，这些也是会计核算和会计监督的内容。

在商品经济和商品交换的情况下，商品流通企业的经营过程同样也必须利用价值形式组织流通与分配，同样也存在着经营资金运动。因为这个缘故，商品流通企业中会计核算和会计监督的内容，换一种说法就是企业的价值运动，具体来说，包括价值的取得和退出、价值循环和周转、价值耗费和收回等方面。由于商品流通企业的经济活动中没有生产过程，所以就没有在产品、产成品，在价值循环中没有生产过程中的价值循环周转，在价值耗费中也没有生产过程中的各项费用和产品成本。

六、会计理论的性质

会计理论的目标是解释和预测会计实务。我们给会计实务下的定义较为广泛，由于会计的性质和发展与审计紧密相关，审计实务也被视作会计实务的组成部分。

解释是指为观察到的实务提供理由。譬如，会计理论应当解释为什么有些公司在存货计价时采用后进先出法，而不是先进先出法。

预测则是指会计理论应能够预计未观察到的会计现象。未观察到的会计现象未必就是未来现象，它们包括那些已经发生，但尚未收集到与其有关的系统证据的现象。例如，会计理论应能够针对采用后进先出法公司与采用先进先出法公司的不同特征提出假想。这类预测可以利用历史数据对采用这两种方法的公司的属性加以验证。

上述理论观点直接或间接构成了经济学上大部分以经验为依据的研究基础，它也是科学上广为采用的理论观点。

许多人都必须做出与对外会计报告有关的决策。公司管理人员必须决定采用何种会计程序来计算对外报告中的有关数据。例如，他们必须决定是采用直线法还是采用加速法来计算折旧；管理人员必须向会计准则制定机构陈述意见；管理人员必须决定何时陈述意见，赞成或反对哪种程序；最后，管理人员还必须选聘一个审计事务所。

注册会计师经常应管理人员的要求就对外报告应采用何种会计程序提出建议。

此外，注册会计师自己也必须决定是否对提议中的会计准则进行表态，如果要表态的话，应持何种立场。

信贷机构（如银行与保险公司）的负责人也必须对采用不同会计程序对公司的资信进行评比。作为债权人或投资者，他们在做出贷款或投资决策之前，必须对不同会计程序的含义加以权衡。此外，贷款协议一般都附有以会计数据为依据的、公司必须遵循的条款，否则贷款将被取消，信贷机构的负责人必须规定贷款协议中的有关数据应采用何种会计程序（如果有的话）来计算。

投资者和受雇于经纪人事务所、养老金、基金会以及诸如此类机构的财务分析专家也必须分析会计数据，作为他们投资决策的依据之一。具体地说，他们必须对采用不同会计程序和聘请不同审计师的公司的投资进行评价。与注册会计师和公司经理人员一样，财务分析专家也必须对潜在的会计准则陈述自己的意见。

最后，会计准则制定机构，如财务会计准则委员会和证券交易委员会的成员负责制定会计准则。他们必须决定何种会计程序应予以认可，据以限制各个公司可供使用的会计程序。他们还必须决定公司对外报告的频率（如月、季、半年或年度）和必须加以审计的内容。

我们假定所有这些团体在对会计和审计程序做出选择或提出建议时，都是为了尽可能地维护其自身的利益（他们的预期效用）。为了做出有关会计报告的决策，这些团体或个人都需要了解备选报告对其利益的影响程度。例如，在选择折旧方法时，公司管理人员需要分别了解直线折旧法与加速折旧法对其自身利益的影响状况。如果公司管理人员的利益依赖于公司的市场价值（通过优先认股计划、贷款协议和其他机制加以表现），那么公司管理人员就希望了解会计决策对股票和债券价格的影响。因此，管理人员需要一种能够解释会计报告与股票、债券价格之间的相互关系的理论。

股票和债券的价格并不是进行会计报告决策借以影响个人利益的唯一变量，证券交易委员会的成员还关注国会议员对会计准则的态度，因为国会议员的态度影响着证券交易委员会的预算，以及证券交易委员会成员所能控制的资源。

要确定会计报告决策与影响个人利益的变量之间的关系相当困难。会计程序与证券市场价值的关系错综复杂，不能单纯通过观察会计程序变化时证券价格的变化来加以确定。同样的，备选会计程序和备选报告以及审计方法对债券价格、证券交易委员会的预算和会计实务的影响也相当复杂，不能仅仅依靠观察予以确定。

注册会计师或公司管理人员也许会观察到会计程序变化与证券价格变化等变量之间存在着联系，但却无法断定这种联系是否属于因果关系。证券价格的变化可能不是由于会计程序变化所引起的；也就是说，这两种变化都可能是其他事项发生变化的结果。在这种情况下，会计程序变化并不一定导致证券价格的变化。为了做出合乎因果逻辑的解释，实务工作者需要一种能解释变量之间相互联系的理论。这种理论能够使实务工作者把因果关系与某个特定变量（如程序的变化）联系起来。

当然，根据其自身的经验，注册会计师、信贷机构等团体的负责人也可建立一套含蓄的理论，并在决策时用以评估不同会计程序或会计程序变化的影响。然而，这些理论受到实务工作者特定经历的限制。这种限制可能会导致实务工作者形成的理论类似于小孩由于观察到滑稽剧的演员一般又老又秃而得出滑稽剧使人变老的结论。

采用大量观测值进行结构严谨的经验性检验，研究人员可建立一种比小孩之见更具有说服力和预测力的关于解释现实世界的理论。总之，研究人员应能够提供更有助于决策者尽可能增大其利益的理论。

第三节　会计的职责与工作流程

财务会计的职责主要是对企业已经发生的交易或信息事项，通过确认、记录和报告等程序进行加工处理，并借助以财务报表为主要内容的财务报告形式，向企业外部的利益集团（政府机构、企业投资者和债权人等）及企业管理者提供以财务信息为主的经济信息。这种信息是以货币作为主要计量尺度并结合文字说明来表述的，它反映了企业过去的资金运动或经济活动历史。

一、设置会计科目

所谓会计科目，就是对会计对象的具体内容进行分类核算的项目。按其所提供信息的详细程度及其统驭关系不同，会计科目又分为总分类科目（或称一级科目）和明细分类科目。前者是对会计要素具体内容进行总括分类，提供总括信息的会计科目，如"应收账款""原材料"等科目；后者是对总分类科目做进一步分类，提供更详细、更具体的会计信息科目，如"应收账款"科目按债务人名称设置明细科目，反映应收账款的具体对象。

会计科目是复式记账和编制记账凭证的基础。我国现行的统一会计制度中对企业设置的会计科目做出了明确规定，以保证不同企业对外提供的会计信息的可比性。

一般来讲，一级科目应严格按照《企业会计准则——应用指南》中的内容设置，明细科目可参照设置。

设置会计科目就是在设计会计制度时事先规定这些项目，然后根据它们在账簿中开立相关账户（针对部分科目），并分类、连续地记录各项经济业务，反映由于各经济业务的发生而引起各会计要素的增减变动情况。

会计科目与账户的关系：账户是根据会计科目设置的，具有一定格式和结构，用于分类反映会计要素增减变动情况及其结果的载体。实际上，账户就是根据会计科目在会计账簿中的账页上开设的户头，以反映某类会计要素的增减变化及其结果。

会计科目的设置原则主要包括如下三点：

1. 合法性原则：应当符合国家统一会计制度的规定。

2. 相关性原则：应为提供有关各方所需要的会计信息服务，满足对外报告与对内管理的要求。

3. 实用性原则：应符合企业自身特点，满足企业实际需要。

设置会计科目主要包括两项工作：一是设计会计科目表，以解决会计科目的名称确定、分类排列、科目编号问题；二是编写会计科目使用说明，其内容主要包括各个会计科目的核算内容、核算范围与核算方法，明细科目的设置依据其具体明细科目设置，所核算内容的会计确认条件及时间和会计计量的有关规定，对涉及该科目的主要业务账务处理进行举例说明，以便会计人员据此准确地处理会计业务。

二、复式记账

复式记账是与单式记账相对称的一种记账方法。这种方法的特点是对每一项经济业务都要以相等的金额，同时记入两个或两个以上的有关账户。通过账户的对应关系，可以了解有关经济业务内容的来龙去脉；通过账户的平衡关系，可以检查有关业务的记录是否正确。

复式记账法的类型主要有借贷记账法、收付记账法和增减记账法，但我国和大多数国家都只使用借贷记账法。该记账方法的特点如下：

1. 使用借贷记账法时，账户被分为资产类（包括费用）和负债及所有者权益类（包括收入与利润）两大类别。

2. 借贷记账法以"借""贷"为记账符号，以"资产 = 负债 + 所有者权益"为理论依据，以"有借必有贷，借贷必相等"为记账规则。

3. 借贷记账法的账户基本结构分为左、右两方，左方称之为借方，右方称之为贷方。在账户借方记录的经济业务称之为"借记某账户"，在账户贷方记录的经济业务称之为"贷记某账户"。至于借方和贷方究竟哪一方用来记录金额的增加，哪一方用来记录金额的减少，则要根据账户的性质来决定。

资产类账户的借方登记增加额，贷方登记减少额；负债及所有者权益类账户的贷方登记增加额，借方登记减少额。

4. 账户余额一般在增加方，如资产类账户余额一般为借方余额，负债类账户余额一般为贷方余额。资产类账户的期末余额公式为：

期末借方余额 = 期初借方余额 + 本期借方发生额 – 本期贷方发生额

负债及所有者权益类账户的期末余额公式为：

期末贷方余额 = 期初贷方余额 + 本期贷方发生额 – 本期借方发生额

5. 为了检查所有账户记录是否正确，可进行试算平衡。这里有两种方法，一是发生额试算平衡法，其公式为：

全部账户本期借方发生额合计 = 全部账户本期贷方发生额合计

二是余额试算平衡法，其公式为：

全部账户的借方期初余额合计 = 全部账户的贷方期初余额合计

全部账户的借方期末余额合计 = 全部账户的贷方期末余额合计

三、填制和审核凭证

会计凭证是记录经济业务、明确经济责任的书面证明，是登记账簿的依据。凭证必须经过会计部门和有关部门审核，只有经过审核并正确无误的会计凭证才能作为记账的根据。

四、登记账簿

账簿是用来全面、连续、系统记录各项经济业务的簿籍，是保存会计数据、资料的重要工具。登记账簿就是将会计凭证记录的经济业务，序时、分类记入有关簿籍中设置的各个账户。登记账簿必须以凭证为依据，并定期进行结账、对账，以便为编制会计报表提供完整、系统的会计数据。

五、成本计算

成本计算是指在生产经营过程中，按照一定对象归集和分配发生的各种费用支出，以确定该对象的总成本和单位成本的一种专门方法。通过成本计算，可以确定材料的采购成本、产品的生产成本和销售成本，可以反映和监督生产经营过程中发生的各项费用是否节约或超支，并据此确定企业经营盈亏。

六、财产清查

财产清查是指通过盘点实物、核对账目，保持账实相符的一种方法。通过财产清查，可以查明各项财产物资和货币资金的保管和使用情况，以及往来款项的结算情况，监督各类财产物资的安全与合理使用。如在清查中发现财产物资和货币资金的实有数与账面结存数额不一致，应及时查明原因，通过一定审批手续进行处理，并调整账簿记录，使账面数额与实存数额保持一致，以保证会计核算资料的正确性和真实性。

七、编制会计报表

会计报表是根据账簿记录定期编制的、总括反映企业和行政事业单位特定时点（月末、季末、年末）和一定时期（月、季、年）财务状况、经营成果以及成本费用等的书面文件，主要的财务报表包括资产负债表、利润表和现金流量表。

第四节　会计凭证、会计账簿与会计报表的基本情况

在会计核算方法体系中，就其工作程序和工作过程来说，主要有三个环节：填制和审核凭证、登记账簿和编制会计报表。在一个会计期间所发生的经济业务，都要通过这三个环节进行会计处理，从而将大量的经济业务转换为系统的会计信息。这个转换过程，即从填制和审核凭证到登记账簿，直至编制出会计报表，周而复始的变化过程，就是一般称谓的会计循环。

一、会计凭证

会计凭证是记录经济业务、明确经济责任、按一定格式编制的据以登记会计账簿的书面证明。

会计凭证分为原始凭证和记账凭证，前者是在经济业务最初发生之时即行填制的原始书面证明，如销货发票、款项收据等；后者是以原始凭证为依据，对原始凭证进行归类整理，并编制会计分录的凭证。会计凭证还是记入账簿内各个分类账户的书面证明，如收款凭证、付款凭证、转账凭证等。

会计分录是指对某项经济业务标明其应借应贷账户及其金额的记录，简称分录。会计分录的三个要素分别是：应记账户名称、应记账户方向（借或贷）和应记金额。会计分录的步骤包括四步：第一步，分析经济业务事项涉及的会计要素；第二步，确定涉及的账户；第三步，确定所记账户的方向；第四步，确定应借应贷账户是否正确，借贷金额是否相等。

收款凭证和付款凭证是用来记录货币收付业务的凭证，它们既是登记现金日记账、银行存款日记账、明细分类账及总分类账等账簿的依据，也是出纳人员收、付款项的依据。

出纳人员不能依据现金、银行存款收付业务的原始凭证收付款项，而必须根据会计主管人员审核批准的收款凭证和付款凭证收付款项，以加强对货币资金的管理。

凡是不涉及银行存款和现金收付的各项经济业务，都需要编制转账凭证。例如，购原材料，但没有支付货款；某单位或个人以实物投资等，此时都应编制转账凭证。

如果是银行存款和现金之间相互划拨业务，如将现金存入银行，或者从银行提取现金，按我国会计实务惯例，此时应编制付款凭证。

如果按适用的经济业务来划分，记账凭证可分为专用记账凭证和通用记账凭证两类。其中，专用记账凭证是用来专门记录某一类经济业务的记账凭证。按其所记录的经济业务是否与现金和银行存款的收付有无关系，又分为收款凭证、付款凭证和转账凭证三种。通用记账凭证是以一种格式记录全部经济业务，它不再分为收款凭证、付款凭证和转账凭证。在经济业务比较简单的经济单位，为了简化凭证，可以使用通用记账凭证记录所发生的各种经济业务。

如果按记账凭证包括的会计科目是否单一，记账凭证又可分为复式记账凭证和单式记账凭证两类。其中，复式记账凭证又称多科目记账凭证，它要求将某项经济业务所涉及的全部会计科目集中填列在一张记账凭证上。复式记账凭证可以集中反映账户的对应关系，便于更好地了解经济业务的全貌，了解资金的来龙去脉，便于查账。复式记账凭证可以减少填制记账凭证的工作量，减少记账凭证的数量，其缺点是不便于汇总计算每一会计科目的发生额，不便于分工记账。前面介绍的收款凭证、付款凭证和转账凭证等都是复式记账凭证。

单式记账凭证是指把一项经济业务所涉及的每个会计科目分别填制记账凭证，每张记账凭证只填列一个会计科目的记账凭证。单式记账凭证包括单式借项凭证和单式贷项凭证。单式记账凭证的内容单一，有利于汇总计算每个会计科目的发生额，可以减少登记总账的工作量；但制证工作量较大，不利于在一张凭证上反映经济业务的全貌，不便于查找记录差错。实务中使用单式记账凭证的单位很少。

二、会计账簿

会计账簿是指由一定格式的账页组成，以会计凭证为依据，全面、系统、连续地记录各项经济业务的簿籍。设置和登记会计账簿是重要的会计核算基础工作，是连接会计凭证和会计报表的中间环节。

填制会计凭证后之所以还要设置和登记账簿，是由于二者虽然都是用来记录经济业务，但具有不同的作用。在会计核算中，对每一项经济业务都必须取得和填制会计凭证，因而会计凭证数量很多、很分散，而且每张凭证只能记载个别经济业务的内容，所提供的资料是零星的，不能全面、连续、系统地反映和监督一个经济单位在一定时期内某一类和全部经济业务活动情况，不便于日后查阅。

因此，为了给经济管理提供系统的会计核算资料，各单位都必须在凭证的基础上设置和运用登记账簿，从而把分散在会计凭证上的大量核算资料加以集中和归类整理，生成有用的会计信息，从而为编制会计报表、进行会计分析以及审计提供主要依据。

（一）账簿的分类

账簿的分类方法主要有三种，即可以分别按用途、账页格式、外形特征分类。

1. 按用途分类

如果按用途分类，会计账簿可分为序时账簿、分类账簿和备查账簿。其中，序时账簿又称日记账，它是按照经济业务发生或完成时间的先后顺序逐日逐笔进行登记的账簿，序时账簿是会计部门按照收到会计凭证号码的先后顺序进行登记的。库存现金日记账和银行存款日记账是最典型的序时账簿。

分类账簿是对全部经济业务事项按照会计要素的具体类别而设置的分类账户进行登记的账簿。按其提供核算指标的详细程度的不同，分类账簿又分为总分类账和明细分类账。其中，总分类账简称总账，它是根据总分类科目开设账户，用来登记全部经济业务，进行总分类核算，提供总括核算资料的分类账簿；明细分类账简称明细账，它是根据明细分类科目开设账户，用来登记某一类经济业务，进行明细分类核算，提供明细核算资料的分类账簿。

备查账簿又称辅助账簿，它是对某些在序时账簿和分类账簿等主要账簿中都不予登记或登记不够详细的经济业务事项进行补充登记时使用的账簿，它可以对某些经济业务的内容提供必要的参考资料。备查账簿的设置应视实际需要而定，并非一定要设置，而且没有固定格式，如租入固定资产登记簿、代销商品登记簿等。

2. 按账页格式分类

如果按账页格式分类，会计账簿可分为两栏式账簿、三栏式账簿和数量金额式账簿。其中，两栏式账簿是只有借方和贷方两个基本金额的账簿，各种收入、费用类账户都可以采用两栏式账簿；三栏式账簿是设有借方、贷方和余额三个基本栏目的账簿，各种日记账、总分类账、资本、债权、债务明细账都可采用三栏式账簿；数量金额式账簿在借方、贷方和金额三个栏目内都分设数量、单价和金额三小栏，借以反映财产物资的实物数量和价值量。原材料、库存商品、产成品等明细账通常采用数量金额式账簿。

3. 按外形特征分类

如果按外形特征分类，会计账簿可分为订本账、活页账和卡片账。其中，订本账是在启用前将编有顺序页码的一定数量账页装订成册的账簿，它一般适用于重要且具有统驭性的总分类账、现金日记账和银行存款日记账。

活页账是将一定数量的账页置于活页夹内，可根据记账内容的变化随时增加或减少部分账页的账簿，它一般适用于明细分类账。

卡片账是将一定数量的卡片式账页存放于专设的卡片箱中，账页可以根据需要随时增添的账簿。卡片账一般适用低值易耗品、固定资产等的明细核算。在我国，一般只对固定资产明细账采用卡片账形式。

（二）记账规则

1. 登记账簿的依据

为了保证账簿记录的真实、正确，必须根据审核无误的会计凭证登账。

2. 登记账簿的时间

各种账簿应当多长时间登记一次，没有统一规定。但是，一般的原则是：总分类账要按照单位所采用的会计核算形式及时登账，各种明细分类账要根据原始凭证、原始凭证汇总表和记账凭证每天进行登记，也可以定期（三天或五天）登记。但是现金日记账和银行存款日记账应当根据办理完毕的收付款凭证，随时、逐笔、顺序地进行登记，最少每天登记一次。

《会计基础工作规范》第六十一条规定，实行会计电算化的单位，总账和明细账应当定期打印。发生收款和付款业务的，在输入收款凭证和付款凭证的当天必须打印出现金日记账和银行存款日记账，并与库存现金核对无误。

3. 登记账簿的规范要求

（1）登记账簿时应当将会计凭证日期、编号、业务内容摘要、金额和其他有关资料逐项记入账内。同时，记账人员要在记账凭证上签名或者盖章，并注明已经登账的符号（如打"√"），以防止漏记、重记和错记情况的发生。

（2）各种账簿要按账页顺序连续登记，不得跳行、隔页。如发生跳行、隔页，应将空行、空页画线注销，或注明"此行空白"或"此页空白"字样，并由记账人员签名或盖章。

（3）凡需结出余额的账户，应当定期结出余额。现金日记账和银行存款日记账必须每天结出余额。结出余额后，应在"借或贷"栏内写明"借"或"贷"的字样。没有余额的账户，应在该栏内写"平"字并在余额栏"元"位上用"0"表示。

（4）每登记满一张账页结转下页时，应当结出本页合计数和余额，写在本页最后一行和下页第一行有关栏内，并在本页的摘要栏内注明"转后页"字样，在次页的摘要栏内注明"承前页"字样。

三、财务报表

常见的企业财务报表主要包括"资产负债表""利润表""现金流量表"等，通过这些报表可以了解企业的财务状况、变现能力、偿债能力、经营业绩、获利能力、资金周转情况等。投资人可以据此判断企业的经营状况，并对未来的经营前景进行预测，从而进行决策。

在现代企业制度下，企业所有权和经营权相互分离，使企业管理层与投资者或债权人之间形成了受托、委托责任。企业管理层受委托人之托经营管理企业及其各项资产，负有受托责任；企业投资者和债权人需要通过财务报表了解管理层保管、使用资产的情况，以便评价管理层受托责任的履行情况。

（一）资产负债表

资产负债表亦称财务状况表，表示企业在一定日期（通常为各会计期末）的财务状况（资产、负债和所有者权益）。资产负债表利用会计平衡原则，将合乎会计原则的资产、负债、股东权益交易科目分为"资产"和"负债及所有者权益"两大区块，在经过分录、转账、分类账、试算、调整等会计程序后，以特定日期的静态企业情况为基准，浓缩成一张报表。

（二）利润表

利润表是反映企业在一定会计期间经营成果的报表，又称动态报表，也称损益表、收益表等。

通过利润表，可以反映企业一定会计期间的收入实现情况，即实现的主营业务收入有多少、实现的其他业务收入有多少、实现的投资收益有多少、实现的营业外收入有多少等；可以反映一定会计期间的费用耗费情况，即耗费的主营业务成本有多少，主营业务税金有多少，营业费用、管理费用、财务费用各有多少，营业外支出有多少等；可以反映企业生产经营活动的成果，即净利润的实现情况，据以判断资本保值、增值情况。

将利润表中的信息与资产负债表中的信息相结合，还可以提供进行财务分析的基本资料，如将赊销收入净额与应收账款平均余额进行比较，计算出应收账款周转率；将销货成本与存货平均余额进行比较，计算出存货周转率；将净利润与资产总额进行比较，计算出资产收益率等，这些数据可以表现出企业资金周转情况以及企业的盈利能力和水平，便于会计报表使用者判断企业未来的发展趋势，做出经济决策。

（三）现金流量表

现金流量表是财务报表的三个基本报告之一，也叫账务状况变动表，所表达的是在一固定期间（通常是每月或每季）内企业现金（包含现金等价物）的增减变动情形。

现金流量表主要反映了资产负债表中各个项目对现金流量的影响，并根据其用途划分为经营、投资及融资三个活动分类。现金流量表可用于分析企业在短期内有没有足够现金去应付开销。

第五节　会计等式

会计要素中所包括的资产、负债、所有者权益、收入、费用和利润是相互联系、相互依存的。这种关系在数量上可以用数学等式加以描述，这种用来解释会计要素之间增减变化及其结果，并保持相互平衡关系的数学表达式，称为会计平衡等式，也称为会计等式。

会计等式是我们从事会计核算的基础和提供会计信息的出发点，所以，会计等式又是进行复式记账、试算平衡以及编制财务报表的理论依据，是复式记账的前提和基础。

一、资产、负债、所有者权益之间的数量关系

对一家企业而言，要进行生产经营活动并且获取利润，就一定要拥有相当数额可供支配的资产，而企业的资产最初进入企业的来源渠道主要有两种：一种由债权人提供，另一种由所有者提供。既然企业的债权人和所有者为企业提供了全部资产，就必定对企业的资产享有要求权，在会计上这种对企业资产的要求权被总称为权益。其中属于债权

人的部分，叫债权人权益，通称为负债；属于所有者的部分，叫所有者权益。由此可见，资产表示企业拥有经济资源的种类和拥有经济资源的数量；权益则表示是谁提供了这些经济资源，并对这些经济资源拥有要求权。资产与权益相辅相成，二者是不可分割的。从数量上看，有一定数额的资产，就一定有对该资产的权益；反之，有一定权益，就一定有体现其权益的资产。世界上不存在无资产的权益，也没有无权益的资产，一家企业的资产总额与权益（负债和所有者权益）总额一定是彼此相等的。这种关系可以用如下等式表示：

　　资产 = 权益

　　资产 = 债权人权益 + 所有者权益

　　资产 = 负债 + 所有者权益

会计等式说明了企业在某一时点上的财务状况，反映了资金运动中有关会计要素之间的数量平衡关系，同时也体现了资金在运动过程中存在分布形态和资金形成渠道之间的相互依存及相互制约关系。会计等式贯穿于财务会计的始终。

二、收入、费用和利润之间的数量关系

收入、费用和利润三个会计要素，在上面的三个要素的数量关系描述中没有被明确地表示出来，实际上已体现在该会计等式之中。所有者权益不但会因企业所有者向企业投资或抽资而变动，更主要的是还会随着企业的经营成果（利润或亏损）的变化而变动。企业发生费用，标志着资产的减少；企业获得收入，则标志着企业资产的增加。若收入大于费用，就会产生利润；若收入小于费用，就会产生亏损。所以，费用的发生、收入的取得、利润的形成，使收入、费用、利润这三个会计要素之间产生了如下的关系：

　　利润 = 收入 – 费用

企业的利润由企业所有者所有，企业的亏损也归所有者承担。企业一定时期得到的收入、支出的费用，形成的利润，是在一段时间内一天天积累起来的，在会计期间的起点与终点之间慢慢形成了一个时间跨度。所以，"利润 = 收入 - 费用"这一会计等式是企业资金运动状态的动态表现形式，因此，这一会计等式又被称为动态会计等式。这一会计等式说明，企业在经营过程中取得的利润或发生的亏损，对静态会计等式中的所有者权益数额一定会有部分增加或冲抵。

三、会计等式的不同表达形式

上述两个会计等式从不同的角度反映了企业资金运动的方式及结果。从资金运动的动态角度来看，企业生产经营活动开展过程中，不断地取得收入和发生支出，经过一定时间后，资金表现为"收入 – 费用 = 利润"的数量关系。它表明资金在企业生产经营过程中发生的耗费、取得的收入和形成的利润，反映了企业在一定时期实现的经营成果。从资金运动的静态角度来看，在特定时点上表现为"资产 = 负债 + 所有者权益"的平衡

关系。它反映了资金在企业生产经营活动过程中所拥有和控制的经济资源及其来源渠道，同时也反映了企业在一定时点上的财务状况。这两个会计等式只是分别反映了企业资金运动的动态和静态，不具备全面性和综合性。因为企业的资金运动实际上是连续不断的，是动态运动与静态运动相互交替的统一体，这两个会计等式必然存在有机的内在联系。

把上述两个基本会计等式中的会计要素结合起来，就可以得到会计要素间的综合关系等式：

资产 = 负债 + 所有者权益 + （收入 − 费用）

或是

资产 = 负债 + 所有者权益 + 利润

将等式右边的费用移到与它具有相同性质的资产一侧，就得到了会计要素间的综合关系等式：

资产 + 费用 = 负债 + 所有者权益 + 收入

上面等式中的费用是资产的使用与耗费所造成的资产减少；收入是使利润增加的要素，在性质上等于企业资金来源。这一会计等式体现了企业在某个会计期间内净资产的变动状况，是将企业的静态财务状况和动态的经营成果联系在一起的综合成果，它描述了各会计要素之间的内在关系。

企业在每个会计期末结算时，收入与支出项目构成计算利润的项目，利润经过分配后，上述综合等式又恢复到起始形式，即资产 = 负债 + 所有者权益。

四、经济业务发生对会计等式的影响

所谓经济业务，就是企业在生产经营过程中从事的各种经营管理活动，这些经营管理活动能够用货币加以表现，因而也被称为会计事项。企业的经济活动种类多样，而且彼此之间差别较大，但总的来说，可以归纳为以下两类：

（1）应该办理会计手续，并且可以用货币表示的经济活动，即经济事项，如企业采购原材料、缴纳税金等，本书主要介绍的就是这类经济活动。

（2）不需要办理会计手续，或是不能用货币表示的经济活动，即非会计事项，如签订购销经济合同等。

尽管企业的经济活动种类多样，而且彼此之间差别较大，但经济业务发生后都会引起会计要素的增减变化。然而，不管怎样变化，都不会使会计等式的平衡关系发生变化。

按照各项经济活动对资产、负债与所有者权益的影响不同，可将其归纳为九种基本情况。

（1）资产和负债同时等额增加

经济业务的发生，引起资产项目和负债项目同时增加，双方增加的金额相等。

（2）资产和所有者权益同时等额增加

经济业务的发生，引起资产项目和所有者权益项目同时增加，双方增加的金额相等。

（3）资产和负债同时等额减少

经济业务的发生，引起资产项目和负债项目同时减少，双方减少的金额相等。

（4）资产和所有者权益同时等额减少

经济业务的发生，使得资产项目和所有者权益项目同时减少，双方减少的金额相等。

（5）一项资产增加，另一项资产减少

经济业务的发生，引起资产项目之间此增彼减，增减的金额相等。

（6）一项负债增加，另一项负债减少

经济业务的发生，使得负债项目之间此增彼减，增减的金额相等。

（7）一项所有者权益增加，另一项所有者权益减少

经济业务的发生，使得所有者权益项目之间此增彼减，增减的金额相等。

（8）负债减少，所有者权益等额增加

经济业务的发生，使得负债项目减少和所有者权益增加，双方增减的金额相等。

（9）负债增加，所有者权益等额减少

经济业务的发生，使得负债项目增加和所有者权益减少，双方增减的金额相等。

第六节　会计科目

一、设置会计科目的意义

经济业务的发生必定会引起会计要素发生增减变动。为了系统、全面、分门别类地反映各项经济业务的发生情况及其引起各项会计要素的增减变动及变动结果，从而便于更好地为会计信息使用者和管理当局提供所需要的会计信息，因此要设置会计科目。

所谓会计科目，是指对会计要素的具体内容按其特征和管理上的要求进行分类核算的项目。比如，工业企业的各种厂房、机器设备及其他建筑物等的共性就是劳动资料，我们将之归为一类，根据其特点取名为"固定资产"。为了体现和监督负债和所有者权益的增减变化，设置了短期借款、应付账款、长期借款和实收资本、资本公积、盈余公积等科目。为了反映和监督收入、费用和利润的增减变动而设置了主营业务收入、生产成本、本年利润和利润分配等科目。科学地设置会计科目是会计方法体系中非常重要的内容，对会计核算具有重要意义。

通过设置这些会计科目，不仅可以对会计要素的具体项目进行分类，更为重要的是它规范了相同类别业务的核算范围、核算内容、核算方法和核算要求。设置会计科目是进行会计核算的一个必需环节，也是设置账户、处理账务所必须遵守的依据和规则，是正确组织会计核算的一个重要条件。

显而易见，假如不对经济业务进行科学的分类，并确定其归属，会计核算将无法进行。

设置会计科目，为全面、系统、分类地体现和监督各项经济业务的发生情况，由此引起的各项资产、负债和所有者权益的增减变动情况，以及经营收入、经营支出和经营成果创造了条件。

二、会计科目的设置原则

要科学地设置会计科目，就必须要按照以下的原则进行。

（1）必须全面客观地反映会计对象的内容。设置会计科目时，一定要结合会计对象的特点，全面反映会计对象的内容。会计科目是对会计对象的具体内容进行分类核算的项目，其设置一定要结合会计对象的特点，以便分类反映经济业务的发生情况，及其引起的某一会计要素的增减变动和产生的结果，从而更好地为会计信息使用者和管理者提供所需要的会计信息。同时，会计科目的设置要能够系统、全面地反映会计对象的全部内容，不能有一点遗漏。除了设置各行业的共性会计科目以外，还要根据各单位业务特点和会计对象的具体内容设置相应的会计科目。例如，工业企业的经营活动主要是制造工业产品，因此必须设置反映生产耗费、成本计算和生产成果的"生产成本""制造费用""库存商品"等会计科目；零售商业企业采用售价金额核算，因此一定要设置反映商品进价与售价之间差额的"商品进销差价"会计科目；而行政、事业单位则应设置反映经费收支情况的会计科目。

（2）既要保持相对的稳定性，又要有适度的灵活性。会计科目的相对稳定，能使核算资料上下衔接、指标前后可比，便于对比分析和会计检查。但是，相对稳定并非一成不变，而要有适当的灵活性。这里所说的灵活性有两方面的含义：

①要根据客观经济发展的需要，适时调整会计科目。

②要根据企业经济业务繁简的实际，适度增设或合并某些会计科目。比如，用实际成本进行材料日常核算的企业，可以不设"材料采购"这一科目，而另外设置"在途物资"科目；低值易耗品、包装物较少的企业，可以将其并入"原材料"科目，以便简化核算。

对于灵活性的这个"度"，要以不影响报表的编报、汇总，也不会影响企业内部管理的需求为前提。

（3）既要符合企业内部经济管理的需要，又要符合对外报告、满足宏观经济管理的要求。会计科目的设置，要满足企业内部财务管理的要求，既要提供资金运动的全部资料，又要根据不同行业或不同环节的特殊性，提供对应的资料。如工业企业要设置反映、监督生产过程的一些会计科目，如"生产成本""制造费用"等；利润的实现和分配，牵扯到国家相关政策的执行和投资者的经济利益，所以，在设置"本年利润"科目以反映利润实现情况时，还要设置"利润分配""应交税费"和其他相关科目，从而反映利润的分配、抵交、提留和及时交款的情况。

设置会计科目除了要满足企业财务管理的要求外，还必须符合国家宏观管理的要求，以保持统一性，要与财务计划、统计等相关报表指标进行衔接。企业会计核算汇总的数据是企业进行经营预测和做出决策的重要依据，是编制有关报表的基础和前提，应该能从中直接取得数据和有关资料，从而保证提高工作效率和保证报表质量。只有统一的会计科目和报表，才能满足管理层汇总方便和决策的要求。

（4）既要适应经济业务发展的需要，又要保持相对稳定。会计科目的设置要适应社会主义经济的发展变化和本单位业务发展的需要。比如，随着《知识产权法》的实施，为核算企业拥有的专有技术、专利权、商标权等无形资产的价值及其变动情况，就有必要专门设置"无形资产"科目。再如，随着社会主义市场经济体制的不断发展和完善，商品交易中因为商业信用而形成债权债务关系的现象越来越普遍，与此相适应，就应该设置反映该类经济业务的会计科目。

为了在不同时期对比分析会计核算所提供的核算指标和在一定范围内综合汇总，会计科目的设置要保持相对稳定，同时还要使核算指标具有可行性。

（5）既要保持会计科目总体上的完整性，又要保持会计科目之间的互斥性。会计科目的完整性是指设置的一套会计科目，应该能反映企业所有的经济业务，所有的经济业务都有相应的会计科目来反映，不能有遗漏。会计科目的互斥性是指每个科目核算的内容相互排斥，不同的会计科目不能有相同的核算内容，不然，就会造成会计核算上的不统一。保持会计科目的互斥性是保证会计核算的准确性、统一性以及会计信息可比性的重要前提。

三、会计科目分类

各单位设置的会计科目并不是彼此独立的，而应相互联系、相互补充，从而组成一个完整的会计科目体系，用来系统、全面、分门别类地核算和监督会计要素，为经济管理提供一系列的核算指标。为了能够正确地掌握和使用会计科目，就要对会计科目进行分类。会计科目的分类方法主要有两种：按经济内容分类和按会计科目提供指标的详细程度分类。

（一）会计科目按其反映的经济内容分类

根据其反映的经济内容的不同，会计科目可分为资产类、所有者权益类、负债类、成本类和损益类。

（1）资产类科目又分为流动资产、长期投资、固定资产、无形资产及其他资产五种。其中，流动资产包括"现金""银行存款""其他货币资金""短期投资""应收账款""原材料"等会计科目。

（2）所有者权益类科目包括"实收资本""资本公积""盈余公积""本年利润""利润分配"等会计科目。

（3）负债类科目又分为流动负债、长期负债两类。其中，流动负债包括"短期借款""应付票据""应付账款""应交税费"等会计科目。

（4）成本类科目包括"生产成本""制造费用""劳务成本"等会计科目。

（5）损益类科目包括"主营业务收入""主营业务成本""投资收益""销售费用""管理费用"等会计科目。

（二）会计科目按其提供指标的详细程度分类

按照会计科目提供指标的详细程度，可分为总分类科目和明细分类科目。

总分类科目又称为总账科目或一级科目，主要是对会计对象的具体经济内容进行总括分类核算的科目。"固定资产""原材料""实收资本""应付账款"等就是总分类科目。

明细分类科目是对总分类科目核算内容作的进一步分类，它反映着核算指标详细、具体的科目。比如，"应付账款"总分类科目下按照具体单位分设明细科目，具体体现应付某个单位的款项。

在实际工作中，总分类科目一般由《企业会计准则指南》和国家统一会计制度规定，明细分类科目则由各单位根据经济管理的实际需要自行规定。假如某一总分类科目所统驭的明细分类科目较多，可以增设二级科目（也称为子目），再在每个二级科目下设置多个明细科目（细目）。二级科目是介于总分类科目和明细分类科目之间的科目。比如，在原材料总分类科目下面按材料的类别设置的"原料及主要材料""燃料""辅助材料"等科目，就是二级科目。

第七节　会计账户

一、会计账户的概念

会计科目只是对会计要素具体项目进行分类的项目，在进行会计核算的时候，不能用来直接记录经济业务的内容。假如要把企业发生的经济业务全面、系统、连续地反映并记录下来，提供各种会计信息，就必须要有一个记录的载体。这个载体就是按照会计科目所规范的内容而设置的会计账户。通过会计账户中所记录的各种分类数据，能够生成各种有用的财务信息。

设置并登记会计账户是对会计对象的具体内容进行科学分类、反映、监督的一种方法。企业的每一项经济业务发生都会引起会计要素数量上的增减变化，为了分别反映经济业务引起的会计要素的增减变化，便于为日常管理提供核算资料，就一定要设置账户。比如，"原材料"账户就是用来核算企业材料的收入、发出和结存的数量和金额。通过这个账户，就可以很方便地了解企业原材料购入、发出和结存的情况。

设置会计账户的基本原则与设置会计科目的基本原则是完全相同的。通过设置会计账户，有助于科学合理地组织会计核算，从而提供管理所必需的会计信息资料，设置账户可以把实物核算与金额核算有机地结合起来，从而有效地控制财产资源。设置科学的账户体系可以全面、系统、综合地核算、反映企业生产经营的全貌。另外，科学地设置账户还便于会计检查和会计分析。

二、会计账户的基本结构

要想记录好会计要素的变化情况，就一定要设置好账户的结构。经济业务多种多样，但是它引起会计要素数量的变化只有增加和减少两种情况，所以，账户应设置增加栏、减少栏，还要设置体现增减变化结果的余额栏。为了全面反映经济业务的时间、内容、记录依据等情况，还一定要相应地设置日期、摘要、凭证号数等栏次。

综合来看，账户的基本结构通常应包括下列内容：

（1）账户的名称（会计科目）；

（2）日期（记录经济业务的时间）；

（3）凭证号数（登记账户的依据）；

（4）摘要（简单说明经济业务的主要内容）；

（5）增加金额；

（6）减少金额；

（7）余额（增减变化后的结果）。

在借贷记账法下，账户的借方和贷方记录经济业务的增减金额，假如贷方记录增加金额，借方就记录减少金额；假如借方记录增加金额，贷方就记录减少金额具体哪方记录增加、哪方记录减少，就要看账户的性质。有关借贷记账法的详细内容，将在后面的内容中具体介绍，此处不再赘述。

在教学及工作实践中，为了便于说明问题，可以将账户结构简化成"T"字形，只保留记录金额的两栏，其他栏都省略掉，将增减相抵后的余额写在下面。这种简化后的账户称为"T字账"或"丁字账"。

借贷记账法下的账户，其左方称为"借方"，右方称为"贷方"。至于到底是哪一方登记增加数、哪一方登记减少数，则需要依据经济业务的内容和会计账户的性质而定。以工业企业为例，各类账户性质的"借""贷"含义。

因为会计期间的划分，我们把每个账户在某个时期内（月、季、年）因经济活动引起的增减金额称为本期发生额。其中，把因经济活动引起的减少金额称为本期减少发生额（又称为本期减少额）；反之，把因经济活动引起的增加金额称为本期增加发生额（又称为本期增加额）。本期减少发生额与本期增加发生额两者相抵后的差额加上期初余额称为期末余额。另外，因为企业的经营活动是一期接一期连续不断地进行的，所以，这一会计期间的期末必定是下一会计期间的期初。因此，本期期末余额也就是下一会计期间的期初余额。

期初余额、本期减少发生额、本期增加发生额和期末余额这四项金额之间的相互关系可以用如下公式表述：

期初余额 − 本期减少发生额 + 本期增加发生额 = 期末余额

比如，某企业5月份"原材料"账户期初余额为40万元，本月购进60万元，本月领用 70 万元，那么该企业 5 月末"原材料"账户的期末余额为：

期末余额 = 期初余额 40 万元 - 本期减少额 70 万元 + 本期增加额 60 万元 =30 万元

这 30 万元既是 5 月份的期末余额，也是 6 月份的期初余额。

三、会计科目与会计账户的关系

会计科目与会计账户是两个不同的概念，不能混淆，两者之间既有联系又有区别。

（一）会计科目与会计账户的联系

会计科目和会计账户用于分门别类地反映企业资金变化的经济内容，会计账户是根据会计科目来设置的，会计科目的名称就是会计账户名称，会计科目规定的核算内容就是会计账户应记录反映的内容。在实际工作中，会计科目和会计账户往往是通用的。

（二）会计科目与会计账户的区别

会计科目是对会计核算对象的具体内容进行分类核算的项目，只有分类的名称，没有一定的格式，不能把发生的经济业务全面、连续、系统地记录下来；而会计账户不仅有名称，而且有一定的结构（格式），能把发生的经济业务系统地记录下来，具有反映和监督资金增减变化的独特作用。

第八节 财务会计的确认、计量和报告

财务会计的确认、计量和报告是在财务会计目标的指引下，基于权责发生制，按照会计信息质量特征的要求，将会计对象定性判断和定量归类于会计要素中，并通过格式化的报告进行信息汇报的操作规程，是财务会计信息系统运作的具体方法。财务会计的确认、计量和报告在财务会计信息系统中具有战术性作用，因此居于财务会计概念框架的第三层次。

权责发生制是确认、计量和报告的基础。

权责发生制又称"应计基础"（Accrual Basis），是指会计不是根据实际的现金收付时间，而是根据收现权利和付现义务的形成时间，作为反映经济交易或事项的基础。

在合同中企业形成收现权利和付现义务的时间与实际收到现金和支付现金的时间可能不一致，在持续经营和会计分期假设下，确认、计量和报告企业的资产、负债、收入以及费用时，会出现两种选择：①权责发生制，即按照收现权利和付现义务的形成时间进行确认、计量和报告；②现金收付制，即按照实际收付现金的时间进行确认、计量和报告。

经济交易或事项的核心并非形式上的商品或劳务交换，而是附着于形式背后的权利与义务交换，交换的权利和义务由各方签订的显性或隐性合同来规定。因此，会计反映经济交易或事项，既要反映报告主体静态和动态的经济资源信息，也要反映报告主体静

态和动态的经济资源要求权信息，收付实现制只能反映前者，不能反映后者，而权责发生制可以两者兼得。由此可知，会计应采用权责发生制，而非收付实现制进行确认、计量和报告。

（一）确认

1.确认的概念

确认（Recognition）是指将会计对象（经济交易或事项）定性判断和定量归类于会计要素（资产、负债、所有者权益、收入、费用和利润）中，正式列入财务报表的过程，是将会计对象转化为会计要素，通过会计信息系统进行反映的程序。

广义的确认概括识别、记录和传递三个过程，具体而言，需要做三步判断：

第一步，是否该将某项经济交易或事项输入会计信息系统并通过财务报表输出信息？

第二步，如果是，那么该经济交易或事项应该录入哪项要素并通过财务报表进行传递？

第三步，如果要素确定，那么上述记录和传递应在何时进行？金额是多少？

第一步是识别过程，第二步和第三步是记录与传递过程，包括记录和传递的空间、时间和金额。在第二步和第三步判断中，记录先于传递，因此，记录的确认程序称为"初始确认"，传递的确认程序称为"再确认"。

狭义的确认只针对记录程序，即需要判断是否应该记录、录入哪项要素、何时进行记录。

2.确认的标准

某一项目确认为会计信息需要符合三个标准：

标准一，该项目需要符合会计要素的定义。被确认的项目是通过经济交易或事项所产生，可以按照其承载的权利和义务特征归入财务会计要素。

标准二，与该项目有关的未来经济利益很可能流入或流出企业，未来经济利益的流入或流出存在不确定性，但这种不确定性可以根据经验或模型进行明确的评估。

标准三，与该项目有关的未来经济利益的流入或流出金额能够可靠的计量，该项目应有可计量的属性，如成本、价值等，并能根据经验或模型计算获得可靠的金额。

例如，我国房地产企业采取预售制度，房地产开发企业将未完工的房屋预先销售给房产承购人，收到预售款后，房地产开发企业继续建造房屋，直至完工交房。当房地产企业收到承购人的预售款时，从确认的角度，则需要做三步判断：

第一步，是否该将某项经济交易或事项输入会计信息系统并通过财务报表输出信息？

当房地产企业收到承购人预售款时，是双方按照房屋购销合同而发生的交易行为，对企业而言，需要将收到预售款行为录入房地产企业的会计信息系统并通过财务报表输出信息。

第二步，如果是，那么该经济交易或事项应该录入哪项要素并通过财务报表进行传递？

当房地产开发企业收到房屋承购人的预售款时，需要判断这部分预售款应归属于企业的负债还是收入。按照确认的标准一，该项目需要符合会计要素的定义。企业收到预售款时，属于按照房屋购销合同条款要求完成的事项，但企业尚未按照房屋购销合同履行交房义务，因此，该经济事项符合负债的定义，应录入负债要素并通过财务报表进行传递。

第三步，如果要素确定，那么上述记录和传递应在何时进行？金额是多少？

按照确认标准二和标准三，企业收到预售款形成的负债，将来会随着企业向房屋承购人的交房事项而履行义务，导致企业经济利益流出；同时，这项流出的计量可以确定，房屋承购人的预售款即为负债的金额。这样，当房地产企业收到承购人的预售款时，即可确认为负债要素，金额即为收到的预售款金额。

（二）计量

1.计量的概念

计量（Measurement）是指将符合确认条件的会计要素登记入账并列报于财务报表而确定其金额的过程。计量问题是财务会计的核心问题。

某一项目的计量过程包含两方面的内容：①实物计量；②金额计量。实物计量，顾名思义就是这一实物的数量；而金额的计量则涉及计量单位和计量属性两个因素。

2.计量单位

货币计量假设为计量单位提供了答案，即企业在提供财务会计报告信息时，采用货币作为反映经济资源的价值及其变动的基本单位。

在会计实务中，世界各国或地区往往要求在编制财务会计报告时选定一种货币作为记账本位币，如美元、欧元和英镑等。

《中华人民共和国会计法》第二章第十二条规定："会计核算以人民币为记账本位币。"

3.计量属性

计量属性是指所用量度的经济属性，从会计角度而言，计量属性反映的是会计要素的金额确定基础，如原始成本、现实成本等。

（1）五种计量属性。《企业会计准则——基本准则》第四十二条规定了五种计量属性：

①历史成本。在历史成本计量下，资产按照购置时支付的现金或者现金等价物的金额，或者按照购置资产时所付出的对价的公允价值计量。负债按照因承担现时义务而实际收到的款项或者资产的金额，或者承担现时义务的合同金额，或者按照日常活动中为偿还负债预期需要支付的现金或者现金等价物的金额计量。

②重置成本。在重置成本计量下，资产按照现在购买相同或者相似资产所需支付的现金或者现金等价物的金额计量。负债按照现在偿付该项债务所需支付的现金或者现金

等价物的金额计量。

③可变现净值。在可变现净值计量下，资产按照其正常对外销售所能收到现金或者现金等价物的金额扣减该资产至完工时估计将要发生的成本、估计的销售费用以及相关税费后的金额计量。

④现值。在现值计量下，资产按照预计从其持续使用和最终处置中所产生的未来净现金流入量的折现金额计量，负债按照预计期限内需要偿还的未来净现金流出的折现金额计量。

⑤公允价值。在公允价值计量下，资产和负债按照市场参与者在计量日发生的有序交易中，出售资产所能收到或者转移负债所需支付的价格计量。

例：A公司2019年12月1日付出10000元购入苹果计算机iMac一台，预计使用期限为五年，无残值，按照直线法提取折旧。

A. 2019年12月31日，如果A公司在固定资产账户上将该计算机记录为10000元，即为按照历史成本计量，就是按照购买该计算机时所付出的对价的公允价值计量。

B. 2020年12月31日，在市场上购买同样型号的计算机，价格为8500元。如果A公司在固定资产账户上将该计算机记录为8500元，此时即为按照重置成本计量，即按照现在购买相同或者相似资产所需支付的现金或者现金等价物的金额计量。

C. 2020年12月31日，如果A公司该计算机在市场上出售，那么扣除相关税费后的净额将为8000元。如果A公司在固定资产账户上将该计算机记录为8000元，此时即为按照可变现净值计量，即按照其正常对外销售所能收到现金或者现金等价物的金额扣减该资产至完工时估计将要发生的成本、估计的销售费用以及相关税费后的金额计量。

D. 2020年12月31日，如果A公司估计该计算机在未来的四年，每年为公司带来的净现金流入为2500元，市场的折现率为10%，该计算机的现值为2500+2500×（1+10%）+2500×（1+10%）^{2}+2500×（1+10%）^{3}=11602.5元。如果A公司在固定资产账户上将该计算机记录为11602.5元，此时即为按照现值计量，即按照预计从其持续使用和最终处置中所产生的未来净现金流入量的折现金额计量。

E. 2020年12月31日，如果在苹果二手市场上A公司将该计算机卖掉，那么可以获得8100元。如果A公司在固定资产账户上将该计算机记录为8100元，此时即为按照公允价值计量，即按照市场参与者在计量日发生的有序交易中，出售资产所能收到的价格计量。

（2）五种计量属性的评价。就资产的计量而言，根据资产的概念，资产是指企业过去的交易或者事项形成的、由企业拥有或者控制的、预期会给企业带来经济利益的资源。从资产的定义角度观察计量属性问题可以发现，在五种计量属性中，前两种是按照买入价计量，即资产进入、现金流出，这两种定义是基于投入产出理念下的定义，适合于计算会计利润；后三种是按照脱手价计量，即资产流出、现金进入，这三种定义是基于经济学理念下的定义，适合于计算经济利润。因此，符合资产定义的计量属性应该是可变现净值、现值和公允价值。

（3）公允价值计量属性的进一步说明。公允价值是指市场参与者在计量日发生的有序交易中，出售一项资产所能收到或者转移一项债务所需支付的价格，从这一定义中，明确了公允价值是资产的脱手价值和负债的清偿价值，即计量资产时，表示现金流入；计量负债时，表示现金流出，保证了其与资产和负债概念的一致性。

从现金流向上看，就资产的计量而言，历史成本计量和重置成本计量是资产进入、现金流出，与公允价值的定义相比较可以发现，公允价值避免了与历史成本和重置成本两种计量属性存在的交叉。而可变现净值和现值从现金流向上看，是资产流出、现金进入，因而公允价值定义的计量属性虽避免了与历史成本和重置成本两种计量属性存在的交叉，却仍不能解决与可变现净值和现值这两种计量属性的重叠，从上述五个例子来看，很难区分可变现净值与公允价值的差别。

在实际操作层面上，公允价值计量存在市场法、收益法和成本法三种估值技术。分析三种估值技术，市场法的实际操作方法与可变现净值的应用类似，收益法和现值的应用类似，而成本法则与重置成本的应用类似。

这使得公允价值计量属性在操作层面上仍与可变现净值和现值计量属性具有相同的操作方法。

在时间维度上，历史成本也可视作过去时点市场参与者在计量日发生的有序交易中，出售一项资产所能收到或者转移一项债务所需支付的价格，即历史成本可以视作过去时点的公允价值，现行市价可以视作现在时点的公允价值，而约定价格可以视作未来时点的公允价值。而现行市价在会计上对应重置成本、可变现净值，约定价格对应现值。因此，无论从概念层面，还是从操作层面，公允价值计量属性都存在与历史成本、重置成本、可变现净值和现值等四种计量属性的交叉现象。Barth（2006）指出，公允价值计量将未来的估计反映于当期财务报表中，有利于提供经济决策有用性信息。就目前的理解而言，可以将公允价值理解为计量未来的计量属性。总而言之，公允价值要"洗尽铅华呈素姿（属性）"，尚需努力。

（三）报告

1. 报告的概念

报告，又称列报，是通过标准化的格式进行信息汇报的操作规程，包括编制财务会计报表及其附注和其他财务列报，是账面资料的分类和汇总。

2. 财务报告与财务报表

财务报告是指企业对外提供的反映企业某一特定日期的财务状况和某一会计期间的经营成果和现金流量等会计信息的文件。财务报告包括财务报表、财务报表附注和其他相关信息。财务报告是财务会计信息系统的最终产品，是会计信息的"物质载体"，也是将会计信息传递给使用者的媒介。

财务报表是财务报告的核心，是对企业财务状况、经营成果和现金流量等信息的结构性表述，财务报表包括基本报表和附表。在实务中，财务报告和财务报表经常混用，但两者既有联系又有区别。财务报表的出现早于财务报告，财务报告的内涵大于财务报表。一般认为，财务会计信息主要由财务报表提供，财务报表是财务报告的核心。

《企业会计准则——基本准则》第十章第四十四条规定："财务会计报告是指企业

对外提供的反映企业某一特定日期的财务状况和某一会计期间的经营成果、现金流量等会计信息的文件。财务会计报告包括会计报表及其附注和其他应当在财务会计报告中披露的相关信息和资料。会计报表至少应当包括资产负债表、利润表和现金流量表等报表。"

财务会计的确认、计量和报告是在财务会计目标的指引下，基于权责发生制，按照会计信息质量特征的要求，将会计对象定性判断和定量归类于会计要素中，并通过格式化的报告进行信息汇报的操作规程，这是财务会计信息系统运作的具体方法。财务会计的确认、计量和报告在财务会计信息系统中具有战术性作用，因此居于财务会计概念框架的第三层次。

如果以时间维度，按过去到现在和未来到现在来划分的话，财务会计的目标、主要的信息质量特征、计量属性以及制定会计准则的理念上存在两对对应关系：

（1）过去—现在—受托责任—可靠性—历史成本—收入费用观

在时间上，当反映从过去时点到现在时点的经济交易或事项时，财务会计的目标强调受托责任，会计信息质量特征对应可靠性，在计量属性上对应历史成本，而在会计准则理念上则对应收入费用观，某个会计期间企业净资产的变化是"利润"计量的结果，即期初的净资产＋当期利润＝期末的净资产，即利润确定在先，期末净资产的确定在后。

（2）未来—现在—决策有用—相关性—公允价值—资产负债观

在时间上，当反映从未来时点到现在时点的经济交易或事项时，财务会计的目标强调决策有用，会计信息质量特征对应相关性，在计量属性上对应公允价值，而在会计准则理念上则对应资产负债观，某个会计期间的利润是企业"资产负债"计量的结果，即期末的净资产 - 期初的净资产＝当期利润，即期末的净资产确定在先，当期利润的确定在后。

第九节　会计核算的基本前提和会计信息质量要求

一、会计核算的基本前提

会计核算的目的，是通过对经济活动进行的记录、计量，来提供会计信息。会计所记录、计量的经济活动是非常复杂的，此中有些经济现象的规律性并没有被人们所认识，因而还无法用科学的方法去计量和描述。为了使会计工作顺利地进行，就必须对会计实务中产生的一些尚未确知的事物，根据客观的正常情况或者发展趋势做出合情合理的判断和假设。这种判断和假设就是会计核算的前提条件，也称为会计假设。会计假设，简单地说就是指开展会计工作时对变化不定的环境所做的限定。会计核算的基本前提规定了一些会计核算工作赖以存在的前提条件，只有规定了这些会计核算的前提条件，才能使会计核算正常地进行下去。

按照国际会计准则与国际惯例，会计核算的基本前提包括会计主体、持续经营、会计分期和货币计量四个方面。

（一）会计主体

会计主体假设也可以称为经济实体假设。会计主体指的是会计工作所服务的特定单位和组织，简单来说就是替"谁"做账，"谁"就是会计主体。会计核算的对象也就是企业的经营活动。生产经营活动由多种经济业务事项构成，每一经济业务事项又与其他有关经济业务事项相互关联；同时，不同企业之间的经济业务事项也彼此关联。因此，在进行会计核算时，首先要明确核算的范围，换一种说法，也就是要明确会计主体。

《企业会计准则——基本准则》第五条规定："企业应当对其本身发生的交易或者事项进行会计确认、计量和报告。"企业的会计核算和财务报表的编制应当将企业发生的各项交易或者各个事项作为对象，记录并且反映企业本身的各项生产经营活动。

会计主体的作用在于划定不同会计主体会计核算的范围、内容，它主要是规定了会计工作的空间范围。会计法规要求我们必须以企业作为会计核算的主体，也要求会计核算能够区分企业自身的经济活动和其他企业单位的经济活动；把企业和与之相关的利益主体，更重要的是和投资者、关联方企业的经济活动分开来。会计主体仅仅核算本身发生的各项交易和各个事项，记录并反映企业本身的各项生产经营活动。只有这样才能正确地反映会计主体的资产、负债以及所有者权益情况，准确地提供并反映经营成果和企业财务状况的会计信息。

所谓交易，就是企业与外部主体之间发生的价值交换行为。比如，企业向供应商购买物资，面向经销商出售产品或者商品等。所谓事项，就是企业主体内部所发生的价值转移的行为。比如，制造业企业中的生产车间所领用的材料以及生产成品完工入库等，同时也包含一些外部环境因素对企业所产生的直接影响，如洪水、火灾等给企业造成的实际损失等。

按照不同的标准，会计主体可以进行不同的分类。依据会计主体的目标，会计主体可以分为两类——营利性会计主体（如各类企业、政府机构）和非营利性会计主体（如学校、医院和慈善机构等）；从经济活动规模来看，会计主体既可以是独立核算的单位和组织，又可以是它下属的单位、部门（如企业的生产车间、医院的住院部或者门诊部等），还可以是由各个独立核算会计主体组合而成的集团企业；依据存在期限来看，会计主体可以是长期进行经济活动而存在的会计主体，也可以仅仅是为完成某项工作而建立的组织，如某项建筑工程、某场文艺演出的组织团队等。

会计主体和法律主体并不是同一个概念，不能相互混淆。按照一般情况，法律主体一定是会计主体，可是会计主体不一定是法律主体，任何一家企业，无论以哪一种形式存在，都是一个会计主体。但是在企业规模较大时，可以将它内部的某一个机构作为一个会计主体，要求它在规定时期内编制会计报表。在控股经营时，母公司及其子公司都是独立的法律主体，也都是会计主体，在编制会计报表的时候，同样可以将其组成的企业集团作为一个会计主体，将其所属的各会计主体予以合并，来反映整个企业集团的财务状况和经营成果。所以，会计主体既可以是独立的法人，也可以是非法人；既可以是一家企业，也可以是企业内部的某一单位；既可以是单一的企业，也可以是由几家企业构成的企业集团。

随着经济的发展和技术的进步，会计主体的外延不断地拓展。比如，在如今这个网络经济时代，出现在互联网上的没有大量有形资产的网上企业、网上银行等虚拟主体，其界限无法准确确认，这就给经济业务的确认、计量及报告带来了许多新的问题。

（二）持续经营

持续经营指的是会计主体在可以预见的将来能够持续、正常地以现时的规模和状态继续经营下去，不但不会破产清算，而且不会大规模削减业务。

企业是否能够持续经营对会计原则以及会计方法的选择影响特别大。只有持续经营，使企业所持有或者所控制的资产按照预定目标在生产经营的过程中被耗用、出售和转让，并且按照原先承诺的条件偿还债务，才能建立会计确认的原则和计量属性，企业的各项资产、负债在这一系列基础上得到正常确认、计量，收益、费用在这一系列基础上得以确定，企业在信息的收集和处理上所采用的会计处理方法才能确保稳定，会计核算才能正常运行。假如判断企业不会持续经营，企业的资产、负债、损益就会改变计量属性。《企业会计准则——基本准则》第六条规定："企业会计确认、计量和报告应该以持续经营作为基础。"

在社会主义市场经济条件下，企业破产清算的风险自始至终是存在的，换句话说，企业不能持续经营的可能性是存在的。这就必须要求企业会计人员一定要定期对其持续经营前提做出分析和判断。假如判断企业不具备持续经营的条件，就不能运用持续经营的会计程序和方法，而应该运用终止清算的会计程序和方法。

（三）会计分期

会计分期是表示将会计主体持续不断的经营活动分割为一定的期间。会计分期的目的就在于利用会计期间的划分，定期核算经济活动以及报告经营成果，以便快速地向有关方面提供反映经营成果、财务状况和现金流量的会计信息，满足企业内部加强经营管理和其他有关方面进行经营的需要。

在持续经营的状态下，要计算会计主体的盈亏状况，反映其生产经营成果，如果只是根据理论上说的，那只能等到会计主体所有的生产经营活动最后完成时，才能够利用收入和费用的归集与比较，进行准确的计算。可是实际上这是不允许的，更是行不通的。这是因为，企业的投资者、债权人、国家财税部门必须及时了解企业的财务状况、经营成果和现金流量，这就需要企业定期提供会计信息，以作为决策、管理和纳税的依据。要做好这一切，就要求会计人员将企业持续不断的生产经营活动人为地划分为相等的、较短的时期进行核算，反映企业的财务状况、经营成果和现金流量，这种人为的分期就是会计期间。

会计期间通常是一年，叫作会计年度。在《企业会计准则》中，规定我国企业的会计期间按照年度划分，而且以日历年度为一个会计年度，就是从每年1月1日至12月31日作为一个会计年度。每一个会计年度还具体划分为半年期（中期）、季度、月份，因而会计人员也就需要对会计资料按归属期进行年度、半年期、季度和月份的计算，提供年度、半年期、季度和月份的财务会计报告。我国以日历年度作为会计年度，更重要的是考虑到我国的财政年度和计划年度采用的是日历年度，会计年度与财政年度统一对国家的计划管理、财政管理和税收管理工作的进行都十分有利。由于不同国家的政治、经济、文化等环境的不同，会计年度的起止日期也不一定相同。有的国家以营业年度作为会计年度，如每年的 4 月 1 日到下一年度的 3 月 31 日。

会计期间的划分对会计核算有着很大的影响。因为有了会计期间，所以产生了本期与非本期的差别，从而产生了权责发生制、收入和费用配比、划分收益性支出与资本性支出等会计处理准则。在这些基础上，会计处理可以运用预收、预付、应收、应付、预提和摊销等一系列会计处理方法。

会计期间假设的意义就在于确定了会计核算的时间范围，并由会计期间假设产生了具有期间特点的会计要素，如收入、费用以及这些要素的确认与计量问题。

从上面的分析可以看出，会计分期假设是持续经营假设的必需补充。当一个会计主体持续经营且无限期时，就需要为会计信息的提供规定期间。

（四）货币计量

货币计量是指企业会计核算过程运用货币作为计量单位，记录和报告企业的生产经营活动，而且假定币值不变。

对于企业生产经营活动的计量，可以采用多种计量单位，如实物数量、重量、长度、体积、货币等。在会计核算中选择货币作为计量单位，主要是由货币本身的属性决定的。在社会主义市场经济的前提下，如果没有货币计量，单位只能依靠一个侧面核算企业的生产经营情况，不能在数量上汇总与比较企业的经营活动情况和成果，不利于管理和核算。一般商品的等价物是货币，它是衡量商品价值的共同尺度，为了全面地核算企业的生产经营、业务收支等情况，会计核算就确定以货币作为计量单位，核算和监督企业经营活动的整个过程。当然，统一运用货币作为计量单位也有不好的地方。譬如，影响企业财务状况和经营成果的部分因素（企业经营战略、企业技术开发能力、在消费者中的信誉度等）是不能用货币计量的。《财务会计报告条例》要求采用一些非货币指标作为会计报表的补充就是为了弥补货币计量的局限性。

在货币计量的前提下，企业的会计核算以人民币作为记账本位币。业务收支以人民币以外的货币为主的企业，可以选定一种货币用作记账本位币，但编制的财务会计报告应当折算为人民币核算。境外设立的中国企业向国内报送的财务会计报告，应该折算为人民币。

二、会计信息的质量要求

为包括所有者在内的各方面提供经济决策所需要的信息就是会计工作的基本任务。会计信息质量的高低是评价会计工作成败的准则之一。我国 2007 年颁布的《企业会计准则——基本准则》中提出了对会计信息质量的要求，其中包括可靠性、相关性、及时性、可比性、明晰性、重要性、稳健性和实质重于形式等几个方面。

（一）可靠性

"企业应该以实际发生的交易或者事项为依据进行会计确认、计量和报告，如实反映符合确认和计量要求的各项会计要素及其他有关信息，确保会计信息真实可靠、内容完整。"这一原则要求会计核算应该以实际发生的交易和事项为基础，真实反映企业的财务状况、经营成果和现金流量。

（二）相关性

"企业提供的会计信息应当与财务会计报告使用者的经济决策的需要相关，有助于财务会计报告使用者对企业过去、现在或者未来的情况做出评价或者预测。"会计信息是不是具有相关性，有两个基本的标准可据以做出判断。

（1）会计信息不但可以帮助会计信息使用者对过去、现在或将来的经济事项进行正确评价，而且会影响信息使用者做出相关的决策行为。

（2）证实或纠正会计信息使用者过去做出的判断和评价，而且影响会计信息使用者的有关决策行为。

（三）及时性

"企业对于已经发生的交易或者事项，应该及时进行会计确认、计量和报告，不得提前或者延后。"会计核算工作要讲求实效，积极准时地处理各项经济业务事项，这有利于会计信息的及时利用。

（四）可比性

"企业提供的会计信息应当具有可比性。同一企业在不同时期发生的相同或者相似的交易或者事项，应当采用一致的会计政策，不得随意变更。确需变更的，应当在附注中说明。不同企业发生的相同或者相似的交易或者事项，应该采用规定的会计政策，确保会计信息口径一致、相互可比。"会计可比性原则就是要求企业的会计信息应当在下面两个方面做到相互可比：

（1）同一家企业在不同时期内发生的相同或者相似的交易和事项，应该运用统一的会计政策，不能随便变更。如果有必要变更，应该将变更的内容和理由、变更的累积影响数或影响数不能合理确定的理由等，在会计报表附注中给予说明。

（2）对不同的企业发生的相同或者类似的交易和事项，应该运用规定的会计政策，以确保会计信息口径一致、相互可比。

（五）明晰性

"企业提供的会计信息应该清晰明了，便于财务会计报告使用者理解和使用。"明晰性要求会计核算提供的信息简明、通俗、易懂、可读性强，能满足不同层次报表使用者的信息需要，迅速、准确、完整地了解企业财务状况和经营成果。

（六）重要性

"企业提供的会计信息应该反映与企业财务状况、经营成果和现金流量等有关的所有重要交易或者事项。"因经济业务的重要程度不同而采用不同的核算形式是会计核算中的重要内容。

（七）稳健性

"企业对交易或者事项进行会计确认、计量和报告应当保持应有的谨慎，不应高估资产或者收益、低估负债或者费用。"也就是说，企业在面对经济环境的不确定性因素时，在使用专业判断、计量和披露会计信息时，应当保持谨慎或稳健的态度，必须避免高估资产和收益的会计处理。

（八）实质重于形式

"企业应当按照交易或者事情的经济实质进行会计确认、计量和报告，不应仅以交易或者事项的法律形式为依据。"也就是说，企业应该按照交易或事项的经济实质来进行会计核算，不应该只按照它们的法律形式作为会计核算的依据。它的宗旨在于准确保证会计信息真实、准确地反映企业的财务状况、经营成果以及现金流量的情况。

三、会计计量属性

我国《企业会计准则——基本准则》规定，企业在将符合确认条件的会计要素登记入账并列报在会计报表（又称财务报表，下同）及其附注中的时候，应该按照规定的会计计量属性进行计量，确定它的金额。会计计量主要包括五种属性，即历史成本、重置成本、可变现净值、现值、公允价值。

（一）历史成本

历史成本就是实际成本，是指在企业会计核算中，资产按照购置时支付的现金或者现金等价物的金额，或者按照购置资产时所付出的对价的公允价值计量；负债按照因承担现时义务而实际收到的款项或者资产的金额，或者承担现时义务的合同金额，或者按照日常活动中为偿还负债预期需要支付的现金或者现金等价物的金额计算。物价变动时，除国家另有规定外，一律不得调整其账面价值。对资产、负债、所有者权益等会计要素的计量采用实际交易价格或成本，主要是因为实际交易价格或成本有客观依据，既便于查核，也容易确定，比较可靠。

需要注意的是，假如资产已经发生减值，它的账面价值已经不能核算其未来可以收回的金额，企业就应该依照规定计提相应的减值准备。

（二）重置成本

重置成本是表示在现实条件下，资产依照现在购买相同或者相似资产必须支付的现金或现金等价物的金额计量；负债依照现在偿付该项债务必须支付的现金或者现金等价物的金额计量。

（三）可变现净值

可变现净值是表示资产依照其正常对外销售所能够收到现金或者现金等价物的金额，扣减该资产到完成工作时将要发生的估算成本、估算的销售费用和相关税费后的金额计量。

（四）现值

现值是表示资产依照预计从其持续使用和最终处置中所产生的未来净现金流入量的折现金额计量；负债按照预计期限内需要偿还的未来净现金流出量的折现金额计量。

（五）公允价值

公允价值计量是指资产和负债按照在公平交易中，熟悉情况的交易双方自愿进行资产交换或者债务清偿的金额计量。在公平交易中，交易双方应该是持续经营的企业，未计划或不需要进行清算或大幅缩减经营规模。

企业在对会计要素进行计量时，一般应该是运用历史成本，采用重置成本、可变现净值、现值、公允价值计量的，应该保证所确定的会计要素金额能够取得并且可计量。

第十节　会计方法

一、会计方法的概念

会计方法是用来核算和监督会计对象、完成会计任务的一种手段和方法。会计是一种经济管理方法，它受一定的社会经济环境的影响和制约。在社会经济环境发展变化的同时，会计方法也逐步更新，会计服务的领域也持续拓宽、拓广。

会计方法主要包括以下几个方面：会计核算的方法、会计监督的方法、会计分析的方法和会计预测、决策的方法等。会计核算是会计中最基本的环节，会计监督、会计分析、会计预测和决策等都是在会计核算的基础上，运用会计核算资料进行的更进一步的加工处理。本节重点介绍会计核算的方法。

二、会计核算方法

会计核算的方法是针对各单位已经发生的经济活动进行完整的、连续的、系统的核算和监督所运用的方法。它主要包括以下方法：设置会计科目及账户、复式记账、填制和审核凭证、登记账簿、成本计算、财产清查、编制会计报表等。这一系列的专门方法就是会计核算的主要方法，下面简单地说明各种方法的特点和它们之间的相互联系。

（一）设置账户

设置账户是对会计对象的具体内容，按其不同的特点以及管理的需要，进行分类核算与监督的一种独特的方法。会计的对象，包括了再生产过程中能够用货币表现的经济活动的所有方面，其内容十分复杂。为了获取有用的会计信息，必须对这些复杂的经济活动进行分类、归纳，并使其以会计要素的方式出现，予以分门别类的计量与记录。设置了账户，就可以对生产过程中各个会计要素的增减变动情况及其结果做分类记录，进行全面、系统的核算与监督。

（二）复式记账

复式记账是记录经济业务的方法之一。其特点是针对每一项经济业务，都要在两个或两个以上相互联系的有关账户中按相同的金额同时进行记录。运用这一方法，可以完整、真实地反映每项经济业务的内容及其前因后果。这种方法在对应的账户上用相等的金额进行记录，自然就形成了双方平等的关系。这种平等的关系，不但可以保持每项经济业务记录的正确性，而且便于发现账簿中的记录差错。

（三）填制和审核凭证

会计凭证就是记录经济业务、明了经济责任的书面证明，它是登记账簿的重要证据。对于已经发生的经济业务，都要由经办人员或有关单位填制凭证，并且签名盖章。所有的凭证都要经过会计部门和有关部门的审核，只有经过审核并认为正确无误的凭证，才能作为记账的依据。通过填制和审核凭证，可以保证会计记录有根有据，并明确经济责任，可以监督经济业务的合法性和合理性。

（四）登记账簿

账簿是用来全面、连续、系统地记录各项经济业务的簿记，也是保存会计数据资料的重要工具。登记账簿是将所有的经济业务按其发生的时间顺序，分门别类地记入有关账簿。登记账簿必须以会计凭证为依据，按照规定的会计科目设置账户，形成账簿，将所有会计凭证记录的经济业务分别记入有关账户，并定期结账，账簿所提供的各种数据资料是编制会计报表的主要依据。登记账簿使大量分散的会计凭证得以归类，并被加工成完整、系统的数据，可以使会计信息更好地满足各方面的需要。

（五）成本计算

成本计算是以一定的产品为对象，对其在各个经营过程中所发生的全部费用，按照产品的种类和数量进行归集和分配，并且计算该对象的总成本和单位成本的一种专门手段。通过成本计算，可以考核经营过程中各项费用的节约和超支，揭示出成本水平的变动情况，为加强管理、挖掘潜力、降低成本提供依据，这对实现增产、节约开支、提高经济效益具有举足轻重的作用。

（六）财产清查

财产清查是通过盘点实物、核对账目，查明各项财产物资、货币资金实有数的一种专门方法。通过财产清查，不但能保证账实相符，还能防止和杜绝各种物资的积压和毁损，避免应收、应付款项拖欠等情况的出现，对加强物资管理、提高资金利用率、保证会计信息的质量都有利。

（七）编制会计报表

会计报表是用一定的表格形式，根据账簿记录定期编制的，总括反映企业、行政和事业单位特点和一定期间财务状况、经营成果和现金流量的书面文件。编制会计报表是对日常核算的总结整理。将账簿记录的内容定期地加以分类整理和汇总，为会计信息应用者提供必需的、最根本的数据资料，不但满足了企业管理者进行决策的要求，而且可以满足和企业有利害关系的集团和个人了解企业财务情况、经营成果和现金流量的需求，同时还满足了税务部门明了企业纳税情况的需要。编制会计报表时，为了正确报告会计信息，应做到数字真实可信、计算准确、内容完整、说明清晰。

第三章 企业会计工作组织

第一节 组织会计工作的意义与要求

一、组织会计工作的意义

会计工作的组织，主要是根据会计工作特点，通过设置会计机构，配备会计人员，制定与执行会计规章制度，实施与改进会计工作的技术手段，进行会计工作与其他经济管理工作之间的协调，以保证合理、有效地进行会计工作。

会计工作是一项综合性、政策性、严密性都很强的经济管理活动，科学合理地组织会计工作，对于实现会计目标，发挥会计职能作用具有重要的意义。

（一）科学合理地组织会计工作，有利于提高会计工作的效率和质量

会计反映的是社会再生产过程中各个阶段以货币表现的经济活动，具体可表现为循环往复的资金运动。会计工作要把这些经济活动从取得、编制凭证到登记账簿再到编制报表，持续地进行确认、计量、记录、计算、汇总和分析等，这不但涉及复杂的计算，而且包括一系列的程序和手续。各个程序之间、各种手续之间联系密切，任何一个环节出现问题都会造成整个核算结果错误，影响会计工作的顺利进行和核算结果的准确性。如果没有一套工作制度和程序，就不能科学地组织会计工作，更谈不上什么效率了，所以科学合理地组织好会计工作，建立健全会计机构，配备合理的会计人员和不断完善会计法规体系，是提高会计信息质量，提高会计工作效率的重要保证。

（二）科学合理地组织会计工作，有利于协调会计工作与其他经济管理工作的关系，充分发挥会计职能的作用

会计工作不但与宏观经济（如国家财政、税收、金融等）密切相关，而且与各单位内部的计划、统计、内部审计等工作密切相关。它们在共同的目标之下相互影响、相互促进、相互配合。会计工作必须首先服从国家的宏观经济政策。只有按照一定的要求科学地组织会计工作，才能处理好会计工作同其他经济管理工作的关系。

（三）科学合理地组织会计工作,有利于巩固与健全单位内部经济责任制,促进经济效益的提高

经济责任制是各经营单位实行内部控制和管理的重要手段,会计作为经济管理的重要组成部分,无疑要在贯彻经济责任制方面发挥重要作用。实行内部经济控制离不开会计,科学地组织会计工作可以促进单位内部各部门更好地履行自己的经济责任,有效地利用资金,增收节支,提高管理水平,从而提高经济效益,为企业尽可能地创造利润,获得最佳的资金使用效果。

（四）科学地组织会计工作,能够充分发挥会计监督的作用

会计工作是一项政策性很强的工作,具有认真贯彻国家有关方针、政策和法令、制度,并揭露制止一切违法乱纪行为的重要任务。因此,正确、科学地组织会计工作,充分发挥会计监督职能,对于贯彻执行国家的方针、政策和法令、制度,维护财经纪律,建立良好的社会经济秩序具有十分重要的意义。

二、组织会计工作应遵循的要求

组织会计工作应遵循的要求,是指组织会计工作必须遵循的管理工作的一般规律。它是做好会计工作,提高会计工作质量和效率必须遵守的原则。合理组织会计工作,应遵循以下几项基本要求。

（一）既要符合国家对会计工作的统一要求,又要适应各单位生产经营的特点

合理组织会计工作,必须按照《中华人民共和国会计法》对会计工作的统一要求,贯彻执行国家的有关规定。只有按照统一要求组织会计工作,才能发挥会计工作在维护社会市场经济秩序、加强经济管理、提高经济效益中的作用。因而,遵守国家统一的规定是组织会计工作的首位要求。

此外,每个单位的经济活动各有特点,规模大小不一,业务繁简程度不等,对会计的信息要求也不尽相同。因此组织会计工作,要在符合国家统一规定的前提下,结合各单位的自身特点和内部管理的需要,制定具体办法和补充规定等,才能对本单位的会计工作做出切合实际的安排,以利于加强管理,使会计真正成为经济管理工作的一个组成部分。

（二）必须符合精简节约原则,既要保证核算工作的质量,又要节约人力、物力,提高工作效率

会计工作十分复杂,如果组织不好,就会重复劳动,造成资源浪费。故对会计管理程序规定,所有会计凭证、账簿、会计报告的设计,会计机构的设置以及会计人员的配置等,都应避免烦琐、力求精简,更好地发挥会计职能的作用。

（三）既要保证贯彻整个单位的经济责任制，又要建立会计工作的责任制度

科学地组织会计工作，应在保证贯彻整个企业单位的经济责任制的同时，建立和完善会计工作本身的责任制度，合理分工，建立会计岗位，实现会计处理手续和会计工作程序的规范化。

第二节　会计机构

企业、事业、机关、团体等单位会计机构的设置，必须满足社会经济对会计工作的要求，并且应与国家的会计管理体制相适应。自 2000 年 7 月 1 日起修订实施的《中华人民共和国会计法》明确规定，国务院财政部门主管全国的会计工作，县级以上地方各级人民政府财政部门管理本行政区域内的会计工作。为此，财政部设有会计事务管理专职机构。该机构的主要职责是：负责制定和组织实施全国性的会计法令、规章、准则和制度；负责了解、检查会计工作情况，总结交流会计工作经验，研究、拟订和改进会计工作的措施，制定全国会计人员的业务培训规划，管理全国会计人员的技术职称工作等。各省、市、自治区的财政部门一般也设有相应的会计事务管理办事机构，管理本地区的会计工作。中央和地方的各级业务主管部门一般也设有财务会计机构，负责管理本单位的会计工作。所以，我国会计工作在管理体制上实行"统一领导、分级管理"的原则。

一、会计机构的设置

会计机构是直接从事和组织领导会计工作的职能部门，建立和健全各单位的会计机构是保证会计工作正常进行、充分发挥会计管理作用的重要条件。

各个企业、行政事业单位原则上都必须设立专职的会计工作机构。由于会计工作与财务工作都是综合性的经济管理工作，因而它们的关系十分紧密。我国在实际工作中，通常把处理财务和会计工作的机构合并为一个部门，称为财务处、科、股、组等，具体视企业、单位组织规模大小而定。设置合理的会计机构，建立健全会计工作岗位责任制，对每一项会计工作都应定人定岗，专人负责。对会计工作的管理分工，还必须体现内部牵制制度的要求，建立稽核制度，有利于防止和发现工作中的差错、失误和弊端。

除上述情况外，我国有关法规还规定：

1. 不具备单独设置会计机构条件的单位，应在有关机构中配备专职会计人员，并指定会计主管人员。

2. 没有设置会计机构和配备专职会计人员的单位，应当委托经批准设立的从事会计代理记账业务的"中介机构"（如会计师事务所或持有代理记账许可证的其他代理记账机构）代理记账。

二、会计工作的组织方式

会计工作的组织形式应根据企业的具体情况不同分为集中核算和非集中核算两种。

集中核算组织方式，就是指企业经济业务的明细核算、总分类核算、会计报表编制和各有关项目的分析考核等会计工作，集中由厂级会计部门进行。其他职能部门、车间、仓库的会计组织和会计人员，只负责登记和填制原始凭证，经初步整理后，为厂级会计进一步核算提供资料。实行集中核算组织方式可以减少核算层次，精简会计人员。

非集中核算又称分散核算组织方式，就是其他职能部门、车间、仓库的会计组织或会计人员在厂部会计部门的指导和监督下，分别进行与其业务有关的凭证整理、明细分类核算、有关会计报表，特别适应企业内部单位日常管理需要的内部报表的编制和分析。但总分类核算、全厂性会计报表的编制和分析仍由厂级会计部门集中进行。实行非集中核算组织形式，有利于各业务部门和车间及时地利用核算资料进行日常的分析和考核，因地制宜地解决生产经营上的问题。

一个单位实行集中核算还是非集中核算组织形式，主要取决于本身经营管理的需要。集中核算与非集中核算是相对的，而不是绝对的。在一个单位内部，对各个业务部门可以根据管理的要求，分别采用集中核算和非集中核算。况且，集中核算和非集中核算的具体内容和方法也可以不完全相同。但是，无论采用哪种组织形式，各单位对外的货币性资产收付、物资购销和债权债务的结算都应由会计部门集中统一办理。

三、会计工作岗位的设置

会计工作的岗位，就是在财务会计机构的内部按照会计工作的内容和会计人员的配备情况，进行管理的分工，使每项工作都有专人负责，每位会计人员都能明确自己的职责。

1. 会计工作岗位的基本状况

为了科学地组织会计工作，应建立健全会计部门内部的岗位责任制，将会计部门的工作分成若干个岗位，并为每个岗位规定职责和要求，使每一项会计工作都有专人负责，每一个会计人员都明确自己的职责。在大中型企业一般按工作内容分设专业职能组，每个组的职责和要求是：

（1）综合组。负责总账的登记，并与有关的日记账和明细账相核对；进行总账余额的试算平衡，编制资产负债表，并与其他会计报表进行核对；保管会计档案，进行企业财务情况的综合分析，编写财务情况说明书；进行财务预测，制定或参与制定财务计划，参与企业生产经营决策。

（2）财务组。负责货币资金的出纳、保管和日记账的登记；审核货币资金的收付凭证；办理企业与供应、购买等单位之间的往来结算；监督企业贯彻执行国家现金管理制度、结算制度和信贷制度的情况；分析货币资金收支计划和银行借款计划的执行情况，制订或参与制订货币资金收支和银行借款计划。

（3）工资核算组。负责计算职工的各种工资和奖金；办理职工的工资结算，并进行有关的明细核算，分析工资总额计划的执行情况，控制工资总额支出；参与制定工资总额计划。在由各车间、部门的工资员分散计算和发放工资的组织方式下，还应协助企业劳动工资部门负责指导和监督各车间、部门的工资计算和发放工作。

（4）固定资产核算组。负责审核固定资产购建、调拨、内部转移、租赁、清理的凭证；进行固定资产的明细核算，参与固定资产清查；编制有关固定资产增减变动的报表，分析固定资产和固定资金的使用效果；参与制订固定资产重置、更新和修理计划，指导和监督固定资产管理部门和使用部门的固定资产核算工作。

（5）材料核算组。负责审核材料采购的发票、账单等结算凭证，进行材料采购、收发、结存的明细核算；参与库存材料清查；分析采购资金使用情况，采购成本超支、节约情况和储备资金占用情况，参与控制材料采购成本和材料资金占用；参与制定材料采购资金计划和材料计划成本；指导和监督供应部门、材料仓库和使用材料的车间部门的材料核算情况。

（6）成本组。会同有关部门建立健全各项原始记录、消耗定额和计量检验制度；改进成本管理的基础工作；负责审核各项费用开支；参与自制半成品和产成品的清查；核算产品成本，编制成本报表；分析成本计划执行情况；控制产品成本和生产资金占用；进行成本预测，制定成本计划，配合成本分口分级管理，将成本指标分解、落实到各部门、车间、班组；指导、监督和组织各部门、车间、班组的成本核算和厂内经济核算工作。

（7）销售和利润核算组。负责审核产成品收发、销售和营业收支凭证；参与产成品清查；进行产成品、销售和利润的明细核算；计算应交税金，进行利润分配，编制损益表；分析成品资金占用情况，销售收入、利润及其分配计划的执行情况；参与市场预测，制定或参与制定销售和利润计划。

（8）资金组。负责资金的筹集、使用、调度。随时了解、掌握资金市场动态，为企业筹集资金以满足生产经营活动的需要，要不断降低资金成本，提高资金使用的经济效益，还应负责编制财务状况变动表或现金流量表。

2. 会计工作岗位的人员落实

会计工作岗位应逐个落实在上述各组中，可以一人一岗、一人多岗或一岗多人，但出纳人员不得兼管稽核，会计档案保管和收入、费用、债权债务账目的登记工作。按照内部牵制制度规定，会计工作岗位设置中不相容的业务不得由同一会计人员执行。记账人员与经济业务事项和会计事项的审批人员、经办人员、财物保管人员的职责权限应当明确，并相互分离、相互制约。这是保护企业、单位财产安全、完整，会计人员顺利工作的必要前提条件。

另外，在会计工作岗位设定后，会计人员的工作岗位应当有计划地分期地、进行轮换。这样，一方面能使会计人员较多地熟悉本单位内部的各项核算工作，使其具有较强的综合工作能力；另一方面还可以促使各岗位会计人员相互配合、协调工作，发挥团队作用。

第三节　会计人员

为了充分发挥会计的职能作用，完成会计工作任务，各企业、单位的会计机构，都必须根据实际需要合理配备会计人员。为了充分调动会计人员的工作积极性，国家规定了会计人员的职责，并赋予了相应的权限，对符合规定条件的还授予了专业技术职称。

一、会计人员的职责

会计人员的主要职责包括以下五个方面：

1. 进行会计核算

会计人员应按照会计制度的规定，切实做好记账、算账、报账等会计核算工作。必须根据实际发生的经济业务事项认真填制和审核原始凭证，编制记账凭证，登记账簿，正确计算各项收入、支出、成本、费用、财务成果。按期结算、核对账目、进行财产清查、编制财务会计报告，保证账证相符、账账相符、账实相符，手续完备，数字真实。

2. 实行会计监督

通过会计工作，对本单位的各项经济业务和会计手续的合法性、合理性进行监督。对不真实、不合法的会计事项，会计人员应拒绝办理或者按照职权予以纠正。对重大经济业务事项，如重大的对外投资、资产处置、资金调度等的决策和执行的相互监督、相互制约程序应当明确；对财产清查的范围、期限和组织程序也应当明确；对于账簿记录与实物、款项不符的问题，应按有关规定进行处理或及时向本单位领导人报告；对会计资料定期进行内部审计的办法和程序应当明确。此外，各单位必须按照法律和国家有关规定，接受财政、审计、税务机关的监督，如实提供会计凭证、会计账簿、财务会计报告和其他会计资料以及有关情况，不得拒绝、隐匿、谎报。

3. 拟定本单位办理会计事务的具体办法

根据国家的法规、财政经济方针政策和上级的有关规定以及本单位的具体情况，拟订本单位办理会计事务的具体办法，如会计人员岗位责任制度、内部稽核制度、内部牵制制度、财产清查制度和成本计算方法等。

4. 参与制订经济计划、业务计划，编制预算和财务计划，考核分析其执行情况

财务会计部分应负责制定财务计划、预算。财会人员应根据会计资料结合统计核算、财务核算等有关资料，考核分析财务计划、预算的执行情况，检查成本、费用升降和盈亏形成的原因，总结经验，揭露问题，并提出改进的建议和措施，促使有关部门改善经营管理。此外，财会人员还应参与拟订本单位的其他经济计划和业务计划，应以掌握的、系统的、翔实的会计数据资料，为加强经济核算提供重要依据，在经济管理的各个方面发挥其应有的作用。

5. 办理其他会计事项

其他会计事项是指上述各项尚未包括的其他会计业务。例如，协助企业其他管理部门做好企业管理的基础工作，搞好企业、单位管理人员的财会知识的培训等。

二、会计人员的主要权限

为了保障会计人员顺利地履行其职责，国家在明确会计人员职责的同时，也赋予了必要的权限。

1. 会计人员有权要求本单位有关部门、人员认真执行国家批准的计划、预算

会计人员有权督促本单位有关部门严格遵守国家财经纪律和财务会计制度；如果本单位有关部门有违反国家法规的情况，会计人员有权拒绝付款、拒绝报销或拒绝执行，并及时向本单位领导或上级有关部门报告。

2. 会计人员有权参与本单位编制计划、制订定额、对外签订经济合同，参加有关的生产、经营管理会议和业务会议

会计人员有权以其特有的专业地位参加企业的各种管理活动，了解企业的生产经营情况，并提出自己的建议。企业领导人和有关部门对会计人员提出的财务开支和经济效益方面的问题和意见，要认真考虑，合理的意见要加以采纳。

3. 会计人员有权对本单位各部门进行会计监督

会计人员有权监督、检查本单位有关部门的财务收支、资金使用和财产保管、收发、计量、检验等情况，本单位有关部门要大力协助会计人员的工作。

为了保障会计人员顺利地行使工作权限，各级领导和有关部门要支持会计人员正确地使用工作权限。同时，会计人员也应做好广泛的宣传解释工作，以取得更好的成效。

三、会计人员的任职要求

（一）会计人员的任职资格

会计人员的任职要求是对会计工作各级岗位人员业务素质的基本规定。具体内容可体现为以下几个方面：

1. 对从事会计工作人员的任职要求

对从事会计工作人员的任职要求，即各企业、单位应当根据会计业务的需要配备取得会计从业资格的会计人员；未取得会计从业资格的人员，一律不得从事会计工作。会计资格证是会计人员从事会计工作的"准入证"或"通行证"，从事会计工作必须持证上岗。

2. 对会计机构负责人、会计主管人员的任职要求

会计机构负责人、会计主管人员是一个单位内具体负责会计工作的中层领导人员，负有组织、管理本单位所有会计工作的责任，其工作水平、工作质量，直接关系到整个

单位的会计工作的水平和质量。会计机构负责人、会计主管人员应具备的基本条件有：（1）坚持原则，廉洁奉公；（2）具有会计师以上专业技术职务资格或从事会计工作三年以上经历，必须具有一定的实践经验；（3）熟悉国家财经法律、法规、规章制度和方针政策，掌握财务会计理论及本行业业务管理的有关专业知识；（4）必须具备一定的领导才能和组织能力，包括协调能力、综合分析能力等；（5）必须有较好的身体情况，以适应和胜任本职工作。

3.对总会计师的任职要求

总会计师是企业单位经济核算和财务会计工作的行政领导成员，协助单位主要行政领导人工作，直接对单位主要行政领导人负责。总会计师是一个行政职位，而不是会计专业技术职务。但总会计师必须是取得会计师任职资格，主管一个单位或单位内一个重要方面的财务会计工作时间不少于三年的会计人员。

根据《总会计师条例》的规定，担任总会计师，应当具备以下条件：（1）坚持社会主义方向，积极为社会主义市场经济建设和改革开放服务；（2）坚持原则，廉洁奉公；（3）取得会计师以上专业技术资格后，主管一个单位或单位内一个重要方面的财务会计工作不短于三年；（4）要有较高理论、政策水平，熟悉国家财经法律、法规、方针、政策和制度，掌握现代化管理的知识；（5）具备本行业的基本业务知识，熟悉行业情况，有较强的组织领导能力，以及其他基本要求等。

总会计师的基本职责包括：（1）负责组织本单位编制和执行预算、财务收支计划、信贷计划，拟订资金筹措和使用方案，开辟财源，有效地使用资金；（2）负责进行成本费用预测、计划、控制、核算、分析与考核，督促本单位有关部门降低消耗、节约费用、提高经济效益；（3）负责建立健全经济核算制度，利用财务会计资料进行经济活动分析；（4）负责对本单位财会机构的设置和会计人员的配备、会计专业职务的设置和聘任提出方案，组织会计人员的业务培训和考核，支持会计人员依法行使职权；（5）协助单位主要领导对企业的生产经营、基建投资等问题做出决策，参与新产品开发、技术改造、科技研究、商品价格和工资奖金等方案的制订，参与重大经济合同和经济协议的研究、审查。

（二）会计专业职务

为了充分调动会计人员的积极性和创造性，国家从1992年8月起，试行会计人员专业技术职务任职资格考试制度。会计专业技术职务分别定为：高级会计师、中级会计师、初级会计师。各级专业职务的基本要求是：

1.初级会计师。初级会计师应掌握一般的财务会计理论和业务知识，熟悉并执行有关的财经方针、政策和财务会计法规、制度，能担负一个方面或某个重要岗位的财务会计工作，具有规定学历和专业工作经历。

2.中级会计师。会计师应较系统地掌握财务会计基础理论和专业知识，掌握并能贯彻执行有关的财经方针、政策和财务会计法规、制度，具有一定的财务会计工作经验，能担任一个单位或管理一个地区、一个部门、一个系统某个方面的财务会计工作，具备规定学历和专业工作经历。

3. 高级会计师。高级会计师应较系统地掌握经济、财务会计理论和专业知识，具有较高的政策水平和丰富的财务会计工作经验，能担任一个地区、一个部门、一个系统的财务会计管理工作，具有规定学历和工作经历。

会计人员除应当具备上述必要的专业知识和专业技能外，国家法规还规定：会计人员应当按照国家有关规定参加会计业务的培训；各单位应当合理安排会计人员培训，保证会计人员每年有一定时间用于学习和参加培训。

（三）注册会计师任职要求

注册会计师是指经国家批准依法独立执行会计查账验证业务和会计咨询业务的人员。注册会计师并不直接从事会计工作，而是对企业、单位的会计工作提供咨询、验证。其工作机构称为会计事务所。

根据《中华人民共和国注册会计师条例》的规定，申请担任注册会计师的人员，需具备规定的学历和一定的实际工作经验，经全国统一考试合格，由财政部门批准注册后，才能从事注册会计师工作。

四、会计人员的职业道德

会计人员的职业道德，是指会计人员从事会计工作应当遵循的道德标准。会计人员在会计工作中应当遵守职业道德，树立良好的职业品质和严谨的工作作风，严守工作纪律，努力提高工作效率和工作质量。关于会计人员的职业道德，财政部发布的《会计基础工作规范》专门对会计人员的职业道德问题做出了规定，主要包括以下几点。

1. 敬业爱岗。会计人员应当热爱本职工作，努力钻研业务，使自己的知识和技能适应所从事工作的要求。

2. 熟悉法规。会计人员应当熟悉财经法律、法规、规章和国家统一会计制度，并结合会计工作进行广泛宣传。

3. 依法办事。会计人员应当按照会计法律、法规和国家统一会计制度规定的程序和要求进行会计工作，保证所提供的会计信息合法、真实、准确、及时、完整。

4. 客观公正。会计人员办理会计事务应当实事求是、客观公正。

5. 搞好服务。会计人员应当熟悉本单位的生产经营和业务管理情况，运用掌握的会计信息和会计方法，为改善单位内部管理、提高经济效益服务。

6. 保守秘密。会计人员应当保守本单位的商业秘密，除符合法律规定和单位领导人同意外，不能私自向外界提供或者泄露单位的会计信息。

《会计基础工作规范》同时要求财政部门、业务主管部门和各单位应当定期检查会计人员遵守职业道德的情况，并作为会计人员晋升、晋级、聘任专业职务、表彰奖励的重要考核依据。会计人员违反职业道德的，由所在单位进行处罚，情节严重的，由会计从业资格证发证机关吊销其资格证书。

第四节 会计法规制度

一、会计法规制度的作用

会计法规制度是指组织和从事会计工作，处理会计事务必须遵循的法律、原则、程序和方法的总称。建立健全并实行会计法规制度，可以保证会计工作贯彻执行党和国家有关的财经方针、政策，保证会计工作沿着市场经济方向正确运行；可以保证会计指标在全国范围内口径一致，以便于会计资料的汇总和利用，满足国民经济管理和综合平衡的需要；可以使各单位会计机构提供的会计资料和会计信息真实、及时、有用、可靠，更好地满足各个方面的需要，更圆满地完成会计的任务。

我国的会计法规制度是一个以《中华人民共和国会计法》为中心，《企业会计准则》和《企业会计制度》为补充的较为完备的会计法规制度体系。

二、会计法规制度体系

我国会计法规制度体系主要包括会计法、会计准则和会计制度等会计核算方面的法规。

（一）会计法

我国的会计法，即《中华人民共和国会计法》（以下简称"会计法"），是会计工作的基本法。会计法由全国人民代表大会常务委员会制定，以国家主席令的形式发布，是我国从事会计工作、办理会计事务的法律规范，是拟定各项会计法规、制度的法律依据。因此，会计法也被称为是一切会计法规制度的"母法"或根本大法。

《中华人民共和国会计法》于 1985 年 1 月 21 日由第六届全国人民代表大会常务委员会第九次会议通过，并于当日由中华人民共和国主席令第 21 号发布，自 1985 年 5 月 1 日起施行。为适应我国社会主义市场经济的发展和深化改革的需要，1993 年、1999 年和 2017 年我国对《中华人民共和国会计法》进行了三次修订。

新修订的会计法共七章五十二条，分别为总则、会计核算、公司与企业会计核算的特别规定、会计监督、会计机构和会计人员、法律责任和附则。修订后的会计法自 2000 年 7 月 1 日起施行。

新会计法是针对会计工作中存在的主要问题而制定的，只对会计核算和会计监督等会计基本工作职能提出了要求规范，没有对会计人员参与经济预测和决策，进行会计控制、分析、考评等方面提出具体要求；同时作为会计根本大法的会计法具有高度的概括性和原则性，该法只针对会计工作中那些最基本的、最主要的，需要和能够辨别合法与非法界限的，并要强制执行的内容做出了规定。比如，会计法只对会计凭证的填制和审核、账簿的登记、会计报表的编报等提出原则要求，作为辨别合法与否的标准。至于填制、审核、登记的具体操作方法，在会计法中则没有必要做出具体的规定，这些问题在其他会计法规，如《会计基础工作规范》中加以明确。

修订后的会计法，补充、完善了会计核算和会计记账的基本制度和基本规则，强化了单位负责人对本单位会计工作和会计资料真实性、完整性负责的责任，加强了对会计人员的资格管理，强化了对会计活动的制约和监督，加大了对违法行为的处罚力度，适应了当前经济和财务管理的需要。主要表现为以下方面：

1. 明确规定了单位负责人对本单位的会计工作和会计资料的真实性、完整性负责。明确了单位负责人与会计机构各成员的工作责任关系及正确处理这些关系的法定性原则。

2. 防范会计信息失真责任体系的建立固然重要，但要发挥其作用，关键在于不断地维护和强化这个体系。故而，新会计法中专门设定了较为具体的禁则和罚则，即实行或不实行某种行为的界限。而原法在这方面的规定却不是很具体。

3. 新会计法明确了执行主体——县级以上人民政府的财政部门，而原法对这方面的规定不甚明确。

（二）会计准则

企业会计准则经国务院批准，由主管国家会计工作的财政部依据会计法制定和颁布，是统一会计核算标准，保证会计信息质量的基本准则。会计准则是会计核算工作的基本规范。它处于会计工作规范体系的第二个层次，主要就会计核算的原则和经济业务的会计处理方法及程序做出规定。它是我国企业会计核算工作的基本规范，它以会计法为指导，同时又指导会计制度，是会计制度的制定依据。

会计准则又分基本会计准则和具体会计准则。基本准则是进行会计核算工作必须共同遵守的基本要求，体现了会计核算的基本规律。基本准则一般由会计核算的前提条件、一般原则、会计要素准则和会计报表准则组成，是对会计核算要求所做的原则性规定。它具有覆盖面广、概括性强等特点。主要包括以下内容：关于会计核算基本前提的规定；关于会计核算一般原则的规定；关于会计要素准则的规定；关于财务报告体系的规定。具体准则是根据基本准则的要求，对经济业务的会计处理做出具体规定的准则。它的特点是操作性强，可以根据其直接组织该项业务的核算。其内容包括基本业务会计准则、会计报表准则、特殊行业会计准则和特殊业务会计准则四个方面的内容。

我国的企业会计准则从 1993 年 7 月 1 日全面施行至今经历数次修订。2014 年 7 月，财政部颁布了新的《企业会计准则体系》，这是我国迄今为止最为完备的会计准则体系。它为不同类型和不同所有制性质的企业组织和处理经济业务提供了基本规范指南。

（三）会计制度

从广义上讲，会计制度应该包括会计工作制度、会计人员管理制度和会计核算制度等内容，而习惯上所称的会计制度则仅指会计核算制度。

虽然，我国在 1992 年以财政部令的形式颁布了会计准则，并于 1993 年 7 月 1 日起正式执行。但由于受我国长期计划经济等国情的制约，全面制定及推行企业会计准则存在一些现实问题。因此，为了保障各企业的会计报表能够统一可比，层层汇总，满足国家宏观调控的需要，并规范企业会计工作，财政部采取了制定、公布分行业会计制度的办法，从而形成了企业会计准则和企业会计制度长期并存的局面。总体来说，我国先后共制定了 13 个行业会计制度和 1 个股份有限公司会计制度。这 13 个行业会计制度包括：工业企业会计制度，商品流通企业会计制度，旅游、饮食服务企业会计制度，交通运输企业会计制度，邮电通信企业会计制度，施工企业会计制度，房地产开发企业会计制度，对外经济合作企业会计制度，金融企业会计制度，农业企业会计制度，民航企业会计制度，铁路运输企业会计制度，保险企业会计制度。为了进一步贯彻执行会计法，规范企业的会计核算工作，提高企业的会计信息质量，我国又于 2001 年制定了国家统一的会计制度——《企业会计制度》，并自 2001 年 1 月 1 日起暂在股份有限公司范围内执行。

新颁布的《企业会计制度》的最大特点就是统一性强。按照《企业会计制度》的要求，各行业在会计核算的一般原则上实现了高度统一；在会计科目的使用和会计报表的项目、内容上实现了高度统一；在会计处理方法和程序上实现了高度统一。各行业根据《企业会计准则》的要求，参照分行业会计制度，结合本企业的具体情况，制定本企业会计制度，正确进行账务处理。

2006 年颁布的新《企业会计准则》体系实现了与国际会计准则的"实质性趋同"。随着会计准则完善和运用的不断深入，企业会计制度的模式最终也将被舍弃，用准则代替制度是会计国际化发展的必然。考虑到我国国情，财政部还是审慎地保留了企业会计制度的基本内容，但不再颁布并执行单独的企业会计制度，而是将其作为企业会计准则应用指南，以《企业会计准则应用指南——会计科目和主要账务处理》的形式出现。会计准则体系的三个层次——基本准则、具体准则和应用指南均具有强制性，企业必须执行。但是与以前的企业会计制度相比，会计科目和主要账务处理不再与企业会计准则处于平行地位。当会计科目和账务处理与基本准则和具体准则相冲突时，企业应当以基本准则和具体准则的规定为准并执行。

除此之外，会计法规体系还包括一些会计规章制度以及单位内部的一些具体的管理制度。

第五节　会计档案管理

一、会计档案的种类

会计档案是指会计凭证、会计账簿、财务会计报表以及其他会计资料等会计核算的专业资料。它是记录和反映经济业务事项的重要历史资料和证据，是国家经济档案的重要组成部分，也是各单位的重要档案之一。

会计档案一般分为以下几类：

会计凭证类，包括原始凭证、记账凭证、汇总凭证等；

会计账簿类，包括总账、日记账、明细账、辅助账等；

财务会计报表类，包括月度、季度、半年度、年度会计报表及相关文字分析材料等；

其他类，包括会计移交清册、会计档案保管清册、会计档案销毁清册等。

根据有关规定，各单位的预算、计划、制度等文件材料属于文书档案，不属于会计档案。

二、会计档案管理的意义

会计档案是会计活动的产物，又是会计活动的客观表现。会计档案管理工作具有十分重要的意义，具体表现在以下几方面。

第一，会计档案为检查、监督经济活动提供原始依据。由于会计信息直接反映财会工作活动过程，一方面可以利用会计档案检查企业、行政事业单位的经济活动和财务收支情况；另一方面可以根据会计档案的原始性和真实性的特点，了解会计凭证、账簿和会计报表中所记录、反映的经济业务的有关情况。

第二，会计档案是维护社会主义市场经济正常秩序的有力工具。会计档案是经济活动用会计核算工具表现的产物，具有史料作用和查证作用，并具有法律效力，是打击经济领域犯罪，清理债权、债务，解决经济纠纷，以及处理会计事务的重要依据，是维护社会主义市场经济正常秩序的有力工具。

第三，会计档案有利于促进单位提高管理水平。会计档案是对单位经济活动和财务收支进行价值量的记录和描述，反映了经济活动和财务收支质的变化，可据以开展预测、决策经济活动，编制财务收支计划，开展会计分析等工作，提高管理水平。

第四，在经济科学的研究中，会计档案具有重要的史料价值，为经济科学研究提供历史的原始资料。

三、会计档案管理的具体要求

为了加强我国会计档案的科学管理，统一全国会计档案工作制度，《会计法》和《会计基础工作规范》都对会计档案管理做出了明确的规定，但会计档案管理的具体要求应当依据《会计档案管理办法》。

（一）会计档案的整理、归档、保管和利用

1. 会计档案的整理

为了更好地发挥会计档案的作用，必须对会计资料进行挑选，然后集中保存。集中以后的会计档案数量较多，如果堆放零乱，就不便于管理和利用。这就需要将会计档案分门别类、按序存放，这就是会计档案的整理工作。整理内容包括会计凭证、会计账簿、会计报表及其他会计资料（如年季度成本、利润计划、月度财务收支计划、经济活动分

析报告、工资计算表及一些重要的经济合同等）。会计档案的整理要规范化，封面、盒、袋要按统一的尺寸、规格制作，卷脊、封面的内容要按统一的项目印制、填写。做到收集按范围，装订按标准，整理要规范。

2. 会计档案的归档

各单位每年形成的会计档案，在财务会计部门整理立卷或装订成册后，如果是当年的会计档案，在会计年度终了后，可暂由本单位财会部门保管一年，期满后，原则上应由财务会计部门编造清册移交本单位的档案部门保管。档案部门接收保管的会计档案，原则上应当保持原卷册的封袋，个别需要拆封重新整理的，应当会同原财会部门和经办人共同拆封整理，以分清责任。

3. 会计档案的保管

由于自然和社会的各种原因，会计档案始终处于渐进性的自毁过程中。首先，要严格执行安全和保密制度。安全是指档案完好无缺，做到不丢失、不破损、不霉烂、不被虫咬等。保密是指会计档案的信息不能超过规定传递的范围；其次，要严格执行检查、保管制度，要有专人负责保管，有关单位、人员要定期地检查会计档案的保存情况，要严格按规定的程序、技术方法处理档案保管中的问题。

各种会计档案的保管期限，根据其特点，分为永久、定期两类。定期保管期限分为3年、5年、10年、15年、25年五种。会计档案的保管期限，从会计年度终了后的第一天算起。

4. 会计档案的利用

保存会计档案的最终目的是利用，会计档案的整理、归档、保管等工作，只是为利用奠定基础。调阅会计档案应履行登记手续，一般应在档案室查阅。外单位借阅档案，归还时要清点。查阅会计档案人员，不许在会计档案上做任何记录、勾、划和涂改，更不能抽撤单据，违者应视情节轻重进行严肃处理。

（二）会计档案的鉴定与销毁

1. 会计档案的鉴定

会计档案的保管期满，需要销毁时，由本单位档案部门提出销毁意见，会同财务会计部门共同鉴定，严格审查，编制会计档案销毁清册。机关、团体和事业单位报本单位领导批准后销毁；国有企业经企业领导审查，报经上级主管部门批准后销毁。对于其中未了结的债权、债务的原始凭证，应单独抽出，另行立卷，由档案部门保管到结清债权、债务时为止。建设单位在建设期间的会计档案，不得销毁。

2. 会计档案的销毁

各单位按规定销毁会计档案时，应由档案部门和财务会计部门共同派员监督销毁。各级主管部门销毁会计档案时，还应有同级财政部门、审计部门派员参加监销。各级财务部门在销毁会计档案时，由同级审计机关参加监销。

销毁人在销毁会计档案前，应当认真清点核对，销毁后，在销毁清册上签名盖章，并将销毁情况报告本单位领导。

第四章 企业会计基本准则

第一节 会计基本准则概述

一、企业会计准则的涵义以及特征

企业会计准则是就各企业、单位发生的交易或事项的会计处理方法和会计程序做出的规定，为各企业、单位的会计核算行为提供规范。企业会计准则的产生与完善是社会经济环境变化的结果。

以会计准则作为企业会计信息生成与提供的标准始于西方国家，其中美国的"公认会计原则"（GAAP）最具代表性。20世纪初，西方国家的股份公司已经成为普遍的企业组织形式，企业的所有权与经营权发生分离，形成了股东、债权人、政府税务机关、企业管理当局等各种与企业有利害关系的利益集团。为了维护各自的利益，各利益集团都要求企业通过财务报告定期提供可据以做出决策的会计信息，这在客观上提出了会计信息社会化与标准化的要求。美国于20世纪30年代出现的会计程序委员会（CAP）的《会计研究公报》、50年代出现的会计原则委员会（APB）的《会计原则委员会意见书》和70年代出现的财务会计准则委员会（FASB）的《财务会计准则公告》和"解释"等，共同构成了美国现行的"公认会计原则"的主要内容。虽然美国的会计准则是由民间职业组织制定的，但由于其得到美国证券交易委员会的支持，具备相当的权威性，使得各个公司，特别是公开发行证券的公司在对外提供财务报告时都不得不遵循。

在国际上，随着各国之间的经济交往日益频繁，跨国公司、合资公司等国际经济联合体的大量涌现，作为商业语言的会计信息便成为不同利益相关者进行经济交流的基础。然而，各个国家或地区的政治、经济、法律和文化等环境的不同，导致了其会计准则之间的差异，影响了分布于世界各国的不同利益相关者对会计信息的理解和据以进行的投资或信贷决策。在这一背景下，建立一套国际通用的会计标准对促进资本的国际流动和国际经济一体化的必要性受到了广泛认同。于是在1973年6月，澳大利亚、加拿大、法国、德国、日本、墨西哥、荷兰、英国、美国等9个国家的16个会计职业团体在英国伦敦联合发起成立了国际会计准则委员会（IASC）。此后，国际会计准则委员会发展迅速，目前会员已经扩大至110个国家或地区的150多个会计职业团体。我国于1997年5月1日正式加入国际会计准则委员会并成为其观察员。国际会计准则委员会成立伊始，就把制定和公布编制财务报告应当遵循的会计准则，并推动这些准则在世界范围内被接受和遵循作为其工作目标。为此，国际会计准则委员会发布了一系列的国际会计准则和解释公告。越来越多的国家或者国际组织开始支持国际会计准则委员会所从事的会计准则的国际协调工作，一些国家或地区及其会计准则制定机构甚至决定在某一个特定的期限内开始全部或部分采用国际财务报告准则。会计准则的国际趋同以及会计准则全球化，是经济全球化所不可或缺的因素。

从世界各国的会计准则制定情况来看，会计准则是由国家权力机关或权威性的会计职业团体所制订。由国家权力机关制定的会计准则，成为国家的行政法规或规章，其施行具有强制性；由权威性的会计职业团体制定的会计准则，其施行虽不具有强制性，但仍具有普遍的指导意义和很强的约束力。目前，中国、德国、日本等国家的会计准则由国家政府机构制定发布，具有法律效力；美国等国家的会计准则由具有权威性的机构制定颁布，并受到政府或其他权威机构的支持，得到广泛的认可。会计准则具有以下六个方面的特征：

（1）规范性。由于确立了会计准则，会计人员在进行会计核算时就有了一个共同遵循的标准。各个单位的会计核算可在同一标准的基础上进行，全国甚至全世界的会计核算均执行同一衡量的尺度，从而使会计核算行为达到了规范化，所提供的会计信息具有广泛的一致性和可比性，促进了会计信息质量的提高。

（2）权威性。会计准则通过国家权力机关或权威性的会计职业团体制定发布，具有权威性，是会计核算必须遵守的规范和处理会计业务的标准。

（3）公认性。会计准则要有效地付诸于实践，必须得到理论界和实务界的普遍认可和接受。各国以及国际会计准则理事会在制订与修订会计准则时均向会计理论界和实务界征求意见，所制定与修订的会计准则也得到了广泛的认同。

（4）理论与实践相融合性。会计准则是指导会计实践的理论依据，同时，会计准则又是会计理论与实践相结合的产物。

（5）整体性。会计准则是由相互联系又相互制约的具有一定层次的若干准则所构成的一个规范会计核算的完整体系。

（6）发展性。会计准则是在一定社会经济环境下形成与发展起来的，虽然具有相对稳定性，但仍受制于社会经济环境的变化，随着社会经济环境的变化，会计准则会相应地发生变化。

二、企业会计准则体系的构成与会计基本准则的地位与作用

我国企业会计准则体系包括《企业会计准则——基本准则》（以下简称基本准则）、具体准则和会计准则应用指南等。其中，会计基本准则是纲，在整个企业会计准则体系中起统驭作用；具体准则是目，是依据会计基本准则的原则要求对有关业务或报告做出的具体规定；应用指南是补充，是对具体准则的操作指引。

国际会计准则理事会、美国等国家或者地区在其会计准则制定中，通常都制定有"财

务会计概念框架"，它既是制定国际财务报告准则和有关国家或地区会计准则的概念基础，也是会计准则制定应当遵循的基本法则。

我国基本准则类似于国际会计准则理事会的《编报财务报表的框架》和美国财务会计准则委员会的《财务会计概念公告》，在企业会计准则体系建设中扮演着同样的角色，在整个企业会计准则体系中具有统驭地位。同时，我国会计准则属于法规体系的组成部分。根据《立法法》规定，我国的法规体系通常由四个部分构成：一是法律；二是行政法规；三是部门规章；四是规范性文件。其中，法律由全国人民代表大会常务委员会通过，由国家主席签发；行政法规由国务院常务委员会通过，由国务院总理签发；部门规章由国务院主管部门部长以部长令签发。我国企业会计准则体系中，基本准则属于部门规章，是由前财政部部长金人庆于 2006 年 2 月 15 日以第 33 号部长令签发的；具体准则及其应用指南属于规范性文件，分别于 2006 年 2 月 15 日和 2006 年 10 月 30 日以财政部文件印发。

会计基本准则在企业会计准则体系中具有重要地位，其作用主要表现为两个方面：

一是统驭具体准则的制定。基本准则规范了包括财务报告目标，会计基本假设，会计信息质量要求，会计要素的定义及其确认、计量原则，财务报告等在内的基本问题，是制定具体准则的基础，对各具体准则的制定起着统驭作用，可以确保各具体准则的内在一致性。为此，我国基本准则第三条明确规定："企业会计准则包括基本准则和具体准则，具体准则的制定应当遵循本准则（即基本准则）。"在企业会计准则体系的建设中，各项具体准则也都严格按照基本准则的要求加以制定和完善，并且在各具体准则的第一条中作了明确规定。

二是为会计实务中出现的、具体准则尚未规范的新问题提供会计处理依据。在会计实务中，由于经济交易事项的不断发展、创新，具体准则的制定有时会出现滞后的情况，会出现一些新的交易或者事项在具体准则中尚未规范但又急需处理，这时，企业不仅应当对这些新的交易或者事项及时进行会计处理，而且在处理时应当严格遵循基本准则的要求，尤其是基本准则关于会计要素的定义及其确认与计量等方面的规定。因此，基本准则不仅扮演着具体准则制定依据的角色，也为会计实务中出现的、具体准则尚未做出规范的新问题提供会计处理依据，从而确保企业会计准则体系对所有会计实务问题的规范作用。

三、会计基本准则的目标和适用范围

会计基本准则的目标是规范企业会计确认、计量和报告行为，保证会计信息质量。

会计基本准则适用于在中华人民共和国境内设立的企业（包括公司）。

四、基本准则规范的主要内容

我国基本准则的制定吸收了当代财务会计理论研究的最新成果，反映了当前会计实务发展的内在需要，体现了国际上财务会计概念框架的发展动态，构建起了完整、统一的财务会计概念体系。它规范的核心内容包括以下六个方面：

一是关于财务报告目标。基本准则明确了我国财务报告的目标是向财务报告使用者提供决策有用的信息，并反映企业管理层受托责任的履行情况。

二是关于会计基本假设。基本准则强调了企业会计确认、计量和报告应当以会计主体、持续经营、会计分期和货币计量为会计基本假设。

三是关于会计基础。基本准则坚持了企业会计确认、计量和报告应当以权责发生制为基础。

四是关于会计信息质量要求。基本准则建立了企业会计信息质量要求体系，规定企业财务报告中提供的会计信息应当满足会计信息质量要求。

五是关于会计要素分类及其确认、计量原则。基本准则将会计要素分为资产、负债、所有者权益、收入、费用和利润六个要素，同时对有关要素建立了相应的确认和计量原则，规定会计要素在确认时，均应满足相应条件。会计要素在计量时可供选择的计量属性包括历史成本、重置成本、可变现净值、现值和公允价值等。

六是关于财务报告。基本准则明确了财务报告的基本概念、应当包括的主要内容和应反映信息的基本要求等。

第二节　财务报告目标、会计基本假设和会计基础

一、财务报告目标

基本准则对财务报告目标进行了明确定位，将保护投资者利益、满足投资者信息需求放在了突出位置，彰显了财务报告目标在企业会计准则体系中的重要作用。基本准则规定，财务报告的目标是向财务报告使用者提供与企业财务状况、经营成果和现金流量等有关的会计信息，反映企业管理层受托责任履行情况，有助于财务报告使用者做出经济决策。

财务报告使用者主要包括投资者、债权人、政府及其有关部门和社会公众等。满足投资者的信息需要是企业财务报告编制的首要出发点。近年来，我国企业改革持续深入，产权日益多元化，资本市场快速发展，机构投资者及其他投资者队伍日益壮大，对会计信息的要求日益提高，在这种情况下，投资者更加关心其投资的风险和报酬，他们需要会计信息来帮助他们做出决策，如决定是否应当买进、持有或者卖出企业的股票或者股权，他们还需要信息来帮助其评估企业支付股利的能力等。因此，基本准则将投资者作为企业财务报告的首要使用者，凸显了投资者的地位，体现了保护投资者利益的要求，是市场经济发展的必然结果。

如果企业在财务报告中提供的会计信息与投资者的决策无关，那么财务报告就失去

了其编制的意义。根据投资者决策有用目标，财务报告所提供的信息应当如实反映企业所拥有或者控制的经济资源、对经济资源的要求权以及经济资源及其要求权的变化情况；如实反映企业的各项收入、费用、利得和损失的金额及其变动情况；如实反映企业各项经营活动、投资活动和筹资活动等所形成的现金流入和现金流出情况等，从而有助于现在的或者潜在的投资者正确、合理地评价企业的资产质量、偿债能力、盈利能力和营运效率等；有助于投资者根据相关会计信息作出理性的投资决策；有助于投资者评估与投资有关的未来现金流量的金额、时间和风险等。

除了投资者之外，企业财务报告的使用者还有债权人、政府及有关部门、社会公众等。例如，企业贷款人、供应商等债权人通常十分关心企业的偿债能力和财务风险，他们需要信息来评估企业能否如期支付贷款本金及其利息，能否如期支付所欠购货款等；政府及其有关部门作为经济管理和经济监管部门，通常关心经济资源分配的公平、合理，市场经济秩序的公正、有序，宏观决策所依据信息的真实可靠等，因此，他们需要信息来监管企业的有关活动、制定税收政策、进行税收征管和国民经济统计等；社会公众也关心企业的生产经营活动，包括对所在地经济做出的贡献，如增加就业、刺激消费、提供社区服务等，因此，在财务报告中提供有关企业发展前景及其能力、经营效益、效率等方面的信息，可以满足社会公众的信息需求。应当讲，这些使用者的许多信息需求是共同的。由于投资者是企业资本的主要提供者，通常情况下，如果财务报告能够满足这一群体的会计信息需求，也就可以满足其他使用者的大部分信息需求。

现代企业制度强调企业所有权和经营权相分离，企业管理层是受委托人之托经营管理企业及其各项资产，负有受托责任。即企业管理层所经营管理的企业各项资产基本上均为投资者投入的资本或者向债权人借入的资金所形成的，企业管理层有责任妥善保管并合理、有效运用这些资产。企业投资者和债权人等也需要及时或者经常性地了解企业管理层保管、使用资产的情况，以便评价企业管理层的责任情况和业绩情况，并决定是否需要调整投资或者信贷政策，是否需要加强企业内部控制和其他制度建设，是否需要更换管理层等。因此，财务报告应当反映企业管理层受托责任的履行情况，以有助于外部投资者和债权人等评价企业的经营管理责任和资源使用的有效性。

二、会计基本假设

会计基本假设是企业会计确认、计量和报告的前提，是对会计核算所处时间、空间环境等所作的合理设定。会计基本假设包括会计主体、持续经营、会计分期和货币计量。

（一）会计主体

会计主体，是指企业会计确认、计量和报告的空间范围。为了向财务报告使用者反映企业财务状况、经营成果和现金流量，提供与其决策有用的信息，会计核算和财务报告的编制应当集中于反映特定对象的活动，并将其与其他经济实体区别开来，才能实现财务报告的目标。在会计主体假设下，企业应当对其本身发生的交易或者事项进行会计确认、计量和报告，反映企业本身所从事的各项生产经营活动。明确界定会计主体是开展会计确认、计量和报告工作的重要前提。

首先，明确会计主体，才能划定会计所要处理的各项交易或事项的范围。在会计工作中，只有那些影响企业本身经济利益的各项交易或事项才能加以确认、计量和报告，那些不影响企业本身经济利益的各项交易或事项则不能加以确认、计量和报告。会计工作中通常所讲的资产、负债的确认，收入的实现，费用的发生等，都是针对特定会计主体而言的。

其次，明确会计主体，才能将会计主体的交易或者事项与会计主体所有者的交易或者事项以及其他会计主体的交易或者事项区分开来。例如，企业所有者的经济交易或者事项是属于企业所有者主体所发生的，不应纳入企业会计核算的范围，但是企业所有者投入到企业的资本或者企业向所有者分配的利润，则属于企业主体所发生的交易或者事项，应当纳入企业会计核算的范围。

会计主体不同于法律主体。一般来说，法律主体必然是一个会计主体。例如，一个企业作为一个法律主体，应当建立财务会计系统，独立反映其财务状况、经营成果和现金流量。但是，会计主体不一定是法律主体。例如，就企业集团而言，母公司拥有若干子公司，母、子公司虽然是不同的法律主体，但是母公司对子公司拥有控制权，为了全面反映企业集团的财务状况、经营成果和现金流量，有必要将企业集团作为一个会计主体，编制合并财务报表，在这种情况下，尽管企业集团不属于法律主体，但它却是会计主体。再如，由企业管理的证券投资基金、企业年金基金等，尽管不属于法律主体，但属于会计主体，应当对每项基金进行会计确认、计量和报告。

（二）持续经营

持续经营，是指在可以预见的将来，企业将会按当前的规模和状态继续经营下去，不会停业，也不会大规模削减业务。在持续经营的前提下，会计确认、计量和报告应当以企业持续、正常的生产经营活动为前提。企业会计准则体系是以企业持续经营为前提加以制定和规范的，涵盖了从企业成立到清算（包括破产）的整个期间的交易或者事项的会计处理。如果一个企业在不能持续经营时还假定企业能够持续经营，并仍按持续经营基本假设选择会计确认、计量和报告原则与方法，就不能客观地反映企业的财务状况、经营成果和现金流量，会误导会计信息使用者的经济决策。

（三）会计分期

会计分期，是指将一个企业持续经营的生产经营活动划分为一个个连续的、长短相同的期间。会计分期的目的，在于通过会计期间的划分，将持续经营的生产经营活动划分成连续、相等的期间，据以结算盈亏，按期编制财务报告，从而及时向财务报告使用者提供有关企业财务状况、经营成果和现金流量的信息。

根据持续经营假设，一个企业将按当前的规模和状态持续经营下去。但是，无论是企业的生产经营决策还是投资者、债权人等的决策都需要及时的会计信息，都需要将企业持续的生产经营活动划分为一个个连续的、长短相同的期间，分期确认、计量和报告企业的财务状况、经营成果和现金流量。明确会计分期假设意义重大，由于会计分期，才产生了当期与以前期间、以后期间的差别，才使不同类型的会计主体有了记账的基准，进而出现了折旧、摊销等会计处理方法。在会计分期假设下，企业应当划分会计期间，分期结算账目和编制财务报告。会计期间通常分为年度和中期。中期，是指短于一个完整的会计年度的报告期间。

（四）货币计量

货币计量，是指会计主体在财务会计确认、计量和报告时以货币计量，反映会计主体的生产经营活动。

在会计的确认、计量和报告过程中之所以选择货币为基础进行计量，是由货币的本身属性决定的。货币是商品的一般等价物，是衡量一般商品价值的共同尺度，具有价值尺度、流通手段、贮藏手段和支付手段等特点。其他计量单位，如重量、长度、容积、台、件等，只能从侧面反映企业的生产经营情况，无法在量上进行汇总和比较，不便于会计计量和经营管理。只有选择货币尺度进行计量，才能充分反映企业的生产经营情况，所以，基本准则规定，会计确认、计量和报告选择货币作为计量单位。

在有些情况下，统一采用货币计量也有缺陷，某些影响企业财务状况和经营成果的因素，如企业经营战略、研发能力、市场竞争力等，往往难以用货币来计量，但这些信息对使用者决策来讲也很重要，企业可以在财务报告中补充披露有关非财务信息来弥补上述缺陷。

三、会计基础

企业会计的确认、计量和报告应当以权责发生制为基础。权责发生制基础要求，凡是当期已经实现的收入和已经发生或应当负担的费用，无论款项是否收付，都应当作为当期的收入和费用，计入利润表；凡是不属于当期的收入和费用，即使款项已在当期收付，也不应当作为当期的收入和费用。

在实务中，企业交易或者事项的发生时间与相关货币收支时间有时并不完全一致。例如，款项已经收到，但销售并未实现；或者款项已经支付，但并不是为本期生产经营活动而发生的。为了更加真实、公允地反映特定会计期间的财务状况和经营成果，基本准则明确规定，企业在会计确认、计量和报告中应当以权责发生制为基础。

收付实现制是与权责发生制相对应的一种会计基础，它是以收到或支付的现金作为确认收入和费用等的依据。目前，我国的行政单位会计采用收付实现制，事业单位会计除经营业务可以采用权责发生制外，其他大部分业务采用收付实现制。

在1992年发布的《企业会计准则》中，权责发生制是作为会计核算的一般原则加以规范的。经过修订后，基本准则将权责发生制作为会计基础，列入总则中而不是在会计信息质量要求中规定。其原因是权责发生制是相对于收付实现制的会计基础，贯穿于整个企业会计准则体系的总过程，属于财务会计的基本问题，层次较高，统驭作用强。

第三节　会计信息质量要求

会计信息质量要求是对企业财务报告中所提供会计信息质量的基本要求，是使财务报告中所提供会计信息对投资者等使用者决策有用应具备的基本特征，根据基本准则规定，它包括可靠性、相关性、可理解性、可比性、实质重于形式、重要性、谨慎性和及时性等。其中，可靠性、相关性、可理解性和可比性是会计信息的首要质量要求，是企业财务报告中所提供会计信息应具备的基本质量特征；实质重于形式、重要性、谨慎性和及时性是会计信息的次级质量要求，是对可靠性、相关性、可理解性和可比性等首要质量要求的补充和完善，尤其是在对某些特殊交易或者事项进行处理时，需要根据这些质量要求来把握其会计处理原则，另外，及时性还是会计信息相关性和可靠性的制约因素，企业需要在相关性和可靠性之间寻求一种平衡，以确定信息及时披露的时间。

一、可靠性

可靠性要求企业应当以实际发生的交易或者事项为依据进行确认、计量和报告，如实反映符合确认和计量要求的各项会计要素及其他相关信息，保证会计信息真实可靠、内容完整。为了贯彻可靠性要求，企业应当做到：

（1）以实际发生的交易或者事项为依据进行确认、计量和报告，将符合会计要素定义及其确认条件的资产、负债、所有者权益、收入、费用和利润等如实反映在财务报表中，不得根据虚构的、没有发生的或者尚未发生的交易或者事项进行确认、计量和报告。

（2）在符合重要性和成本效益原则的前提下，保证会计信息的完整性，其中包括编制的报表及其附注内容等应当保持完整，不能随意遗漏或者减少应予以披露的信息，与使用者决策相关的有用信息都应当充分披露。

二、相关性

相关性要求企业提供的会计信息应当与投资者等财务报告使用者的经济决策需要相关，有助于投资者等财务报告使用者对企业过去、现在或者未来的情况做出评价或者预测。

会计信息是否有用，是否具有价值，关键是看其与使用者的决策需要是否相关，是否有助于决策或者提高决策水平。相关的会计信息应当能够有助于使用者评价企业过去的决策，证实或者修正过去的有关预测，因而应具有反馈价值。相关的会计信息还应当具有预测价值，有助于使用者根据财务报告所提供的会计信息预测企业未来的财务状况、经营成果和现金流量。

会计信息质量的相关性要求，需要企业在确认、计量和报告会计信息的过程中，充分考虑使用者的决策模式和信息需要。但是，相关性是以可靠性为基础的，两者之间并不矛盾，不应将两者对立起来。也就是说，会计信息在可靠性前提下，要尽可能地做到相关性，以满足投资者等财务报告使用者的决策需要。

三、可理解性

可理解性要求企业提供的会计信息应当清晰明了，便于投资者等财务报告使用者的理解和使用。

企业编制财务报告、提供会计信息的目的在于使用，而要使使用者有效使用会计信息，应当能让其了解会计信息的内涵，弄懂会计信息的内容，这就要求财务报告所提供的会计信息应当清晰明了，易于理解。只有这样，才能提高会计信息的有用性，实现财务报告的目标，满足向投资者等财务报告使用者提供决策有用信息的要求。

四、可比性

可比性要求企业提供的会计信息应当相互可比。这主要包括两层含义：

（1）同一企业不同时期可比。为了便于投资者等财务报告使用者了解企业财务状况、经营成果和现金流量的变化趋势，比较企业在不同时期的财务报告信息，全面、客观地评价过去、预测未来，从而做出决策，会计信息质量的可比性要求同一企业不同时期发生的相同或者相似的交易或者事项，应当采用一致的会计政策，不得随意变更。但是，满足会计信息可比性要求，并非表明企业不得变更会计政策，如果按照规定或者在会计政策变更后可以提供更可靠、更相关的会计信息，可以变更会计政策。有关会计政策变更的情况，应当在附注中予以说明。

（2）不同企业相同会计期间可比。为了便于投资者等财务报告使用者评价不同企业的财务状况、经营成果和现金流量及其变动情况，会计信息质量的可比性要求不同企业在同一会计期间发生的相同或者相似的交易或者事项，应当采用规定的会计政策，确保会计信息口径一致、相互可比，以使不同企业按照一致的确认、计量和报告要求提供有关会计信息。

五、实质重于形式

实质重于形式要求企业应当按照交易或者事项的经济实质进行会计确认、计量和报告，不仅仅以交易或者事项的法律形式为依据。

企业发生的交易或事项在多数情况下其经济实质和法律形式是一致的，但在有些情况下也会出现不一致。例如，企业按照销售合同销售商品但又签订了售后回购协议，虽然从法律形式上看实现了收入，但如果企业没有将商品所有权上的主要风险和报酬转移给购货方，没有满足收入确认的各项条件，即使签订了商品销售合同或者已将商品交付给购货方，也不应当确认销售收入。

六、重要性

重要性要求企业提供的会计信息应当反映与企业财务状况、经营成果和现金流量有关的所有重要交易或者事项。

如果财务报告中提供的会计信息的省略或者错报会影响投资者等据此做出决策的，该信息就具有重要性。重要性的应用需要依赖职业判断，企业应当根据其所处环境和实际情况，从项目的性质和金额大小两方面加以判断。

七、谨慎性

谨慎性要求企业对交易或者事项进行会计确认、计量和报告时保持应有的谨慎，不应高估资产或者收益、低估负债或者费用。

在市场经济环境下，企业的生产经营活动面临着许多风险和不确定性，如应收款项的可收回性、固定资产的使用寿命、无形资产的使用寿命、售出存货可能发生的退货或者返修等。会计信息质量的谨慎性要求，需要企业在面临不确定性因素的情况下做出职业判断时，应当保持应有的谨慎，充分估计到各种风险和损失，既不高估资产或者收益，也不低估负债或者费用。例如，要求企业对售出商品所提供的产品质量保证确认一项预计负债，就体现了会计信息质量的谨慎性要求。谨慎性的应用也不允许企业设置秘密准备，如果企业故意低估资产或者收入，或者故意高估负债或者费用，将不符合会计信息的可靠性和相关性要求，损害会计信息质量，扭曲企业实际的财务状况和经营成果，从而对使用者的决策产生误导，这是会计准则所不允许的。

八、及时性

及时性要求企业对于已经发生的交易或者事项，应当及时进行确认、计量和报告，不得提前或者延后。

会计信息的价值在于帮助所有者或者其他方面做出经济决策，具有时效性。即使是可靠的、相关的会计信息，如果不及时提供，就失去了时效性，对于使用者的效用就大大降低，甚至不再具有实际意义。在会计确认、计量和报告过程中贯彻及时性，一是要求及时收集会计信息，即在经济交易或者事项发生后，及时收集整理各种原始单据或者凭证；二是要求及时处理会计信息，即按照会计准则的规定，及时对经济交易或者事项进行确认或者计量，并编制财务报告；三是要求及时传递会计信息，即按照国家规定的有关时限，及时地将编制的财务报告传递给财务报告使用者，便于其及时使用和决策。

在实务中，为了及时提供会计信息，可能需要在有关交易或者事项的信息全部获得之前即进行会计处理，这样就满足了会计信息的及时性要求，但可能会影响会计信息的可靠性；反之，如果企业等到与交易或者事项有关的全部信息获得之后再进行会计处理，这样的信息披露可能会由于时效性问题，对于投资者等财务报告使用者决策的有用性大大降低。这就需要在及时性和可靠性之间做出相应权衡，以最好地满足投资者等财务报告使用者的经济决策需要作为判断标准。

第四节　会计要素及其确认与计量原则

会计要素是根据交易或者事项的经济特征所确定的财务会计对象的基本分类。基本准则规定，会计要素按照其性质分为资产、负债、所有者权益、收入、费用和利润，其中，资产、负债和所有者权益要素侧重于反映企业的财务状况，收入、费用和利润要素侧重于反映企业的经营成果。会计要素的界定和分类可以使财务会计系统更加科学严密，为投资者等财务报告使用者提供更加有用的信息。

一、资产的定义及其确认条件

（一）资产的定义

资产是指企业过去的交易或者事项形成的、由企业拥有或者控制的、预期会给企业带来经济利益的资源。根据资产的定义，资产具有以下特征：

1. 资产应为企业拥有或者控制的资源

资产作为一项资源，应当由企业拥有或者控制，具体是指企业享有某项资源的所有权，或者虽然不享有某项资源的所有权，但该资源能被企业所控制。

企业享有资产的所有权，通常表明企业能够排他性地从资产中获取经济利益。通常在判断资产是否存在时，所有权是考虑的首要因素。在有些情况下，资产虽然不为企业所拥有，即企业并不享有其所有权，但企业控制了这些资产，同样表明企业能够从资产中获取经济利益，符合会计上对资产的定义。例如，某企业以融资租赁方式租入一项固定资产，尽管企业并不拥有其所有权，但是如果租赁合同规定的租赁期相当长，接近于该资产的使用寿命，表明企业控制了该资产的使用及其所能带来的经济利益，应当将其作为企业资产予以确认、计量和报告。

2. 资产预期会给企业带来经济利益

资产预期会给企业带来经济利益，是指资产直接或者间接导致现金和现金等价物流入企业的潜力。这种潜力可以来自企业日常的生产经营活动，也可以是非日常活动；带来的经济利益可以是现金或者现金等价物形式，也可以是能转化为现金或者现金等价物的形式，或者是可以减少现金或者现金等价物流出的形式。

资产预期会为企业带来经济利益是资产的重要特征。例如，企业采购的原材料、购置的固定资产等可以用于生产经营过程，制造商品或者提供劳务，对外出售后收回货款，货款即为企业所获得的经济利益。如果某一项目预期不能给企业带来经济利益，那么就不能将其确认为企业的资产。前期已经确认为资产的项目，如果不能再为企业带来经济利益，也不能再确认为企业的资产。例如，某企业在年末盘点存货时，发现存货毁损，企业以该存货管理责任不清为由，将毁损的存货计入"待处理财产损溢"，并在资产负债表中作为流动资产予以反映。因为"待处理财产损溢"预期不能为企业带来经济利益，不符合资产的定义，因此不应再在资产负债表中确认为一项资产。

3. 资产是由企业过去的交易或者事项形成的

资产应当由企业过去的交易或者事项所形成，过去的交易或者事项包括购买、生产、建造行为或者其他交易或事项。换句话说，只有过去的交易或者事项才能产生资产，企业预期在未来发生的交易或者事项不形成资产。例如，企业有购买某存货的意愿或者计划，但是购买行为尚未发生，就不符合资产的定义，不能因此而确认存货资产。

（二）资产的确认条件

将一项资源确认为资产，需要符合资产的定义，还应同时满足以下两个条件：

1. 与该资源有关的经济利益很可能流入企业

从资产的定义来看，能带来经济利益是资产的一个本质特征，但在现实生活中，由于经济环境瞬息万变，与资源有关的经济利益能否流入企业或者能够流入多少实际上带有不确定性。因此，资产的确认还应与对经济利益流入的不确定性程度的判断结合起来。如果根据编制财务报表时所取得的证据，与资源有关的经济利益很可能流入企业，那么就应当将其作为资产予以确认；反之，不能确认为资产。

2. 该资源的成本或者价值能够可靠地计量

财务会计系统是一个确认、计量和报告的系统，其中计量起着枢纽作用，可计量性是所有会计要素确认的重要前提，资产的确认也是如此。只有当有关资源的成本或者价值能够可靠地计量时，资产才能予以确认。在实务中，企业取得的许多资产都是发生了实际成本的，如企业购买或者生产的存货，企业购置的厂房或者设备等，对于这些资产，只要实际发生的购买成本或者生产成本能够可靠计量，就视为符合了资产确认的可计量条件。在某些情况下，企业取得的资产没有发生实际成本或者发生的实际成本很小，如企业持有的某些衍生金融工具形成的资产，对于这些资产，尽管它们没有实际成本或者发生的实际成本很小，但是如果其公允价值能够可靠计量的话，也被认为符合了资产可计量性的确认条件。

二、负债的定义及其确认条件

（一）负债的定义

负债是指企业过去的交易或者事项形成的，预期会导致经济利益流出企业的现时义务。根据负债的定义，负债具有以下特征：

1. 负债是企业承担的现时义务

负债必须是企业承担的现时义务，这是负债的一个基本特征。其中，现时义务是指企业在现行条件下已承担的义务。未来发生的交易或者事项形成的义务，不属于现时义务，不应当确认为负债。这里所指的义务可以是法定义务，也可以是推定义务。其中法定义务是指具有约束力的合同或者法律法规规定的义务，通常必须依法执行。例如，企业购买原材料形成应付账款，企业向银行贷入款项形成借款，企业按照税法规定应当交纳的税款等，均属于企业承担的法定义务，需要依法予以偿还。推定义务是指根据企业多年来的习惯做法、公开的承诺或者公开宣布的政策而导致企业将承担的责任，这些责任也使有关各方形成了企业将履行义务解脱责任的合理预期。例如，某企业多年来制定有一项销售政策，对于售出商品提供一定期限内的售后保修服务，预期将为售出商品提供的保修服务就属于推定义务，应当将其确认为一项负债。

2. 负债预期会导致经济利益流出企业

预期会导致经济利益流出企业也是负债的一个本质特征，只有在企业履行义务时会导致经济利益流出企业的，才符合负债的定义，如果不会导致企业经济利益流出，就不符合负债的定义。在履行现时义务清偿负债时，导致经济利益流出企业的形式多种多样，如用现金偿还或以实物资产形式偿还；以提供劳务形式偿还；以部分转移资产、部分提供劳务形式偿还；将负债转为资本等。

3. 负债是由企业过去的交易或者事项形成的

负债应当由企业过去的交易或者事项所形成。换句话说，只有过去的交易或者事项才形成负债，企业将在未来发生的承诺、签订的合同等交易或者事项，不形成负债。

（二）负债的确认条件

将一项现时义务确认为负债，需要符合负债的定义，还应当同时满足以下两个条件：

1. 与该义务有关的经济利益很可能流出企业

从负债的定义可以看到，预期会导致经济利益流出企业是负债的一个本质特征。

在实务中，履行义务所需流出的经济利益带有不确定性，尤其是与推定义务相关的经济利益通常需要依赖于大量的估计。因此，负债的确认应当与对经济利益流出的不确定性程度的判断结合起来。如果有确凿证据表明，与现时义务有关的经济利益很可能流出企业，就应当将其作为负债予以确认；反之，如果企业承担了现时义务，但是导致经济利益流出企业的可能性若已不复存在，就不符合负债的确认条件，不应将其作为负债予以确认。

2. 未来流出的经济利益的金额能够可靠地计量

负债的确认在考虑经济利益流出企业的同时，对于未来流出的经济利益的金额应当能够可靠计量。对于与法定义务有关的经济利益流出金额，通常可以根据合同或者法律规定的金额予以确定，考虑到经济利益流出的金额通常在未来期间，有时未来期间较长，有关金额的计量需要考虑货币时间价值等因素的影响。对于与推定义务有关的经济利益流出企业，企业应当根据履行相关义务所需支出的最佳估计数进行估计，并综合考虑有关货币时间价值、风险等因素的影响。

三、所有者权益的定义及其确认条件

（一）所有者权益的定义

所有者权益是指企业资产扣除负债后，由所有者享有的剩余权益。公司的所有者权益又称为股东权益。所有者权益是所有者对企业资产的剩余索取权，它是企业资产中扣除债权人权益后应由所有者享有的部分，既可反映所有者投入资本的保值增值情况，又体现了保护债权人权益的理念。

（二）所有者权益的来源构成

所有者权益的来源包括所有者投入的资本、直接计入所有者权益的利得和损失、留存收益等，通常由实收资本（或股本）、资本公积、盈余公积和未分配利润构成，商业银行等金融企业在税后利润中提取的一般风险准备，也构成所有者权益。

所有者投入的资本是指所有者投入企业的资本部分，它既包括构成企业注册资本或者股本部分的金额，也包括投入资本超过注册资本或者股本部分的金额，即资本溢价或者股本溢价，这部分投入资本在我国企业会计准则体系中被计入了资本公积，并在资产负债表中的资本公积项目下反映。

直接计入所有者权益的利得和损失，是指不应计入当期损益、会导致所有者权益发生增减变动的、与所有者投入资本或者向所有者分配利润无关的利得或者损失。其中，利得是指由企业非日常活动所形成的、会导致所有者权益增加的、与所有者投入资本无关的经济利益的流入，利得包括直接计入所有者权益的利得和直接计入当期利润的利得。损失是指由企业非日常活动所发生的、会导致所有者权益减少的、与向所有者分配利润无关的经济利益的流出，损失包括直接计入所有者权益的损失和直接计入当期利润的损失。直接计入所有者权益的利得和损失主要包括可供出售金融资产的公允价值变动额、现金流量套期中套期工具公允价值变动额（有效套期部分）等。

留存收益是企业历年实现的净利润留存于企业的部分，主要包括累计计提的盈余公积和未分配利润。

（三）所有者权益的确认条件

所有者权益体现的是所有者在企业中的剩余权益，因此，所有者权益的确认主要依赖于其他会计要素，尤其是资产和负债的确认；所有者权益金额的确定也主要取决于资产和负债的计量。例如，企业接受投资者投入的资产，在该资产符合企业资产确认条件时，就相应地符合了所有者权益的确认条件；当该资产的价值能够可靠计量时，所有者权益的金额也就可以确定。

所有者权益反映的是企业所有者对企业资产的索取权，负债反映的是企业债权人对企业资产的索取权，两者在性质上有本质区别，因此企业在会计确认、计量和报告中应当严格区分负债和所有者权益，以如实反映企业的财务状况，尤其是企业的偿债能力和产权比率等。在实务中，企业某些交易或者事项可能同时具有负债和所有者权益的特征，在这种情况下，企业应当将属于负债和所有者权益的部分分开核算和列报。例如，对于企业发行的可转换公司债券，企业应当将其中的负债部分和权益性工具部分进行分拆，分别确认负债和所有者权益。

四、收入的定义及其确认条件

（一）收入的定义

收入是指企业在日常活动中形成的、会导致所有者权益增加的、与所有者投入资本无关的经济利益的总流入。根据收入的定义，收入具有以下特征：

1. 收入是企业在日常活动中形成的

日常活动是指企业为完成其经营目标所从事的经常性活动以及与之相关的活动。例如，工业企业制造并销售产品、商业企业销售商品、保险公司签发保单、咨询公司提供咨询服务、软件企业为客户开发软件、安装公司提供安装服务、商业银行对外贷款、租赁公司出租资产等，均属于企业的日常活动。明确界定日常活动是为了将收入与利得相区分，因为企业非日常活动所形成的经济利益的流入不能确认为收入，而应当计入利得。

2. 收入会导致所有者权益的增加

与收入相关的经济利益的流入应当会导致所有者权益的增加，不会导致所有者权益增加的经济利益的流入不符合收入的定义，不应确认为收入。例如，企业向银行借入款项，尽管也导致了企业经济利益的流入，但该流入并不导致所有者权益的增加，反而使企业承担了一项现时义务。企业对于因借入款项所导致的经济利益的增加，不应将其确认为收入，应当确认为一项负债。

3. 收入是与所有者投入资本无关的经济利益的总流入

收入应当会导致经济利益的流入，从而导致资产的增加。例如，企业销售商品，应当收到现金或者在未来有权收到现金，才表明该交易符合收入的定义。但是，经济利益的流入有时是所有者投入资本的增加所导致的，所有者投入资本的增加不应当确认为收入，应当将其直接确认为所有者权益。

（二）收入的确认条件

企业收入的来源渠道多种多样，不同收入来源的特征有所不同，其收入确认条件也往往存在差别，如销售商品、提供劳务、让渡资产使用权等。一般而言，收入只有在经济利益很可能流入从而导致企业资产增加或者负债减少、经济利益的流入额能够可靠计量时才能予以确认。即收入的确认至少应当符合以下条件：一是与收入相关的经济利益应当很可能流入企业；二是经济利益流入企业会导致资产的增加或者负债的减少；三是经济利益的流入额能够可靠计量。

五、费用的定义及其确认条件

（一）费用的定义

费用是指企业在日常活动中发生的、会导致所有者权益减少的、与向所有者分配利润无关的经济利益的总流出。根据费用的定义，费用具有以下特征：

1. 费用是企业在日常活动中形成的

费用必须是企业在其日常活动中所形成的，这些日常活动的界定与收入定义中涉及的日常活动的界定相一致。因日常活动所产生的费用通常包括销售成本（营业成本）、管理费用等。将费用界定为日常活动所形成的，目的是将其与损失相区分，企业非日常活动所形成的经济利益的流出不能确认为费用，而应当计入损失。

2. 费用会导致所有者权益的减少

与费用相关的经济利益的流出应当会导致所有者权益的减少，不会导致所有者权益减少的经济利益的流出不符合费用的定义，不应确认为费用。

3. 费用是与向所有者分配利润无关的经济利益的总流出

费用的发生应当会导致经济利益的流出，从而导致资产的减少或者负债的增加（最终也会导致资产的减少）。其表现形式包括现金或者现金等价物的流出，存货、固定资产和无形资产等的流出或者消耗等。鉴于企业向所有者分配利润也会导致经济利益的流出，而该经济利益的流出显然属于所有者权益的抵减项目，不应确认为费用，应当将其排除在费用的定义之外。

（二）费用的确认条件

费用的确认除了应当符合定义外，也应当满足严格的条件，即费用只有在经济利益很可能流出从而导致企业资产减少或者负债增加、经济利益的流出额能够可靠计量时才能予以确认。因此，费用的确认至少应当符合以下条件：一是与费用相关的经济利益应当很可能流出企业；二是经济利益流出企业的结果会导致资产的减少或者负债的增加；三是经济利益的流出额能够可靠计量。

六、利润的定义及其确认条件

（一）利润的定义

利润是指企业在一定会计期间的经营成果。通常情况下，如果企业实现了利润，表明企业的所有者权益将增加，业绩得到了提升；反之，如果企业发生了亏损（即利润为负数），表明企业的所有者权益将减少，业绩下滑了。利润往往是评价企业管理层业绩的一项重要指标，也是投资者等财务报告使用者在进行决策时的重要参考。

（二）利润的来源构成

利润包括收入减去费用后的净额、直接计入当期利润的利得和损失等。其中收入减去费用后的净额反映的是企业日常活动的经营业绩，直接计入当期利润的利得和损失反映的是企业非日常活动的业绩。直接计入当期利润的利得和损失，是指应当计入当期损益、最终会引起所有者权益发生增减变动的、与所有者投入资本或者向所有者分配利润无关的利得或者损失。企业应当严格区分收入和利得、费用和损失，以更加全面地反映企业的经营业绩。

（三）利润的确认条件

利润反映的是收入减去费用、利得减去损失后的净额的概念。因此，利润的确认主要依赖于收入和费用以及利得和损失的确认，其金额的确定也主要取决于收入、费用、利得、损失金额的计量。

七、会计要素计量属性及其应用原则

（一）会计要素的计量属性

会计计量是为了将符合确认条件的会计要素登记入账并列报于财务报表而确定其金额的过程。企业应当按照规定的会计计量属性进行计量，确定相关金额。计量属性是指所予计量的某一要素的特性方面，如桌子的长度、物件的重量、楼房的面积等。从会计角度来讲，计量属性反映的是会计要素金额的确定基础，主要包括历史成本、重置成本、可变现净值、现值和公允价值等。

1. 历史成本

历史成本，又称为实际成本，就是取得或制造某项财产物资时所实际支付的现金或其他等价物。在历史成本计量下，资产按照其购置时支付的现金或者现金等价物的金额，或者按照购置资产时所付出的对价的公允价值计量。负债按照其因承担现时义务而实际收到的款项或者资产的金额，或者承担现时义务的合同金额，或者按照日常活动中为偿还负债预期需要支付的现金或者现金等价物的金额计量。

2. 重置成本

重置成本又称现行成本，是指按照当前市场条件，重新取得同样一项资产所需支付的现金或现金等价物金额。在重置成本计量下，资产按照现在购买相同或者相似资产所需支付的现金或者现金等价物的金额计量。负债按照现在偿付该项债务所需支付的现金或者现金等价物的金额计量。在实际工作中，重置成本多应用于盘盈固定资产的计量等。

3. 可变现净值

可变现净值，是指在正常生产经营过程中，以预计售价减去进一步加工成本和预计销售费用以及相关税费后的净值。在可变现净值计量下，资产按照其正常对外销售所能收到现金或者现金等价物的金额扣减该资产至完工时估计将要发生的成本、估计的销售费用以及相关税费后的金额计量。可变现净值通常应用于存货资产减值情况下的后续计量。

4. 现值

现值是指对未来现金流量以恰当的折现率进行折现后的价值，是考虑货币时间价值的一种计量属性。在现值计量下，资产按照预计从其持续使用和最终处置中所产生的未来净现金流入量的折现金额计量。负债按照预计期限内需要偿还的未来净现金流出量的折现金额计量。现值通常用于非流动资产可收回金额和以摊余成本计量的金融资产价值的确定等。例如，在确定固定资产、无形资产等可收回金额时，通常需要计算资产预计未来现金流量的现值；对于持有至到期投资、贷款等以摊余成本计量的金融资产，通常需要使用实际利率法将这些资产在预期存续期间或适用的更短期间内的未来现金流量折现，再通过相应的调整确定其摊余成本。

5. 公允价值

公允价值，是指在公平交易中，熟悉情况的交易双方自愿进行资产交换或者债务清偿的金额。在公允价值计量下，资产和负债按照在公平交易中熟悉情况的交易双方自愿进行资产交换或者债务清偿的金额计量。公允价值主要应用于交易性金融资产、可供出售金融资产的计量等。

（二）各种计量属性之间的关系

在各种会计要素计量属性中，历史成本通常反映的是资产或者负债过去的价值，而重置成本、可变现净值、现值以及公允价值通常反映的是资产或者负债的现时成本或者现时价值，是与历史成本相对应的计量属性。当然这种关系也并不是绝对的。比如，资产或者负债的历史成本有时就是根据交易时有关资产或者负债的公允价值确定的。在非货币性资产交换中，如果交换具有商业实质，且换入、换出资产的公允价值能够可靠计量，换入资产入账成本的确定应当以换出资产的公允价值为基础，除非有确凿证据表明换入资产的公允价值更加可靠；在非同一控制下的企业合并交易中，合并成本也是以购买方在购买日为取得对被购买方的控制权而付出的资产、发生或承担的负债等的公允价值确定的。再如，在应用公允价值时，当相关资产或者负债不存在活跃市场的报价或者不存在同类或者类似资产的活跃市场报价时，需要采用估值技术来确定相关资产或者负债的公允价值，而在采用估值技术估计相关资产或者负债的公允价值时，现值往往是比较普遍的一种估值方法，在这种情况下，公允价值就是以现值为基础确定的。另外，公允价值相对于历史成本而言，具有很强的时间概念。也就是说，当前环境下某项资产或负债的历史成本可能是过去环境下该项资产或负债的公允价值，而当前环境下某项资产或负债的公允价值也许就是未来环境下该项资产或负债的历史成本。

（三）计量属性的应用原则

基本准则规定，企业在对会计要素进行计量时，一般应当采用历史成本，采用重置成本、可变现净值、现值、公允价值计量的，应当保证所确定的会计要素金额能够取得并可靠计量。

在企业会计准则体系建设中适度、谨慎地引入公允价值这一计量属性，是因为随着我国资本市场的发展、股权分置改革的基本完成，越来越多的股票、债券、基金等金融产品在交易所挂牌上市，使得这类金融资产的交易已经形成了较为活跃的市场，因此，我国已经具备了引入公允价值的条件。在这种情况下，引入公允价值，更能反映企业的实际情况，对投资者等财务报告使用者的决策更加有用，也正因如此，我国准则才实现了与国际财务报告准则的趋同。

在引入公允价值过程中，我国充分考虑了国际财务报告准则中公允价值应用的三个级次：第一，资产或负债等存在活跃市场的，活跃市场中的报价应当用于确定其公允价值；第二，不存在活跃市场的，参考熟悉情况并自愿交易的各方最近进行的市场交易中使用的价格或参照实质上相同或相似的其他资产或负债等的市场价格确定其公允价值；第三，不存在活跃市场，且不满足上述两个条件的，应当采用估值技术等确定公允价值。

我国引入公允价值是适度、谨慎和有条件的，原因是考虑到我国尚属新兴的市场经济国家，如果不加限制地引入公允价值，有可能出现公允价值计量不可靠，甚至借机人为操纵利润的现象。因此，在投资性房地产和生物资产等具体准则中规定，只有存在活跃市场、公允价值能够取得并可靠计量的情况下，才能采用公允价值计量。

第五节　财务报告

一、财务报告及其编制

财务报告是企业对外提供的反映企业某一特定日期的财务状况和某一会计期间的经营成果、现金流量等会计信息的文件。

"财务报告"从国际范围来看是一个比较通用的术语，但是在我国现行有关法律、行政法规中使用的术语是"财务会计报告"。为了保持法规体系上的一致性，基本准则仍然沿用了"财务会计报告"的术语，但同时又引入了"财务报告"这一术语，并指出"财务会计报告"又称"财务报告"，从而较好地解决了立足国情与国际趋同的问题。在所有具体准则的制定中则统一使用了"财务报告"的术语。

根据财务报告的定义，财务报告具有以下几层含义：一是财务报告应当是对外报告，其服务对象主要是投资者、债权人等外部使用者，专门为了内部管理需要的、特定目的的报告不属于财务报告的范畴；二是财务报告应当综合反映企业的生产经营状况，包括某一时点的财务状况和某一时期的经营成果与现金流量等信息，以勾画出企业整体和全貌；三是财务报告必须形成一个系统的文件，不应是零星的或者不完整的信息。

财务报告是企业财务会计确认与计量的最终结果体现，投资者等使用者主要是通过财务报告来了解企业当前的财务状况、经营成果和现金流量等情况，从而预测未来的发展趋势。因此，财务报告是向投资者等财务报告使用者提供决策有用信息的媒介和渠道，是沟通投资者、债权人等使用者与企业管理层之间信息的桥梁和纽带。

随着我国改革开放的深入和市场经济体制的完善，财务报告的作用日益突出，我国会计法、公司法、证券法等出于保护投资者、债权人等利益的需要，也规定企业应当定期编制财务报告。

二、财务报告的构成

财务报告包括财务报表和其他应当在财务报告中披露的相关信息和资料。其中，财务报表由报表本身及其附注两部分构成，附注是财务报表的有机组成部分，而报表至少应当包括资产负债表、利润表和现金流量表等报表。考虑到企业规模较小，外部信息需求相对较低，因此，企业编制的报表可以不包括现金流量表。

（1）资产负债表是反映企业在某一特定日期的财务状况的会计报表。企业编制资产负债表的目的是通过如实反映企业的资产、负债和所有者权益金额及其结构情况，从而有助于使用者评价企业资产的质量以及短期偿债能力、长期偿债能力、利润分配能力等。

（2）利润表是反映企业在一定会计期间的经营成果的会计报表。企业编制利润表的目的是通过如实反映企业实现的收入、发生的费用以及应当计入当期利润的利得和损失等金额及其结构情况，从而有助于使用者分析评价企业的盈利能力及其构成与质量。

（3）现金流量表是反映企业在一定会计期间的现金和现金等价物流入和流出的会计报表。企业编制现金流量表的目的是通过如实反映企业各项活动的现金流入、流出情况，从而有助于使用者评价企业的现金流和资金周转情况。

（4）附注是对在会计报表中列示项目所做的进一步说明，以及对未能在这些报表中列示项目的说明等。企业编制附注的目的是通过对财务报表本身做补充说明，以更加全面、系统地反映企业财务状况、经营成果和现金流量的全貌，从而有助于向使用者提供更为有用的决策信息，帮助其做出更加科学合理的决策。

财务报表区别于现行法律、行政法规中使用的会计报表。财务报表除了包括会计报表本身外，还包括附注，而会计报表没有包括附注。附注是财务报表的重要组成部分。

财务报表是财务报告的核心内容，但是除了财务报表之外，财务报告还应当包括其他相关信息，具体可以根据有关法律法规的规定和外部使用者的信息需求而定。如企业可以在财务报告中披露其承担的社会责任、对社区的贡献、可持续发展能力等信息。这些信息对于使用者的决策也是相关的，尽管属于非财务信息，无法包括在财务报表中，但是如果有规定或者使用者有需求，企业应当在财务报告中予以披露，有时企业也可以自愿在财务报告中披露相关信息。

第五章　企业会计目标理论

第一节　会计目标研究评价

会计目标是指导会计工作、评价会计准则的指针，是会计系统全力以赴、力争实现的标准，是会计准则概念框架的最高层次。因而，确定科学的会计目标，用以指导实践，指导会计理论研究，提高会计工作和会计学术水平，均有重要意义。

一、国外研究情况

美国会计学界对会计目标率先进行了长期的大量的研究。1966年，以美国会计学会名义出版的《基本会计理论》明确提出："会计的目标是……提供有关的信息。"该书还同时提出"会计实质上是一个信息系统"。美国会计原则委员会（APB）1970年发表的第4号报告认为："财务会计和财务报表的基本目标，是向财务报表的使用者（特别是所有者和债权人）提供有助于他们进行经济决策的数量化的财务信息。"次年，美国注册会计师协会（简称美注协）组建以Trueblood为首的"财务报表目标研究小组"，为了指导该项研究，美注协理事会提出四个可供参考的课题：

（1）谁需要财务报表？

（2）他们需要什么信息？

（3）在所需信息中，有多少是能够由会计师提供的？

（4）为了提供所需信息，要有一个怎样的结构？

这实际上是要求在确认会计目标、提供决策信息观的前提下进行深入的研究。1973年10月，该组提出题为"财务报表的目标"的研究报告，列举财务报表的12项目标，其中有一项基本目标是：提供据以进行经济决策的信息，其他11项是从不同角度把基本目标具体化，并把财务报表目标体系分为6个层次。

同时出版的《财务报表目标论文集》，发表了美国著名会计学家理查德·M.西尔特和井尻雄士的论文《提出财务报表目标的概念框架》。他们认为，财务报表目标可分为基本目标、总目标、操作性目标和指令性目标等四个层次。基本目标是确保经管责任，是财务报表的最终目标，这样就形成了会计目标的两大学派。

美国财务会计准则委员会于1978年发表的《论财务会计概念》（SFAC）第1辑"企

业编制财务报告的目标"（或称"财务会计概念公告"第1号）第9段提出"编制财务报告本身不是目的，而是为了提供与做出企业和经济决策有用的信息"。SFAC第34段指出，"编制财务报告应为现在和潜在的投资者、信贷者以及其他用户，提供有用的信息，以便做出合理的投资、信贷和类似的决策"。SFAC还强调"本论所列各种目标，指企业通用的对外财务报表""目标主要是源于外部用户的需要"。

葛家澍等指出："与特鲁布罗德报告提出的目标相比，SFAC No.1至少有两个可以称道的特点。"

第一，特鲁布罗德报告虽有新意，但可行性不够，按其推荐的报表，将改变几个公认会计原则。如编制"财务预测表"，将要改变实现原则；要反映"现行价值"，将改变历史成本原则；要提供现金流动的信息，特别是要反映"期望发生的现金变化与结果"，将改变现行会计确认的基础——权责发生制原则。FASB提出用"财务报告"目标代替财务报表目标，前者可以包括财务报表及其他财务报告，其他财务报告可以提供预测信息，不受公认会计原则的支配。FASB的这一改动，既维护了公认会计原则，又有助于改进会计实务，使理论研究同实际应用相结合。

第二，在特鲁布罗德报告的基础上，FASB把财务报告的目标集中到投资人和债权人的需要，即提供有助于评估企业现金流入和净流入前景的信息，这是他们最关心的。关注企业未来的现金流动，必须关注企业的盈利信息，并应看到权责发生制的优点。权责发生制记录的应收、应付、预收、预付，对未来的现金流动有重大影响。

1982年，哈佛大学企业管理学院请"决策有用观"与"经管责任观"两派的代表人物及其他杰出的会计学家进行讨论，两派观点发生激烈冲突，针锋相对。两派的主要论点如下：

经管责任观的提出者井尻雄士一再说明两种观点的相悖之处：①决策有用观以决策者即会计信息使用者为中心，而把会计信息提供者的意愿置之度外。经管责任观注重的是委托者和受托者，即会计信息使用者和提供者之间的相互关系。会计人员服务于委托者的需要，但并非委托者的仆从，应注意协调两者间的利害关系。②根据决策有用观，会计人员向决策者提供信息多多益善。根据经管责任观，会计人员必须把注意力集中于客观的信息上，既不损害委托者，也不损害受托者。③决策有用观认为，会计的首要目标是提供对使用者决策有用的信息。经管责任观认为，会计的首要目标是计量受托业绩。会计人员利用记录与报告两种工具来实现所追求的目标。报告是汇总的记录，记录是报告的基础。委托者有权获得报告，并在必要时对记录进行查核。记录使受托者对其行为负责，并实现了委托者的大部分利益。重要的是会计系统的整体有用性。井尻雄士认为，提供决策有用信息与明确经管责任实质上是鸡与蛋的关系，但不能混为一谈。

决策有用观则反唇相讥，认为明确经管责任从属于提供决策信息。讨论会上，美国会计学会前会长索罗门斯指出，明确经管责任的主要内容是业绩评估，而业绩评估旨在为决策提供依据。两者虽是互相关联的会计目标，但确定经管责任构成决策作用的一部分。在美国，决策有用观代表主流派的观点。

美国著名会计学家A.C.利特尔顿认为，"会计的首要目的是向管理当局提供控制信息或报告受托责任的信息"。试图把两种观点统一起来。

以成本会计师为主体的美国全国会计工作者协会所属的管理会计实务公告颁布委员会 1982 年颁布《管理会计公告：管理会计的目的》。

英国会计准则理事会提出财务报表的目标是：向利用财务报表进行决策的报表使用者提供关于企业财务状况、经营业绩和偿债能力的有用信息。与美国的决策有用观略同。

1982 年，澳大利亚著名学者 A.D. 巴顿撰写的《会计的目标和基本概念》一书出版。该书认为，会计系统和财务报告的基本目标只有一个，即满足使用者有关企业经济业务的财务信息需求。使用者获取有关企业经营、企业负债、企业资源以及各项义务的信息，是基于决策、控制与落实经管责任的需要。看来，巴顿教授也想把决策有用观与经管责任观兼收并蓄，是比较明显的。

1988 年，联合国经社理事会跨国公司委员会国际会计和报告准则政府间专家工作组提出《编制财务报告的目标与概念》，认为编制公司报告的首要目标，是披露有关经营、资源和义务等的财务和非财务信息，以帮助使用者控制公司，做出有关决策。这里，信息"使用者"的范围显然扩大，而"控制"一词要求报告成为公司履行经管责任的工具，并作为管理人员控制公司的基础。

1989 年，国际会计准则委员会正式公布《编报财务报表的框架》。在"财务报表的目标"的第 12、第 14 段指出："财务报表的目标是提供在经济决策中有助于一系列使用者的关于主体财务状况、经营业绩和财务状况变动的信息。财务报表还反映管理层对交托给它的资源的经管成果或受托责任。使用者之所以评估管理层的受托责任或经管责任，是为了能够做出经济决策。"看来，该框架主要反映了决策有用观，也反映了经管责任观。

韩国《企业会计基准》第 2 条"财务会计目的是为使利用会计情报者能够做出与企业实体有关的合理决策，按一般认定的会计原则处理财务资料后，提供有用而正确的情报"（1990 年 3 月 29 日修订），克服了管理会计目标的不足之处，体现了会计的两种基本职能。但合理决策只是控制职能的一部分，控制职能可以具体化为"加强经济管理"。其主要内容是：参与经营决策，参与调节经济活动，监督经济过程，考评经营业绩。因而只讲"合理决策"，不能充分体现控制职能。

国际会计准则理事会（IASB）和财务会计准则委员会（FASB）在 2004 年 4 月把概念框架列入双方的联合研究项目。"目标与质量特征"征求意见稿已经出台。关于财务报告的目标，"两会"（IASB 和 FASB）认为，"财务报告的目标向现实和潜在权益投资人、贷款人和其他信用提供者提供报告主体的有用的财务信息，使之有能力作为资本提供者做出投资决策"，突出决策有用观。虽然财务报告信息也应有助于评估企业经理层的经管责任或受托责任，不过这已不是首要的目标，它与决策有用性不能并驾齐驱，美国会计学会（AAA）仍持反对态度，认为"美国全国约有 490 万个企业，而公开发行证券，受 SEC 监管的，不过 17000 家"。财务报告目标不宜只考虑公开筹资的上市公司，还应顾及更多的非上市公司。它们主张扩大财务报告的用途，建议突出"评估经管责任"。

二、国内研究情况

我国对会计目标的研究，早先是引进美国的决策有用观，后来又引进美国的经管责任观，这种提法"更符合我国现阶段的实际情况"。两种说法的侧重点不同，在强调会计提供信息方面是一致的。有的认为决策有用观包含经管责任观，有的认为受托责任观包含决策有用观。

索洛蒙斯在论及财务报告的目标时说："如果发展中国家的准则制定者衷心拥护财务会计准则委员会的概念，就会成为错误的举动。"照搬 FASB 的财务报告目标，并把它扩大为会计目标，似不合理。

除了众多的引进美国的提法外，1990 年，毛伯林、赵德武在其专著中提出：会计基本目标是"提高经济利益和社会效益""提供信息和利用信息的统一构成了会计的具体目标"。较之会计目标提供信息论，显然有突破性的进展。

1992 年，我国《企业会计准则》首次公布，有些论著以该准则第 11 条作为会计目标，即"会计信息应当符合国家宏观经济管理的要求，满足有关各方了解企业财务状况和经营成果的需要，满足企业加强内部经营管理的需要"。既借鉴国际经验，可以包括提供决策信息论、经管责任论的观点，又突出国家和企业经济管理的需要，是其特色。但仍把目标局限于提供信息，未能体现会计工作还要运用信息，强化经济管理的主导职能。

2006 年颁布的《企业会计准则——基本准则》第 4 条规定："财务会计报告的目标是向财务会计报告使用者提供与企业财务状况、经营成果和现金流量等有关的会计信息，反映企业管理层受托责任履行情况，有助于财务会计报告使用者做出经济决策。"这里既采用了受托责任观，又采用了决策有用观，删去了"满足企业加强内部经营管理的需要"。

《企业会计准则》所规范的目标应当是包括财务会计报告目标在内的企业会计目标，它应当能够明确地指导企业会计工作，达到其应当达到的境地。

三、有关会计目标的几个问题

综观上述，主要分歧有两个方面：一是目标的用语，目标与目的是否有别？目标、任务、作用是什么关系？二是目标的主体，是财务报表、财务报告、财务会计还是会计？

（一）会计目标的用语

1. 会计目标与会计目的

1978 年，美国 FASB 发表《论财务会计概念》第 1 辑《企业财务报告的目标》一书，用"objective"一词。葛家澍、林志军在《现代西方财务会计理论》一书中和陈今池在《现代会计理论概论》一书中均译为目标，娄尔行在《论财务会计概念》一书中译为目的。《现代汉语词典》把目标、目的均释为"想要达到的境地"。《辞源》释目标为目的和标的。《汉语大词典》把目的释为"所追求的目标"。看来，目标与目的在汉语中可理解为同义词。张为国的专著《会计目的与会计改革》、傅磊的《对会计目的的思考与探索》都是按照娄尔行的译文来探讨"objective"一词。据 FASB《论财务会计概念》第 1 辑"背景资料"，美国 20 世纪 70 年代公布的几个文件在论及会计目标时均用"objective"一词。1989 年，国际会计准则委员会正式公布《编报财务报表的框架》。中国财政经济出版社洋木原译为"财务报表的目的"，2004 年版已经改译为"财务报表的目标"。

1966 年，以美国会计学会名义发表的《基本会计理论》亦用"obiective"一词讨论会计目标，但提出："会计目标是为了实现下述各种目的提供有关的信息：（1）做出关于利用有限资源的决策，其中包括确定重要的决策领域和确定目的和目标；（2）有效地管理和控制一个组织内的人力和物力资源；（3）保护资源，并报告其管理情况；（4）有利于履行社会职能和社会控制。"

吴水澎、石本仁提出：会计的本质包括会计的目的，会计的目的是会计存在的前提，也是会计产生的根本原因，它直接决定会计的基本职能，会计目的是客观的、内在的，而会计目标是主观的、外在的。会计目的从会计产生就基本确定下来了，并且不会发生多大的变化。罗勇、李定清提出："会计目的作为会计产生的原因和发展的动力，决定会计的本质和职能"。

上述三种意见虽有差异，其共同性是目的，带有根本性，后两者认为目的属于本质范畴，或者是决定本质的范畴。问题在于决定本质的是什么？显然不是目标或者目标之同义词目的，应当是"动因"。

目标和目的在汉语和英语中均属同义词。查《简明同义词典》得知，它们的差异仅在于后者"着重指行为的意图"，表示明确的决心或更坚决。笔者认为，其一理论范畴应当准确明晰，不宜用同义词作为不同的理论范畴，以免难解、误解，造成混乱；其二制约会计本质、职能的应当是客观的经济规律或客观必然性，不宜用主观性较强的目的来概括。具体地说，会计目标、职能、本质等范畴已为理论界所广泛使用，它们产生的客观依据，应当是"动因"，不宜使用另一个主观性更强的、与目标同义的"目的"来概括这种客观必然性。

2. 会计目标与会计作用、会计任务

查《现代汉语词典》获知："作用"是指"对事物所产生的影响；效果；效用，指挥会计工作的反映和控制职能，必然产生维护社会主义市场经济秩序、加强经济管理、提高经济效益的作用。以"作用"描述"职能"，两者的区别在于职能是"应有的作用"，作用是"已经实现的职能"。会计职能充分发挥了，必然起到相应的作用。

我国会计理论界对会计任务进行过大量的研究。纳入《会计原理》教材的一般概括为四条，不够简洁，也不便于记忆。笔者曾调查过高年级学生，没有一个学生记得清楚的。归纳各种对会计任务的表述，不外乎反映和控制两个方面，只是讲得更为详细些。因为任务是职能的具体化。葛家澍《会计学导论》第二章第二节的标题是：会计的主要目标（基本任务）。可见目标与任务相似。因为两者都是应当（期望）做到的。目标是主动制定的，任务是上级赋予的，似有被动性。我国对会计任务的表述如"巩固和加强经济责任制""讲求经济活动的效果、提高经营管理水平""监督财经纪律的遵守情况"等，意在加强经济管理的提法，是很有特色的。但是，目标的提法比较简洁，具有主动性，又符合国际惯例。

综上所述，会计本质、职能、目标、任务、作用等都体现会计的职责，有高度的一致性，只是提出的角度不同。可以这样说：职能是需要而又可能做到的，目标和任务是应当做到的，作用是已经做到的。职能是固有的、潜在的、相对稳定的，具有客观性；目标和任务随环境的发展按有关方面的要求提出，是职能的具体化，具有变动性和主观性，也有一定的客观性。它们都体现环境的需要，但职能体现本质，体现会计结构和会计系统内在的规律性要求。没有该职能就不可能提出相应的任务或目标。

（二）目标的主体

上文提到：1966 年，美国会计学会的提法是"会计目标"。1977 年，美国学者 E·S. 亨德里克森在《会计理论》一书中也用"会计目标"这一提法。1970 年，美国会计原则委员会的提法是"财务会计和财务报表的基本目标"。1973 年，美国注册会计师协会的提法是"财务报表目标"。1978 年，FASB 的提法是"企业编制财务报告的目标"。1982 年，美国管理会计实务公告颁布委员会的提法是"管理会计目标"。1988 年，联合国经社理事会跨国公司委员会国际会计和报告准则政府间专家工作组的提法是"编制财务报告的目标"。1989 年，国际会计准则委员会用"财务报表目标"，英国《财务报告原则公告》用"财务报表目标"，澳大利亚著名学者 A·D.巴顿的提法是"会计的目标"。

葛家澍、余绪缨《会计学》既用会计目标这一提法，又将财务会计与管理会计的主要目标分别表述。

1997 年，汤云为、钱逢胜在《会计理论》一书中的提法是"会计目标"；2003 年葛家澍、刘峰在《会计理论——关于财务会计概念结构的研究》一书中用"财务会计的目标"和"会计目标"。

从概念上看，财务报表、财务报告、财务会计、会计，显然不是同义词，而是依次扩宽。

1992 年，葛家澍、余绪缨在《会计学》一书中提出：由于现代会计有财务会计和管理会计两个分支，它们各有主要的服务对象即信息的使用者。会计目标，若按财务会计和管理会计加以区分，可以分别概述如下：第一，财务会计的主要目标是：向作为宏观经济管理者的国家、企业外部投资者、债权人和其他与企业有利害关系的集团提供有助于宏观调控、优化社会经济资源配置和进行合理的投资决策与信贷决策所必需的各种财务和非财务信息。第二，管理会计的主要目标是：向企业的经营者和内部职能部门、责任中心的负责人、职工代表大会和工会提供有助于他们进行正确的经营和理财与投资决策，评估业绩，加强内部经营管理以及维护职工正当利益所必需的财务和非财务信息。

笔者认为，会计法和会计准则是会计活动的规范，应当规范会计目标而不仅是财务报表目标。作为会计基础理论范畴，目标的主体应是包括管理会计和财务会计在内的整个会计。如果作为财务会计学、管理会计学，分别表述其目标，未尝不可。把会计理论局限于财务会计理论的观点，似有不妥。

四、管理层是否使用财务报告

《会计研究》发表的论文指出：各国的概念框架"都认为财务报表的使用者是指不参与企业经营管理的投资者、债权人和企业的其他利益相关者"。是这样吗？财务报表，本单位决策管理层不使用吗？不敢苟同。

（一）国外主要概念框架对使用者的论述

上述"各国"的概念很宽，未见其根据。下面以有代表性的 FASB、IASB 和加拿大的 CF 为例，按发表时间顺序，足以证明主要 CF 都明确规定企业管理层是财务报表的使用者。

1. 美国的概念框架表述

美国财务会计准则委员会 1978 年发表的《论财务会计概念》（SFAC）被称为世界上第一个 CF，其第 1 辑"企业编制财务报告的目标"第 24 段指出："许多人根据他们对企业的关系，根据他们所了解的企业情况做出经济决策，所以他们都是财务报告所提供信息的潜在用户，其中有业主、贷款者、供应者、潜在的投资人和贷款者、职工、管理人员、董事、客户、财务分析和咨询人员、经纪人……"上述职工、管理人员都是参与企业经营管理的企业内部人员，而董事、财务分析和咨询人员，可以是内部人员或外部人员，说明企业财务报告在为投资者、债权人服务的同时，也为本企业决策管理层和职工服务。

2. IASB 的概念框架表述

国际会计准则委员会 1989 年正式公布的《编制和提供财务报表的框架》第 9 段指出："财务报表的使用者包括现有的和潜在的投资者、雇员、贷款人、供应商和其他商业债权人、顾客、政府及其机关和公众。"在所有权与经营权分离的现代企业中，从委托代理角度我们可以认为这里的雇员是包括管理层在内的职工。所以，这里的雇员是上述美国 CF"职工、管理人员"的概括。该框架第 11 段指出："管理层关心财务报表中包括的信息，尽管它能够取得有助于执行计划、决策和控制职责的额外的管理和财务资料。管理层有能力决定这类附加资料的形式和内容，以满足其自己的需要。然而，对这一类信息的报告，不属于本结构的范围。公开的财务报表所依据的是，管理层使用的关于主体财务状况、经营业绩和财务状况变动的信息。"这充分说明该框架明确提出管理层"关心"并"使用"财务报表中的信息。

IASB 明确指出：目标的服务对象不只限于外部，企业管理层也使用财务报表信息。

3. 加拿大的概念框架表述

《加拿大特许会计师下册——财务报表概念》（1991）是加拿大准则的概念框架，它将财务报表目标界定为"向投资者、管理层、出资人、贷款人及其他使用者提供对进行'资源配置决策'和'评估受托责任'有用的信息。这些信息一般包括主体的经济资源、经济义务和权益及其变化的信息以及主体经营业绩的信息"。这足以证明加拿大准则的概念框架，把报告主体的管理层列入使用者范围。

上述概念框架都明确肯定：企业管理层使用财务报表。

关于会计目标服务对象的表述，各有独到之处。IASB 肯定企业管理当局对财务报表信息的需要和使用。笔者认为，从会计工作的角度看，企业管理当局和会计部门首先要运用会计信息，加强经济管理。这正是当前和今后深化会计改革、建立管理型会计的迫切需要。已有的关于会计目标服务对象的命题，在这方面都重视不够。

（二）问题辨析

否定企业管理层使用财务报表的观点，与下述知识有关。

1. "财务报告是对外的"吗？

1973 年，特鲁布罗德发表的《财务报表目标研究小组的报告》指出："研究工作组的结论是对目标的研究不应该基于企业管理者的经营需要，相反，应该基于企业或组织外部财务信息使用者的需要。"从而引起"财务报告是对外的"错觉。基于外部"财务信息使用者的需要"，针对的只能是需要向外部使用者公布财务业绩的上市公司，众多的不需要向外部使用者公布财务业绩的单位，不负有公共受托责任的单位，显然不宜遵循特鲁布罗德报告的论点。看来，特鲁布罗德报告基于指导上市公司会计准则的需要，强调的是目标设计，与管理层是否使用财务报告是两件事。特鲁布罗德报告紧接着说："当然，管理者既是财务报表的编制者又是财务报表的使用者。"他们的观点很明确，财务报告的编制应当基于外部使用者的需要，这是符合外部投资人、债权人与企业管理层信息不对称这一实际的。因为管理层"能够取得有助于执行计划、决策和控制职责的额外的管理和财务资料。管理层有能力决定这类附加资料的形式和内容，以满足自己的需要"。

在公众公司产生以前的漫长历史中，会计是为本单位服务的，也有对外部税务机构报告的任务。随着公众公司的产生和发展，筹资的需要促使会计扩大了对外报告的任务，但是，本单位使用会计信息的事实，并未消失。非上市公司除了纳税外，一般没有向外提供财务报告的任务，其财务报告主要是给本企业决策管理层看的。正如美国著名会计学家 A·C.利特尔顿认为"会计的首要目的是向管理当局提供控制信息或报告受托责任的信息"。

美国的公认会计准则是由证券交易委员会委托 FASB 制定的，其规范面向上市公司。上市公司的资本来自公众。为了筹资的需要，其服务对象强调投资者和债权人，虽然理解，美国会计学会（AAA）却持反对态度，已如上述。而且美国会计准则是由 SEC 授权 FASB 制定的，我国《企业会计准则》由财政部颁布，其规范对象是上市公司和更多的非上市大中型企业。非上市公司不能在市场向公众募集资本，其财务报告的服务对象，除了投资者和债权人以外，还应强调服务于国家和本单位等利益相关者，才能符合我国实际。

著名会计学大师杨纪琬和他的学生夏冬林合著《怎样阅读会计报表》一书，在第三版前言介绍写作目的时指出本书"特别是针对企业领导干部"而写。实践证明，企业决策管理层需要阅读会计报表。因此，会计报表的使用者应当包括本单位决策管理层。

2. "财务会计是对外的"吗？

从"财务报告是对外的"误解出发，到管理会计是对内的，进一步引申为财务会计是对外的。2009年注册会计师考试教材《会计》第2页中指出："企业会计逐步演化为两大分支，一是服务于企业内部管理信息及其决策需要的管理会计，或者叫作对内报告会计；二是服务于企业外部信息使用者信息及其决策需要的财务会计，或者叫作对外报告会计。"这种观点，更加不妥。美国CF第1辑第27段指出："管理会计和财务会计两者所提供的信息，管理人员都需要使用。"它已经明确否定了财务会计只对外不对内的错误说法。

早在1958年，美国著名会计学家A·C.利特尔顿指出："会计的最高目标在于帮助某人借助于数据了解某个企业。"这可以通过一个具有同样意思的、更详细的论点来说明："为了实现帮助管理当局和其他人士了解企业这一首要目标，会计必须对数据加以如实分类，正确地浓缩并充分地报告。"

会计对象要素的各种账簿属于财务会计，它是用以管理的。账簿积累的信息，如各种资产的存量、流量是否适用，是否有溢余或短少，首先要为本单位管理所用。财务会计计算损益，也是首先为本单位强化经济管理所用。事实证明，财务会计不仅对外，而且要对内，要为本企业管理服务。

另外，W·A.佩顿和A·C.利特尔顿在《公司会计准则导论》（1940）中提出："会计准则应是系统和连贯的，不偏不倚和不带个人色彩的，并与可观察的客观环境相协调。"我国的《企业会计准则》到底是为谁服务的呢？企业的会计人员在处理账务、编制财务报表时要遵循《企业会计准则》，受其约束，难道我国《企业会计准则》只为外部信息使用者服务并且仅约束企业内部相关人员吗？如果真是这样，便违背了法律、法规的权利义务的对等原则。因此，《企业会计准则》在要求企业内部相关人员履行相应义务的同时，也应该赋予他们相应的权利，也要为企业内部相关人员服务，要考虑他们的利益。

3. 会计《基本准则》第4条是否有不足？

2006年，我国颁布的《企业会计准则——基本准则》第4条指出："财务会计报告使用者包括投资者、债权人、政府及其有关部门和社会公众等。"原《企业会计准则》（1992）第11条是："会计信息应当符合国家宏观经济管理的要求，满足有关各方了解企业财务状况和经营成果的需要，满足企业加强内部经营管理的需要。"前两者与新准则略同，主要差异在于财务会计报告是否应当"满足企业加强内部经营管理的需要"。

据悉，新《企业会计准则——基本推则》之所以删去"满足企业加强内部经营管理的需要"是因为：财务报告属于对外报告，应当满足外部信息使用者的需要。过去强调满足内部管理的需要，是因为过去对外财务报告的概念并没有建立起来。其实，原《企业会计准则》（1992）就是当时的概念框架，怎能说是没有建立起来？

上文已经证明"财务报告是对外的"，是对特鲁布罗德报告的误解。1973年，AICPA任命的特鲁布罗德报告虽然提出"研究工作组的结论是对目标的研究不应该基于企业管理者的经营需要，相反，应该基于企业或组织外部财务信息使用者的需要"。财务会计准则委员会（FASB）的概念框架几乎是建立在研究工作组报告的基础上的，而FASB在1978年发表的《论财务会计概念》第1辑"企业编制财务报告的目标"中还是把"职工、管理人员、董事"纳入财务报表的使用者范围之内。这说明管理者属于财务报表的使用者，与准则更侧重保护外部投资者的利益，两者并不对立，只是站在两个角度论述问题而已。因为对目标的研究"应该基于企业或组织外部财务信息使用者的需要"，能够满足外部信息使用者的信息对于内部管理也是有用的。

我国的会计准则主要借鉴国际会计准则委员会1989年正式公布的《编制和提供财务报表的框架》。虽然该框架已经发布20多年，有需要修改之处，但是，其第9段"财务报表的使用者包括现有的和潜在的投资者、雇员、贷款人、供应商和其他商业债权人、顾客、政府及其机关和公众"的提法是适当的。还必须注意该框架第11段"管理层关心财务报表中包括的信息……公开的财务报表所依据的是，管理层使用的关于主体财务状况、经营业绩和财务状况变动的信息"。这里，充分说明该框架明确提出包括管理层在内的"雇员"是财务报告使用者，"管理层关心"并"使用"财务报表中的信息。

会计目标是会计准则概念框架的最高层次，是概念框架的逻辑起点。它通过概念框架指导和评价会计准则，会计准则是用以规范会计活动的。因而目标作为"想要达到的境地或标准"，指导各种会计活动。各项会计活动都要以如实提供信息、加强经济管理为指针，从而"提高经济效益和社会效益"。

（三）本单位决策管理层应当使用财务报告

1. 从管理者自身角度来说

在一个组织中，管理者的行为体现了"双重人格"，即受制于组织目标、需为组织生存和发展负责的"组织人格"以及受自身目标、追求、价值观等影响的"个人人格"。

从管理层自身来说，一方面，由于管理层具有"组织人格"，不仅有履行受托责任的义务，而且有履行受托责任的主观意愿，所以委托人所关注的信息也必然是受托人即企业管理层所需要关注的。企业管理层要了解委托责任的完成情况，就需要利用财务报表信息。按照西蒙对程序化决策和非程序化决策的划分，企业管理层应把主要精力花在企业经营的重大决策方面。从我国的实际看，企业管理所需要的信息，2/3来自会计，这已是众人皆知的常识。管理层提供信息和利用信息的统一构成了会计的具体目标，怎能否定报告主体的决策管理层是财务会计报告信息的使用者呢！当他们的决策需要使用财务信息时，利用基于精炼的财务报告进行相关的深入分析，是最好的选择。另一方面，企业管理层具有"个人人格"，其在组织中的行为要受到各个管理者自身因素（如个人所追求的目标，个人的知识、兴趣、爱好和价值观等）的影响，因此企业管理层不会总以委托人的利益最大化为行动目标。为了激励经理勤勉尽责，努力增加企业盈利，委托人通常会设计一种基于盈利指标的管理报酬合约。"财务会计指标，尤其是盈利指标，广泛地应用于管理报酬合约。事实上，目前的管理报酬计划大都是以会计（盈余）数字为基础的。"我国上市公司大多实施与年度利润挂钩的年薪制。既然管理层的报酬方案包括业绩奖金，那么在公司经营业绩突出时，企业管理层成员才会有好的回报。如果投资者对企业管理层的经营业绩不满意，他们将会通过董事会或其他机制对管理层施加压力，包括撤换。无论是出于获得更多个人收入的动力，还是出于保住工作职位的压力，都会使得管理层关注公司的财务信息，以便及时发现企业运营中存在的机遇与问题，努力提高经营业绩。

财务报告综合、系统地反映企业的财务状况和财务成果，是考核企业经营业绩的权威数据，是财务会计的"最终产品"。企业决策管理层要做到准确判断，合理决策，必须掌握大量信息，必须对所掌握的信息深入分析，用以发现问题、解决问题。杨纪琬指出："企业内部的管理者也关心、利用会计报告的信息，但他们所需要的会计信息远远不止会计准则所应规范的那些。为提高企业的经营管理水平，企业的管理者还会需要除对外报送的会计报表以外的许多内部报表和其他额外资料，这些额外资料的提供，以及企业如何加强财务会计工作，参与企业的经营管理，如资本的筹集和使用，会计责任制的建立，成本的预测、控制、核算和分析等问题，都不属于准则规范的范围，而应由企业根据本企业的具体情况自行规定。"

2. 从会计职能的转变来说

根据系统论，本质是结构的描述，系统的特性首先取决于它的结构。结构的不同可以使同一类系统具有不同的观点，功能表现结构，结构决定功能。具体到会计而言，会计职能尤其是基本职能，内显结构与本质，外联系统与环境，反映和控制会计对象要素，制约会计目标，贯穿于会计工作全过程。郭道扬教授在《论会计职能》中说："正是从现代会计所处的环境出发，从现代经济管理对会计所提出的要求出发，以及从市场经济下会计所担负的重大经济责任出发，我们认为现代会计的基本职能应当归纳为反映和控制。"至于反映和控制的关系，系统科学明确指出信息与控制是不可分割的，信息论是系统的基础。因此笔者认为，会计的反映职能是基础，控制职能则起主导作用。"会计的反映职能是会计发挥控制职能作用的基础，是为进行会计控制服务的，而会计控制则是现代会计部门适应市场竞争环境变化，强化企业内部管理，增强企业竞争能力，以及参与企业经营决策的首要职能。"

科学技术尤其是信息技术的发展带动了各个领域的突破与发展，会计领域也不例外。一方面，计算机的集成化、智能化和微型化，使得传统的"凭证—账簿—报表"的会计程序不再烦琐；另一方面，"柔性"制造、智能生产和流程再造等新型生产方式的发展，加速了会计职能由"记账、算账、报账"的核算型向"预测、决策、预算、控制和考评"的核算管理型转变。早在1992年《企业会计准则》颁布后，财政部就提出全面实施财务会计转轨变型，从"核算型"转变为"核算管理型"，从"服从于决策"转变为"参与决策"，从"以产销为主要核算对象"转变为"以责任人为主要核算对象"。企业管理层利用包括财务报表资料在内的会计信息，以强化企业的管理，做出及时、正确的决策，从而实现会计由核算型向核算管理型转化。

3. 强调管理层使用财务报告的重大意义

首先，财务报告使用者把企业管理层排斥在外，会隐性地告诉其他使用者，企业管理者根本就不用这份公开的财务报告。先不管它是否真实可靠，从心理上就在外部使用者心里大打折扣，加剧报告提供者与使用者的矛盾，不利于资本市场发展。将企业管理层列入财务报告使用者，有利于我国证券市场的发展，减少投机型投资，促进弱型有效市场向半强势有效市场的转变。

其次，财务报告使用者把企业管理层排斥在外，表明准则的制定是在满足外部信息使用者的需要。从长远来说，准则作为国家的会计规范，它是兼顾各方利益后调和的产物，不顾企业自身管理的需要，制定烦琐的条款，增加了企业的负担，而且使准则与企业分离，不符合财务报告编制的成本效益原则，不利于企业的发展。将企业管理层列入财务报告使用者，才符合我国财政部制定准则规范除上市公司以外所有企业的具体国情，才能实现企业与国家之间的和谐，促进国家经济的繁荣。

最后，从会计目标服务对象的重要性来看，把投资者、债权人、政府及其有关部门列在前面，完全正确。但从会计工作的角度看，企业决策管理层和会计部门首先要运用会计信息，加强经济管理。这正是当前和今后深化会计改革、建立核算管理型会计的迫切需要。英国 Sage 公司会计部主管表示："在经济低迷时刻，企业急需从客观、可靠和值得信赖的伙伴处获取相关的信息，而财会人员成为最值得信赖的建议者的事实，凸显了他们能够带给英国企业的价值。"将财务会计报告主体的决策管理层（包括财会部门）列入使用者，有利于指导他们更好地强化会计核算与管理，尽快实现核算型会计向核算管理型转化。

通过以上分析，笔者认为企业管理层是财务报告的使用者，而且是首先的使用者，各国皆然。我们要重视国情，不断完善《企业会计准则》，指导会计活动，促进经济管理的发展。

五、决策有用观或受托责任观的失误

（1）作为具有指导性的财务报告目标，采用决策有用观或受托责任观的提供信息论需要商榷。面对世界性的假账，提供信息论显得苍白无力，因为它并未明确规范财务报告应当达到的境地或标准：提供真实或可靠的信息，加强经济管理。决策有用观或受托责任观，只是强调做什么用，为谁服务，并非"想要达到的境地或标准"，不能充分指导财务报告的编制，不能指导 CF 的建立和会计准则建设，更不能充分指导财务会计的活动。显然不如韩国《企业会计基准》第 2 条"财务会计目的是为使利用会计情报者能够做出与企业实体有关的合理决策，按一般认定的会计原则处理财务资料后，提供有用而正确的情报"（1990 年 3 月 29 日修订）规范，更不如我国《会计法》第 1 条"保证会计资料真实、完整，加强经济管理和财务管理"规范。这里，中、韩两国会计规范，基本一致。

决策有用观或受托责任观作为一项具体目标很好，而以之作为财务会计或会计基本目标则不够。如果会计工作的目标只是为投资者和债权人提供考核受托责任或决策有用的信息，这种信息的主要来源是财务报告，那么会计工作只要编出财务报告，即可提供会计信息，并用以进行经济决策，考核受托责任，从而"实现"会计目标，也不荒唐！因为编制财务报告只是会计基础工作的一部分，还有大量的经济管理工作要做，如参与经营决策、参与调节经济活动、监督经济过程、考评经济业绩和参与处理分配关系等。

（2）仅从上市公司出发，指导性不全面。"源于外部用户的需要"，提供投资者"据以进行经济决策的信息"，如果说是上市公司对投资者的财务报告具体目标或许可以，但以之作为整个财务报告目标显然不够全面，以之作为财务报告或财务会计目标则更不够，因为决策有用只是经济管理的部分职能。作为经济管理重要组成部分的会计工作，除了如实提供信息外，还必须以加强经济管理作为自己的奋斗目标。不仅为利益相关者如实提供有用信息，会计人员和会计机构还要努力加强经济管理。同理，受托责任观也有指导性不够的缺点。

作为会计目标，应当是所有会计单位的，对所有会计活动都有指导意义，而不应当仅对少数上市公司，仅针对某种行为。如果仅针对某些单位、某些行为，那是具体目标，不是基本目标。

美国的公认会计准则是由证券交易委员会（SEC）委托 FASB 制定的，其规范面向上市公司。上市公司的资本来自公众。为了筹资的需要，其服务对象强调投资者和债权人。但是，美国会计学会（AAA）仍持反对态度。至于中国，上市公司只有美国的 1/10，企业单位 2008 年已经达到 971 万家，事业单位也有 200 万个。而且美国会计准则是由 SEC 授权 FASB 制定的，其规范对象着重上市公司。中国会计准则由财政部颁布，其规范对象是上市公司和更多的非上市大中型企业。非上市公司不能在市场向公众募集资本，其财务报告的服务对象，除了投资者和债权人以外，还应强调服务于国家和本单位等利益相关者。

索洛蒙斯在论及财务报告目标时说：如果发展中国家的准则制定者衷心拥护财务会计准则委员会的概念，就会成为错误的举动。照搬 FASB 的财务报告目标，并把它扩大为会计目标，并不可行。

（3）不能指导会计准则概念框架的建设。目标，应当体现会计活动想要达到的境地，也是判断其是否达到理想境地的标准。

会计目标是会计准则概念框架（CF）的最高层次，通过概念框架指导和评价会计准则；会计准则是用以规范会计活动的。由于现在流行的目标观仅从投资者的角度进行概括，无论是决策有用观或受托责任观，都不能全面、准确地指导 CF 建设。全面、准确的指导思想应当是我国《会计法》第 1 条：如实提供信息，加强经济管理。

目标指导各种会计活动，是会计系统全力以赴、力争实现的标准。确定科学的会计目标，用以指导实践，提高会计工作水平，指导会计理论研究，提高会计学术水平，均有重要意义。

决策有用观或受托责任观之所以不能充分指导会计理论或实践，就是因为它只表述了会计反映职能的一部分，未能充分概括会计工作应当达到的境地或标准，未能全面、准确地体现会计基本职能。会计工作是经济管理的重要组成部分，在为投资和债权人提供有用信息的同时，还要为本单位和利益相关者加强经济管理服务。

既然目标是想要达到的境地，财务报告目标提供信息论，突出目标的服务对象和用途，未能说明应当达到的境地或标准。财务报告或会计工作的目标须规范提供什么质量的信息，努力加强经济管理。决策有用观或受托责任观只说明信息做什么用，未能说明其应当达到的境地。这种失误的根源，在于未能研究应当达到的境地是什么，根据什么制定目标？

对目标的研究，国际上已经取得有价值的成果。美国《管理会计公告》指出：管理会计的目的是提供信息，参与管理过程。这种命题的优点是反映了管理会计的两种基本职能，缺点是"提供信息"论未能突出信息的可靠性或真实性。韩国《企业会计基准》第 2 条"财务会计目的"克服了管理会计目标的不足之处，但"合理决策"只是控制职能的一部分，不能概括会计参与调节经济活动、监督经济过程、考评经营业绩等职能。我国《会计法》第 1 条综合两者优点，提出研究的方向。"保证会计资料真实、完整，加强经济管理"，概括了管理会计和财务会计的基本目标，体现两种会计的基本职能，而且决策有用性和考核受托责任已经包括在"加强经济管理"中。

美国的《管理会计公告》、韩国的《企业会计基准》和中国的《会计法》三者都表述了会计的基本职能：反映和控制。反映是否说：如实提供信息；FASB 与 IASB 联合框架拟提：如实反映；控制职能是否说：加强经济管理。

笔者认为，会计准则是用以规范和指导财务会计工作的，其依据是《会计法》，应当规范会计目标而不仅是财务报告目标，就像《会计法》第 1 条那样。作为《会计理论》，也应当研究会计目标而不仅是财务报告目标。会计目标属会计基础理论范畴，目标的主体应是包括管理会计和财务会计在内的整个会计。如果是财务会计学、管理会计学，分别表述其目标，未尝不可。把会计理论局限于财务会计理论的观点，名不副实。如总论、基础理论等，是适用于各种会计的。

第二节　制定会计目标的客观依据

会计工作多种多样，每种工作、每种活动都有自己的目标。就整个会计工作而言，也有多种目标。要制定会计目标，首先要研究制定目标的客观依据。

许多论著常说：会计目标由社会环境决定。FASB《企业编制财务报告的目标》第 9 段明确指出："本论述述的各种目标，受美国经济、法律、政治和社会环境的影响。"社会环境因素众多，如何决定会计目标，未见论证。再说，会计、审计、统计，社会环境相同而目标不同，难以单纯用环境来说明。早在 20 世纪五六十年代，会计假设起点论曾盛行于美国。此说认为来自社会环境逻辑研究的会计假设，是用来推导会计原则的依据。基本假设体现会计环境的时间、空间特征以及时空结合的市场交换。亨德里克森在《会计理论》一书中称基本假设为环境性假设。这些假设构成会计准则概念框架的基础，但并不能推导出会计目标及各项会计原则，这已为美国会计实践所证明，并为会计目标起点论所代替。

众所周知，会计是适应环境的需要、经济管理的需要、节约劳动时间的需要而产生和发展的。在长期的经济活动中，环境与经济管理的需要，结合会计系统的运行，形成了会计职能。它既反映需要，又体现可能。系统理论认为，"系统功能表达系统结构的目的性"。葛家澍、余绪缨在论述目标与职能的关系时早就提出，最近又明确指出："职能是体现会计本质的功能，而目标则是按照信息使用者的要求把会计职能具体化。会计的职能是相对稳定的，而目标则随着会计所赖以存在的外在环境（社会制度、经济体制）的变化而变更。提出设定会计目标，既能为会计作为一个信息系统设定运行的导向和应达到的预期目的，同时也赋予会计职能以环境的影响和时代的特征。"统计、会计、审计，环境相同而目标不同，就是因为三者的职能和本质不同。会计基本目标是会计基本职能的具体化。直接制约会计目标的是会计职能，没有该项职能，就难以具有相应的目标。职能具有根本性，目标具有现实性，所以，会计目标提供有用信息论乃是会计反映职能的具体化。受托责任观和决策有用观显然不能全面体现会计基本职能。鉴于基本职能体现会计本质及我国会计界对会计基本职能的认识，笔者较赞同根据基本职能研究会计基本目标。

会计目标、职能、本质的对应性不仅为会计基础理论研究所证明，系统科学更说明了它的一般性。

系统科学认为："系统同时具有许多目标或特定功能"，"系统功能的对应性"是指功能和结构具有相互对应的性质。这一性质可表述为：结构是功能的基础，功能是结构的表现；结构决定功能，功能反作用于结构。本质是结构的描述。系统功能表达系统结构的目的性，并且是检验系统结构的尺度。从而可见，本质描述结构，结构决定功能，功能表现结构和本质，目标体现功能。

社会环境对会计目标有重大影响，社会环境的需要、经济管理的需要必须与会计本质、职能相结合，才能制定会计目标。制定会计目标根本性的依据应是建立会计系统的客观需要。为什么要建立会计系统？根据节约劳动时间规律，社会要发展，必须努力节约劳动时间。既要计算劳动时间的节约量和劳动产品的增加量，又要强化经济管理，以促进劳动时间的节约，促进经济效益和社会效益的提高。前者形成会计的信息处理结构、信息系统本质、反映职能和提供有用信息的目标；后者形成会计的经济控制结构、控制系统本质、控制职能和加强经济管理的目标。前者具有基础性，后者具有主导性，两者互相渗透，相互作用，正如系统科学所强调的"信息和控制是不可分割的，信息论是控制论的基础"。

正是由于社会环境的作用，各国会计的具体目标、不同时代的会计目标，才会产生差异。

近30年来，美国流行的会计目标是提供信息论。决策有用论和经管责任论都属于提供信息论。他们认为，会计本质是经济信息系统，会计职能是提供有关经济主体的数量化信息。看来，会计目标、职能、本质，三者具有对应性。决策有用观或受托责任观之所以不能作为会计基本目标，就是因为它只表述了会计工作的部分职能，而不能全面、准确地表述会计基本职能。

第三节　会计目标系统论

一、会计基本职能与基本目标

由于会计基本职能内显本质和结构、外联社会环境，是基本需求与可能的统一。会计目标是会计职能的具体化，应当根据会计基本职能，建立会计的基本目标。多数人同意会计具有反映和控制两大基本职能，只是表述有所不同，含义略有差异。基于反映职能，产生"如实提供信息"的目标，已成共识，毋庸多议。基于会计的控制职能，还应提出"加强经济管理"的基本目标。会计是经济管理的重要组成部分。从历史上看，会计的产生和发展，都为强化经济管理服务，并直接从事经济管理活动。会计是包括财务会计、管理会计、成本会计的大系统。包括总会计师在内的会计人员要协同有关部门建立、健全并实施规章制度，加强资金、成本和利润管理，进行分析、预测、考核，参与经济决策，这些显然都属于管理系统。不仅记账、算账、报账，还要用账。会计信息，首先并直接为会计人员所用。管理会计参与管理过程，已成共识。即使单就财务会计来讲，记账员要记好账，首先要对凭证进行审核，要注意所记内容的真实性、合理性。如材料账、商品账，要注意材料、商品是否数量足、质量好，是否适用或适销，是否有霉烂变质、损失浪费或贪污挪用，还要经常分析库存结构，减少或杜绝积压浪费，协同采购部门提出采购计划等，都是以强化经济管理为目标的具体的管理行为。财产清查也是管理活动。随着知识经济和会计电算化、网络化的发展，反映职能有所减轻，控制职能将愈益重要。所以，强化经济管理意识，对每一个会计人员来说，都是不可或缺的。每一个会计人员，都要努力当好领导的参谋和助手。《会计改革与发展纲要》第1条提出，会计改革与发展总体目标的基本点包括"以强化经济管理为中心"。加强基础工作、强化经济管理，是突破当前会计工作薄弱环节、提高会计水平的关键，因而提出建立反映管理型会计的要求。所以要把如实提供信息、加强经济管理并列为会计的两大基本目标。

把提供有用信息作为编制财务报告的目标，以之作为财务会计或会计的基本目标之一，体现会计的反映职能和信息系统本质；以之作为会计唯一的基本目标，则给人以偏概全之感。倘若如此，显然是不正确的。因为还有大量经济管理工作需要会计人员来做，信息系统论的不足之处正在于此。而且，统计目标也是提供信息，这样就无法对两者加以区别。

不仅管理会计有"参与管理过程"的职能，财务会计也具有控制职能，广大会计人员都要主动运用信息，强化经济管理，建立管理型会计。

作为会计基本目标之一，笔者建议用"如实提供信息"替代"提供有用信息"。不仅因为真实性是信息的生命，而且因为"有用"的含义已经体现在另一基本目标"加强经济管理"和总目标中。决策有用论和考核受托责任都属于"加强经济管理"，并且它是重要的内涵。

从基本目标的构成来看，如实提供信息是基础，加强经济管理是主导。提供信息，要从管理的需要出发，为加强经济管理服务。经济管理，包括会计人员和会计主体及所有使用会计信息的有关方面。信贷决策、投资决策，都属于经济管理。

二、会计总目标

会计目标是多层次的，基本目标为总目标服务，受总目标指导，总目标指导整个会计工作。

我国《会计法》第1条规定：会计工作要"保证会计资料真实、完整，加强经济管理和财务管理，提高经济效益，维护社会主义市场经济秩序"。1995 年颁布的《会计改革与发展纲要》指出，新时期会计改革与发展的总目标和基本原则是："建立以提高经济效益为目标，以强化经济管理为中心，有利于完善经营机制的基层单位会计管理体系。"会计工作的总目标可概括为：提高经济效益和社会效益，维护社会主义市场经济秩序。有人认为，提高经济效益和社会效益是企业的总目标，以之作为会计目标，过于笼统，实难苟同。其一，会计是经济管理的重要组成部分，是企业管理重要的职能工作。企业的总目标，必然也是会计的总目标。其二，建立经济效益会计和社会责任会计，已成共识。中共十四大确立了社会主义市场经济的总目标，具有控制职能的会计系统，必须以维护社会主义市场经济秩序为己任。

从会计总目标来看，提高经济效益和社会效益，体现了市场经济和各种社会的共同要求；维护社会主义市场经济秩序，则体现了社会主义市场经济的特殊要求。它们都体现了会计的本质和基本职能。

三、会计具体职能与具体目标

会计职能、会计目标是多元的，除了基本职能、基本目标和总目标以外，还有具体职能、具体目标。后者受前两者制约。

既然会计目标是会计职能的具体化，会计具体目标必然是会计具体职能的具体化。具体职能是根据庞大的会计实践进行理论概括提炼出来的，与基本职能有密切的联系。

根据反映职能，建立如实提供信息的目标；根据控制职能，建立强化经济管理的目标。另外，会计的反映职能表现会计信息处理结构（确认、记录、报告、分析）和经济信息系统本质；会计的控制职能表现会计控制结构（规划、调节、监督、考评）和经济控制系统（或称管理活动）本质。

会计的具体职能和具体目标可概括为下述八种。

1. 确认——建立科学的账户体系，分类确认经济业务

运用会计科目和账户等专门方法，依据确认标准，识别经济业务如何输入会计系统，如何进行会计报告。

2. 记录——科学计量，系统记录

通过会计凭证、各种账簿，运用复式记账等会计方法，进行连续的、系统的记录，构成会计的特色之一。记录是会计确认的继续以及会计报告的基础和依据。

要记录，必须对经济业务进行计量和计算。为了科学计量，就要形成不同的计量单位、计量属性和计量模式。

3. 报告——提供真实、完整的财务报告

根据经过审核的会计账簿记录和有关资料，编制财务报告。财务报告由财务报表、附注和财务情况说明书组成。财务报告必须真实、完整，及时地提供给使用者，符合国家宏观经济管理的要求，满足有关各方了解企业财务状况及经营管理的需要，满足企业加强内部经济管理的需要。

4. 分析——分析经济情况，预测经济前景

根据财务报告及有关资料对财务状况和成本升降情况进行分析，对需要研究的经济情况进行分析，总结经验，发现问题，找出差距，分析原因，提出改善工作的建议。

在深入分析的基础上科学地预测经济前景。

5. 规划——参与经济决策，规划经济活动

根据会计信息和其他信息，运用决策方法，提出最优方案，配合单位领导和有关部门，参与经济决策，编制经济计划，制定经济定额，划分责任单位，建议责任指标，拟定完成经济计划的措施。

6. 调节——参与调节经济活动，处理分配关系

根据计划目标，参与调节经济活动。参与制定规章制度，建立内部控制制度。加强成本管理，参与处理分配关系。

7. 监督——监督经济过程，保障资产安全

通过凭证审核、财产清查和稽核，消除账账、账实不符，发现并揭发贪污、浪费行为，防止弊端，保护资产和所有者的权益。

8. 考评——考评经济责任，为奖惩提供依据

对企业、部门和职工的经营业绩进行考核，联系经济责任制，奖优罚劣。

上述八种具体职能和具体目标，只是从会计工作的具体功能出发所进行的归纳。确认、记录、报告、分析，是会计基本职能的体现，用以认识、反映会计对象；规划、调节、监督、考评，是会计基本职能控制的体现，用以控制会计对象。可以认为：基本职能体现在具体职能中，具体职能是基本职能的具体化和拓展。基于目标是职能具体化的认识，上文把每一种具体职能概括为两个字，其后是具体目标。而且具体目标，多种多样。每一项会计工作都有自己的具体目标。各种目标还有自己的数量目标、质量目标。比如，真实性、相关性、可比性、一贯性和明晰性等，就是会计信息的质量目标；合法性、效益性、合理性等，是会计控制的质量目标；及时性、重要性和群众性，是反映与控制的共同的质量目标。

四、新职能、目标体系的优点

1. 概括全面

能够准确说明财务会计和管理会计的各层次的职能和目标。克服了把财务报告目标扩大为包括管理会计在内的会计目标的缺陷。"如实提供信息"可以包括决策有用论、受托责任论以及各方面需要的各种信息。"加强经济管理"，不仅是财务会计的目标，更是管理会计的目标。基本目标和总目标是各种会计工作的目标。

2. 体现环境特征和时代要求

照抄照搬美国的研究成果，不能体现我国的环境特征。新目标体系体现了建立社会主义市场经济体制的基本要求，符合我国的实际。两大基本目标和总目标，更是针对时弊，

有利于加强会计基础工作，建立反映管理型会计。

3.体现会计本质、体现会计系统运行规律的要求

根据系统理论，本质是"结构的描述"。会计工作系统包括密切联系、互相渗透的信息处理结构和会计控制结构。两系统运行的规律性要求是如实提供信息、强化经济管理，提高经济效益和社会效益，维护社会主义市场经济秩序。这些已充分体现在会计目标中。

4.促进会计理论和会计改革的发展，指导会计实践

新的会计职能、会计目标体系既借鉴国际经验又继承我国会计基本理论的研究成果且发展之迅速；既强调会计基础工作，又突出会计控制职能。按照质量目标，如实提供信息与强化经济管理，同时并举，较之已有的会计基本目标的几种提法，更为全面、合理；八种具体职能和具体目标也是对会计工作内容和要求的较为全面的概括，可以更好地指导会计准则的制定，推动会计工作的发展。会计职能系统、会计目标系统不仅自成系统而又密切联系，组成会计基础理论体系的子系统。

这样，会计环境、动因、本质、职能、目标密切联系，成为逻辑严密的前后一贯的会计基础理论体系。

会计职能系统、会计目标系统，既有作为"商业语言"的共同性，又有体现历史传统和社会环境特色的特殊性。

第六章 企业会计规范理论

第一节 会计法律规范

一些论著将欧美发达国家的会计规范一律称作会计准则，甚至说：目前世界各国都选择了以统一准则来规范企业财务信息揭示的方式。有的专著也如此说。笔者认为，这一说法不够准确。会计工作规范形式主要有：经济立法、会计制度、会计准则和职业道德等。由于社会环境和历史传统的差异，许多国家做法不一。经济立法与职业道德规范普遍流行，虽然有粗细之别；会计制度与会计准则因国家而异，有的两者兼用，有的只用其一。

许多国家都通过有关经济法律对会计准则、会计制度以及会计工作进行规范，以确保其会计规范体系的法律地位和权威性。法律在其会计规范体系中所占的比重各不相同，导致其会计模式的差异。

有的国家通过经济法规直接规范会计工作，会计规则主要为政府贯彻经济政策服务。德国就是一个典型的例子。

一、德国会计模式形成的背景

德国实行社会市场经济，宪法规定社会原则（政府干预经济）和自由原则（市场经济是立法前提），既摒弃老式的自由竞争，又反对国家统制经济，导出了国家为保证经济的健康协调发展和实现社会公平而干预经济的法律依据，因此形成政治法律制度影响社会和市场经济的显著特征：经济政策法治化。体现到会计方面，便形成了通过法律形式制定会计规则的会计模式：商法或公司法对企业经营活动和财务报告进行详细规范，而税法和税则则是各纳税主体所必须遵循的。

会计原则（在德国通常称为有规则的簿记原则）和程序散见于商法、公司法和税法之中。既没有英美系统的、众多的会计准则，也不像法国那样采用统一会计方案（制度），而是直接以法律规范会计工作，权威性最高。但是，法律规范要细，也不可能像会计准则、会计制度那样细，这必然要求会计人员具有很高的业务水平。

与美国相比，德国的会计职业团体势单力薄，因此没有职业团体制定的会计准则。会计职业界的主要任务是解释法律对会计的规定。

二、德国会计的法律规范

德国是典型的成文法系国家，在会计记账的基本原则、财务报表的编制和审计等方面均由法律明文规定。德国的会计规范具有高度的政治化倾向。早在 19 世纪，会计规范已经法典化，法律试图规定企业所有经济业务的会计处理。1965 年的《股份有限公司法》、1985 年的《商法》包含了严格的会计规定，如会计计价规则、收益计量以及财务报表的格式与内容。

概括起来，其会计立法主要来自三个方面，即税法、商法和公司法。

（一）税法

在德国，税法对会计有着举足轻重的影响，尤其是《所得税法》和《所得税指令》对会计实务很有影响。税法对企业的会计记录提出十分具体的要求，规定了公司会计期间收入、费用的计算方法、分配方法，账簿记录必须同税收目标保持一致，财务报表上的收益必须同应税收益保持一致，税务上所要求的任何特殊会计处理应在公开的财务报表中予以披露，否则税务当局就可能拒绝把它作为课税的依据，并取消其所得税抵免。这样，纳税人在编制报表时总是主动服从税法要求的会计原则和方法，会计记录和报表应服从税务目的，被称为"决定原则"。但近年来，德国已对税法，特别是有关建立"准备"的问题做出修订，这将导致报告收益与应税收益之间出现一定的差异。

（二）商法

《商法》适用于所有组织形式的企业（公司合伙、独资），要求所有企业都必须保持会计记录，按照税法的有关规定编制年度财务报表，还规定了记账的一般规则、计价原则、会计资料的保管、财务报表的格式和内容等。但《商法》并没有提及应向政府报送财务报告。

德国《商法》（《会计指令法》）对大、中、小型股份公司的财务报告规定了不同的编报和披露要求。例如，在资产负债表和利润表的编制上，不同规模的企业可采用不同分类级别的报表形式，企业不需编制资金表或现金流量表；在报表附注中，对小型股份公司允许简化披露或不披露，非股份公司（一般在规模上均属小型）则可以不编报表附件。

（三）公司法

德国的公司法包括适用于有限责任公司的《有限责任公司法》和适用于股份公司和股份两合公司的《股份公司法》。颁布于 1965 年《股份公司法》因其适用面广而更为重要。其基本目的在于防止企业虚报净资产和净收益。它指出了规范的会计应遵循的原则和计价规则，还详细描述了财务报表的结构和内容。股份有限公司的资产负债表和利润表必须符合法定的格式要求，对股份公司会计具有较大的约束效力。具体包括以下各方面的规定：

《有限责任公司法》和《股份公司法》再次进行了修订，为了使其会计规定与国际会计准则 IAS 或美国 GAAP 相一致，修改了《商法》中原有关于合并账户编制的规定，并且取消了《商法》中允许税务影响合并财务报表的规定，而且要求凡是在资本市场筹资的公司，都必须编制合并财务报表。

德国会计目标转向充分地披露"真实公允"会计信息，加快了国际趋同的步伐，进而加速了本国经济的国际化进程。

第二节　会计制度规范

会计制度与会计准则都是世界上流行的会计规范方式。

会计制度有广义、狭义之分。广义的会计制度指我国《会计法》第 8 条规定的"国家统一的会计制度"，包括国务院财政部门依据《会计法》制定的关于会计核算、会计监督、会计机构和会计人员以及会计工作管理的准则、制度、办法等。会计准则是其组成部分。人们常说的会计制度属狭义，仅指会计核算制度，包括会计科目表及使用说明、财务报表格式及编制说明、凭证、账簿设置及分录举例等，都是基层会计人员急需的会计基础工作规范和会计事务处理指南，而且集中成册，便于使用。会计准则分为基本准则和具体准则。基本准则类似财务会计理论框架（或译为概念结构），属于会计基本理论。具体准则一般按会计对象要素、经济业务特点、财务报表的种类分别制定，就其内容看，与财务会计学的某一章和节有些近似。在会计准则中，一般不涉及会计科目表和会计分录编制。对第一线会计人员来说，似有不便于掌握的缺点。会计制度和会计准则，作为会计规范形式，并无产品经济与市场经济之分，关键在于确认、计量、报告的标准、方式和内容，是否适应本国的社会环境，是否接近国际惯例，是否便于国际交流。

本节所说的会计制度，除特别说明的以外，均指狭义会计制度。其典型当属法国的由政府制定颁布的全国统一的《会计法案》。

一、法国会计模式形成的背景

与美国依赖高度发达的资本市场不同，在法国经济结构中，家族型的私人工商企业在法国经济结构中占有相当的比重，且投资者更倾向于持有政府债券和银行存款。这在一定程度上限制了其资本市场的发展，致使银行贷款在经济中发挥着很大作用，并由此影响了法国会计的发展。

法国实行有计划的资本主义市场经济，市场调节与国家计划指导相结合。法国强调会计为宏观经济服务，尽可能地提高会计信息的可比性以及高效率地统计全国经济数据资料。法国政府在会计管理中发挥着重要作用，对会计信息系统的运行过程和方法进行了严格的规范，实行会计标准化制度，即由政府制定颁布全国统一的《会计总方案》。

二、法国统一的会计方案

早在 1911 年，德国著名会计学家谢尔首先提出全面的会计科目表，逐步在德国实行，以后又引入法国。

1946 年，法国成立会计标准化委员会，颁布第一部《会计方案》，并于 1947 年执行。法国《会计方案》于 1979 年修订后，长达 400 页。负责修订和执行会计方案的是隶属于经济事务部的全国会计委员会（CNC），因而会计方案具有行政法规性质。统一会计方案的主要内容包括：

（1）全国统一的会计账户名称、分类、编号；

（2）对术语的定义和解释；

（3）分录格式和账户内容；

（4）会计计量原则；

（5）财务报表的格式；

（6）成本会计方法；

（7）财务报表注释。

这个方案的基本部分是一张十进制编号的账户名称表。结合上述会计方案的主要内容，可见该方案与我们常说的会计制度近似，可以纳入会计制度类而不能纳入会计准则类。"这个方案……节略的制度用于小型企业，基本制度用于大中型企业，高级制度则是为了促进管理会计的发展。会计教科书均以该方案为基础；年度纳税申报的要求亦然。这个方案还用于中央和地方的政府会计，并用于编制详细的全国统计数字。每个行业都有各自的会计方案（专业方案）。"

制定上述会计制度，根据宣布的目标，它可以提供较为精确的会计资料，以便：

（1）促进更合理的国家经济政策和财政政策的制定；

（2）协助消灭财政收支不平衡；

（3）向公众报告国民财富的真实分配，尽量减少社会的误解；

（4）提供研究市场动向的资料；

（5）促进健康的竞争；

（6）对发展公平的税制有所帮助；

（7）向股票持有者、货物供应者和银行家提供一个更满意的检验他们的判断的机会；

（8）有助于政府当局进行控制（管理）方面的检查；

（9）对财务成果提供一个清晰而果断的看法；

（10）允许分析和比较制造成本。

法国没有采用会计准则形式。从规范作用看，法国的会计方案类似于美国的会计准则，但更具有统一性、系统性、强制性和权威性，不像美国会计准则那样，众多、分散，不便掌握。

三、法国会计改革与《会计方案》修订

跨国公司的发展推动了法国经济国际化进程，从而对会计的国际协调产生迫切要求，要求对执行和扩展《会计方案》所需的会计准则做出反应。在此形式下，法国的会计改革启动。

1996 年 8 月，法国政府发布了《关于会计规范化工作监管改革法律草案》，据此对全国会计委员会的工作机构做出调整；同时，于 1998 年另行组建权力机构——会计法规委员会（CRC），主要职责是根据全国会计委员会提出的建议或意见，制定具有法律效力的条例或法令，由经济与财政部、司法部和预算部批准后发布实施。

1999 年 6 月 22 日，据法国经济与财政部的决定，法国的《会计方案》被一分为二：适用于单一公司的《会计方案》和适用于公司集团的《合并会计的原则和方法》。《会计方案》被压缩到 200 页以内，内容包括：

（1）会计的目标和原则；

（2）资产、负债、收入和费用的定义；

（3）记录和计量原则；

（4）会计账户的设立、结构和运行；

（5）会计报表体系。

《合并会计的原则与方法》旨在《会计方案》的基础上规范企业合并和合并报表编制（共 60 页），内容包括：

（1）合并的范围和方法；

（2）合并的原则；

（3）计量和报告的方法；

（4）合并报表体系；

（5）关于第一年编制合并报表的说明。

历经几次修订，目前的《会计总方案》是由受法国经济与财政部领导的相关会计管理组织机构提出、制定和审核，由经济与财政部会同相关各部来批准颁布的。标准化会计制度的实施，可以充分服务于国家的宏观决策，为评比企业业绩和为评选国家优秀企业提供依据，高效率地沟通宏观和微观信息系统，进而促进社会会计的完善和发展。可以说，《会计总方案》是一个关于法国财务会计的十分详细的实务手册，许多会计教材的编写以它为基础，它"实际上创造了一种全国性的会计语言"。相应地，制定《会计总方案》的"国家会计委员会起了类似会计学术界的作用"。

第三节　会计准则规范

20世纪是"会计规范的世纪"（E·S.亨德里克森）。自20世纪30年代美国率先制定会计准则以来，英国、加拿大、澳大利亚、新西兰等英语国家相继制定了会计准则。1973年，国际会计准则委员会（IASC，现已改为IASB）成立，共发布了41项国际会计准则。许多发展中国家（包括中国）也陆续加入了制定会计准则的行列。近年来，一些大陆法系国家（如德国、法国等）也相继成立了会计准则制定机构，开始制定本国的会计准则。会计准则的影响风靡整个世界，已成为适应市场经济和资本市场发展、促进国际资本流动的一种最有效的会计规范形式。

本节将以美国为例，较为详细地介绍会计准则规范演进的若干基本问题。

一、会计准则规范的基本理论

（一）会计准则的制定

一般而言，会计准则的制定可以有两种方式：一是由政府或立法机构制定，二是由民间职业团体制定。

1. 政府或立法机构制定

该模式下的准则制定机构一般为政府机构或者被政府控制的立法机构，其在准则的制定和执行上具有很大的权力。该类模式下的准则制定机构不但具有机构设置上的相对稳定性，而且其在制定和修订会计准则的过程中，一般也不会"陷入过量、短见、无效及失败的泥沼"，效率较高。

制定机构本身的政府属性赋予了其法定的强制力。该类模式下的会计准则就如政府机构的指令一样，即使是建设性的规范或制度，也因为带有政府的色彩而具有高度的权威性，这是其最主要的特点。

权威性直接降低了该类准则的推行成本。在该类模式下，会计准则一旦被发布，就获得了类似于法律的效力，从而获得广大企业的"主动执行"，推行效率很高；同时避免了民间机构模式下的制定机构因利益分配上的争论而导致的制定效率偏低。

2. 民间职业团体制定

理论上，民间机构模式下的会计准则制定机构很少或几乎不受政府的干预。实际上，单纯民间团体制定和运作的模式在当代各国会计准则制定机构模式中是比较少见的，一般存在于会计准则制定机构发展的早期。典型代表是20世纪中期的美国会计程序委员会，以及由其改组而来的会计原则委员会。

民间制定机构成员来自公司成员，具有很强的实践工作经验，精通实务。准则制定者的专业背景能够加强对会计准则的实际应用性，增强其可操作性。但是，非官方组织天然缺乏法律强制力支持，权威性不足，使得准则推行困难，因此制定者必须设法赢得使用者对准则的普遍认同，这在很大程度上提升了准则的质量，但同时也加大了执行成本，带来效率低下的弊端。

（二）会计准则制定导向

这个问题涉及会计准则制定本身，而且关乎对会计基本问题的认识，是一个实践与理论相结合的问题，包括实务界、理论界和会计准则制定机构在内的各个层面都回避不了。更由于"安然事件"激发了对准则制定"导向"问题的广泛争论，并由此改变了世界会计发展的走向。

1. 以规则为导向的会计准则制定方式

规则导向的会计准则，通常含有大量的例外和界限检验、详尽的解释和操作指南，更多地偏向于细致的会计规定：大量的例外容易造成准则内部的前后矛盾，相互抵触，不注重交易的实质；大量的界限检验使别有用心的公司和个人容易通过"交易策划"和"组织安排"进行规避。经济实质相似的交易和事项可以完全采用不同的会计处理方法；过于详尽的解释和指南，使准则对新出现的情况缺乏灵活性，同时也延误准则指南发布的及时性。

在美国的规则导向下，准则的制定应用了概念框架，但概念框架并未提供解决会计和报告问题的所有必要工具，因为概念框架在某些方面是不完善、内在不一致以及模糊的。以规则为导向，久而久之就会形成机械套用的氛围，理化专业判断，可能使公司和注册会计师过分关注细节而忽略对财务报表整体公允性的判断。由于考虑到准则运用的方方面面，操作性强，不需要太多的专业判断，所以将更多的判断空间留给了准则制定机构和组织。

2. 以原则为导向的会计准则制定方式

21 世纪初的"安然事件"，强化了会计准则制定的原则导向。

原则导向的会计准则，几乎没有例外和界限检验，解释和指南也大大减少。它将更多的判断空间留给了产生会计信息的企业和组织，同时也给了会计信息的供给力更大的风险和责任。

FASB 在《征求意见稿》中明确提出了原则导向会计准则不同于规则导向会计准则的几点：原则导向会计准则比规则导向会计准则应用范围更广；即使有例外情况也只是极少数，准则的解释和指南也会减少，按准则的精神和意图运用专业判断的机会将会增加。在成本效益分析中，FASB 认为，以原则为基础的会计准则具有以下优点：①其适用范围更广，更容易理解。②可以更清晰地传递交易和事项的经济实质。③极少数的例外情况，有利于增强会计信息的可比性。④对不断变化的金融和经济环境的反应更快。⑤能促进 FASB 和 IASB 之间的合作，共同致力于高质量、高透明度的会计准则。

SEC 在《体系研究报告》中对原则导向的内涵进行了重新界定。它们认为，原则导向的会计准则应具备以下特征：①以改善了的概念框架为基础并与概念框架保持一致。②清楚地阐明会计准则的目标。③提供足够的细节和结构，保证会计准则的可操作性以及在应用过程中的一致性。④将准则中的例外减至最少。⑤避免使用明线测试，以防止财务操纵者只在技术上遵循会计准则，而实际上却背离了准则本来的意图。

二、美国会计准则规范

美国的会计准则又称公认会计原则，在世界上形成最早，最有代表性。它经历了相当长的发展过程。

（一）美国 GAAP 的发展历程

在美国，有不少职业团体或有关政府机构都积极地参与或推动了 GAAP 的形成与发展。其中最主要的几个组织有：美国证券交易委员会（SEC）、美国注册会计师协会（AICPA）、美国会计学会（AAA）、全美会计师联合会（NAA），以及成本会计准则委员会（CASB）和会计准则委员会（FASB）等。

1909 年，美国公共会计师协会（AAPA）任命会计术语特别委员会，试图进行会计名词规范化的尝试。1915 年，美国联邦政府贸易委员会副主席提出，必须为全国主要企业建立一套统一会计制度的建议。以后一些组织相继发表文件，旨在统一会计实务，但当时的会计处理程序仍然相当混乱。

在 1930 年的美国会计师年会上，纽约证券交易所（NYSE）的股票注册委员会执行助理霍克西大力抨击了当时的会计实务，并列举了一系列弊端，如缺乏折旧政策的信息、非经营收益和经营收益未做明确划分等，引起了会计职业界的很大反响，迫使美国会计师协会很快成立特别的"与证券交易所协调委员会"，并任命当时的著名会计师乔治·O.梅（George Oliver）为主席。该委员会经过充分调查，并由乔治·O.梅于 1932 年 9 月 22 日写信给纽约证券交易所和美国会计师协会理事会，建议制定一些普遍接受的"会计原则"，并提出六条拟议的会计原则，得到纽约证券交易所以及美国九家大会计师事务所的认可。这六条原则是：

（1）收益账户不应包括未实现利润，实现是指销售后的结果；

（2）资本溢余（准备）不可用于记录收入借项；

（3）在兼并前的子公司盈利溢余（收入准备）不能作为母公司的综合盈利溢余；

（4）公司因持有库存股而支付股利不能贷记收益；

（5）来自公司官员、职员和附属公司的应收款必须单独列示；

（6）捐赠股本不能作为经营收益。

1936 年，在美国会计师协会一个下属委员会报告中又加入了"一般的"一词，从而正式形成"公认会计原则"（GAAP）的概念。

美国 GAAP 的制定大致经历了三个主要阶段：

第一阶段：会计程序委员会（1938—1958）。

1938 年，美国会计师协会正式成立，由 21 位任期 1 年的委员组成会计程序委员会，乔治·梅任首届主席。从次年开始陆续发表《会计研究公报》，宣告其所认可的一些会计原则、程序、名词，但是更侧重于对具体实务处理的指南。从 1939—1959 年，会计程序委员会共发表 51 份《会计研究公报》，前 8 份专门阐述一些基本名词和概念，其余都是针对具体实务问题的。

会计程序委员会发表的 ARBS，主要是对现行处理惯例加以选择和认识，缺乏对会计原则的系统研究。大部分 ARBS，都是就事论事，缺乏前后一贯的理论依据，对同一事项的会计处理指南往往前后矛盾，并允许会计方法程序的过分多样化，其强制性和权威性也不够，招致实务界和会计职业界的普遍抨击，使其在 1959 年不得不停止工作。

第二阶段：会计原则委员会（1959—1972）。

1958 年，美国注册会计师协会（简称 AICPA）主席阿尔文·詹宁斯认为，会计原则制定应采取新的方法，由他提议成立特别委员会，对会计程序委员会的工作进行认真回顾。特别委员会在向 AICPA 理事会提交的报告中指出，会计程序委员会的 ARBS 缺乏理论研究，未能说明会计的必要假设和基本原则，无法解决外界强烈批评的问题，并建议成立新的会计原则制定机构。于是，AICPA 在 1959 年成立了会计原则委员会取代会计程序委员会。1959—1972 年共发表 31 份意见书。此外，还发表一些报告。这些报告代表 APB 对会计与报表的一些基本问题的观点，但并不作为"公认会计原则"的内容。

会计原则委员会与其前任会计程序委员会的重大区别是：其发表公告的权威性和强制力得到认可和提高。1964 年，AICPA 发表一份特别公告，指出：

（1）公认会计原则是指那些具有相当权威支持的原则；

（2）会计原则委员会的意见书构成相当权威性支持；

（3）"相当权威性支持"也适用于"意见书"之外的其他阐述会计原则的文件；

（4）在有"相当权威性支持"上，会计程序委员会的 ARBS 和 APB 意见书并无区别。

因此，该公告明确要求所有会员从 1965 年 12 月 31 日起，对任何偏离 APBs Opinion 和 CAP 的 ARBs 规定的事项，且影响重大的，都要在财务报表附注和审计报告中加以揭示。与此同时，AICPA 还在其《注册会计师职业道德守则》第 203 条中明确认可 APB 的权威性。从此，美国的《公认会计原则》公告转入具有较大权威性和强制性的新阶段。

在成立 APB 的同时，AICPA 还设立一个"会计研究部"，由一些专职研究人员组成。ARD 主要进行重大会计问题的理论研究，以便为 APB 制定"意见书"提供依据。它主要是以研究人员的个人名义发表"会计研究论文集"（ARS）。在 1961—1973 年，ARD 共发表了 15 份 ARS。

但是，APB 的工作仍然不能令会计职业界和工商界满意。外界批评 APB 只是对实务问题采取"救火机"的工作方式，忽视基本会计理论的研究，从而使它的"意见书"缺乏概念框架而出现前后不一致，无法对经济环境变化做出正确反应，并无力抵制某些外界集团的压力。例如，关于所得税会计处理的第 11 号意见书，由于受到外界利益集团的抵制而宣告放弃。此外，还有些人批评 APB 成员主要来自几家大会计师事务所的合伙人，他们是兼职的，在制定会计原则时必然考虑其事务所客户的压力，难以真正代表社会公共利益。

第三阶段：财务会计准则委员会（1973 年至今）。

由于外界批评的加剧，证券交易委员会公开指责 APB 的"意见书"导致误解，迫使 AICPA 于 1971 年 4 月宣布成立由前证券交易委员会成员费兰西斯·惠特为首的"会计原则制定研究委员会"（又称惠特委员会），对 APB 的工作程序加以分析。惠特委员会于 1972 年 3 月提出一份题为《财务会计准则的制定》的研究报告。报告认为，"会计原则"研究被证明是一个难以理解的术语。对非会计人员和许多会计人员来说，它只意味着用几句话来表达的一些基础性和原理性的东西。在本质上，它不会随着企业模式的变化而变化或者随着投资群体的需要而演进（尽管会计原则委员会在其名称中使用了"原则"一词）。但在其整个历史过程中所发布的意见书却丝毫没有涉及一般意义上的"会计原则"，从而建议用"准则"代替"原则"，因为准则可定义为"财务会计问题的解决办法"。报告建议，应重建会计准则的制定机构。于是，财务会计准则委员会在 1973 年 6 月 30 日宣告成立，它取代 APB 作为新的独立性的会计准则制定机构，一直工作到现在。

在组织形式上，FASB 脱离 AICPA 的直接领导，而归属于由 6 个职业团体（包括执业会计师、工商界财务经理、金融部门、政府机构和会计教育界）的代表组成的财务会计基金（FAF）。FASB 设 7 位专职委员，任期 5 年，并且有较为广泛的代表性。

FASB 的主要任务是：针对重大会计问题，回顾前任机构制定的准则文告，并制定相应的财务会计准则及其解释文件。在准则公告的制定程序上，FASB 比起 APB 和 CAP 都有重大的改进，它建立了一套较严密的工作程序。

FASB 制定的"准则公告"对实务处理的规范性要求比之 APB 制定的"意见书"更为严格，它已尽量缩小不同备选方法的并存状况，而且这些准则公告的权威性进一步加强了。

（二）美国 GAAP 制定的经验与反思

1. 美国 GAAP 制定取得的成就

综观美国 GAAP 演进历程，表现出"产生早、发展快、数量多、质量高、影响远和权威性强"等特点，以至于有观点认为"20 世纪世界会计理论与实务发展史，几乎就是美国会计理论和实务发展史，尤其是美国的会计准则制定机制是最先进的，美国在准则上花的钱最多，制定的准则也最先进、最详尽"。

事实上，美国 GAAP 已经成为近几十年来美国会计理论和实务的中心；它在发布方式上，采用社会公认的做法，可以广泛征求和融合各界意见，因而更具合理性和适用性。美国建立 GAAP 的文献非常丰富，从理论到实务，从概念术语到原则方法，应有尽有，为各国所不及，而其所发布的准则的数量几乎比世界其他国家的数量总和还要多。

2. 美国 GAAP 制定的问题与反思

美国公认会计原则制定导向经历了一个由原则导向到规则导向的过程。最初美国的会计准则也是原则导向的，如 1934 年美国注册会计师协会所通过的第一批 6 条会计原则，符合今天所说的原则导向；但随着社会压力的不断增加，会计准则也逐渐变得更加细致、具体。然而，仔细分析这些准则及其指南，则发现它们数量繁多，内容过细，且政出多门（除了权威的 FASB 外，还有 AICPA 的立场公告 SOP、行业的审计与会计指南以及紧急工作组 EITF 的一致意见），均使美国的会计准则不是以原则为导向而是以规则为导向。

其主要特点如下。

（1）有太多的界限检验。它们最终会被财务工作者作为依据，会计人员仅仅遵循这些百分比，而不去注重准则的精神实质。例如，合并财务报表的标准是控股权益比例在50%以上。

（2）有众多的原则例外，主要包括范围例外、应用例外和过渡例外，导致套现处理不注重交易的实质。

（3）要求庞大详细的应用、操作指南。最为典型的是FASNo.133，它除了在第9段至第11段列出9项范围，1998年设立的衍生金融工具实施小组有15个，有关衍生金融工具的全部指南竟达800多页。这不仅为会计人员进行操作制造了困难，而且为一些会计造假提供了平台。

究其原因，一方面是来自相关利益集团的压力；另一方面，经济活动的复杂对会计准则也提出相应的要求——从操作层面来看，并非如此。经济活动日趋复杂，使得会计准则不仅数量越来越多，准则本身也变得越来越复杂。

美国FASB发表题为《美国会计准则制定中的原则导向法》（征求意见稿）指出，详细、具体且繁杂的美国会计准则（规则导向）是需求推动的（demand-driven）。其产生的主要原因为：对现行准则应用的例外和大量的实施细则与指南性意见。IASB的主席Tweedie在美国国会作证时也认为，美国准则的规则导向是由于那些受准则约束和影响的对象要求的结果，公司需要具体的准则以减少交易安排的不确定性，审计师需要具体的准则，可减少与客户之间的分歧并在诉讼中进行自我保护，证券管制者需要具体的准则，因为通常具体的准则更容易监督执行。

因"安然事件"和SarhaneS-0xley Act of 2002的推动，法案责成美国证券交易委员会（SEC）研究美国采用原则导向制定会计准则的可行性、实施的途径以及对经济社会的影响。SEC的工作人员研究后提出应以"目标导向"制定会计准则。准则制定者的主要任务是在会计信息质量特征中取舍，以确保财务报表中提供的信息是忠实地反映交易或事项的实质，并使投资者可以理解这些信息。更为重要的是，在考虑建立以目标为导向的会计准则之前，会计准则建立的基石，应当运用资产/负债观而不是收入/费用观来说明会计的基本要求，形式上只涉及收益决定的一个要素，实质上涉及全部要素，首先是资产与负债要素。

三、会计准则国际趋同

经济的国际化，决定了会计的国际化。为了适应经济业务国际化全球资本市场发展的需要，必须提高财务报表信息在国际上的可比性以协调各国会计实务。

（一）国际会计准则委员会的推动

1973年6月，澳大利亚、加拿大、法国、联邦德国、日本、墨西哥、荷兰、英国、美国等9个国家的16个主要会计职业团体在伦敦发起成立了国际会计准则委员会（IASC），其目标是制定和发布国际会计准则（IAS），促进各国会计实务在国际上协调一致。此后，又有许多国家和地区的会计职业团体陆续加入。目前，已发展到拥有 80 多个国家和地区的专业会计组织。

国际会计准则委员会的工作语言为英语，其秘书处设在伦敦，历任主席和所有秘书均来自应用英、美或者荷兰会计的国家，而且大多数准则都紧跟英、美两国的准则或者为其折中，这些情况当然是不足为奇的。

IASC 于 1983 年 1 月在《国际会计准则公告前言》中指出，国际会计准则委员会的目标之一，是尽可能地协调不同国家之间相互分歧的会计准则和会计政策。根据公众利益，制定和公布编报财务报表时应当遵循的会计准则，并推动这些准则在世界范围内被接受和遵守。国际会计准则委员会全体成员相信，在他们国家采用国际会计准则并公布遵守准则的情况，在今后年代中会发生重大影响。财务报表的质量将会改进，可比程度将会增加。财务报表在全世界范围内的可信程度以及由其带来的有用程度都将得到提高。

IASC 也许是最重要和最成功的民间协调组织。IASC 发表的《关于编制和提供财务报表的框架》，其地位和作用与美国的《财务会计概念结构》相似，但不像美国那样采用几个很长的公告，而是只用一个条文式的文件，简明扼要，便于掌握，已为我国会计基本准则所借鉴。IASC 已发布准则 40 号。与证券委员会国际组织协议，在 IAS 基础上制定核心国际会计准则，将成为跨国上市的证券公司应当遵循的会计准则。所以 IAS 的发展值得重视，其权威性越来越强。

IASC 经过近 30 年的工作，取得了很大成就，推动了国际会计协调。随着国际资本市场的深化和国际经济一体化的推进，大家普遍感到，由会计职业组织组成的 IASC 在国际社会广泛参与、资金筹措、专家资源充分投入及权威性等方面都存在一定缺陷，与国际经济环境对国际会计准则的需求存在很大差距，因而在证券委员会国际组织等机构的推动下 IASC 于 1998 年开始酝酿重大改组，改组工作于 2000 年年底完成。IASC 改组方案的实质是，将由会计职业主导的国际会计准则制定机制改造为由专家主导的新机制；其构架是，成立国际会计准则理事会、国际财务报告问题委员会和咨询委员会。IASB 从 2001 年 4 月开始运作，标志着 1973 年成立的 IASC 已经完成其历史使命。

（二）建立全球统一的高质量会计准则已是大势所趋

2008 年，金融危机在全球泛滥，使会计得到前所未有的重视，建立全球统一的高质量会计准则已是大势所趋。按照二十国集团（G20）峰会的要求，制定和实施全球统一的高质量会计准则，推动独立审计公共监管，提高金融市场透明度，强化金融监管，促进金融稳定和发展，已经成为包括各国领导人在内的广泛共识。

2008 年，德勤会计公司对全球 157 个国家采纳 IAS/IFRS 的情况进行了统计：已经要求国内所有上市公司采用 IAS/IFRS 的国家有 75 个，占统计国家的 48%；要求国内部分上市公司采用 IAS/IFRS 的国家有 6 个，占统计国家的 4%；允许国内上市公司采用 IAS/IFRS 的国家有 27 个，占统计国家的 17%；禁止国内上市公司采用 IAS/IFRS 的国家有 35 个，占统计国家的 22%。

（三）美国 GAAP 的国际协调

国际会计准则和美国公认会计原则是目前国际上两套最具影响力的会计准则。两者能否彼此协调，整合为一套共同遵守的会计准则，关系到会计国际化的进一步发展以及全球资本市场的效率。如果美国准则与国际准则存在着重大差异，其他国家开始向国际准则趋同，美国准则在世界范围内的影响力将被削弱。

美国会计准则国际趋同的进程从早期的明确抵制，到消极合作，再到后期的积极协调并争取主导地位，美国对国际会计准则委员会和国际准则的态度经历了一个复杂多变的过程，并取得了很多成果。

1. 美国 GAAP 国际趋同的进程

第一阶段，从抵制到消极合作。

1973 年 6 月，国际会计准则委员会（IASC）在英国成立。虽然美国是 IASC 的发起国之一，但是 IASC 的秘书长长期由英国人担任，因此，实际上是英国主导了 IASC。此时美国并不认可国际会计准则，认为美国财务会计准则委员会制定的 GAAP 是世界上最好的会计标准，因为美国拥有世界上最大、最重要的资本市场，其 GAAP 拥有巨大的影响力。美国证监会（SEC）要求所有到美国证券市场上市融资的外国公司，都必须按照 GAAP 编制财务报告。

随着国际资本市场的一体化，为了保持在世界资本市场的领先地位，美国开始重视会计准则的国际协调问题。20 世纪 70 年代末，美国注册会计师协会（AICPA）在比较国际会计准则（IAS）和美国会计准则（GAAP）的文件中指出，如果两者之间不存在重大差异，那么表明美国的 GAAP 遵守了 IAS；如果有重大差异，AICPA 将敦促 FASB 尽快考虑与 IASC 协调，但是，AICPA 并不允许在美国应用与 GAAP 相背离的准则。1988 年，FASB 以观察员身份加入了当时的 IASC。1991 年，FASB 发表了一份《开展国际活动的战略计划》，首次正式提出在美国会计准则与其他国家会计准则以及国际会计准则之间取得更大可比性的目标，并明确表示支持国际会计准则的制定。但美国 SEC 主席 Arthur Levitt 于 1997 年在泛美发展银行发表讲演时强调：国际会计准则要获得普遍认可必须满足三个条件：第一，准则必须包括一套核心的会计公告，可以构成全面和公认的会计基础；第二，准则必须是高质量的，能够导致可比性和透明性以及提供充分的信息披露；第三，准则必须严格地加以解释和应用。这实际上是为国际会计准则在美国的推行设置障碍和寻求不采用国际会计准则的借口。

作为证券委员会国际组织重要组成部分的 SEC，担心在 IASC 与国际证监会组织（International Organization of Securities Commissions，简称 IOSCO）达成制定"核心准则"的协议后，一旦核心准则得到 IOSCO 的批准，SEC 就没有充足的"理由"来限定"核心准则"在美国的应用，特别是那些在美国上市的外国公司和去欧洲及其他地区上市的美国公司对国际会计准则的应用，从而对 SEC 在会计准则制定方面的权威性产生巨大的"冲击"。因此，SEC 总是反复强调，"核心准则"能否在美国应用，取决于这些准则的质量。即使 IOSCO 在 1994 年度报告中已明确指出，对"核心准则"的评价应等到所有准则完成之后才进行，而 SEC 仍然坚持，IOSCO 的认可和批准不等于 SEC 的认可。以此为借口，SEC 以国际会计准则质量不够高为理由，将其拒之于美国资本市场的大门之外。

第二阶段，积极协调，争取主导权。

美国一方面寻找种种借口以阻挠国际会计准则在美国的实行，另一方面又通过加大对国际会计准则制定的影响，使国际会计准则的内容更多地体现美国会计标准的精神，从而使其在会计标准国际化的过程中尽可能地多受益。

1998 年 12 月，IASC 发布了《重塑国际会计准则委员会》这一公告，广泛征求意见，旨在重组 IASC，以平衡各个国家的利益，更好地推广国际会计准则。重组计划最后于1999 年 11 月获得通过，在美国的主导下，新的改组方案"充分"体现了美国的利益。IOSCO 在 2000 年 5 月 17 日，正式宣布 IASC 的 39 个核心准则项目已通过了评估，并要求其各成员允许跨国发行证券者使用 IASC 的核心准则，作为证券跨国发行和上市的依据。面对 IASC 核心准则的完成，美国认为 FASB 不可能取代 IASC，SEC 也不可能绝对控制 IOSCO，但可以凭借其在经济上和技术上的优势，控制新改组的 IASC，使其今后制定的国际财务报告准则（IFRS）向美国 GAAP 靠拢。

2001 年 4 月，IASC 成功改组为国际会计准则理事会（IASB），SEC 主席 Arthur Levitt 担任了提名委员会主席，美联储前主席 Paul Volker 担任了第一届受托人委员会主席。在 14 位 IASB 新理事会成员中，美国的代表占据了 5 位，这表明美国在改组后的 IASB 中已占据主导地位。

2002 年 9 月 18 日，FASB 和 IASB 在美国康涅狄格州诺沃克市的联席会议中承诺尽最大努力：第一，使现有的财务报告准则在可行范围内尽快实现一致可比；第二，协调今后的工作方案，使实现的可比性能够保持。通过会谈，双方决定实施短期趋同项目，消除 GAAP 和 IFRS 准则中的个别差异。

2002 年 10 月 29 日 FASB 和 IASB 发布了一份谅解备忘录《诺沃克协议》，承诺共同制定适用于国内公司和跨国公司财务报告的高质量、可比的会计准则。这标志着它们朝会计准则趋同的正式承诺迈出了重要一步。2004 年 10 月，FASB 和 IASB 增加了在原有财务概念框架的基础上发展通用的财务概念框架的合作计划。2006 年 2 月 27 日，FASB 和 IASB 再次发布了一个新的谅解备忘录（MOU），新协议包含：双方重点合作计划的"路线图"的主要内容和时间表，预期在 2008 年完成。2007 年，SEC 取消了按照国际会计准则编制财务报表、在美国发行证券的外国公司应按照美国公认会计原则编制财务报表的规定。2008 年 4 月的联席会议上，双方再次重申了制定高质量通用准则的目标，一致同意合作项目以制定通用的、以原则为导向的会计准则为目标，预计在 2011年完成合作项目。

2008 年 8 月 27 日，SEC 通过投票表决，发布一份采用国际财务报告准则路线图的征求意见稿。其主要内容有：其一，允许合乎一定标准的美国上市公司在 2009 年 12 月15 日之后开始的会计年度报表中使用国际财务报告准则；其二，美国证券交易委员会将于 2011 年正式决定是否强制采用国际财务报告准则；其三，如果 2011 年美国证券交易委员会决定强制采用国际财务报告准则，这一决定将分三阶段推进，即美国上市的"大型加速报告公司"自 2014 年开始强制采用国际财务报告准则，其他"加速报告公司"自 2015 年开始强制采用，非"加速报告公司"自 2016 年开始强制采用。"大型加速报告公司"和"加速报告公司"，分别指会计年度中第二季度最后一个营业日的流通市值超过 7 亿美元和 7500 万美元的美国上市公司。

2. 美国 GAAP 国际趋同的阶段成果

2004 年 10 月，国际会计准则理事会与美国财务会计准则委员会联合召开会议，将改进并建立共同的财务会计概念框架列入双方联合趋同计划，以有效地改进、完成并趋同现有概念框架。项目被划分为八个不同的阶段，即财务报告目标和会计信息质量特征、会计要素及其确认、会计计量、报告主体、列报和披露、概念框架的目标、应用于非营利组织、其他议题。其中具有新意的是："报告主体""财务报告的列报和披露包括财务报告的边界以及框架的目标"及其"在 CAAP 中的层次和地位"。

3. 对美国 GAAP 国际趋同的质疑

尽管 SEC 曾经于 2006 年就推出了会计准则国际趋同的项目计划，并于 2008 年 11 月发布了趋同路线图征求意见稿。该征求意见稿发布后实际行动缓慢，并且终没有明确美国何时正式发布会计准则国际趋同的路线图，也没有提出美国实现其会计准则与国际财务报告准则趋同或者采用国际财务报告准则的具体时间表。

2010 年 2 月 24 日，美国 SEC 又发布了一份《关于支持趋同和全球会计准则的委员会声明》，重申了其对建立一套全球统一的高质量会计准则的支持，并为美国推动采用国际财务报告准则制定了一套具体的工作计划。但是委员会声明，对美国上市公司采用国际财务报告准则仍然没有明确具体的时间表，仍然需要在 2011 年根据美国 FASB 与 IASB 趋同项目完成情况再做决定。同时，原来设想的允许一部分美国上市公司在 2009 年 12 月 15 日之后的会计年度采用国际财务报告准则编制财务报告的设想也取消了。因此，为美方面评论说。美国的这份委员会声明表明，美国对采用国际财务报告准则的态度实质上并没有进步，而是退步。

在二十国峰会一再呼吁建立和实施全球统一的高质量会计准则的背景下，美国推进本国会计准则与国际财务报告准则趋同的态度不明和行动迟缓，无疑对二十国峰会的呼吁和承诺提出了严峻挑战，也引起了质疑。欧盟内部市场与服务总司副总司长大卫·怀特在"欧盟国际会计审计发展大会"总结时特别呼吁：我们作为欧方，殷切希望美国能够尽快加入到与国际财务报告准则趋同的行列中。

第四节　会计职业道德规范

职业道德是职业品德、职业纪律、专业胜任能力及职业责任等的总称。职业道德规范则是会计工作者在长期的会计实践中，根据会计职业特点形成并自觉维护和普遍遵守的职业道德标准。与法规、制度和准则不同，职业道德规范不一定成文，但它确实存在于人们的观念意识当中。

当今世界，经济全球化、金融国际化加速发展。建立在高质量的准则和完善的监管体系之上的财务信息，是经济发展的关键因素。制定一套高质量的财务报告准则、审计准则和职业道德守则，是投资者信赖财务信息的基础，在推动经济发展和保持金融稳定方面发挥着重要作用。如何从制度建设层面规范会计职业道德，成为各国会计监管部门面临的重大问题。

近年来，国内外各会计专业协会组织纷纷修订其职业道德规范和标准，可见职业道德规范在会计相关工作领域中发挥着愈加重要的作用，尤其强调会计工作人员的客观性、独立性、专业胜任能力和应有的谨慎，以及在工作中的保密义务。修订后的职业道德规范，内涵更加丰富，更加具有针对性和现实性，顺应了准则国际趋同的新趋势。

一、美国职业道德规范

美国注册会计师协会专门建立"职业道德委员会"，1992 年颁布《职业行为规则》；美国管理会计师协会（IMA）1983 年公布《道德行为标准》；美国财务经理协会（ICF）公布《财务经理道德规则》。

二、国际职业道德规范

国际内部审计师协会在 2009 年 1 月修订了《国际内部审计专业实务框架》，主要原则是独立性和客观性、专业能力与应有的职业审慎、质量保证与改进程序。

国际会计师联合会（IFAC）职业道德委员会制定的《职业道德准则》，经国际会计师总理事会批准，于 1980 年 7 月公布。其主要内容包括：廉政、客观、独立、保密、技术标准、业务能力和道德自律等七项原则。

2009 年 7 月 10 日，国际会计师联合会（IFAC）下设的会计师国际道德准则理事会（IESBA）发布了修订后的《职业会计师道德守则》。修订后的守则明确了对所有职业会计师的要求，并重点强化了对审计师独立性的要求。

IESBA 主席 Richard George 指出，清晰而有力的独立性准则对于增强投资者对财务报告的信心非常关键。投资者熟悉守则后（包括对提供鉴证服务的独立性的一般了解），将增强信心和确定性，这将有助于降低国际资本流动的障碍。

修订后的守则自 2011 年 1 月 1 日起实施。新守则在加强独立性要求方面有以下主要变化：①将独立性要求从上市公司审计师扩展到所有涉及公众利益实体的审计师。②对事务所特定员工跳槽至涉及公众利益的审计客户并担任特定职位做出冷却期的要求。③将合伙人轮换要求扩展至所有关键审计合伙人。④强化对审计客户提供非鉴证服务的部分规定。⑤如果对某一涉及公众利益的审计客户的全部收费连续 2 年超过事务所全部收费的 15%，要求在发表审计意见之前或之后进行复核。⑥禁止将关键审计合伙人的薪酬或业绩评价与其向审计客户推销的非鉴证服务直接挂钩。

修订后的守则以原则为导向，同时以必要的详细要求为补充，要求清晰，具有足够的灵活度，可以指导职业会计师解决遇到的广泛问题。Richard George 认为，这种准则起草方式也有助于促进准则的全球趋同。

IFAC 会员义务公告（SMO）将一国道德准则与《职业会计师道德守则》保持趋同

作为一项中心目标，并且明确要求会员组织的准则要求不得低于守则的要求。

Richard George 还指出，会员组织集中力量尽早开展守则实施的准备工作非常关键。IESBA 计划在今后几个月内提供守则指引和一些实施支持，帮助会员组织开展这项工作。

三、我国会计职业道德规范

《中国注册会计师职业道德守则》自 2010 年 7 月 1 日起施行。注册会计师应当遵循诚信、客观和公正原则，在执行审计和审阅业务以及其他鉴证业务时保持独立性；应当获取和保持专业胜任能力，保持应有的关注，勤勉尽责；应当履行保密义务，对职业活动中获知的涉密信息保密；应当维护职业声誉，树立良好的职业形象。

关于诚信。会计师应当在所有的职业活动中保持正直、诚实、守信。如果认为业务报告、申报资料或其他信息含有严重虚假或误导性的陈述，含有缺少充分依据的陈述或信息，存在遗漏或含糊其词的信息，那么不得与这些有问题的信息发生牵连；如果注意到已与有问题的信息发生牵连，应当采取措施，消除牵连。

关于独立性。会计师应当从实质上和形式上保持独立性，不得因任何利害关系影响其客观性。

关于客观和公正。会计师应当公正处事、实事求是，不得由于偏见、利益冲突或他人的不当影响而损害自己的职业判断。

关于专业胜任能力和应有的关注。会计师应当通过教育、培训和执业实践获取和保持专业胜任能力。会计师应当持续了解并掌握当前法律、技术和实务的发展变化，将专业知识和技能始终保持在应有的水平，确保提供具有专业水准的服务。在应用专业知识和技能时应当合理运用职业判断。会计师应当保持应有的关注，遵守职业道德规范，勤勉尽责，认真、全面、及时地完成工作任务。会计师应当采取适当的措施，确保在其领导下工作的人员得到应有的培训和督导。

关于保密。会计师应当对职业活动中获知的涉密信息保密，不得有下列行为：未经授权或法律允许向第三方披露其所获知的涉密信息，利用所获知的涉密信息为自己或第三方谋取利益。会计师应当对拟受雇的工作单位向其披露的涉密信息保密。会计师应当在社会交往中履行保密义务，警惕无意中涉密的可能性，特别是警惕无意中向近亲属或关系密切的人员泄密的可能性。

关于良好的职业行为。会计师应当遵守相关法律、法规，避免发生任何损害职业声誉的行为。会计师在向公众传递信息以及推介自己和工作时，应当客观、真实、得体，不得损害职业形象。

对于上述会计职业道德的一般原则进行列表对比，如表 6-1 所示。

表6-1 会计职业道德一般原则比较

组织机构	职业道德规范
AICPA	责任、公众、利益正直、客观和独立、应有的谨慎、服务的范围与性质
IMA	专业胜任能力、保密、诚实可靠性、道德冲突的解决
ICF	责任、正直、客观性、能力、机密性、守法守信
IIA	独立性、客观性、专业能力与应有的职业审慎质量保证与改进程序
IFAC	廉政、客观、独立、保密、技术标准、业务能力、道德自律
CICPA	诚信、客观和公正、独立性、专业胜任能力和应有的关注、保密、职业形象

第五节 构建我国会计规范体系

我国法律属于大陆法系，实行社会主义市场经济体制，市场调节与国家宏观调控相结合。在资源配置中，市场调节与国家宏观调控均居于重要地位。政府合理地干预经济，是历史传统。资金筹集渠道多元化，尽管资本市场已经有所发展，但非上市公司仍占绝大多数，其资金来源主要靠银行。会计信息既要为国家宏观管理服务，又要为投资者和债权人服务，还要为企业管理服务。

一、我国会计规范体系的发展进程

不同的会计规范有其产生的社会环境、历史背景和适用范围。诚如《比较国际会计》一书所说：制定会计准则的背景是宽松的公司法、大型的证券交易所、分散的所有权以及规模巨大的训练有素的审计师团体。

早在战国晚期的秦国，就以法律规定了"计毋相谬"的正确性原则和"以其年计之"的会计年度原则。汉代还制定了"上计律"（会计、统计报告的法律）。20世纪三四十年代，大、中型企业流行会计制度。

《中华人民共和国会计法》是我国会计工作的根本大法。我国实施会计工作的规范模式，可分为两个阶段。新中国成立后至1993年6月，实行会计制度规范，以适应社会主义计划经济的需要；1993年7月以来，实行会计准则与会计制度并存的"双轨制"规范方式，形成了以资产负债表、损益表和财务状况变动表为核心的财务报告体系，改变了若干年来国务院部门间各自为政的状况，"为实现我国会计核算从计划经济模式向社会主义市场经济模式的转换，促进市场经济的发展特别是国有企业公司制改革和建立现代企业制度奠定了重要基础"。

2005年，财政部在全面总结多年来会计改革经验的基础上，建成了与中国市场经济发展进程相适应，并与国际财务报告准则相趋同的企业会计准则体系。

目前，我国的会计规范体系涵盖了会计法律规范、会计准则规范、会计制度规范、会计道德规范等四个方面。

二、企业会计准则已实现与国际财务报告准则趋同

2005 年 11 月 8 日，中国会计准则委员会（CASC）与 IASB 签署联合声明指出：中国制定的企业会计准则体系，实现了与国际财务报告准则的趋同。

新企业会计准则体系自 2007 年 1 月 1 日起在所有上市公司、部分非上市金融企业和中央大型国有企业实施，这对于规范企业会计行为、提升会计信息质量、促进资本市场完善，发挥了十分重要的作用。2008 年 5 月，IASB 派专家对中国上市公司执行企业会计准则情况进行了实地考察，进一步确认了中国企业会计准则体系平稳有效实施的结论。2009 年 10 月，世界银行就中国会计准则国际趋同和有效实施情况发布评估报告，明确指出：中国改进会计准则和实务质量的战略已成为良好典范，并可供其他国家仿效。

中国会计准则与国际财务报告准则实现趋同后，立即全面启动了与其他国家或地区会计准则等效的相关工作：一是中国内地与香港的会计等效。2007 年 12 月 6 日，中国内地与香港签署了会计准则等效联合声明，确认两地会计准则等效互认。二是中国与欧盟的会计等效。欧盟委员会于 2008 年 12 月 12 日就第三国会计准则等效问题发布规则，确认中国企业会计准则与欧盟所采用的国际财务报告准则等效，决定在 2009 年起至 2011 年年底的过渡期内，允许中国企业进入欧盟资本市场时直接采用按中国企业会计准则编制的财务报告。

以上情况表明，中国企业会计准则与国际财务报告准则已经实现了趋同，并在上市公司和非上市大中型企业范围内获得平稳有效的实施，得到了国内外广泛认可。

三、我国会计规范体系建设的基本成就

会计规范既要立足本国实际，符合国情，又要面向世界，便于国际交流。我国会计规范体系的制定和变迁主体，是以政府为主导的经济改革系统工程的一个子系统，是一个政府主导的改革历程。中国会计改革和国际化在短短的 40 多年里就走在了世界前列，得到许多国际组织的肯定，说明这种机制的有效性，也是中国会计改革经验的重要组成部分。

其基本成就可以概括为：初步形成以企业会计准则、企业会计制度、金融企业会计制度和企业会计制度为主体的企业会计核算制度体系，以及行政单位会计制度、事业单位会计准则、事业单位会计制度和民间非营利组织会计制度为主体的政府及民间非营利组织会计核算制度体系，规范了我国企业、政府及非营利组织的会计核算。成功实现了会计标准从计划经济模式向市场经济模式的转换，实现了会计、审计准则的国际趋同。

四、我国会计规范体系改革的展望

在新一轮国际财务报告准则的修改和制定中，美国会计的国际话语权正逐步降低，目前主导相关国际财务报告准则修订的力量已经呈现"三足鼎立"的局面，因此中国的

意见对于国际财务准则报告的修订工作具有非常重要的影响。中国能否在本次国际金融危机爆发以来的新一轮国际财务报告准则改革中抓住机遇、占据主动权和增强话语权，对维护中国国家经济利益具有重要意义。

（一）持续推进新准则体系建设

会计原则是促进企业稳健经营和可持续发展的重要管理制度，也是完善资本市场的重要市场规则，同时又是会计监管的重要标准和尺度。一方面，要继续跟踪分析上市公司实施会计准则的情况，充分发挥会计准则的整体功效，并为非上市企业（含企业集团）实施会计准则积累经验；另一方面，要积极扩大会计准则的实施范围，逐步统一全国范围内各类企业的会计标准，届时对全社会企业的稳健经营和可持续发展必将产生巨大的推动作用。

（二）认真做好国际趋同和持续趋同

会计国际趋同已成为历史潮流。为进一步做好与国际会计准则的持续趋同，我国财政部确立了"密切关注、积极参与、把握先机、争取主动，在国际会计准则制定中赢得更大的影响力和话语权"的战略选择。在已实现国际趋同的基础上，财政部于 2010 年 4 月 2 日发布了《中国企业会计准则与国际财务报告准则持续趋同路线图》（下称《持续趋同路线图》）。

中国企业会计准则将保持与国际财务报告准则的持续趋同，持续趋同的时间安排与 IASB 的进度保持同步，争取在 2011 年年底前完成对中国企业会计准则相关项目的修订工作，同时开展必要的宣传培训，确保所有上市公司和非上市大中型企业掌握相关会计准则的变化，并得到有效应用。《持续趋同路线图》明确了我国会计准则与国际财务报告准则趋同的具体任务和进程，也是中国向世界做出的庄严承诺。

在趋同的基础上推进中欧、中美的会计等效，同样意义重大。当今世界，欧美是最大的经济体，中国也正以第四大经济体向前推进。中国会计准则如果得到欧美等效认可，对全球其他国家和地区将产生很大的示范效应和辐射效应。总之，我国会计发展的奋斗目标是"力争跨入会计国际舞台的制高点"。

第七章　企业会计确认分析

会计循环一般包括确认、计量、记录和报告，而会计的确认和计量正是会计核算的核心，它体现了会计核算进行定性分析和定量分析的技术特质，并贯穿于会计核算的始终。在纷繁复杂的经济世界中，企业的经济活动变得越来越复杂，越来越多的交易创新和金融创新层出不穷，使得人们必须重新认识原有的确认理论，通过大量研究不断拓展会计确认和计量的内涵和外延，并在实践中不断检验理论的应用，来提高会计信息的质量。

广义上的确认可以把会计上的记录、计量和在财务报表上的报告这三个过程都包括在内。它决定了哪些交易与事项应当进入会计信息系统，所输入的数据又应当归入哪个会计要素，什么时候应计入该会计要素，又应当确认为多少金额。而狭义的确认定义将确认与记录、计量和报告三个过程区分开来探讨会计确认的含义。

第一节　会计确认的含义

会计确认是计量、记录、报告的前提，是会计循环的起点，贯穿会计信息加工的始终，它决定了会计数据的输入、加工和输出，因此会计确认是非常重要的。企业每天生产经营活动产生大量的、分散的、复杂的原始数据，会计确认需要根据既定的标准和原则进行分析、甄别和筛选，确认哪些交易和事项应当输入到会计信息系统中，什么时候输入到会计信息系统中，作为什么会计要素记录，又如何通过分类、汇总和压缩反映到会计报表当中。这些会计数据的加工不仅要遵循有关法律法规以及规章制度，而且要受会计目标、会计假设、会计准则的约束。本节拟通过追溯会计确认定义的历史，比较各类对会计确认的已有研究，在此基础上，结合知识经济时代交易创新、金融创新的特点，探讨当今会计确认概念的含义，以期推动会计确认理论研究在我国的发展。

会计确认一词的出现可以追溯到20世纪30年代，如佩顿在《会计纲要》中使用了"收入确认"，并提出在账户中确认收入与费用的恰当时机问题。他与利特尔顿在《公司会计准则绪论》一书中也论述到了收入确认问题，并提出收入确认的两种基础：销售基础与现金基础，但是当时对确认的研究仅局限于对收入确认的研究上，很少应用"确认"来说明费用，更没有涉及资产与费用的确认，而且佩顿所论及的"确认"是与"实现"混淆使用的。

美国会计原则委员会颁布的第4号报告《企业财务报表的基本概念和会计原则》推

动了"确认"一词在甄别经济业务并量化处理过程中的应用。该报告的 6 条普遍适用原则（Pervasive Principle）的第一条就是"初始入账原则"（Initial Recording Principle），该原则决定了进入会计系统处理的数据资料，入账的时机，资产、负债、收入和费用被记录的数额。在具体的应用原则中，经济业务选择原则就要求辨认应予记录、报告的事项，并认为，并不是所有影响一个企业的经济资源和义务的事项，在其发生时就要记录与报告。该报告虽然没有明确提出"确认"一词，但它所体现的确认的基本含义已经和今天我们所应用的确认的含义非常相似了。该报告直接推动并导致了"确认"一词在会计中的广泛应用，然而会计确认的第一次权威定义则产生于 1984 年。

美国财务会计准则委员会发表了第 5 号财务会计概念公告《企业财务报表的确认和计量》，正式定义了会计确认："确认是将某一项目作为一项资产、负债、营业收入、费用等正式记录并列入某一财务报表的过程，确认包括以文字和数字描述一个项目，其数额包括在报表的总计之中。对于一笔资产或负债，确认不仅要记录该项目的取得或发生，而且还要记录其后发生的变动，还包括从财务报表中予以消除的变动，还包括导致该项目从财务报表上予以剔除的变动。"会计确认应当涵盖三个阶段：（1）初始确认；（2）再确认；（3）终止确认。而且，美国会计准则委员会（FASB）最早提出了确认的标准：可定义性、可计量性、相关性和可靠性，标志着会计确认的重要发展。

国际会计准则委员会在《编报财务报表的框架》一书的"财务报表要素的确认"部分第 81 段提出："确认是将符合要素定义和第 83 段规定的确认标准的项目计入资产负债表和损益表的过程中。它涉及以文字和金额表示一个项目并将金额计入资产负债表和损益表的总额中。符合确认标准的项目，应当在资产负债表或收益表内得到确认。对于这类项目未被确认的，是不能通过披露所采用的会计政策或者通过附注或说明性材料来加以纠正的。"并且将确认的标准定义得更具有原则性。

英国会计准则委员会在财务报告原则公告第 5 章"财务报表的确认"中认为，"当报告主体从事一项交易，当某种其他相关的事项发生时，如果满足某些标准，那么，该交易或事项对财务报表的影响在财务报表中确认"。"确认是同时用文字和货币数量对要素加以描述，并将其数量列入报表汇总。"并将确认分为三个阶段：初始确认、后续再计量和终止确认。初始确认指某个项目首次进入财务报表，所需满足的标准是有充分的证据表明该项目之中资产和负债的变化已经发生和能够用货币充分可靠地计量；再确认是改变账簿上的以前所确认项目的货币数量，所需满足的标准是有充分证据表明该资产或负债的变动确实已经发生并且新的金额能够充分可靠地计量；终止确认是将一个已经确认的项目从财务报表中移去，所需满足的标准是没有足够证据表明主体有取得未来经济利益的权利或转移经济利益的义务。我们在这里统一把英美的确认观称为三阶段观。

我国对会计确认的讨论研究始于 20 世纪 80 年代，葛家澍教授提出："所谓会计确认，是指通过一定的标准，辨认应予输入会计信息系统的经济数据，确定这些数据应加以记录的会计对象的要素，进一步还要确定已记录和加工的信息是否全部列入财务报表和如何列入财务报表。"而且认为："确认包括初始确认和再确认两个步骤。初始确认解决的是经济业务数据是否应该输入会计系统以及输入会计系统的数据到底对哪些会计要素产生什么样的影响。再确认则是决定哪些项目是否以及如何列入财务报表的问题。"

也就是说，会计确认第一次解决会计的记录问题，第二次解决报表表述问题，我们可以把它概括为确认的两阶段观。

关于会计确认，在我国最新颁布的会计准则中，并没有专门关于会计确认概念的严格定义和专门论述。通过对上述各类公告对确认概念表述的比较，我们可以对确认这个概念概括如下：

1. 在整个会计循环中，确认是决定交易或事项是否能进入会计信息系统的第一道关口，而符合要素定义是判定是否确认的首要标准，可计量性是另一个必要条件。确认是将某个项目作为资产、负债等会计要素正式记录并列入财务报表的过程。

2. 确认，既要用金额又要用文字表示，并且还要将其金额计入财务报表的总计之中，那么其他的注释以及在财务报告中披露的信息能够对表内信息形成替代。换言之，凡是依据所有的确认标准并通过严格的确认程序将交易和事项纳入报表的过程才能是表内确认，否则，在会计报表之外的信息属于披露的范畴，而对于披露的要求并不像确认的要求那么严格。表内的信息是会计信息系统最核心的信息，而表外的信息仅仅是对表内信息的补充说明。

3. 确认的整个过程需要会计人员的大量职业判断，会计人员在确认的过程中，不仅需要运用相关确认标准判定是否应纳入表内确认，并且需要选用恰当的确认基础加以确认。不仅如此，确认时还应当依据相应的会计原则：是否效益大于成本，所应记录和计入报表的项目是否符合重要性原则，确认是不是谨慎，有没有高估资产、低估负债，有没有采用激进的会计方法，等等。

4. 关于确认的步骤有三阶段论和两阶段论，通过概念比较我们发现，两者并没有实质性差异。两阶段论表述的是某个特定的会计期间，某一符合标准的项目被记录和列报的过程，记录的过程被称为初始确认，列报的过程被称为再确认；三阶段论表述的是在不同的会计期间内，某一符合标准的项目被列报、更新列报和从报表移除的过程，三阶段论中的初始确认实际上就包含了两阶段论的初始确认和再确认。由于当前的经济环境变化越来越快，越来越多的交易创新和金融创新的出现，为了更确切地全面反映企业在不同会计期间的经营管理活动的真实情况以及它所面临的风险，突出反映报表项目的终止确认是非常必要的，它有助于提高会计信息的相关性。

第二节　会计确认的基础

根据确认的定义，我们需要明确哪些交易和事项应该进入会计报表，还需要明确符合会计确认标准的经济业务和经济事项应当在什么时候确认、归入哪个会计要素、应予多少金额确认。现行的会计理论体系提供了几种会计确认基础，基于交易观的收付实现制和权责发生制，基于非交易观的现金流动制。

目前判定哪些交易与事项可以进入会计报表的主要依据是交易观。关于交易观在有关资产和负债初始确认的普遍适用原则中已经有相关表述，即资产和负债一般是在交易活动基础上进行初始确认。在交易活动中，企业从其他经济实体取得资源或对其他经济实体产生义务，资产和负债均以发生转让的交易价格来计量。具体而言，交易可能发生在实体内部，也可能发生在实体与实体之间，这些交易导致了实体经济利益的流入或流出，或者使资产、负债等报表要素产生了增减变化，那么这些交易就应该进行会计处理，并在会计信息中得到反映。例如，关于自创商誉的确认，尽管它是由长期经营积累而形成的超额盈利能力，但是如果没有实体和实体之间的交易，使得自创商誉无法可靠计量，则该自创商誉无法在表内确认。

"事项观"又称非交易观，美国 FASB 和英国 ASB 均有限度地采纳"事项观"作为确认的依据，FASB 的第六号概念公告将"事项"定义为"包括一主体所买卖物品或劳务价格上的变动"。英国 ASB 对于交易外事项的确认非常谨慎，在讨论交易外的其他事项时则举例说明，尽管企业所拥有的土地或其他财产的未来利益未变（从使用角度来看），但其市场价格水平已经发生变动，如果证据充足，就应当予以确认。ASB 强调确认对市场价格变动所带来的影响时要有充分的依据，并且确认时应主要确认因物价水平变动所带来的损失，而不确认收益。

传统的收付实现制确认纯粹是基于交易观的，即必须存在真实的交易，这个交易的影响才能确认下来。权责发生制基础将交易观进一步扩大，当存在一些对企业的权利和义务产生影响的事项或情况，即使没有明确的、独立的证据表明其是否发生或何时发生，只要对权利和义务的影响比较充分，那么就应当确认。现金流动制则不同，它完全摆脱了交易与事项的限制，不再分别确认已经发生的某个交易或事项各自产生的影响，而是从盘存制思想出发，采用现行市价或未来现金流量的现值来计量净资产，并通过比较期初净资产与期末净资产的差异来确认收益。

一、收付实现制

收付实现制又被称为现金制，以收付实现为核心的会计方法又被称为"现金会计"。它是一种以现金收到与支付为确认基础的会计方法，在早期得到广泛应用，但随着产业革命的出现，工厂制度的建立和机器等资产的长期使用，使得简单的收付实现制不再能够适应日益复杂的经济业务，最终导致应计制成为账务处理的基本方式。

佩顿和利特尔顿在《公司会计准则导论》中认为："计量收入的现金基础将从顾客处收到的现金报告为收入，换而言之，如果收入是定期地接收到款项为标准，则一切所发生的成本应按此标准来分配。"

戴维森、斯蒂克尼和维尔在《会计：商业语言》一书中指出，"现金基础是与权责发生制基础相对应，它要求收到现金时确认收入、支出现金时确认费用。收入确认无须对收入和费用进行配比"。

根据以上观点，收付实现制的特点可以归纳为：收付实现制作为确认的基础，它一般只用来确认收入与费用；根据收付实现制，当期收到的现金都作为当期收入，当期付出的现金都作为当期的费用，收益就是当期现金收入和支出相抵后的结果。因为纯粹收付实现制下只确认与当期的现金收支有关的事项，所以收益的确认不需要进行收入和费用的配比，会计期末也不需要对收入和费用进行调整，没有对待摊、预提等应计项目的调整。根据收付实现制，会计主体的资产全部是现金，不可能有其他形式的资产，也不可能有债权与债务。因此，纯粹的收付实现制只适合无信用购买、信用销售的纯现金交易环境，而且经营主体没有大额的资产投入且营业活动极其简单。

纯粹的收付实现制只适合于简单的经济交易环境，随着现实经济生活中企业生产经营的不断复杂化，信用交易被越来越广泛地应用；特别是工业革命之后，机器化大生产大量出现，如果按照收付实现制原则对设备的大量资本性投入进行处理的话，将大幅增加当期费用，冲减本期利润。在这种情况下，纯粹的收付实现制逐渐失去了它所依赖的环境，难以正确反映企业的经营成果和经营状况，因此，纯粹的收付实现制为"修正的收付实现制"所代替。所谓修正的收付实现制，是指在遵循现金收支确认收入和费用的总体原则下，对债权债务、长期资产（如机器设备）等按照权责发生制的要求加以确认。从出现的时间来看，对债权债务采用修正的收付实现制出现在先，对长期资产采用修正的收付实现制出现在后。

对债权债务采用修正的收付实现制，主要是因为信用交易的出现使得纯粹的收付实现制变得难以应用，应收账款或应付账款全部在当期不予记录可能导致虚减当期收入或虚增当期收入；另外，直接将借款往来记作收入或费用也违背常理。因此，实践中对于信用交易所产生的债权和债务处理有了一些修正，即部分接纳权责发生制原则，将信用销售业务所产生的债权确认为企业的资产并同时确认收入，将信用购买业务所产生的债务确认为企业的负债并同时确认费用；对于借出款项所导致的现金减少记入债权项目，对于借入款项所导致的现金增加记入债务项目。对债权、债务确认的修正，部分解决了商品经济所广泛涉及的信用交易问题，但它的应用还只局限于小规模的、经营较为简单的、以商品买卖为主的商业活动范畴。由于工业革命后大规模机械化生产企业的经营成果和经营状况记录还存在不适应的地方，此后逐渐产生了对长期资产确认的收付实现制的又一次大修正。

工业革命后，大量的大规模机械化生产企业不断涌现，机器设备投入巨大，而且投资回收期比商业企业长得多，因此产生了对长期资产应用收付实现制的修正。最典型、最具代表性的要数美国18～19世纪的铁路业所应用的重置会计了。修正后的收付实现制为：对长期资产支出予以资本化，作为永久性资产列示在资产负债表上，以后也不提取折旧；对长期资产的后续支出如修理、改良、添置附加设备等，一律都按所发生的期间进行费用化处理。长期资产的投资按照权责发生制来确认但不计提折旧的方法，使得铁路业有更高的业绩和投资回报并吸引了大量的投资，但是没有折旧的计提，没有资本保全概念的应用，实际上使得企业的持续经营能力受到损害，特别是后期投资的股东权益受到损害。后期投资的股东所受到的损失正是早期投资股东所得到的收益，而且高额的投资回报最终招致了政府对铁路行业收费的管制。因此，当铁路行业受到政府管制之后，该方法逐渐被废止。修正的收付实现制逐渐为权责发生制所替代。

二、权责发生制

权责发生制也被称为应计制，虽然它的出现晚于收付实现制，但当今世界各国普遍以权责发生制作为会计确认的依据。关于权责发生制的界定，相关观点较多。

戴维森认为："权责发生制会计是按货物的销售（或交付）和劳务的提供来确认收入，而不考虑现金的收取时间；对费用也按与之关联的收入的确认时间予以确认，不考虑现金支付的时间。""交易的其他事项对企业资产和负债的影响，在其直接关联的时期内确认与报告，而不在现金收付发生时确认与记录。"APB 在其 4 号报告中将权责发生制定义为："交易的其他事项对企业资产和负债的影响，在其直接关联的时期内确认与报告，而不是在现金收支发生时确认与记录。""每期收益和财务状况的确定，取决于在变动发生时的经济资源和义务及变动的计量，而非货币收支的简单记录。"

FASB 对于权责发生制的界定为："权责发生制试图把企业带来现金后果的交易及其他事项和情况对于企业的财务影响，记录于这些交易、事项和情况发生的时期，而不限于企业收到或付出现金的时期。权责发生制关注的是花费在资源和经营业务上的现金将以更多的现金（也可能是更少的现金）收回的过程，而不仅是这一过程的开始与结束。"

IASC 对于权责发生制的界定为："按照权责发生制，要在交易和其他事项发生时（而非现金或现金等价物收到或支付时）确认其影响，并且要将其记入与其相关期间的会计记录，并在该期间的财务报表中予以报告。"

我国《企业会计准则——基本准则》在总则第九条中规定，企业应当以权责发生制为基础进行会计记录、计量和报告。但是基本准则和具体准则以及指南中均没有对权责发生制的定义予以具体界定。综合 IASC、FASB 以及 APB 的观点，认为：以权责发生制作为会计确认的基础，起码应当包括以下几方面的内容：

1. 权责发生制的应用需要职业判断，其判断标准是交易或事项对企业经济资源和义务确实产生了影响，而这一影响以权利或责任是否发生作为判定、甄别应该进入会计信息系统的经济业务的依据。

2. 将经过筛选、准予进入会计系统的交易或事项输入会计信息系统时，应按其实际影响的权利与责任的情况而决定成记入何种要素：资产、负债、收入、费用、所有者权益等。

3. 权责发生制不仅是指收入和费用的确认，它还应能广泛应用于全部的会计要素。

概括地说，权责发生制是用于确定会计要素归属期间的会计入账标准。它是以具体的权利或责任是否发生为判断依据，决定哪些交易与事项应当进入会计信息系统并记入何种会计要素。具体而言，在确认收入与费用时，凡是已经发生的收入与费用，无论款项是否收到，都应当作为当期的收入或费用进行核算；凡是不属于当期的收入与费用，即使当期收到款项，也不作为当期的收入或费用。在确认其他会计要素时，哪个会计期间的权利或责任发生，则将其影响归纳到哪个会计期间受影响的会计要素中。

权责发生制的产生及应用是工业革命的产物，早期的权责发生制仅仅涉及债权债务的确认，后来才开始尝试用于长期资产的确认。采用权责发生制的好处在于：可以使得收入和费用能更合理地配比，可以避免各期损益的剧烈波动。不仅如此，权责发生制还可以反映会计主体的资产、负债及其变动信息，所以，后来会计报表的各个要素都以权责发生制为基础来加以确认。

虽然权责发生制基础在当今的会计确认中得以广泛应用，但是权责发生制的应用依然面临许多问题。首先，权责发生制是基于持续经营和会计分期的基本假设，它需要会计人员以权利或义务发生与否为依据进行判断，而后进行计提、摊销等会计处理，但是这种判断容易受各种因素的影响而失去客观性。如果有关人员迫于压力能找到舞弊的机会而且又失去了职业操守的时候，会计舞弊就很容易发生，这时，权责发生制就沦为会计舞弊的主要工具。例如，安然公司将未来不确定收益记入本期收益，施乐公司不仅提前确认收入而且违规调节利润，世通公司将期间费用资本化，等等，这些会计舞弊都与滥用权责发生制有关。其次，权责发生制的应用使得应计制下的会计利润与企业真实现金流量脱节，使企业容易忽视流动性风险。再次，权责发生制的应用容易使会计信息透明度下降。与权责发生制相关的会计核算方法如应计、预提、摊销、递延等，与一系列相关性原则、可靠性原则等一起应用，使得会计信息的生产成为一个黑箱，不同的会计信息使用者难以得到与决策相关的信息。最后，权责发生制反映的是交易观，运用权责发生制不能反映自创商誉，也不能反映企业的人力资本。对于衍生金融产品，账面上也不能充分反映其巨大风险或收益。特别是在网络经济时代，权责发生制的会计基础——持续经营假设也受到了冲击，对于一些网络虚拟组织，它的存续期间极短，因此，持续经营假设根本不存在，当然，权责发生制也就失去了其应用的空间。

三、现金流动制

现金流动制以收付实现制为基础，从盘存制的思想出发，通过比较期初期末净资产的对等现金（可以是现行市价，也可以是未来现金流量的贴现值）来确认利润。现金流动制与收付实现制有密切关系，但又存在较大区别。用公式表达就是：

利润 = 期末净资产 - 期初净资产

现金流动制的利润计算突破原有的收入减费用的既定模式，而是通过比较期初、期末的资产净值差异来确定利润。这种做法的好处主要体现在：其一，避免了权责发生制下的任意跨期确认收益及摊销费用，因此也可以避免人为的会计操纵。其二，现金流动制符合基于决策有用论的会计目标，依据现金流动基础所提供的现金流动信息，可以提高会计信息的决策相关性，并可增强同一时期不同企业之间会计信息的可比性，使得信息使用者可以做出正确决策。其三，利润不仅包括来自交易活动的收益，而且包括持产利得和损失（比如存在活跃市场交易的可以采用公允价值计量），可以反映企业净财富的变化，符合资产负债表中心说。其四，现金流动制从盘存的思想出发，建立在非交易观的基础上，可以全面反映衍生金融工具，在理论上自创商誉也可以得到反映（比如可以采用未来现金流量贴现），使风险与报酬揭示得更加充分。因此，以现金流动制为基础对企业经营状况的反映更加全面。

但是，在实务操作中，以现金流动制为确认基础还存在一些问题。例如，应当以什么价格来对资产计价，是以现行市价，还是采用未来现金流量贴现值，抑或是其他计价方法，至今没有统一定论。不同类别的资产，其风险报酬是不一样的，不同类别资产的计价标准应如何区别对待，对此也没有定论。使用中的长期耐用固定资产价值如何确定，如果市场上已经有该资产的升级产品且价格更低廉，正在使用的固定资产应当采用哪种方法确定其价值也难以确定。所以，以现金流动制作为确认基础，最主要的问题在于所应用的计量属性的可靠性问题。根据 FASB 的公告，可靠性的主要标志包括反映真实性、可验性和中立性，而基于盘存思想的现金流动制恰恰是因为缺乏独立的证据可供事后验证，因此难以满足可靠性要求。

通过比较以上三种会计确认基础，可以发现它们各有其优缺点和适用的环境。但是，我们在选择会计确认基础的时候应当充分考虑到会计信息是有经济后果的，会计信息的加工和披露影响着企业的各个利益相关者的经济利益。它不仅与经济资源在企业利益相关者之间的合理分配密切相关，而且与企业能否有效缔约、能否有效降低契约成本密切相关。会计信息质量受到各方面的高度关注，而会计信息质量的高低正是与会计确认基础的正确选择密切相关的。从当前的经济环境来看，为了兼顾会计信息的可靠性与相关性，一些传统的会计模式将依然保持下去，权责发生制作为会计确认基础的这一基本原则尚不可能改变，而现金流动制可以作为必要的补充。

第三节　会计确认的标准

会计确认的核心问题之一是会计确认的标准设置，标准的设置不仅决定了何种信息进入会计信息系统，还直接关系到会计记录、计量和报告，而且影响着财务会计报告目标的实现。通过对会计确认标准理论的大量研究，我国会计理论界逐渐趋向于将确认标准划分为两个层次：第一层次是会计确认的基本标准，主要解决哪些交易或事项应进入会计信息系统；第二层次是具体标准，主要是在基本标准的基础上解决基本标准的具体操作问题，是对基本标准的详细说明和补充规定。

一、会计确认的基本标准

美国财务会计准则委员会发表的第 5 号财务会计概念公告《企业财务报表的确认和计量》中不仅正式定义了会计确认，而且提出了四个确认标准："1. 符合定义——项目要符合财务报表某一要素的定义；2. 可计量性——具有一个相关的计量属性，足以重复可靠地计量；3. 相关性——有关信息在用户决策中有举足轻重的作用；4. 可靠性——信息是反映真实的、可核实的、无偏的事项。"

国际会计准则理事会颁布的《编报财务报表的框架》一书在"财务报表要素的确认"部分的第 83 段规定，"如果符合下列标准，就应确认一个符合要素定义的项目：1. 与该项目有关的未来经济利益很可能流入或流出主体；2. 对该项目的成本或价值能够可靠地加以计量"。IASB 同时指出，某一时点不符合上述确认标准的项目，由于随后出现的情况或事件，可能在较晚的日期符合确认的条件。第 84 段指出："评价一个项目是否符合这些标准从而是否有资格在财务报表中得到确认，应当注意第 29 段和第 30 段所论述的重要性原则。要素之间的相互关系意味着一个项目符合某个要素的定义和确认标准，比如说符合资产的定义和标准，就会自动要求确认另一个要素，比如说收益或负债。"

英国会计准则委员会（ASB）在财务报告原则公告第五章"财务报表的确认"中将确认标准界定为："如果一项交易或其他事项可以产生一项新的资产或负债，或者可以为现存资产或负债增添价值，那么，在同时满足以下条件的情况下，应将这一交易确认：1.有足够的证据存在并表明新的资产或负债已产生，或者已为现有资产或负债增添了价值；2.新产生的资产或负债，或者为现存资产或负债增添的价值，可以按足够的可靠性用货币金额加以计量。"关于中止确认，ASB 做出以下规定："在以下任何一种情况下，一项资产或负债应全部或部分中止确认：1.有足够的证据存在并证明，一项交易或其他过去的事项已经全部或部分消除了先前已确认的资产或负债；2.虽然该项目继续作为一项资产或负债存在，但已经不满足确认标准。"

我国新颁布的《企业会计准则》中并没有专门界定会计确认的标准，但是，在基本准则中分别叙述了资产、负债会计要素的确认条件为：（1）满足定义；（2）与该项目有关的经济利益可能流入或流出企业；（3）该项目的成本或者价值能够可靠地计量。只有符合以上条件的项目才能列入资产负债表。可见，我国的新准则对确认条件的规定与 IASB 的观点几乎完全相同，只有第一条款中"未来"与"很可能"之间的细微差异，体现了我国在准则制定方面国际化趋同的趋势以及原则性导向。

二、会计确认的具体标准

会计确认的具体标准，是在基本标准的基础上主要解决基本标准的具体操作问题，是对基本标准的详细说明和补充规定，具体包括以下几点：

1. 时间基础性

时间基础性是指在进行会计确认时，应该在哪个时点将交易或事项记录到会计信息系统中。现代会计研究以四个基本假设为前提，其中持续经营、会计分期假设使得资产、负债、权益、收入、费用等会计要素的确认有了上期、本期和下期的区分，因此产生了两个不同的时间基础即两种确认标准：权责发生制和收付实现制。

2. 空间主体性

会计基本假设中的会计主体假设，决定了对会计对象在范围上的确认标准，即空间主体性。会计主体假设为会计确认提供了重要标准，决定了会计确认只能在特定的会计主体空间内进行，不属于特定会计主体内发生的交易和事项，不能进入会计信息系统。所以说，会计确认的对象只能是特定会计主体内的各项会计要素。

3. 相关性

相关性是指与信息使用者的决策相关，它是对会计信息质量的要求，也是会计确认的标准之一。它要求在进行确认时，交易和事项经过加工进入会计信息系统之后形成的有关信息应当满足各方面信息使用者的要求，会计信息系统应能针对使用者的具体要求确认相关性强的数据，排除相关性差的有关交易及事项数据，增加会计信息的决策有用性。为了提高相关性，会计核算还应当及时地搜集并记录符合确认标准的交易与事项，及时地对交易与事项予以加工处理并计入相关的会计要素，列入会计报表之后及时向有关方面报告。

4. 真实性

真实性既是对会计信息质量的要求，同时也是会计确认的标准之一。在会计确认时要求有切实可靠的依据，确认之前不仅要核查原始凭证的来源是否可靠，还要核查原始凭证的记录是否真实。只有进入会计信息系统的信息在源头上是真实的，会计信息系统最终所提供的财务会计报告才可能是真实的。进入会计信息系统的信息必须是对企业经营情况的真实反映，不允许以计划或是预算的数字代替实际数据输入会计信息系统，更不允许假账真算或是真账假算甚至主观臆造。对会计数据变更应当有合理的依据，并且必要时应充分披露，所有的记录与计算应当是可以验证的，最终所有列示在财务报告上的信息必须如实反映企业的财务状况和经营成果，不能歪曲、隐瞒和造假。

5. 合法性

合法性是指进行会计确认时，应当依据国家的有关法律法规、政策制度进行审查，保障合法的业务数据进入会计信息系统。合法性是会计确认的重要标准，如果在进行会计确认时发现违法的经济业务应予以制止并报告有关部门。

三、会计确认标准的发展展望

随着经济环境变化的加剧，企业的交易活动日趋复杂，依据现有的确认标准，越来越多的交易或事项被排除在财务报表之外，无法在报表之内完整反映（例如利用金融工具表外融资的披露）。这种做法使得会计信息的决策相关性受到极大影响，导致会计信息不完整、不真实。例如，根据现有的确认标准，一些无形资产如人力资本、商誉等因无法满足确认标准而无法纳入报表，这样就表现出市场价值与账面价值的严重背离。例如，微软公司从资产负债表上看只是一个很小的公司，但是从市场价值来看，它却是一个市值庞大的巨型公司。解决这个问题的方法有两种：一是引入"事项法会计"（Sorter，1969），即改变现有的财务会计只报告最终的综合性信息的模式，提供原始形式的经济事项信息，让决策者自己根据决策需求加工成所需的决策信息；二是重新定义会计报表的某些要素，使得必要的表外项目能够列入表内。但是两种方法都具有相当的风险性，一旦在实务中操作不当，可能会更大程度上影响会计信息的质量。因此，有学者建议，加强表外披露的管制，作为对表内确认不足的补充。例如，可以规定必须要在表外披露的事项，并且规定表外披露的项目应包含哪些内容，以及确定表外披露项目的金额，等等。

还有观点认为，传统的会计确认标准的局限性是固有的：其一，那些潜在的相关项目由于不符合确认标准而被忽略（通常是由于可靠性原因）；其二，由于计价或其他方面的原因，越来越无用的项目却依然包含在报表当中；其三，人们并不总是清楚为什么一些信息包含在财务报表中，而其他信息被排除在报表之外。因此，会计确认标准的选择应以是否能提高信息的相关性为标准，重点应在于披露而非决定是否在财务报表中予以确认。因此，建议将单一确认标准扩展为多层次结构的会计确认标准体系，核心层为按现有标准确认的财务报表；第二层为对满足定义标准但可能存在可靠性不足的项目的确认，如研发费用、品牌创立的资本化；第三层为可能存在可靠性和定义双重问题的项目，如客户满意度信息；第四层为不符合要素定义标准的项目，如风险计量实践、前瞻性信息；第五层为存在定义、可靠性及可计量性问题的项目，如人力资本等。

第八章　企业会计决策理论

第一节　会计决策的意义

一、什么是决策

人们一提到决策，自然就想到那是国家领导人的事，是企业厂长或经理的事，这是国家的大事和企业的大事，与国家的一般群众和企业的一般职工没有关系。至于说到会计是否有决策的职能，不少人不清楚，甚至有人怀疑是否有会计决策、会计能否进行决策。这些认识和疑问是由于对决策还没有一个全面而正确的认识。因此，先要弄清楚什么是决策。每个人办事，总是要先看看、后想想，三思而后行，从思考中判断是否能行就是一种决定。集体办事，大家总要在一起进行商量，每个人出主意、想办法，然后从中找出好办法，从多种办法中找出一种好办法也是一种决定。通俗地说，人们办事要从多种办法中做出选择一个好办法的决定就是决策。国家有决策，如"中共中央关于经济体制改革的决定"和"中共中央关于科学技术体制改革的决定"，就是国家的战略决策；企业也有决策，如关于开发新产品的规划和企业技术改造的方案，这是企业的战略决策。所谓决策，广义的理解是决策是按预定目标选择最优方案的过程，狭义的理解是决策是按预定目标的最优方案的选择。事实上，决策不仅是选择方案时的"拍板"和"案定"，而是一个确定目标、调查研究、提出方案、选择最优方案的过程。因此，对决策的广义理解是比较全面和正确的。

决策是人们主观对客观的认识，并在认识的基础上又反作用于客观世界即改造世界，以便充分发挥人的主观能动性。有人类以来就有决策，人类没有决策是不可思议的。在我国古代，如孙膑为田忌赛马"以术"（献策）而战胜齐威王；诸葛亮作"隆中对"，三分天下。以往人们的决策是凭决策者个人的经验和智慧，是一种经验决策。20世纪50年代以来，控制论、信息论、系统论和未来学以及电子计算机的出现，为人类决策提供了新的方法论和现代化手段，才使决策从经验决策发展到科学决策。

二、决策的分类

决策多种多样，为了正确进行决策，需要对决策进行分类。

决策按其内容的范围分国家决策、地区决策、部门决策、企业决策和个人决策。国家决策是涉及整个国家的决策，如中共中央关于制定国民经济和社会发展第七个五年计划的建议；地区决策是涉及一个地区的决策，如某地区技术改造五年规划；部门决策是涉及一个部门的决策，如铁道部关于实行经济承包责任制的方案；企业决策是只涉及企业发展的决策，如企业经济发展五年规划；个人决策是有关个人工作和生活的决策。这类不同层次的决策，下一层次的决策要在上一层次决策的指导下进行，各层次决策要相互衔接，并充分发挥每一层决策的作用。

决策按其重要性分战略决策、管理决策和业务决策。战略决策是影响经济总体发展的全局性决策，它是由最高领导人决定的，如企业的战略决策，是有关企业生产经营方向的决策，它由企业的最高管理人员做出决定。管理决策是为了实现战略决策，由各部门的中级管理人员对人力、物力和财力的最佳使用所做的决定，如企业财会部门制定关于加速资金周转提高资金使用效益的决定。业务决策是为了提高日常业务效率，由第一线管理人员做出的决定，如企业仓库人员制定关于加强仓库管理的规定。

决策按其时期分临时决策、短期决策、中期决策和长期决策。临时决策是根据当时经济发展状况的需要，对某个问题做出的暂时规定。短期决策是一年以内，中期决策是2~5 年，长期决策是五年以上，有关国民经济和社会的规划。这类不同时期的决策，要相互协调，短期决策要保证中期决策的实现，中期决策要保证长期决策的实现。

决策按其目标的多少分多目标决策和单目标决策。多目标决策是根据党和国家在一定时期的总任务和总方针，对国民经济和社会发展的各个方面的目标进行决策，如国家有关部门对有关国家的经济发展目标、科学技术发展目标、社会发展目标和精神文明建设目标等进行决策，企业对一业为主多种经营发展目标、开发新产品目标、技术改造目标和财务目标等进行决策。单目标决策对经济发展的某项目标进行的决策，如国家对经济发展目标的决策，企业对提高经济效益目标的决策。

决策按其目标性质分确定型决策、风险型决策和不确定型决策。确定型决策是在已知各种备选方案只有一种确定状态下进行的决策，如企业从利率不同的几家银行借款的选择。风险型决策也叫统计型决策或随机型决策，是不论选择哪个方案都会承担一定风险的决策。它要从具有下列五个条件的问题中选择最优方案。其条件：（1）存在着决策者希望达到的明确目标；（2）存在着两个以上的自然状态；（3）存在着两个以上可供选择的方案；（4）在不同自然状态下，不同方案的损益值可以计量；（5）未来各种自然状态可能出现的概率可以估计。不确定型决策是在两种以上自然状态下，从无法估计其可能出现概率的方案中进行选择的决策。

决策按其形式分规范性决策和非规范性决策。规范性决策也是定型化决策或程序性决策，它是在管理活动中反复和例行出现的需要经常解决的问题的决策。这类决策可以按原来已有的制度和程序解决，不必每次做出新的决定。它主要属于管理决策和业务决策，如企业的财务决策、存货决策和销售决策。非规范性决策也是非定型化决策或非程序性决策，它是在管理活动中新出现的非例行活动的问题的决策。这类决策不能依据原有的制度和程序加以解决，而需要针对出现问题的性质和要求，采用专门的方法进行解决。它主要属于战略性决策，如企业经营方向的改变或经营规模的扩大等。

决策按其内容分政治决策、经济决策、科学技术决策、教育决策和其他决策等。在这些决策中，经济决策是一种重要的决策。经济决策是对经济发展的方针、政策、目标、规划、方案等所做的决定和选择。涉及整个国民经济的决策是国民经济决策，企业的经济决策一般叫经营决策。会计决策属于经济决策。

决策按其与资金时间价值的关系分静态决策和动态决策。静态决策指在决策中不考虑资金时间价值因素的决策，动态决策指在决策中考虑资金时间价值因素的决策。静态决策多用于涉及时间较短的短期经营决策，动态决策则多用于涉及时间较长的长期投资决策。

决策按其技术方法分最小成本型决策，边际贡献型决策，本量利型决策、差量分析型决策、现金流量型决策等。最小成本型决策是假定各备选方案的效益为等额，而以成本最低者为最优的决策。边际贡献型决策是假定企业固定成本为不变，根据各备选方案为企业提供边际贡献的大小而进行的决策。本量利型决策是假定各备选方案的收益或成本与某种业务量成一定的函数关系，并在不同业务量水平上进行的决策。差量分析型决策是以差量作为决策前提，根据各对比方案相互收益与相关成本差量的大小进行的决策。现金流量型决策是立足于某一备选长期投资性项目的现金流量，据其在建造及投产后寿命期间现金流入量和现金流出量的大小而进行的决策。

决策按企业管理的基本职能分计划决策和控制决策。计划决策指为确定计划而做出的决策，如生产新产品、添置新设备、采用新技术计划等决策。控制决策指为控制经济活动按计划进行而做出的决策，如调整生产设备、重新组织调配劳动力、调整原材料供应地点或调整运输路线等的决策。

决策按企业要解决的问题分销售决策、生产决策、存货决策、投资决策等。销售决策可进一步分为销量决策、价格决策等；生产决策可进一步分为生产品种决策、生产批量决策、生产组织决策等；存货决策可进一步分为最优订货批量决策、最优订货批量下的总成本决策等；投资决策可进一步分为设备更新决策，新建、扩建、改造决策等。

决策按其管理层次分为高层次决策、中层次决策和基层决策。高层次决策指单位最高领导人所做的决策，中层次决策指单位中级管理者所做的决策，基层决策指单位基层管理者所做的决策。

决策按因素性质分为定性分析决策和定量分析决策。定性分析决策指决策者以其经验、知识、分析和判断能力进行的决策，定量分析决策指借助工具和数学模型进行数量分析的决策。

三、决策的构成要素

决策过程由决策人、决策对象、决策信息、决策方法和决策结果五个要素构成，它们之间相互联系、相互作用，构成一个决策系统。

决策人，指决策活动的主体，可以是个人，也可以是一个群体——决策机构。现代重大决策，已由个人决策转变为集团决策，由高度集中的决策转变为多层次的分散决策。

决策者素质的高低是影响决策正确性的关键因素。

决策对象，指决策活动的客体，具有两个基本特征：（1）可控性。决策对象只能是人的行为可以施加影响的客观实体，人的行为不能改变的东西不能成为决策对象；（2）有限性。它指决策对象的时间范围和空间范围，如果决策对象无适当的时间和空间范围，就无法进行分析和评价。

决策信息，指与决策对象有关的数据和资料。决策信息的真实与否直接影响决策结果。因此，保证决策信息收集、加工的真实性、及时性以及传送的无误性非常重要。

决策方法，指决策的一般模式、预测方法、定量和定性分析方法、决策方法以及数学和计算机应用等。在决策过程中，决策者必须具有正确完整的信息和科学的决策方法，才能做出正确的决策。

决策结果，指通过决策过程而形成的、作为人们未来行动的方案。它一般用文字、图表、软件等形式来表达。

四、什么是会计决策

从决策的概念和决策的分类可以看出，决策是人们改造客观的一种能力，企业职工在生产经营活动中都有这种能力。在经济管理的不同范围内或不同层次上，管理者也就是决策者，因此，会计是具有决策职能的。会计决策也叫财务决策，它是按一定的财务目标选择最优方案的过程。会计决策既包括会计部门参与企业战略决策，也包括会计部门的管理决策。所谓参与企业战略决策指企业制定经营发展战略，确定产品方向，开发新产品时需由会计部门提供有关信息资料，并需总会计师和会计部门负责人员参加企业领导人召集的有关制定经营发展战略决策的会议，参与制定有关决策。会计有参与决策的职能，一般叫作会计为领导当"参谋"，是大家共同的认识，也是我国在会计工作中发挥会计作用的一条成功的经验。所谓会计部门管理决策指会计部门根据管理与核算的需要对发生的会计事项有权制定本部门的具体管理方法、决定及有关规章制度。

会计具有决策的职能，不是人们为了强调会计重要而外加的，而是会计的地位和条件所决定的。第一，从会计部门所处的地位来看，在企业里，会计部门是一个综合性的职能部门，分管财务目标，有权对资金、成本和利润进行核算和管理。在会计管理活动中，如何筹措、分配和使用资金，如何加速资金周转和提高资金使用效益，如何降低消耗、节省开支以便降低成本，如何增加利润，等等。会计部门可以根据企业战略目标的要求，从企业的现实情况出发，预测未来的发展状况，做出相应的决定或采取相应的措施。在企业实行分权管理的条件下，按照经济责任制的要求，在资金、成本和利润的管理过程中做出相应的管理决策，这正是会计部门履行本部门的职责。事实上，有些企业的会计部门，已经在工作中对加强资金管理、成本管理和利润管理做出决策，并在贯彻、落实中取得显著成绩。由于对决策神秘化的影响，人们对会计部门的这种决策工作，虽然不把它叫作会计决策，但也不能否认这是客观存在的事实。第二，从会计部门的条件来看，会计部门掌握进行决策所必需的信息，如历史的、计划的和实际的有关资金、成本和利润的信息，既有反映资金、成本和利润的综合信息，也有说明和补充综合信息的具体信息，这对于分析影响财务目标的因素是必要的；不仅有反映企业生产经营活动的信息，还有反映同行业和市场的有关信息，这是进行决策时不可缺少的一种依据。会计部门掌握丰富的信息，能够对未来的发展做出科学的预测，并据以作为进行决策的依据。

五、会计决策的意义

提高经济效益已成为经济工作的中心。企业管理的基本任务，也就是要使企业能不断地提高经济效益，投入的劳动消耗和物质消耗要少，产出的社会需要的产品要多又好。如何才能做到提高经济效益，关键在于决策。决策得当，胜利在握；决策失误，必遭失败。"一步走错，全盘皆输"，也是说明抉择的重要。可见，提高经济效益的关键在决策。

企业领导人员对提高经济效益做出的决定即决策，从而决定了企业在一定时期内的发展方向：在生产经营上，生产和销售什么产品或提供什么服务，质量要求达到什么标准；在技术上，采用什么措施；在内部资源使用上，怎样利用人力、物力和财力；在市场关系上，怎样疏通企业之间的渠道，加强企业与国内外市场的联系。正确的决策符合客观经济规律，贯彻执行党的方针、政策，能够调动群众的社会主义积极性，保证完成所确定的目标；错误的决策，违背了客观经济规律，不符合党的方针、政策，也就不能调动群众的社会主义积极性，自然也就不能完成所确定的目标。在现实的经济生活中，由于决策正确，有的厂扭亏为盈，有的厂从无钱发工资到利润有较大增长，有的厂逐年利润稳步增长，有的厂以物美价廉的产品打入国际市场，等等。

经济效益决策的内容，包括投入劳动消耗和物质消耗的决策和产出产品或劳务的决策，具体表现为生产决策、销售决策和会计决策等。生产决策要解决企业生产多少达到一定质量标准的产品；销售决策要解决把生产的产品在什么市场范围内、采用什么销售方式推销出去；会计决策要解决在生产和销售产品过程中，投入多少劳动消耗和物质消耗才是合算的，并能达到降低消耗、增加利润。

在经济效益的生产、销售和会计决策中，中心是会计决策。为什么说经济效益决策的中心是会计决策？首先，会计决策的目标就是要提高经济效益，它要求在一定时期内达到占用资金少、成本低、利润多，这是提高经济效益的重要标志。所以，从某种意义上也可以说，会计决策就是经济效益决策。其次，会计决策影响其他决策。会计决策确定的目标，是进行其他决策的依据或对其评价的标准，如生产决策时，其中要考虑产品生产或提供劳务的劳动消耗和物质消耗是否能达到厉行节约、降低成本的要求；科学技术决策时，在技术上要是先进的，在经济上也要是合理的，能随着劳动生产率的提高而提高经济效益；销售决策时，其中要考虑在产品的销售和提供劳务过程中，要节约流通中劳动消耗和物质消耗，降低销售费用，扩大销售，实现更多的利润。最后，会计决策是其他决策的综合反映。会计决策是以生产决策为基础、科学技术决策为条件、销售决策为保证的，它综合地反映了其他决策所确定的目标在生产经营过程中所占用资金、劳动消耗、物质消耗和实现利润的情况。所以，在经济效益决策中，要重视和做好会计决策。正确的会计决策，有利于保证企业提高经济效益，也有利于促进企业提高管理水平。

第二节　会计决策的内容和程序

一、现代会计决策的特点

从历史的经验决策到现代的科学决策，使会计决策具有新的特点：

系统化。随着生产的发展和科学技术的进步，经济发展的横向联系不断扩张，纵向联系不断深入，使得国民经济部门、地区、行业和企业之间的联系日益紧密、相互依存、相互促进。在这种情况下，各种决策要求系统化，每一个系统需要决策，每种决策是一个系统的决策。会计决策的系统化，在进行会计决策时，一方面要从相互联系出发，按照高一级次系统的要求，考虑其他系统的影响；另一方面要从会计系统的整体出发，以此对会计系统的目标进行决策。

正确化。决策有关系统发展的大局，"差之毫厘，失之千里"，它要求决策正确。那种把决策当成随便估计，只有性质的分析，没有定量的研究，是不符合现代决策的要求的。当然，决策要正确，就必须下一番功夫。不过，在现代经济管理中，应用数学方法和使用电子计算机，也为决策的正确化提供了客观的条件。会计决策的正确化，是要求在正确的会计信息的基础上，根据科学的预测，以准确的概念和科学的数据，对未来的目标做出符合客观发展规律的判断。

高速化。现代经济发展迅速，科学技术日新月异，市场变化万千，现代通信技术使信息传递极为迅速，时间价值观念更为突出，在这种情况下，也要求决策迅速，决策者要抓住时机，当机立断。如果来回研究、久拖不决，必然贻误时机，造成损失。会计决策的高速化，是要按照企业生产经营活动情况和市场变化，根据掌握的会计信息，利用现代计算手段，对加强资金管理、降低成本和增加利润等方面的问题及时做出决策。

群体化。现代决策要求系统化、正确化和高速化，要求决策者在政策、知识、能力和经验等方面都具有很高的素质，否则是不适应的。而一般作为决策者的个人是难于具备这些条件的，因此，现代决策要求由一定决策的群体——决策人员和智囊机构组成的决策集体，利用数据库来进行。会计决策群体化，是会计部门的决策者要与会计咨询机构相结合，对会计目标进行决策。当然，现代决策要群体化，一般是指对重大问题进行的决策，对一般问题可由决策人员进行决策。

二、会计决策的内容

在现代化企业管理中，会计决策是多目标的决策，它的内容包括确定利润目标、成本目标和资金目标。确定这几种目标，是否有一个内在的联系或相互间的制约关系呢？有人主张，在企业管理中，有很多目标，这些目标具体表现为很多技术经济指标，要全面抓这些指标等于什么都不抓；应抓具有"牛鼻子"性质的目标或指标。哪个目标或指标是牛鼻子"却有不同看法。有人认为成本是一个综合性指标,它反映了劳动消耗的大小、物质消耗的多少和劳动生产率的高低,也反映了科学技术水平和生产管理水平,是企业管理中的"牛鼻子",抓住了成本就抓住了"牛鼻子",从而推动其他管理和完成其他任务。还有人认为,企业管理中的"牛鼻子"不是成本而是利润,抓住利润就是抓住了"牛鼻子"。

在企业管理中只能抓一个"牛鼻子"。抓成本还是抓利润?从生产型企业转变为生产经营型企业来分析,应该抓利润这个"牛鼻子"。利润也是一个综合性指标,它同样反映了劳动消耗的大小、物质消耗的多少、劳动生产率的高低、科学技术水平和生产管理水平;同时,它还反映了经营管理的水平和为国家做出贡献的大小。抓利润这个牛鼻子的作用在于:(1)推动各方面工作的进行。抓利润目标,企业必须抓生产经营全过程,加强各方面的管理,增加生产、扩大推销、节约费用、降低成本。在生产经营过程中,一个环节受阻,必然影响其他环节的进行,如增加了生产,也降低了产品生产成本,但产品不能销售出去,甚至形成积压和削价处理,那不仅是资金的浪费,更重要的是不能实现利润,不能完成利润目标。企业只有把产品销售出去,实现了利润,才表明为社会做出了贡献。所以,抓利润这个"牛鼻子",既推动了各方面管理工作,也包括抓成本指标的管理;(2)企业实现并上缴的利润是国家积累资金的重要来源,从而为社会主义扩大再生产的进行提供了资金的保证;(3)工业企业实现的利润是劳动者为社会创造的剩余价值,为改善和提高人民物质文化生活水平提供了物质基础。抓利润这个"牛鼻子",不是说只抓利润指标而不抓其他指标,而是抓利润指标带动完成其他指标。抓利润是在贯彻执行党和国家有关方针、政策和计划、法律的前提下,一是要求企业在一定时期内,要有利润,亏损的企业或产品要扭亏为盈;二是要求企业从发展来看,逐年都要增加利润,对不顾国家和人民利益的"唯利是图"的企业是不允许的。按照抓利润牛鼻子的要求,会计决策确定多目标的顺序应是利润目标、成本目标、资金目标和措施及其相应的决策。

(一)利润决策

按利润目标选择最优方案的过程。企业利润总额由营业利润、投资净收益和营业外收支净额三部分构成,其中,营业利润是主要的,而在营业利润中,产品销售利润又是主要的,因此,确定利润目标,主要在于确定产品销售利润。确定产品销售利润有以下几种方法:

1. 变动成本法。即根据变动成本法的基本内容来确定利润目标。影响产品销售利润目标的因素为计划年度产品销售量、计划年度单位产品销售价格、计划年度单位产品变动成本、计划年度单位产品销售税金和计划年度固定成本,各个因素的不同变化便形成各种不同方案,据此分析,从中选择最优方案。

例:某企业计划年度的产品销售量为40000件,单位产品销售价格为30元,单位产品变动成本为20元,规定的产品消费税率为5%,固定成本为200000元。则:

利润目标 $=40000 \times [30-20-(30 \times 5\%)]-200000=140000$ 元

2. 销售利润率法。即在报告年度销售利润率的基础上,根据计划年度影响销售利润率的因素的可能变化，确定修正系数，再乘以计划年度产品销售收入来确定利润目标。影响产品销售利润目标的因素为报告年度产品销售利润率、修正系数和计划年度产品销售收入，其中，报告年度产品销售利润率是已定的实际数，修正系数和计划年度产品销售收入则是不定的待定数，这两个因素的不同变化便形成各种不同方案，据此分析，从中选择最优方案。

例：某企业报告年度的产品销售收入为 60 万元，产品销售利润为 15 万元；修正系数为 1.1；计划年度产品销售收入为 75 万元。则：

利润目标 $=15/60 \times 100\% \times 1.1 \times 75 = 20.625$ 万元

3. 产值利润率法。即在报告年度产值利润率的基础上，根据计划年度影响产值利润率的因素的可能变化，确定修正系数，再乘以计划年度工业总产值来确定利润目标。影响产品销售利润目标的因素为报告年度产值利润率、修正系数和计划年度工业总产值，其中，报告年度产值利润率是已定的实际数，修正系数和计划年度工业总产值则是不定的待定数，这两个因素的不同变化便形成各种不同方案，据此进行分析，从中选择最优方案。

例：某企业报告年度工业总产值为 150 万元，产品销售利润为 30 万元；修正系数为 1.2；计划年度工业总产值为 180 万元。则：

利润目标 $=30/150 \times 100\% \times 1.2 \times 180 = 43.2$ 万元

4. 资金利润率法。即在报告年度资金利润率的基础上，根据计划年度影响资金利润率的因素的可能变化，确定修正系数，再乘以计划年度资金平均占用额来确定利润目标。影响产品销售利润目标的因素为报告年度资金利润率、修正系数和计划年度资金平均占用额，其中，报告年度资金利润率是已定的实际数，修正系数和计划年度资金平均占用额则是不定的待定数，这两个因素的不同变化便形成各种不同方案，据此进行分析，从中选择最优方案。

例：某企业报告年度资金平均占用额为 350 万元，产品销售利润为 70 万元；修正系数为 1.2；计划年度资金平均占用额为 330 万元。则：

利润目标 $=70/350 \times 100\% \times 1.2 \times 330 = 79.2$ 万元

5. 利润增长比率法。即在报告年度产品销售利润的基础上，根据以往年度平均产品销售利润增长幅度，再根据计划年度有关因素的变化，确定计划年度产品销售利润增减率，据以确定计划年度利润目标。影响产品销售利润目标的因素为报告年度产品销售利润和计划年度产品销售利润增减率，前者是已定的实际数，后者是不定的待定数，后者的不同变化便形成各种不同方案，据此进行分析，从中选择最优方案。

例：某企业报告年度产品销售利润为 42 万元。计划年度产品销售利润增长 25%。则：

利润目标 $=42 \times (1+25\%) = 52.5$ 万元

6. 成本目标法。即根据成本目标来确定利润目标。影响产品销售利润目标的因素为计划年度产品销售量、计划年度产品销售单价、计划年度产品成本目标和计划年度产品销售税金，各个因素的不同变化便形成各种不同方案，据此进行分析，从中选择最优方案。

例：某企业生产和销售甲、乙两种产品，其计划年度的销售量分别为 20000 件、

40000 件，销售单价分别为 80 元、100 元，单位成本目标分别为 64 元、75 元，规定的产品消费税率为 5%。则：

甲产品利润目标 =20000×（80−64−80×5%）=240000 元

乙产品利润目标 =40000×（100−75−100×5%）=800000 元

利润目标总额 =240000+800000=1040000 元

利润决策还包括利用利润评价法，对新产品生产方案、产品生产方式（采用手工操作、半自动化机械或全自动化机械）、产品品种、出售半成品、降低销售价格、赊销和代销等的决策。

（二）成本决策

按成本目标选择最优方案的过程。成本目标以主要产品的单位产品目标成本指标表示。目标成本一般是在利润目标既定的前提下，考虑产品销售价格变动和其他有关因素确定的；它是在产品销售价格已定的条件下，利润水平决定成本水平。确定成本目标有以下几种方法：

1. 利润目标法：根据利润目标来确定成本目标。影响单位产品成本目标的因素为计划年度单位产品销售价格、计划年度某种产品税率、计划年度某种产品利润目标和计划年度某种产品销售量，各个因素的不同变化便形成各种不同方案，据此进行分析，从中选择最优方案。

例：某企业计划年度某种产品的销售单价为 40 元，规定的该种产品税率为 5%，该种产品的利润目标和销售量为 144000 元和 18000 件。则：

单位产品成本目标 =40×（1−5%）−144000/18000=30 元

2. 降低成本比率法。即在报告年度产品成本的基础上，根据计划年度影响产品成本的因素的可能变化，确定计划年度产品成本升降率，据此确定计划年度成本目标。影响单位产品成本目标的因素为报告年度单位产品成本和计划年度单位产品成本升降率，前者是已定的实际数，后者是不定的待定数，后者的不同变化便形成不同方案，据此进行分析，从中选择最优方案。

例：某企业报告年度某种产品单位成本为 50 元，计划年度该种产品单位成本降低率为 5%。则：

单位产品成本目标 =50×（1−5%）=47.50 元

3. 行业成本比较法。按成本构成对本企业和行业其他企业所生产的同种产品进行比较，以行业先进成本作为成本目标。影响单位产品成本目标的两个因素是已定的实际数，因此按公式计算的结果便是成本目标方案。

（三）资金决策

按资金定额选择最优方案的过程。在生产经营目标既定的情况下，为了实现这一目标，需要多少资金——如何确定资金目标方案，这可以采用以下两种方法：

1. 产值比例法。在报告年度资金占用额的基础上，根据计划年度工业总产值增减情况和资金周转率快慢情况来确定资金目标。影响资金目标的因素为报告年度资金平均占用额、计划年度产值增减率和计划年度资金周转率快慢率，其中，报告年度资金平均占用额是已定的实际数，计划年度产值增减率和计划年度资金周转率快慢率则是不定的待定数，这两个因素的不同变化便形成各种不同方案，据此进行分析，从中选择最优方案。

例：某企业报告年度资金平均占用额为 100 万元（已剔除不合理的资金占用额），计划年度工业总产值增加 20%，计划年度资金周转率加快 10%。则：

资金目标 =100×（1+20%）×（1-10%）=108 万元

2. 销售收入比例法。在报告年度资金占用额的基础上，根据计划年度产品销售收入增减情况和资金周转率快慢情况来确定资金目标。影响资金目标的因素为计划年度资金平均占用额、计划年度产品销售收入增减率和计划年度资金周转率快慢率。其中，报告年度资金平均占用额是已定的实际数，计划年度产品销售收入和计划年度资金周转快慢率则是不定的待定数，这两个因素的不同变化便形成各种不同方案，据此进行分析，从中选择最优方案。

例：某企业报告年度资金平均占用额为 500 万元（已剔除不合理的资金占用额），计划年度产品销售收入增加 30%，计划年度资金周转率加快 10%。则：

资金目标 =500×（1+30%）×（1-10%）=585 万元

资金决策还包括筹措资金（如向银行借款或向企业内部职工以及社会发行债券）决策、投资效果决策，更新设备决策，外购与自制设备决策，购置与租赁设备决策，购置与修理旧设备决策，多余设备出租或出售决策，等等。

三、会计决策的原则

进行会计决策要遵循以下原则：

政策性：要贯彻执行党和国家的方针、政策、计划、制度和法律。会计决策的内容涉及企业与国家财政、税务、银行等部门之间，企业与主管部门之间，企业与企业之间和企业与职工之间的各种关系，还涉及企业与国外企业之间的关系，只有依据党和国家的方针、政策、计划、制度和法律，会计决策才是正确的，才能正确地处理各方面的经济关系，把企业经济效益与社会经济效益正确地结合起来。正确的会计决策，才能保证企业的社会主义方向，才能促进企业不断提高经济效益。

效益性：以较少的资金占用或劳动消耗取得较多的收益。在进行会计决策时，要考虑在实行经济核算制和贯彻经济责任制中，在企业内部发挥工资、奖金、信贷、利息、价格、收费和罚款等经济杠杆的作用；加强资金管理，合理、节约地使用资金，加速资金周转，增加生产而少增加资金或不增加资金，以便少占用资金；厉行节约，反对浪费，降低原材料和燃料消耗，提高劳动生产率，以便降低成本；发展生产，增加花色品种，提高产品质量，改善销售条件，提高服务水平，扩大产品销售，降低销售费用，以便增加利润。会计决策具有效益性，才能为企业和国家积累资金，为企业不断发展创造条件。

可行性：符合客观发展的需要，经过努力是可以实现的。决策的可行性在于：第一，会计决策的目标是客观需要的，如资金、成本和利润目标反映了经济发展的需要，企业按会计决策目标组织生产经营活动，实现决策目标将使企业提高经济效益，也为国家积累资金，这既符合企业的经济利益，也符合国家的经济利益。第二，会计决策的基础是客观存在的现实条件，通过调查研究，弄清企业外部环境和企业内部资源（人力、物力和财力）条件，作为进行决策的依据。第三，采取切实可行的措施，通过科学地预测未来时期各种因素的变化，如现实条件与实行决策目标存在差距，就需要相应地制定各种措施，以保证决策目标的实现。所以，会计决策目标具有先进性，但经过努力是可以实现的。

开放性：进行决策是领导与群众、民主与集中相结合的过程。封闭式的决策，少数决策人员不做深入实际的调查研究，不广泛征求职工群众的意见，闭门分析研究做出决策，这种形式是脱离实际的。现代经济管理要实行开放式的决策，要适应集中统一和分级管理的要求采取分级决策。企业的决策要领导与群众相结合，领导要向群众说明决策的要求，决策人员要深入实际、深入基层做调查研究，广泛征求群众意见，发动职工群众讨论决策方案，并听取决策咨询机构的建议，在充分发扬民主的基础上，集中群众的智慧，由决策机构做出决策。开放式的决策才能调动群众的积极性，为实现决策目标而努力。

四、会计决策的程序

会计决策一般包括以下程序：

确定目标。决策是一个过程，这个过程是从确定目标开始的。会计决策的目标是根据企业管理的需要和生产经营活动中存在需要解决的问题来确定的。除规范性的决策目标以外，对于非规范性的决策目标，要通过调查研究、了解情况、分析问题来确定。确定的目标，既是需要的，也是可能达到的。确定的目标，要定性，即概念明确、范围清楚；要定量，即确定以数量表示的目标的边界条件——最高限度是希望达到的，最低限度是必须达到的；要定时，即确定达到目标的时限，是近期目标、中期目标或远期目标；要定条件，即确定目标的约束条件，如目标的人力、物力和财力的使用条件，利润目标的产品产量、质量和品种等条件；要定责任，即确定达到或达不到目标应承担的责任。对于提出的多种目标，要经过剔出不要的，合并次要的，然后按重要性排列顺序，确定决策目标。

收集信息。根据确定的决策目标，收集相关的信息；只有掌握大量的信息，才能为目标设计方案提供可靠的依据。收集信息包括有关党和国家的方针、政策、制度、计划和法律，历史的会计资料，有关的统计资料和计划资料，以及通过调查取得的各种资料，征求专家和职工群众的意见等。

设计方案。按照确定的目标的要求，依据收集的信息，为进行决策设计各种备选方案。设计方案要从分析保证目标实现的条件着手，分析各种限制条件的作用范围和程度，确定其定量、参数和极限值；按限制条件的不同变化形成不同的初步设想。有了初步设想，要进一步具体化，制定具体措施，包括措施项目、负责部门和人员、费用预算和完成日期等，经过多次补充和修改而形成各种备选方案。对于非规范性决策目标，由于多是新出现需要解决的问题，虽可借鉴已有的经验，但主要是寻求新的解决方案。出现新问题是事物发展的规律，要解决新问题，就要求决策人员以创新的精神去解决。设计的方案一定要具有多样性和层次性，在各种方案中也可以有相互矛盾的方案，有多种方案才能从中择优，只有一种方案，没有选择，也就没有决策。

评价方案。对各种方案的评价，主要是进行可行性的研究。评价各种方案实现决策目标后的效果，包括直接效果和间接效果、近期效果和长远效果、有形效果和无形效果、经济效果和社会效果，特别要充分估计可能出现的不良后果，以便事先采取应变措施；评价各种方案限制条件的协调性、稳定性、适应性和可靠性，对实现方案的作用范围和影响程度；评价各种方案为实现目标而制定的各项措施的可行性。例如，在经济上是否合理，能否投资少效果好；在技术上是否先进，能否提高劳动生产率，建设上是否可能，有否人力、物力和财力的资源。对相互联系的多目标要进行综合评价。会计决策的多目标，相互联系、相互制约，需要从整体上进行综合评价，权衡各种目标是否正确。对利润决策目标、成本决策目标和资金决策目标的综合评价，常采用资金利润率指标，即利润与占用的资金进行比较，以每百元资金提供多少利润来表示。

选择方案。根据经过评价的各种决策方案，从中优选一种方案。选择方案的标准有最优标准和满意标准。最优标准的条件是：必须拟订全部的可行方案，决策目标应数量化，能预测方案执行结果，有绝对的择优标准、不受时间限制。最优标准是理想化的标准，由于实际情况的复杂性和受主客观条件的限制，很难判断选出的方案是最优的。因此，一般采用满意标准。满意标准是有限合理性标准，达到足够满意即可。满意标准的条件是：目标正确，能取得较好的效果；符合实际情况，在现实的基础上是发展的必然趋势；措施得当，能保证目标的实现；时间合适。选择方案是从各种方案中选择一种好的方案。选择方案的方法有经验判断法（如淘汰法、排队法和归类法）、数学分析法和试验法。

执行决策。根据选择的决策方案，制定实施措施。一般要把决策目标分解为下一级次的目标，并落实到相应的责任单位，确定在一定时期内完成；同时，通过控制系统，督促并检查决策实施情况，对在执行决策过程中由于原决策制定不周或实际情况发生较大变化而发生与原决策的偏差，及时纠正，以保证决策的顺利实现。

第三节　会计决策的方法

凡是决策都要采用一定的方法。早期的决策一般采用经验决策方法，现代决策一般采用数学方法与使用电子计算机相结合的计量决策方法。在实际工作中，在进行决策时，需要把经验决策法与计量决策法相结合使用。

计量决策法是利用数学方法，对决策问题建立数学模型，并通过对其计算而进行决策。由于不同的决策而采用不同的计量决策法。

一、确定型决策方法

确定型决策采用的方法一般有以下几种：

市场调查法。需要决策的问题，通过市场调查而拟订多种方案，比较各种方案的经济效益，从中选择最优方案。

线性规划法。需要决策的问题比较复杂，一般采用线性规划法。

盈亏分析法。一般用于设备更新决策、不同工艺决策、自制或外购决策、生产规模最优决策等。

差量分析法。一般用于产品品种决策、零部件自制或外购决策、半成品加工或出售决策、联产品是否加工决策等。

投资回收期法、投资收益率法、净现值法、现值指数法等，用于固定资产的长期投资决策。

二、风险型决策方法

风险型决策采用的方法一般有以下几种：

期望值标准法。计算每个方案的期望值，并加以比较，从中选择期望（效益）值最大或期望（损失）值最小的方案为决策方案。

合理性标准法。在假定各种自然状态发生的概率是相等的条件下，计算每个方案的期望值，从中选择最优方案。

最大可能性标准法。先从各种自然状态中选择概率值最大的一种，然后从该自然状态中选择收益值最大的一种方案为决策方案。

决策树法。它是用树形表示决策方案各因素的相互关系，并根据概率期望值从后向前分层进行决策。

三、不确定型决策方法

不确定型决策采用的方法一般有以下几种：

小中取大法。它是采用悲观原则，从不利情况下选择最好方案，是最大最小收益值法。

大中取大法。它是采用乐观原则，从各种自然状况下各方案的最大收益中选择最好方案，是最大最大收益值法。

折中法。它是采用折中原则，从各种方案折中收益值中选择一个最大值为最好方案。

大中取小法。它是采用遗憾原则，从各种方案最大遗憾值中选择一个最小的为决策方案，是最小最大遗憾值法。

第九章 企业财务报告

第一节 财务报告概述

一、财务报告的组成与分类

（一）财务报告的组成

财务报告是综合反映企业某一特定时日的资产、负债和所有者权益状况，以及某一特定时期内的经营成果和现金流动情况的书面文件。财务报告包括财务报表和其他应当在财务报告中披露的相关信息和资料。财务报表是对企业财务状况、经营成果和现金流量的结构表述。为了达到财务报表对有关决策有用和评价企业管理层受托责任的目标，一套完整的财务报表至少应当包括"四表一注"，即资产负债表、利润表、现金流量表、所有者权益变动表以及附注。

1. 资产负债表，反映企业在某一特定日期财务状况的财务报表，按资产、负债和所有者权益分类、分项列示。

2. 利润表，反映企业在一定时期经营成果的财务报表，按照各项收入、费用以及构成利润的各个项目分类、分项列示。

3. 现金流量表，反映企业在一定期间现金和现金等价物流入、流出的财务报表，按照经营活动、投资活动和筹资活动分类、分项列示。

4. 所有者权益变动表，反映企业所有者权益的各组成部分当期增减变动情况的报表。它分别披露企业当期损益、直接计入所有者权益的利得和损失，以及由所有者的资本交易导致的所有者权益的变动情况。

5. 附注，财务报表不可或缺的组成部分，是对资产负债表、利润表、现金流量表和所有者权益变动表等报表中列示项目的文字描述或明细资料，以及对未能在这些报表中列示项目的说明。

（二）财务报告的分类

1. 按编报时间分为定期报表和不定期报表

（1）定期报表一般是指在规定期间对外报送的财务报表，包括年报、半年报、季报与月报。

（2）不定期报表一般是指内部报表，即根据企业经营管理的需要随时编制的财务报表。

2.按反映企业资金运动的方式分为静态财务报表和动态财务报表

（1）静态财务报表是反映企业在某一时日资金分布和来源情况的书面报告，它是根据各有关账户的期末余额编制的报表，如资产负债表。

（2）动态财务报表是反映企业在一定时期资金运动结果的财务报表，它是根据各有关账户的本期发生额编制的报表，如利润表和现金流量表。

3.按财务报告的对象分为对外报送报表和内部报表

（1）对外报送报表又称为财务报表，是指根据国家有关法规、制度规定，按统一格式定期向有关部门报送的财务报表，如资产负债表、利润表和现金流量表。

（2）内部报表又称为管理财务报表，是根据企业内部管理需要，自行设计、填制的各种会计报表，无统一格式，国家不作统一规定，如成本表、生产费用表等。

4.按财务报告编制的范围分为个别财务报表和合并财务报表

（1）个别财务报表是独立核算的法人单位根据账簿资料编制的，反映本企业财务状况、经营成果和现金流量的财务报表，如资产负债表、利润表和现金流量表。

（2）合并财务报表是指反映企业集团整体财务状况、经营成果和现金流量的财务报表，如合并资产负债表、合并利润表和合并现金流量表。

二、财务报告的目标和作用

（一）财务报告的目标

财务报告的目标是向财务报告使用者提供与企业财务状况、经营成果和现金流量等有关的会计信息，反映企业管理层受托责任履行情况，有助于财务报告使用者做出经济决策。财务报告的使用者通常包括投资者、债权人、政府及其有关部门和社会公众。

（二）财务报告的作用

财务报表将企业日常经营活动进行记录、整理、分类、分析计算与汇总，汇总了会计主体的财务状况、经营业绩、现金流量等总括性信息，向不同的财务信息使用者提供企业财务信息。财务报表对不同的使用者，具有不同的重要作用。

1.有助于投资人、债权人和潜在投资者等进行合理的决策

对投资者和债权人来说，利用企业财务报表的信息，判断企业在竞争激烈的市场环境中生存、适应、成长和扩展的能力是非常有益的。他们通过阅读财务报表，可以知道在企业经理的管理下，企业的经营活动是否正常、是否取得盈利，他们的投资回报是多少、他们的资金是否能够保全。这有助于投资者、债权人和潜在的投资人预测企业未来，做出合理的投资决策和维护其自身利益。

2.能够帮助管理当局改善经营管理，协调企业与相关利益集团的关系，促进企业快速、稳定的发展

从一般管理人员到经理主管人员，都需要了解企业现在及未来的财务状况。他们通过阅读财务报表可以掌握相关信息，并利用这些信息改善经营管理，做出适宜的、有利于企业发展的有效管理计划和经济决策。

3.能够帮助国家有关部门实现其经济与社会目标，并进行必要的宏观调控，促进社会资源的有效配置

政府机构通过企业报送的财务信息，掌握社会资源的使用与配置等情况，为国家制定经济政策、进行宏观调控提供基础资料。

三、财务报告列报的基本要求

（一）以持续经营为基础

企业应当根据实际发生的交易或事项，以持续经营为基础，按照我国《企业会计准则》的规定编制财务报表，不应以附注披露代替确认和计量。在编制财务报表过程中，企业管理层应当在考虑市场经营能力等因素的基础上，对企业的持续经营能力进行评价。如果对企业的持续经营能力产生重大怀疑，应当在附注中披露导致对持续经营能力产生重大怀疑的影响因素。企业正式决定或被迫在当期或在下一个会计期间进行清算或停止营业的，表明其处于非持续经营状态，应当采用其他基础编制财务报表，并在附注中声明财务报表未以持续经营为基础列报，并披露未以持续经营为基础的原因和财务报表的编制基础。

（二）各会计期间保持一致，不得随意变更

报表项目列报应当在各个会计期间保持一致，不得随意变更，但下列情况除外：

1.我国《企业会计准则》要求改变财务报表项目的列报。

2.企业经营业务的性质发生重大变动后，变更财务报表项目的列报能够提供更可靠、更相关的会计信息。

（三）坚持重要性原则

在编制财务报表的过程中，企业应当考虑报表项目的重要性。对于性质或功能不同的项目，如"长期股权投资""固定资产"等，应当在财务报表中单独列报，但不具有重要性的项目除外；对于性质或功能类似的项目，如"库存商品""原材料"等，应当予以合并，作为"存货"项目列报。

（四）各项目金额不得相互抵销

财务报告中的资产项目和负债项目的金额、收入项目和费用项目的金额不得相互抵销，但满足抵销条件的除外。下列两种情况不属于抵销，可以净额列示：第一，资产项目按扣除减值准备后的净额列示，不属于抵销；第二，非日常活动产生的损益，以收入

扣减费用后的金额列示，不属于抵销。

（五）满足可比性原则

当期财务报告的列报，至少应当提供所有列报项目上一可比会计期间的比较数据，以及与理解当期财务报表相关的说明，但另有规定的除外。财务报表项目的列报发生变更的，应当对上期比较数据当期的列报要求进行调整，并在附注中披露原因和性质，以及调整的各项金额。对上期比较数据进行调整不切实可行的，应当在附注中披露不能调整的原因。不切实可行，是指企业在做出所有合理努力后仍然无法采用某项规定。

企业应当在财务报表的显著位置至少披露下列各项：①编报企业的名称；②资产负债表日或财务报表涵盖的会计期间；③人民币金额单位；④财务报表是合并财务报表的，应当予以标明。

企业至少应当按年编制财务报表。年度财务报表涵盖的期间短于一年的情况的，应当披露年度财务报表的涵盖期间，以及短于一年的原因。

第二节　资产负债表

一、资产负债表概述

资产负债表是反映企业在某一特定日期的财务状况的报表，是企业经营活动的静态反映。资产负债表是根据"资产＝负债＋所有者权益"这一平衡公式，依照一定的分类标准和一定的次序，将某一特定日期的资产、负债、所有者权益的具体项目予以适当的排列编制而成。资产负债表主要反映资产、负债和所有者权益三方面的内容。通过资产负债表，可以反映企业在某一特定日期所拥有或控制的经济资源、所承担的现时义务和所有者对净资产的要求权，帮助财务报表使用者全面了解企业的财务状况，分析企业的偿债能力等情况，从而为其做出经济决策提供依据。

二、资产负债表的结构

资产负债表一般由表头、表体两部分组成。表头部分应列明报表名称、编制单位名称、资产负债表日、报表编号和计量单位；表体部分是资产负债表的主体，列示用以说明企业财务状况的各个项目。资产负债表的表体格式一般有报告式和账户式两种。报告式资产负债表是上下结构，上半部分列示资产各项目，下半部分列示负债和所有者权益各项目。账户式资产负债表是左右结构，左边列示资产各项目，反映全部资产的分布及存在状态；右边列示负债和所有者权益各项目，反映全部负债和所有者权益的内容及构成情况。不管采取什么格式，资产各项目的合计一定等于负债和所有者权益各项目的合计。

我国企业的资产负债表采用账户式结构，分为左右两方。左方为资产项目，大体按资产的流动性大小排列，流动性大的资产如"货币资金""交易性金融资产"等排在前面，流动性小的资产如"长期股权投资""固定资产"等排在后面。右方为负债及所有者权益项目，一般按要求清偿时间的先后顺序排列，"短期借款""应付票据""应付账款"等需要在一年以内或者少于一年的一个正常营业周期内偿还的流动负债排在前面，"长期借款"等在一年以上才需偿还的非流动负债排在中间，在企业清算之前不需要偿还的所有者权益项目排在后面。

账户式资产负债表中的资产各项目的合计等于负债和所有者权益各项目的合计，即资产负债表左方和右方平衡。通过账户式资产负债表，可以反映资产、负债、所有者权益之间的内在关系，即"资产＝负债＋所有者权益"。

三、资产负债表的编制方法

（一）资产负债表项目的填列方法

资产负债表各项目均需填列"期末余额"和"上年年末余额"两栏。

资产负债表的"上年年末余额"栏内各项数字，应根据上年年末资产负债表的"期末余额"栏内所列数字填列。如果上年度资产负债表规定的各个项目的名称和内容与本年度不一致，应按照本年度的规定对上年年末资产负债表各项目的名称和数字进行调整，填入本年度资产负债表的"上年年末余额"栏内。

资产负债表的"期末余额"栏主要有以下几种填列方法：

1.根据总账科目余额填列。如"短期借款""资本公积"等项目，根据"短期借款""资本公积"，各总账科目的余额直接填列。有些项目则需根据几个总账科目的期末余额计算填列，如"货币资金"项目，需根据"库存现金""银行存款""其他货币资金"三个总账科目的期末余额的合计数填列。

2.根据明细账科目余额计算填列。如"应付账款"项目，需要根据"应付账款"和"预付账款"两个科目所属的相关明细科目的期末贷方余额计算填列；"预付款项"项目，需要根据"应付账款"科目和"预付账款"科目所属的相关明细科目的期末借方余额减去与"预付账款"有关的坏账准备贷方余额计算填列；"预收款项"项目，需要根据"应收账款"科目和"预收账款"科目所属的相关明细科目的期末贷方余额合计填列；"开发支出"项目需要根据"研发支出"科目中所属的"资本化支出"明细科目期末余额计算填列；"应付职工薪酬"项目，需要根据"应付职工薪酬"科目的明细科目期末余额计算填列；"一年内到期的非流动资产""一年内到期的非流动负债"项目，需要根据相关非流动资产和非流动负债项目的明细科目余额计算填列；"未分配利润"项目，需要根据"利润分配"科目中所属的"未分配利润"明细科目期末余额填列。

3.根据总账科目和明细账科目余额分析计算填列。如"长期借款"项目，需要根据"长期借款"总账科目余额扣除"长期借款"科目所属的明细科目中将在一年内到期且企业不能自主地将清偿义务展期的长期借款后的金额计算填列；"其他非流动资产"项目，应根据有关科目的期末余额减去将于一年内（含一年）收回数后的金额计算填列；"其他非流动负债"项目，应根据有关科目的期末余额减去将于一年内（含一年）到期偿还数后的金额计算填列。

4. 根据有关科目余额减去其备抵科目余额后的净额填列。如"应收票据""应收账款""长期股权投资""在建工程"等项目，应当根据"应收票据""应收账款""长期股权投资""在建工程"等科目的期末余额减去"坏账准备""长期股权投资减值准备""在建工程减值准备"等备抵科目余额后的净额填列；"投资性房地产"（采用成本模式计量）"固定资产"项目，应当根据"投资性房地产""固定资产"科目的期末余额，减去"投资性房地产累计折旧""投资性房地产减值准备""累计折旧""固定资产减值准备"等备抵科目的期末余额，以及"固定资产清理"科目期末余额后的净额填列；"无形资产"项目，应当根据"无形资产"科目的期末余额，减去"累计摊销""无形资产减值准备"等备抵科目余额后的净额填列。

5. 综合运用上述填列方法分析填列。如"存货"项目，需要根据"原材料""库存商品""委托加工物资""周转材料""材料采购""在途物资""发出商品""材料成本差异"等总账科目期末余额的分析汇总数，再减去"存货跌价准备"科目余额后的净额填列。

（二）资产负债表项目的填列说明

1. 资产项目的填列说明

（1）"货币资金"项目，反映企业库存现金、银行结算户存款、外埠存款、银行汇票存款、银行本票存款、信用卡存款、信用证保证金存款等的合计数。本项目应根据"库存现金""银行存款""其他货币资金"科目期末余额的合计数填列。

（2）"交易性金融资产"项目，反映资产负债表日企业分类为以公允价值计量且其变动计入当期损益的金融资产，以及企业持有的指定为以公允价值计量且其变动计入当期损益的金融资产的期末账面价值。该项目应根据"交易性金融资产"科目的相关明细科目期末余额分析填列。自资产负债表日起超过一年到期且预期持有超过一年的以公允价值计量且其变动计入当期损益的非流动金融资产的期末账面价值，在"其他非流动金融资产"项目反映。

（3）"应收票据"项目，反映资产负债表日以摊余成本计量的，企业因销售商品、提供服务等收到的商业汇票，包括银行承兑汇票和商业承兑汇票。该项目应根据"应收票据"科目的期末余额，减去"坏账准备"科目中相关坏账准备期末余额后的金额分析填列。

（4）"应收账款"项目，反映资产负债表日以摊余成本计量的，企业因销售商品、提供服务等经营活动应收取的款项。该项目应根据"应收账款"科目及"预收账款"科目明细账的借方余额之和，减去"坏账准备"科目中相关坏账准备期末余额后的金额分析填列。

（5）"应收款项融资"项目，反映资产负债表日以公允价值计量且其变动计入其他综合收益的应收票据和应收账款等。

（6）"预付款项"项目，反映企业按照购货合同规定预付给供应单位的款项等。

本项目应根据"预付账款"和"应付账款"科目所属各明细科目的期末借方余额合计数，减去"坏账准备"科目中有关预付账款计提的坏账准备期末余额后的净额填列。如"预付账款"科目所属明细科目期末为贷方余额的，应在资产负债表"应付账款"项目内填列。

（7）"其他应收款"项目，反映企业除应收票据、应收账款、预付账款等经营活动以外的其他各种应收、暂付的款项。本项目应根据"应收利息""应收股利""其他应收款"科目的期末余额合计数，减去"坏账准备"科目中相关坏账准备期末余额后的金额填列。其中，"应收利息"仅反映相关金融工具已到期可收取但于资产负债表日尚未收到的利息。基于实际利率法计提的金融工具的利息应包含在相应金融工具的账面余额中。

（8）"存货"项目，反映企业期末在库、在途和在加工中的各种存货的可变现净值或成本（成本与可变现净值孰低）。存货包括各种材料、商品、在产品、半成品、包装物、低值易耗品、发出商品等。本项目应根据"材料采购""原材料""库存商品""周转材料""委托加工物资""发出商品""生产成本""受托代销商品"等科目的期末余额合计数，减去"受托代销商品款""存货跌价准备"科目期末余额后的净额填列。材料采用计划成本核算，以及库存商品采用计划成本核算或售价核算的企业，还应按加或减材料成本差异、商品进销差价后的金额填列。

（9）"合同资产"项目，反映企业按《企业会计准则第14号——收入》的相关规定，根据本企业履行履约义务与客户付款之间的关系在资产负债表中列示的"合同资产""合同负债"项目，应根据"合同资产"科目的相关明细科目期末余额分析填列，同一合同下的合同资产和合同负债应当以净额列示。其中，净额为借方余额的，应当根据其流动性在"合同资产"或"其他非流动资产"项目中填列，已计提减值准备的，还应以减去"合同资产减值准备"科目中相关的期末余额后的金额填列；净额为贷方余额的，应当根据其流动性在"合同负债"或"其他非流动负债"项目中填列。

（10）"持有待售资产"项目，反映资产负债表日划分为持有待售类别的非流动资产及划分为持有待售类别的处置组中的流动资产和非流动资产的期末账面价值。该项目应根据"持有待售资产"科目的期末余额，减去"持有待售资产减值准备"科目的期末余额后的金额填列。

（11）"一年内到期的非流动资产"项目，反映企业预计自资产负债表日起一年内变现的非流动资产。本项目应根据有关科目的期末余额分析填列。

（12）"债权投资"项目，反映资产负债表日企业以摊余成本计量的长期债权投资的期末账面价值。该项目应根据"债权投资"科目的相关明细科目期末余额，减去"债权投资减值准备"科目中相关减值准备的期末余额后的金额分析填列。自资产负债表日起一年内到期的长期债权投资的期末账面价值，在"一年内到期的非流动资产"项目反映。企业购入的以摊余成本计量的一年内到期的债权投资的期末账面价值，在"其他流动资产"项目反映。

（13）"其他债权投资"项目，反映资产负债表日企业分类为以公允价值计量，且其变动计入其他综合收益的长期债权投资的期末账面价值。该项目应根据"其他债权投资"科目的相关明细科目期末余额分析填列。自资产负债表日起一年内到期的长期债权投资的期末账面价值，在"一年内到期的非流动资产"项目反映。企业购入的以公允价值计量且其变动计入"其他综合收益"的一年内到期的债权投资的期末账面价值，在"其他流动资产"项目反映。

（14）"长期应收款"项目，反映企业租赁产生的应收款项和采用递延方式分期收款，实质上具有融资性质的销售商品和提供劳务等经营活动产生的应收款项。本项目应根据"长期应收款"科目的期末余额，减去相应的"未实现融资收益"科目和"坏账准备"科目所属相关明细科目期末余额后的金额填列。

（15）"长期股权投资"项目，反映投资方对被投资单位实施控制、重大影响的权益性投资，以及对其合营企业的权益性投资。本项目应根据"长期股权投资"科目的期末余额，减去"长期股权投资减值准备"科目的期末余额后的净额填列。

（16）"其他权益工具投资"项目，反映资产负债表日企业指定为以公允价值计量且其变动计入其他综合收益的非交易性权益工具投资的期末账面价值。该项目应根据"其他权益工具投资"科目的期末余额填列。

（17）"固定资产"项目，反映资产负债表日企业固定资产的期末账面价值和企业尚未清理完毕的固定资产清理净损益。该项目应根据"固定资产"科目的期末余额，减去"累计折旧"和"固定资产减值准备"科目的期末余额后的金额，以及"固定资产清理"科目的期末余额填列。

（18）"在建工程"项目，反映资产负债表日企业尚未达到预定可使用状态的在建工程的期末账面价值和企业为在建工程准备的各种物资的期末账面价值。该项目应根据"在建工程"科目的期末余额，减去"在建工程减值准备"科目的期末余额后的金额，以及"工程物资"科目的期末余额，减去"工程物资减值准备"科目的期末余额后的金额填列。

（19）"使用权资产"项目，反映资产负债表日承租人企业持有的使用权资产的期末账面价值。该项目应根据"使用权资产"科目的期末余额，减去"使用权资产累计折旧"和"使用权资产减值准备"科目的期末余额后的金额填列。

（20）"无形资产"项目，反映企业持有的专利权、非专利技术、商标权、著作权、土地使用权等无形资产的成本减去累计摊销和减值准备后的净值。本项目应根据"无形资产"科目的期末余额，减去"累计摊销"和"无形资产减值准备"科目期末余额后的净额填列。

（21）"开发支出"项目，反映企业开发无形资产过程中能够资本化形成无形资产成本的支出部分。本项目应根据"研发支出"科目中所属的"资本化支出"明细科目期末余额填列。

（22）"长期待摊费用"项目，反映企业已经发生但应由本期和以后各期负担的分摊期限在一年以上的各项费用。长期待摊费用中在一年内（含一年）摊销的部分，在资产负债表"一年内到期的非流动资产"项目填列。本项目应根据"长期待摊费用"科目的期末余额，减去将于一年内（含一年）摊销的数额后的金额分析填列。

（23）"递延所得税资产"项目，反映企业根据所得税准则确认的可抵扣暂时性差异产生的所得税资产。本项目应根据"递延所得税资产"科目的期末余额填列。

（24）"其他非流动资产"项目，反映企业除上述非流动资产以外的其他非流动资产。本项目应根据有关科目的期末余额填列。

2. 负债项目的填列说明

（1）"短期借款"项目，反映企业向银行或其他金融机构等借入的期限在一年以下（含一年）的各种借款。本项目应根据"短期借款"科目的期末余额填列。

（2）"交易性金融负债"项目，反映企业资产负债表日承担的交易性金融负债，以及企业持有的直接指定为以公允价值计量且其变动计入当期损益的金融负债的期末账面价值。该项目应根据"交易性金融负债"科目的相关明细科目期末余额填列。

（3）"应付票据"项目，反映资产负债表日以摊余成本计量的，企业因购买材料、商品和接受服务等开出、承兑的商业汇票，包括银行承兑汇票和商业承兑汇票。该项目应根据"应付票据"科目的期末余额填列。

（4）"应付账款"项目，反映资产负债表日以摊余成本计量的，企业因购买材料、商品和接受服务等经营活动应支付的款项。该项目应根据"应付账款"和"预付账款"科目所属的相关明细科目的期末贷方余额合计数填列。

（5）"预收款项"项目，反映企业按照购货合同规定预收供应单位的款项。本项目应根据"预收账款"和"应收账款"科目所属各明细科目的期末贷方余额合计数填列。如"预收账款"科目所属明细科目期末为借方余额的，应在资产负债表"应收账款"项目内填列。

（6）"合同负债"项目，反映企业按照《企业会计准则第14号——收入》的相关规定，根据本企业履行履约义务与客户付款之间的关系在资产负债表中列示的合同负债。"合同负债"项目应根据"合同负债"的相关明细科目期末余额分析填列。

（7）"应付职工薪酬"项目，反映企业为获得职工提供的服务或解除劳动关系而给予的各种形式的报酬或补偿。企业提供给职工配偶、子女、受赡养人、已故员工遗属及其他受益人等的福利，也属于职工薪酬。职工薪酬主要包括短期薪酬、离职后福利、辞退福利和其他长期职工福利。本项目应根据"应付职工薪酬"科目所属各明细科目的期末贷方余额分析填列。外商投资企业按规定从净利润中提取的职工奖励及福利基金，也在本项目列示。

（8）"应交税费"项目，反映企业按照税法规定计算应交纳的各种税费，包括增值税、消费税、城市维护建设税、教育费附加、企业所得税、资源税、土地增值税、房产税、城镇土地使用税、车船税、矿产资源补偿费等。企业代扣代缴的个人所得税，也通过本项目列示。企业所交纳的税金不需要预计应交数的，如印花税、耕地占用税等，不在本项目列示。本项目应根据"应交税费"科目的期末贷方余额填列，如"应交税费"科目期末为借方余额，应以"–"号填列。需要说明的是，"应交税费"科目下的"应交增值税""未交增值税""待抵扣进项税额""待认证进项税额""增值税留抵税额"等明细科目期末借方余额应根据情况，在资产负债表中的"其他流动资产"或"其他非流动资产"项目列示；"应交税费——待转销项税额"等科目期末贷方余额应根据情况，在资产负债表中的"其他流动负债"或"其他非流动负债"项目列示； "应交税费"科目下的"未交增值税""简易计税""转让金融商品应交增值税""代扣代缴增值税"等科目期末贷方余额应在资产负债表中的"应交税费"项目列示。

（9）"其他应付款"项目，反映企业除应付票据、应付账款、预收账款、应付职工薪酬、应交税费等经营活动以外的其他各项应付、暂收的款项。本项目应根据"应付利息""应付股利""其他应付款"科目的期末余额合计数填列。其中， "应付利息"科目仅反映相关金融工具已到期应支付但于资产负债表日尚未支付的利息。基于实际利率法计提的金融工具的利息应包含在相应金融工具的账面余额中。

（10）"持有待售负债"项目，反映资产负债表日处置组中与划分为持有待售类别的资产直接相关的负债的期末账面价值。本项目应根据"持有待售负债"科目的期末余额填列。

（11）"一年内到期的非流动负债"项目，反映企业非流动负债中将于资产负债表日后一年内到期部分的金额，如将于一年内偿还的长期借款。本项目应根据有关科目的期末余额分析填列。

（12）"长期借款"项目，反映企业向银行或其他金融机构借入的期限在一年以上（不含一年）的各项借款。本项目应根据"长期借款"科目的期末余额，扣除"长期借款"科目所属的明细科目中将在资产负债表日起一年内到期且企业不能自主地将清偿义务展期的长期借款后的金额计算填列。

（13）"应付债券"项目，反映企业为筹集长期资金而发行的债券本金及应付的利息。本项目应根据"应付债券"科目的期末余额分析填列。对于资产负债表日企业发行的金融工具，分类为金融负债的，应在本项目填列； 对于优先股和永续债，还应在本项目下的"优先股"项目和"永续债"项目分别填列。

（14）"租赁负债"项目，反映资产负债表日承租人企业尚未支付的租赁付款额的期末账面价值。该项目应根据"租赁负债"科目的期末余额填列。自资产负债表日起一年内到期应予以清偿的租赁负债的期末账面价值，在"一年内到期的非流动负债"项目反映。

（15）"长期应付款"项目，应根据"长期应付款"科目的期末余额，减去相关的"未确认融资费用"科目的期末余额后的金额，以及"专项应付款"科目的期末余额填列。

（16）"预计负债"项目，反映企业根据或有事项等相关准则确认的各项预计负债，包括对外提供担保、未决诉讼、产品质量保证、重组义务以及固定资产和矿区权益弃置义务等产生的预计负债。本项目应根据"预计负债"科目的期末余额填列。企业按照《企业会计准则第22号——金融工具确认和计量》的相关规定，对贷款承诺等项目计提的损失准备，应当在本项目中填列。

（17）"递延收益"项目，反映尚待确认的收入或收益。本项目核算包括企业根据政府补助准则确认的应在以后期间计入当期损益的政府补助金额、售后租回形成融资租赁的售价与资产账面价值差额等其他递延性收入。本项目应根据"递延收益"科目的期末余额填列。本项目中摊销期限只剩一年或不足一年的，或预计在一年内（含一年）进行摊销的部分，不得归类为流动负债，仍在本项目中填列，不转入"一年内到期的非流动负债"项目。

（18）"递延所得税负债"项目，反映企业根据所得税准则确认的应纳税暂时性差异产生的所得税负债。本项目应根据"递延所得税负债"科目的期末余额填列。

（19）"其他非流动负债"项目，反映企业除以上非流动负债以外的其他非流动负债。本项目应根据有关科目期末余额，减去将于一年内（含一年）到期偿还数后的余额分析填列。非流动负债各项目中将于一年内（含一年）到期的非流动负债，应在"一年内到期的非流动负债"项目内反映。

3. 所有者权益项目的填列说明

（1）"实收资本（或股本）"项目，反映企业各投资者实际投入的资本（或股本）总额。本项目应根据"实收资本（或股本）"科目的期末余额填列。

（2）"其他权益工具"项目，反映资产负债表日企业发行在外的除普通股以外分类为权益工具的金融工具的期末账面价值，并下设"优先股"和"永续债"两个项目，分别反映企业发行的分类为权益工具的优先股和永续债的账面价值。

（3）"资本公积"项目，反映企业收到投资者出资超出其在注册资本或股本中所占的份额，以及直接计入所有者权益的利得和损失等。本项目应根据"资本公积"科目的期末余额填列。

（4）"其他综合收益"项目，反映企业其他综合收益的期末余额。本项目应根据"其他综合收益"科目的期末余额填列。

（5）"专项储备"项目，反映高危行业企业按国家规定提取的安全生产费的期末账面价值。本项目应根据"专项储备"科目的期末余额填列。

（6）"盈余公积"项目，反映企业盈余公积的期末余额。本项目应根据"盈余公积"科目的期末余额填列。

（7）"未分配利润"项目，反映企业尚未分配的利润。本项目应根据"本年利润"科目和"利润分配"科目的余额计算填列。未弥补的亏损在本项目内以"–"号填列。

第三节　利润表

一、利润表概述

利润表，又称损益表，是反映企业在一定会计期间的经营成果的报表。

利润表可以反映企业在一定会计期间收入、费用、利润（或亏损）的金额和构成情况，为财务报表使用者全面了解企业的经营成果、分析企业的获利能力及盈利增长趋势、做出经济决策提供依据。

二、利润表的结构

利润表的结构有单步式和多步式两种。单步式利润表是将当期所有的收入列在一起、所有的费用列在一起，然后将两者相减得出当期净损益。我国企业的利润表采用多步式格式，即通过对当期的收入、费用、支出项目按性质进行归类，按利润形成的主要环节列示一些中间性利润指标，分步计算当期净损益，以便财务报表使用者理解企业经营成果的不同来源。

利润表一般由表头、表体两部分组成。表头部分应列明报表名称、编制单位名称、编制日期、报表编号和计量单位。表体部分为利润表的主体，列示了形成经营成果的各个项目和计算过程。

为了使财务报表使用者通过比较不同期间利润的实现情况，判断企业经营成果的未来发展趋势，企业需要提供比较利润表。为此，利润表金额栏分为"本期金额"和"上期金额"两栏分别填列。

三、利润表的编制方法

利润表编制的原理是"收入－费用＝利润"的会计平衡公式和收入与费用的配比原则。企业在生产经营中不断地取得各项收入，同时发生各种费用，收入减去费用的剩余部分为企业的盈利。如果企业经营不善，发生的生产经营费用超过取得的收入，超过部分为企业的亏损。将取得的收入和发生的相关费用进行对比，对比结果表现为企业的经营成果。企业将经营成果的核算过程和结果编成报表，即利润表。

（一）利润表项目的填列方法

我国一般企业利润表的主要编制步骤和内容如下：

第一步，以营业收入为基础，减去营业成本、税金及附加、销售费用、管理费用、研发费用、财务费用，加上其他收益、投资收益（或减去投资损失）、净敞口套期收益（或减去净敞口套期损失）、公允价值变动收益（或减去公允价值变动损失）、资产减值损失、信用减值损失、资产处置收益（或减去资产处置损失），计算出营业利润。

第二步，以营业利润为基础，加上营业外收入，减去营业外支出，计算出利润总额。

第三步，以利润总额为基础，减去所得税费用，计算出净利润（或净亏损）。

第四步，以净利润（或净亏损）为基础，计算出每股收益。

第五步，以净利润（或净亏损）和其他综合收益为基础，计算出综合收益总额。

利润表各项目均需填列"本期金额"和"上期金额"两栏。其中，"上期金额"栏内各项数字应根据上年该期利润表的"本期金额"栏内所列数字填列；"本期金额"栏内各期数字，除"基本每股收益"和"稀释每股收益"项目外，应当按照相关科目的发生额分析填列。如"营业收入"项目，根据"主营业务收入""其他业务收入"科目的发生额分析计算填列；"营业成本"项目，根据"主营业务成本""其他业务成本"科目的发生额分析计算填列。

（二）利润表主要项目的填列说明

（1）"营业收入"项目反映企业经营主要业务和其他业务所确认的收入总额。本项目应根据"主营业务收入"和"其他业务收入"科目的发生额分析填列。

（2）"营业成本"项目反映企业经营主要业务和其他业务所发生的成本总额。本项目应根据"主营业务成本"和"其他业务成本"科目的发生额分析填列。

（3）"税金及附加"项目，反映企业经营业务应负担的消费税、城市维护建设税、教育费附加、资源税、土地增值税、房产税、车船税、城镇土地使用税、印花税等相关税费。本项目应根据"税金及附加"科目的发生额分析填列。

（4）"销售费用"项目，反映企业在销售商品过程中发生的包装费、广告费等费用，以及为销售本企业商品而专设的销售机构的职工薪酬、业务费等经营费用。本项目应根据"销售费用"科目的发生额分析填列。

（5）"管理费用"项目，反映企业为组织和管理生产经营发生的管理费用。本项目应根据"管理费用"科目的发生额分析填列。

（6）"研发费用"项目，反映企业进行研究与开发过程中发生的费用化支出，以及计入管理费用的自行开发无形资产的摊销。本项目应根据"管理费用"科目下的"研发费用"明细科目的发生额，以及"管理费用"科目下"无形资产摊销"明细科目的发生额分析填列。

（7）"财务费用"项目，反映企业为筹集生产经营所需资金等而发生的应予费用化的利息支出。本项目应根据"财务费用"科目的相关明细科目发生额分析填列。其中，"利息费用"项目反映企业为筹集生产经营所需资金等而发生的应予费用化的利息支出，应根据"财务费用"科目的相关明细科目的发生额分析填列；"利息收入"项目反映企业应冲减财务费用的利息收入，应根据"财务费用"科目的有关明细科目的发生额分析填列。

（8）"其他收益"项目，反映计入其他收益的政府补助，以及其他与日常活动相关且计入其他收益的项目。本项目应根据"其他收益"科目的发生额分析填列。企业作为个人所得税的扣缴义务人，根据《中华人民共和国个人所得税法》收到的扣缴税款手续费，应作为其他与日常活动相关的收益在本项目中填列。

（9）"投资收益"项目，反映企业以各种方式对外投资所取得的收益。本项目应根据"投资收益"科目的发生额分析填列。如为投资损失，本项目以"-"号填列。

（10）"净敞口套期收益"项目，反映净敞口套期下被套期项目累计公允价值变动转入当期损益的金额或现金流量套期储备转入当期损益的金额。本项目应根据"净敞口套期损益"科目的发生额分析填列。如为套期损失，本项目以"-"号填列。

（11）"公允价值变动收益"项目，反映企业应当计入当期损益的资产或负债公允价值变动收益。本项目应根据"公允价值变动损益"科目的发生额分析填列。如为净损失，本项目以"-"号填列。

（12）"信用减值损失"项目，反映企业按照《企业会计准则第 22 号——金融工具确认和计量》的要求计提的各项金融工具信用减值准备所确认的信用损失。本项目应根据"信用减值损失"科目的发生额分析填列。

（13）"资产减值损失"项目，反映企业有关资产发生的减值损失。本项目应根据"资产减值损失"科目的发生额分析填列。

（14）"资产处置收益"项目，反映企业出售划分为持有待售的非流动资产（金融工具、长期股权投资和投资性房地产除外）或处置组（子公司和业务除外）时确认的处置利得或损失，以及处置未划分为持有待售的固定资产、在建工程、生产性生物资产及无形资产而产生的处置利得或损失。债务重组中因处置非流动资产（金融工具、长期股权投资和投资性房地产除外）产生的利得或损失和非货币性资产交换中换出非流动资产（金融工具、长期股权投资和投资性房地产除外）产生的利得或损失也包括在本项目内。本项目应根据"资产处置损益"科目的发生额分析填列。如为处置损失，本科目以"-"号填列。

（15）"营业利润"项目，反映企业实现的营业利润。如为亏损，本科目以"-"号填列。

（16）"营业外收入"项目，反映企业发生的除营业利润以外的收益，主要包括与企业日常活动无关的政府补助、盘盈利得、捐赠利得（企业接受股东或股东的子公司直接或间接的捐赠，经济实质属于股东对企业的资本性投入的除外）等。本项目应根据"营业外收入"科目的发生额分析填列。

（17）"营业外支出"项目，反映企业发生的除营业利润以外的支出，主要包括公益性捐赠支出、非常损失、盘亏损失、非流动资产毁损报废损失等。本项目应根据"营业外支出"科目的发生额分析填列。

（18）"利润总额"项目，反映企业实现的利润。如为亏损，本项目以"-"号填列。

（19）"所得税费用"项目，反映企业应从当期利润总额中扣除的所得税费用。本项目应根据"所得税费用"科目的发生额分析填列。

（20）"净利润"项目，反映企业实现的净利润。如为亏损，本项目以"-"号填列。

（21）"其他综合收益的税后净额"项目，反映企业根据企业会计准则规定未在损益中确认的各项利得和损失扣除所得税影响后的净额。

（22）"综合收益总额"项目，反映企业净利润与其他综合收益（税后净额）的合计金额。

（23）"每股收益"项目，包括基本每股收益和稀释每股收益两项指标，反映普通股或潜在普通股已公开交易的企业，以及正处在公开发行普通股或潜在普通股过程中的企业的每股收益信息。

第四节　现金流量表

一、现金流量表概述

（一）现金流量表的含义

现金流量表是指反映企业在一定会计期间现金和现金等价物流入和流出的报表。现金流量表可以为报表使用者提供企业一定会计期间内现金和现金等价物流入和流出的信息，便于使用者了解和评价企业获取现金和现金等价物的能力，据以预测企业未来现金流量。

（二）现金流量表的内容

1. 经营活动产生的现金流量

经营活动是指企业投资活动和筹资活动以外的所有交易或事项。对工业企业而言，经营活动流入的现金主要包括以下几种：销售商品、提供劳务收到的现金；收到的税费返还；收到的其他与经营活动有关的现金。经营活动流出的现金主要包括以下几种：购买商品、接受劳务支付的现金；支付给职工以及为职工支付的现金；支付的各项税费；支付的其他与经营活动有关的现金。

2. 投资活动产生的现金流量

投资活动是指企业长期资产的购建和不包括在现金等价物范围内的投资及其处置活动。其中的长期资产是指固定资产、在建工程、无形资产、其他资产等持有期限在一年或一个营业周期以上的资产。将"现金等价物范围内的投资"排除在外，是因为已经将"现金等价物范围内的投资"视同现金。现金流量表中，投资活动的特点是既包括实物资产投资，也包括金融资产投资；既包括对外投资活动，也包括对内投资活动。投资活动产生的现金流量是全过程的，是从投资开始到投资收回全过程的现金流量。

对工业企业而言，投资活动流入的现金主要包括：收回投资收到的现金；取得投资收益收到的现金；处置固定资产、无形资产和其他长期资产收回的现金净额；处置子公司及其他营业单位收到的现金净额；收到的其他与投资活动有关的现金。投资活动流出的现金主要包括：购建固定资产、无形资产和其他长期资产支付的现金；投资支付的现金；为取得子公司及其他营业单位支付的现金净额；支付的其他与投资活动有关的现金。

3. 筹资活动产生的现金流量

筹资活动是指导致企业资本及债务规模和构成发生变化的活动。这里所说的"资本"，包括实收资本（或股本）、资本溢价（或股本溢价）；这里所说的"债务"，是指企业对外举债所借入的款项，如发行债券、向金融企业借入款项以及偿还债务等，但应付账款、应付票据等商业应付款等属于经营活动，不属于筹资活动。

筹资活动流入的现金主要包括：吸收投资收到的现金；取得借款收到的现金；收到的其他与筹资活动有关的现金。筹资活动流出的现金主要包括：偿还债务支付的现金；分配股利、利润或偿还利息支付的现金；支付的其他与筹资活动有关的现金。

二、现金流量表的结构

现金流量表的基本结构分为两部分：第一部分为正表，第二部分为补充资料。正表有六项：一是经营活动产生的现金流量；二是投资活动产生的现金流量；三是筹资活动产生的现金流量；四是汇率变动对现金及现金等价物的影响；五是现金及现金等价物净增加额；六是期末现金及现金等价物余额。其中，经营活动产生的现金流量是按直接法编制的。补充资料有三项：一是将净利润调节为经营活动产生的现金流量，也就是说，要在补充资料中采用间接法报告经营活动产生的现金流量信息；二是不涉及现金收支的重大投资和筹资活动；三是现金及现金等价物净变动情况。

正表中的第一项经营活动产生的现金流量净额与补充资料中的第一项经营活动产生的现金流量净额应当相符。正表中的第五项与补充资料中的第三项存在勾稽关系，即正表中的数字是流入和流出的差额，补充资料中的数字是期末和期初数据的差额，计算依据不同，但结果应当一致，两者应当核对相符。

三、现金流量表的编制方法

在具体编制现金流量表时，可以采用工作底稿法或 T 型账户法，也可以直接根据有关账户记录分析填列。

（一）工作底稿法

采用工作底稿法编制现金流量表是以工作底稿为手段，以利润表和资产负债表数据为基础，对每一项进行分析并编制调整分录，从而编制现金流量表。

采用工作底稿法编制现金流量表的程序如下：

1. 将资产负债表的期初数和期末数过入工作底稿的期初数栏和期末数栏。

2. 对当期业务进行分析并编制调整分录。调整分录大体有三类：第一类涉及利润表中的收入、成本和费用项目及资产负债表中的资产、负债和所有者权益项目，通过调整，将权责发生制下的收入、费用转换为收付实现制；第二类涉及资产负债表和现金流量表中的投资、筹资项目，反映投资和筹资活动的现金流量；第三类涉及利润表和现金流量表中的投资和筹资项目，目的是将利润表中有关投资和筹资方面的收入和费用列入现金流量表的投资、筹资现金流量中去。此外，还有一些调整分录并不涉及现金收支，只是为了核对资产负债表项目的期末数变动情况。

在调整分录中，有关现金和现金等价物的事项并不直接借记或贷记现金，而是分别记入"经营活动产生的现金流量""投资活动产生的现金流量""筹资活动产生的现金流量"有关项目，借记表明现金流入，贷记表明现金流出。

3. 将调整分录过入工作底稿中的相应部分。

4. 核对调整分录，借贷合计应当相等，资产负债表项目期初数加减调整分录中的借贷金额以后应当等于期末数。

5. 根据工作底稿中的现金流量表项目部分编制正式的现金流量表。

（二）T型账户法

T 型账户法是以 T 型账户为手段，以利润表和资产负债表数据为基础，对每一项目进行分析并编制调整分录，从而编制现金流量表。

采用 T 型账户法编制现金流量表的程序如下：

1. 为所有的非现金项目（包括资产负债表项目和利润表项目）分别开设 T 型账户，并将各自的期末、期初变动数过入各该账户。

2. 开设一个大的"现金及现金等价物" T 型账户，每边分为经营活动、投资活动和筹资活动三个部分，左边记现金流入，右边记现金流出。与其他账户一样，过入期末、期初变动数。

3. 以利润表项目为基础，结合资产负债表分析每一个非现金项目的增减变动，并据此编制调整分录。

4. 将调整分录过入各 T 型账户，并进行核对，该账户借贷相抵后的余额与原先过入的期末、期初变动数应当一致。

5. 根据大的"现金及现金等价物" T 型账户编制正式的现金流量表。

第五节　所有者权益变动表

一、所有者权益变动表概述

所有者权益变动表是指反映构成所有者权益各组成部分当期增减变动情况的报表。所有者权益变动表既可以为财务报表使用者提供所有者权益总量增减变动的信息，也能为其提供所有者权益增减变动的结构性信息，特别是能够让财务报表使用者理解所有者权益增减变动的根源。

二、所有者权益变动表的结构

在所有者权益变动表上，企业至少应当单独列示反映下列信息的项目：①综合收益总额；②会计政策变更和差错更正的累积影响金额；③所有者投入资本和向所有者分配利润等；④提取的盈余公积；⑤实收资本、其他权益工具、资本公积、其他综合收益、专项储备、盈余公积、未分配利润的期初和期末余额及其调节情况。

所有者权益变动表以矩阵的形式列示：一方面，列示导致所有者权益变动的交易或事项，即所有者权益变动的来源，对一定时期所有者权益的变动情况进行全面反映； 另一方面，按照所有者权益各组成部分（实收资本、其他权益工具、资本公积、库存股、其他综合收益、盈余公积、未分配利润）列示交易或事项对所有者权益各部分的影响。

三、所有者权益变动表的编制方法

（一）所有者权益变动表项目的填列方法

所有者权益变动表各项目均需填列"本年金额"和"上年金额"两栏。

"上年金额"栏内各项数字，应根据上年度所有者权益变动表"本年金额"栏内所列数字填列。上年度所有者权益变动表规定的各个项目的名称和内容同本年度不一致的，应对上年度所有者权益变动表各项目的名称和数字按照本年度的规定进行调整，填入所有者权益变动表的"上年金额"栏内。

"本年金额"栏内各项数字一般应根据"实收资本（或股本）""其他权益工具""资本公积""库存股""其他综合收益""专项储备""盈余公积""利润分配""以前年度损益调整"科目的发生额分析填列。

企业的净利润及其分配情况作为所有者权益变动的组成部分，不需要单独编制利润分配表列示。

（二）所有者权益变动表的主要项目说明

1. "上年年末余额"项目

该项目反映企业上年资产负债表中实收资本（或股本）、其他权益工具、资本公积、库存股、其他综合收益、专项储备、盈余公积、未分配利润的年末余额。

2. "会计政策变更""前期差错更正"项目

这两个项目分别反映企业采用追溯调整法处理的会计政策变更的累积影响金额和采用追溯重述法处理的会计差错更正的累积影响金额。

3. "本年增减变动金额"项目

（1）"综合收益总额"项目，反映净利润和其他综合收益扣除所得税影响后的净额相加后的合计金额。

（2）"所有者投入和减少资本"项目，反映企业当年所有者投入的资本和减少的资本。

1）"所有者投入的普通股"项目，反映企业接受投资者投入形成的实收资本（或股本）和资本溢价或股本溢价。

2）"其他权益工具持有者投入资本"项目，反映企业发行的除普通股以外的分类为权益工具的金融工具的持有者投入资本的金额。

3）"股份支付计入所有者权益的金额"项目，反映企业处于等待期中的权益结算的股份支付当年计入资本公积的金额。

（3）"利润分配"项目，反映企业当年的利润分配金额。

（4）"所有者权益内部结转"项目，反映企业构成所有者权益的组成部分之间当年的增减变动情况。

1）"资本公积转增资本（或股本）"项目，反映企业当年以资本公积转增资本或股本的金额。

2）"盈余公积转增资本（或股本）"项目，反映企业当年以盈余公积转增资本或股本的金额。

3）"盈余公积弥补亏损"项目，反映企业当年以盈余公积弥补亏损的金额。

4）"设定受益计划变动额结转留存收益"项目，反映企业因重新计量设定受益计划净负债或净资产所产生的变动计入其他综合收益，结转至留存收益的金额。

5）"其他综合收益结转留存收益"项目，主要反映：第一，企业指定为以公允价值计量且其变动计入其他综合收益的非交易性权益工具投资终止确认时，之前计入其他综合收益的累计利得或损失从其他综合收益中转入留存收益的金额；第二，企业指定为以公允价值计量且其变动计入当期损益的金融负债终止确认时，之前由企业自身信用风险变动引起而计入其他综合收益的累计利得或损失从其他综合收益中转入留存收益的金额等。

第六节　财务报表附注

一、财务报表附注的意义

财务报表附注是对在资产负债表、利润表、现金流量表和所有者权益变动表等报表中列示项目的文字描述或明细资料，以及对未能在这些报表中列示项目的说明等。企业除定期编制财务报表向报表使用者提供会计信息外，还应本着充分披露的原则，在财务报表之外，另用附注的方式，用文字对报表有关项目做必要的解释，来帮助报表使用者理解财务报表的内容。财务报表附注的意义主要表现在以下三方面。

（一）有助于财务报表的使用者理解企业会计政策的选择

对于一项经济业务，可能存在不同的会计原则和会计处理方法，也就是说，有不同的会计政策可供选择。如果不说明财务报表中的这些项目是采用什么原则和方法确定的，就会给财务报表使用者理解财务报表带来一定的困难，因而需要在财务报表附注中加以说明。

（二）有助于财务报表使用者了解会计调整变动的原因、理由和对企业财务状况和经营成果的影响

例如，会计中的可比性原则，要求企业在不同会计期间采用相同的会计处理方法，

否则，不同期间财务报表反映的会计信息就无法进行比较。但是坚持可比性原则，并不是说前后各期的会计处理方法永久不能变更。当会计工作为了适应经济环境的变化而必须做出会计处理方法变更时，应在财务报表附注中说明变更的原因及其对企业财务状况和经营成果的影响。当然，这种变更也应在我国《企业会计准则》的允许范围之内。

（三）有助于对财务报表重要项目的数据进行补充和说明

由于财务报表中所规定的内容具有一定的加固性和统一性，只能提供定量的财务信息，同时，列入财务报表的各项目都必须符合会计要素的定义和确认的标准，因此，财务报表反映的财务信息会受到一定的限制。通过财务报表附注，可以对财务报表不能包括的内容或者披露不详的内容做进一步的解释，起到补充和说明的作用。

二、财务报表附注的内容

财务报表附注是财务报告的重要组成部分，企业应当按照如下顺序披露有关内容。

（1）企业的基本情况

1）企业注册地、组织形式和总部地址。

2）企业的业务性质和主要经营活动。

3）母公司及集团最终母公司的名称。

4）财务报告的批准报出者和财务报告的批准报出日，或者签字人及其签字日期。

5）营业期限有限的企业，还应当披露有关营业期的信息。

（2）财务报表的编制基础

财务报表的编制基础是指财务报表是在持续经营基础上还是非持续经营基础上编制的。企业一般是在持续经营基础上编制财务报表，清算、破产属于非持续经营基础。

（3）遵循企业会计准则的声明

企业应当声明编制的财务报表符合企业会计准则的要求，真实、完整地反映了企业的财务状况、经营成果和现金流量等有关信息，以此明确企业编制财务报表所依据的制度基础。

（4）重要会计政策和会计估计

企业应当披露采用的重要会计政策和会计估计，不重要的会计政策和会计估计可以不披露。在披露重要会计政策和会计估计时，企业应当披露重要会计政策的确定依据和财务报表项目的计量基础，以及会计估计中所采用的关键假设和不确定因素。

会计政策的确定依据主要是指企业在运用会计政策过程中所做的对报表中确认的项目金额最具影响的判断，有助于财务报表使用者理解企业选择和运用会计政策的背景，增加财务报表的可理解性。财务报表项目的计量基础是指企业计量该项目采用的是历史成本、重置成本、可变现净值、现值还是公允价值，这直接影响财务报表使用者对财务报表的理解和分析。

在确认资产和负债账面价值的过程中，企业需要对这些资产和负债的影响加以估计，如企业预计固定资产未来现金流量采用的折现率和假设。这类假设的变动对这些资产和负债项目金额的确定影响很大，有可能会在下一个会计年度内做出重大调整，因此，强调这一披露要求，有助于提高财务报表的可理解性。

（5）会计政策和会计估计变更以及差错更正的说明

企业应当按照我国《企业会计准则第 28 号——会计政策、会计估计变更和差错更正》及其应用指南的规定，披露会计政策和会计估计变更以及差错更正的有关情况。

（6）报表重要项目的说明

企业对报表重要项目的说明，应当按照资产负债表、利润表、现金流量表、所有者权益变动表及其项目列示的顺序，采用文字和数字描述相结合的方式进行披露。报表重要项目的明细金额合计应当与报表项目金额相衔接，主要包括应收款项、存货、长期股权投资、投资性房地产、固定资产、无形资产、职工薪酬、应交税费、短期借款和长期借款、应付债券、长期应付款、营业收入、公允价值变动收益、投资收益、资产减值损失、营业外收入、营业外支出、所得税费用、其他综合收益、政府补助、借款费用等重要项目。

（7）或有和承诺事项，资产负债表日后非调整事项、关联方关系及其交易等需要说明的事项

（8）有助于财务报表使用者评价企业管理资本的目标、政策及程序的信息

第十章 企业财产清查

第一节 财产清查概述

一、财产清查的意义

（一）财产清查的概念

财产清查是指通过对实物、现金的实地盘点和对银行存款、往来款项的核对，查明各项财产物资、货币资金、往来款项的实有数和账面数是否相符的一种会计核算的专门方法。财产清查是会计核算方法之一。

企业的各项财产物资是进行经济活动的基础，包括现金、银行存款等各项货币资金和固定资产、材料、在产品、产成品等各项实物资产以及各项应收应付结算款项，这些财产的账实应该是一致的。然而，在实际工作中，由于种种原因，账簿记录会发生差错，各项财产的实际结存数也会发生差错，造成账存数与实存数发生差异。例如，在收发物资中，由于计量、检验不准确而造成品种、数量或质量上的差错；财产物资在运输、保管、收发过程中，在数量上发生自然增减变化；在财产增减变动中，由于手续不齐或计算、登记上发生错误；贪污盗窃、营私舞弊造成的损失；自然灾害造成的非常损失；未达账项引起的账账、账实不符等。因此，为了保证账簿记录的正确，各经济单位应定期或不定期地进行财产清查，做到账证相符、账账相符和账实相符。

（二）财产清查的作用

通过财产清查，对各种财产物资进行定期或不定期的核对和盘点，具有十分重要的意义。

1. 使会计资料真实可靠，账实相符

通过财产清查可以确定各项财产物资的实际结存数，将账面结存数和实际结存数进行核对，可以揭示各项财产物资的溢缺情况，从而及时地调整账面结存数，保证账簿记录真实、可靠。

2. 保护企业财产物资的安全完整

通过财产清查，可促使财产物资保管人员加强责任感，保证各项财产的安全完整。

3. 揭示财产物资的使用情况，加快资金周转

通过财产清查，可以揭示财产物资的使用情况，可促进企业改善经营管理，挖掘各项财产的潜力，加速资金周转。

4. 保证财经纪律和结算纪律的执行

通过财产清查，可以查明资金使用是否合理、是否符合党和国家的方针政策和法规，从而使工作人员更加自觉地遵纪守法，自觉维护和遵守财经纪律。

二、财产清查的种类

财产清查可以从不同的角度进行分类。

（一）按其清查范围的不同，分为全面清查和局部清查

全面清查是对本单位所有的财产物资进行全面的盘点与核对。全面清查范围大、内容多、时间长、参与人员多。全面清查包括：

1. 现金、银行存款、各种有价证券、其他货币资金以及银行借款等货币资金。

2. 所有的固定资产、未完工程、原材料、在产品、产成品及其他物资。

3. 各项在途材料、在途商品和在途物资。

4. 各项债权、债务等结算资金。

5. 租入使用、受托加工保管或代销的财产物资。

6. 出租使用、委托其他单位加工保管或代销的财产物资等。

局部清查是根据需要对部分财产物资进行盘点与核对，主要是对货币资金、存货等流动性较大的财产的清查。局部清查范围小、内容少、时间短、参与人员少，但专业性较强。局部清查一般包括以下几方面：

1. 对现金的清查。应由出纳员在每日业务终了进点清点，做到日清月结。

2. 对银行存款和银行借款，应由出纳员每月同银行进行核对。

3. 对材料、在产品和产成品，除年度清查外，应有计划地每月重点抽查；对贵重的财产物资，应每月清查盘点一次。

4. 对于债权债务，应在年度内至少核对 1~2 次，有问题应及时核对，及时解决。

（二）按其清查的时间不同，分为定期清查和不定期清查

定期清查是根据管理制度的规定或预先计划安排的时间对财产物资进行的清查。这种清查的对象不定，可以是全面清查，也可以是局部清查。其清查的目的在于保证会计核算资料的真实正确。一般是在年末、季末或月末结账时进行。如出纳人员每天进行的现金盘点和每月进行的与银行进行的银行存款的对账工作，就是属于定期清查。

不定期清查是根据实际需要对财产物资所进行的临时性清查。不定期清查多数情况下是局部清查，如改换财产物资保管人员进行的有关财产物资的清查、发生意外灾害等非常损失进行的损失情况的清查、有关部门进行的临时性检查等，也可以是全面清查，

如单位撤销、合并或改变隶属关系而进行的资产、债权债务的清查。

定期清查和不定期清查的范围应视具体情况而定，可全面清查也可局部清查。

财产清查是一项复杂的工作，其工作内容涉及面广、涉及的人员多，为了有计划地开展这项工作，在财产清查之前，应该充分做好组织上和物质上的准备工作。

第二节　财产清查的方法

一、财产清查前的准备工作

财产清查是一项时间紧、涉及范围广、工作量大、细致复杂的工作，在进行清查之前，必须做好准备工作。

（一）组织准备

为了加强领导，保质保量地完成财产清查工作，一般应在企业负责人的领导下，组织一个有领导干部、专业人员、职工群众参加的专门小组，负责财产清查工作。财产清查小组应在进行财产清查前，根据有关要求，研究制订财产清查的详细计划，包括确定财产清查的对象和范围、安排清查工作进度、确定清查工作的方式方法、配备清查人员、确定清查的具体要求，以及其他准备工作。

（二）业务准备

为了做好财产清查工作，各业务部门，特别是财产物资管理部门和会计部门，应积极配合，认真做好以下各方面的准备工作：

1.财产清查之前，会计人员应将发生的经济业务在账簿中全部登记完毕，结出余额。经审核确认账簿记录完整、计算准确，做到账证相符、账账相符，以便为财产清查提供真实可靠的账面资料。

2.财产物资使用和保管部门的人员应对截至清查日期的所有经济业务，办理好凭证手续且登记录入相应的账、卡中，并结出余额。把使用、保管的各类财产物资整理清楚，挂上标签，以便盘点核对。

3.对银行存款、银行借款和往来款项，在清查之前，应及时与对方联系，取得有关的对账单，以便查对。

4.要准备好各种必要的度量衡器具，并仔细进行检查、校正，以保证计量准确。

5.要准备好有关清查用的登记表册。

二、财产物资的两种盘存制度

为了使盘点工作顺利进行，应建立一定的财产物资盘存制度，即用来确定财产物资账面结存数量的两种方法。它们是永续盘存制和实地盘存制。

（一）永续盘存制

永续盘存制也称账面盘存制，是指通过设置各种财产物资明细账，对财产物资的收入与发出逐笔或逐日连续登记，并随时结出账面结存数的方法。采用这种方法时，财产物资的明细账应按每一种品名、规格设置，在明细账中，平时要登记各项财产物资的增加数、减少数，并随时结出账面余额。

这种盘存制度的优点是：便于加强会计监督，便于随时掌握财产物资的占用情况及其动态，有利于加强对财产物资的管理；另外，在这种制度下，还可以将明细账上的结存数与预定的最高和最低库存限额进行比较，以便取得库存不足或积压的详细资料，及时组织库存财产物资的购销或处理，加速资金周转。它的缺点是：账簿记录的财产物资的增减变动及结存情况都是根据有关会计凭证登记的，可能发生账实不符的情况，同时，登记明细账的工作量大。

因此，采用永续盘存制的企业，也需要对各项财产、物资进行清查盘点，以查明账实是否相符以及查明账实不符的原因。

（二）实地盘存制

实地盘存制是指平时只在账簿中登记财产、物资的增加数，不登记财产、物资的减少数，到月末，根据实际盘点的实存数，来倒挤出本月财产、物资的减少数，即以期初结存数加上本期增加数减去期末实存数，倒挤出本月减少数，再据以登记有关账簿。采用这种方法时，平时只根据会计凭证在账簿中登记财产物资的增加数，不登记减少数，会计期末，对各项财产物资进行实地盘点，根据实地盘点所确定的实存数，确定本会计期各项财产物资的减少数。即：

本期减少数 = 期初账面余额 + 本期增加数 − 期末实际结存数

实地盘存制的优点是：以根据期末实际盘点得出的财产物资期末数字作为账存数倒挤出本期减少（发出）数并登记有关账簿，不会出现账实不符的情况，可以简化会计核算工作。其缺点是：手续不严密，而且平时在账面上不反映各项财产、物资的减少数额和结存数额，这就难以通过会计记录来加强财产的管理。

三、财产清查的方法

（一）实物的清查

不同品种的财产物资，由于其实物形态、体积、重量以及堆放方式不同，可采用不同的清查方法。一般地，可采用实地盘点法和技术推算法两种方法。

1.实地盘点法。通过逐一清点或用计量器具来确定实物的实存数量。这种方法适用范围广、数字准确可靠、清查质量高，但工作量大，需要在清查之前做好充分准备，以提高清查速度。对固定资产、材料、在产品、库存商品等各项实物资产，适合使用这种方法。

2. 技术推算法。技术推算法不是对财产物资进行逐一清点计数，而是通过量方、计尺等技术推算财产物资的结存数量。这种方法一般适用于大量成堆的煤、矿石、生铁等。

为了明确经济责任，无论采用哪种方法，进行财产物资盘点时，有关财产物资的保管人员都必须在场，并参加盘点工作。对各项财产物资的盘点结果，应逐一如实地登记在"盘存单"上，并由盘点人和实物保管人员签字或盖章。

盘存单既是记录盘点结果的书面证明，也是反映财产物资实存数的原始凭证。

为了进一步查明盘点结果同账簿余额是否一致，在填制了盘存清单后，还应根据"盘存单"和账簿记录编制"实存账存对比表"，也称"盘点盈亏对照表"，以便对账实不一致的情况进行分析和确定经济责任，同时，据此进行账务调整。

（二）库存现金的清查

库存现金的清查是通过实地盘点的方法，确定库存现金的实存数，再与现金日记账的账面余额核对，以查明盈亏情况。

由于现金的收支业务十分频繁，容易出现差错，因此，对保管现金的出纳人员，提出的要求是：逐日逐笔地及时登记现金日记账，每日结出现金余额并与库存现金实际数进行核对。在进行现金清查时，为了明确经济责任，出纳员和财产清查人员都必须在场，在清查过程中不能用白条抵库，也就是不能用不具有法律效力的借条、收据等抵充现金。现金盘点后，应根据盘点的结果及与现金日记账核对的情况，认真填写"现金盘点报告表"，并由出纳人员和盘点人员签字或盖章。"现金盘点报告表"是会计工作中重要的原始凭证，是反映现金实有数和调整账簿记录的重要原始凭证。

国库券、其他金融债券、公司债券、股票等有价证券的清查方法和现金相同。

（三）银行存款的清查

银行存款的清查是采用企业与银行核对账目的方法来进行的，即将企业的银行存款日记账与从银行取得的对账单进行逐笔核对，以查明银行存款的收入、付出和结余的记录是否正确。

在实际工作中，如果企业银行存款日记账和银行对账单相核对后，双方记账均正确，银行存款日记账的余额和银行对账单的余额也往往不一致。这种不一致的原因，主要是因为存在未达账项。

未达账项是指由于企业与银行之间对于同一项业务，由于取得凭证的时间不同，导致记账时间不一致而发生一方已登记入账，而另一方由于尚未取得结算凭证，尚未入账的款项。企业与银行之间发生的未达账项有以下四种情况：

1. 企业已收，银行未收。企业送存银行的款项，企业已做存款增加入账，但银行尚未入账。

2. 企业已付，银行未付。企业开出支票或其他付款凭证，企业已作为存款减少入账，但银行尚未付款、未记账。

3. 银行已收，企业未收。银行代企业收进的款项，银行已作为企业存款的增加入账，但企业尚未接到通知，因而未入账。

4.银行已付，企业未付。银行代企业支付的款项，银行已作为企业存款的减少入账，但企业尚未接到通知，因而未入账。

对于存在的未达账项，企业要编制"银行存款余额调节表"。编制好的银行存款余额调节表的左右两侧金额必须相同，如果出现了左右两侧金额不同的情况，表明企业或者银行记账有误，这时应及时查明原因并加以处理。采用这种方法所得到的调节后的余额，是企业当时实际可以动用的款项。

需要注意的是，如果调节后双方余额相等，则一般说明双方记账没有差错；若不相等，则表明企业方或银行方或双方记账有差错，应进一步核对，查明原因予以更正，同时填制"实存账存对比表"。

（四）往来账项的清查

企业与其他单位的各种结算往来款项的清查应采用同对方核对账目的方法进行。一般采取"函证核对法"进行清查，即通过证件同往来单位核对账目。单位应按每一个经济往来单位编制"往来款项对账单"一式两份，送往各经济往来单位，对方经过核对相符后，在回联单上加盖公章后退回，表示已核对；如果经核对数字不相符，对方应在回单上注明情况，或另抄对账单退回本单位，进一步查明原因，再进行核对，直到相符为止。在核对过程中尤其应注意查明有无双方发生争议的款项、没有希望收回的款项以及无法支付的款项，应及时采取措施进行处理，避免或减少坏账损失。

第三节　财产清查结果的处理

一、财产清查结果的处理程序

财产清查是保证账实相符、加强财产管理的一项重要工作。在清查中如发盘盈、盘亏或毁损，必须认真查明原因、明确责任，并按有关政策、制度的规定提出处理意见，报经审批后，方能处理。

为了使账实相符，财产清查结束后，根据清查结果，先要调整各项财产物资的账面记录（盘盈调增，盘亏调减），然后报请审批后进行处理。

二、财产清查结果的处理

在财产清查过程中，会发现企业在财产管理、会计核算等工作中存在的问题。对于存在的问题，企业应当认真分析研究，以有关的法令、制度为依据进行严肃处理。为此，应切实做好以下几个方面的工作：

1.认真分析问题，及时查明原因

通过财产清查所确定的清查资料和账簿记录之间的差异，如财产的盘盈、盘亏和多余积压，以及逾期债权、债务等，都要认真查明其性质和原因，明确经济责任，提出处理意见，按照规定程序经有关部门批准后，予以认真严肃的处理。财产清查人员应以高度的责任心，深入调查研究，实事求是，问题定性要准确，处理方法要得当。

2. 积极处理积压物资和清理债权、债务

对于长期不清的债权、债务，应派出专人进行协调、催办，并按照规定方法进行处理。

3. 认真总结经验教训，加强财产物资的管理

财产清查以后，针对所发现的问题和缺点，应当认真总结经验教训，发扬优点，克服缺点，做好工作。同时，要建立和健全以岗位责任制为中心的财产管理制度，切实提出改进工作的措施，进一步加强财产管理，保护社会主义财产的安全和完整。

三、财产清查结果的会计处理

（一）设置"待处理财产损溢"账户

"待处理财产损溢"账户是资产类账户。它用来核算企业在财产清查过程中查明的各种财产物资的盘盈、盘亏和毁损的账户。该账户的借方登记各种财产物资的盘亏、毁损数及按照规定程序批准的盘盈转销数，贷方登记各种财产物资的盘盈数及按照规定程序批准的盘亏、毁损转销数。借方余额表示尚未处理的各种物资的净损失数，贷方余额表示尚未处理的各种财产物资的净益余数。

在"待处理财产损溢"账户下，应设置"待处理流动资产损溢"和"待处理固定资产损溢"两个明细账户进行明细核算。

（二）财产清查结果的会计处理

库存现金清查结束后，应及时填制"库存现金盘点报告表"，并由清查人员和出纳人员签名或盖章。如果有长款或短款，应根据"库存现金盘点报告表"及时进行账务处理。具体处理方法如下：

（1）现金长款时

报经批准前：

借：库存现金

贷：待处理财产损溢——待处理流动资产损溢

结账前查明原因，报经批准后：

借：待处理财产损溢——待处理流动资产损溢

贷：其他应付款——×× 单位或个人（应付数）

贷：营业外收入——现金溢余

（2）现金短款时

报经批准前：

借：待处理财产损溢——待处理流动资产损溢

贷：库存现金

（3）期末结账前查明原因，报经批准后：

借：现金或其他应收款——××单位或个人

管理费用——现金短缺（无法查明原因的）

贷：待处理财产损溢——待处理流动资产损溢

第十一章　现代企业会计控制

第一节　会计控制的意义

人类的活动是有目的的活动。保证各种活动达到预定目的的工作就是控制，如航行需要掌握航线、汽车行驶需要驾驶方向盘、企业的发展需要沿着战略发展目标等。控制思想和方法在人类社会初期就已经存在。在原始社会初期，人们利用自己的感觉器官来感知受控对象的过程状态，用四肢来调节和控制某些系统运动。古代控制思想和方法的运用，还体现在国家或社会管理学说之中，如公元前550年，计然主张由国家设官市，调节和控制粮价，均衡农民与商人的利益，推动经济发展，他说："籴石二十则伤农，九十则病末；农伤则草木不辟，病末则货不出。"春秋战国时代，《管子》一书中曾提出过人口与土地保持均衡的控制思想和方法，认为"地大而不为，命曰土满；人众而不治，命曰人满"，又说"凡田野，万家之众，可食之地方五十里，可以足矣；万户以上，则就山泽可矣；万户以下，则去山泽可矣"。在控制论的发展史上，第一次提出控制论概念的是古希腊哲学家柏拉图。最初，他将控制论赋予操纵船的技术的含义，后来他又转意应用，把管理国家的艺术，叫作控制论。一百多年前，法国物理学家安培，把控制论解释为研究控制社会各种方法的学问。可见，历史上的控制论思想和方法是十分丰富的，但是这些控制论思想和方法并不是系统的、科学的，而是朴素的。

直到20世纪40年代后期，控制思想和方法才作为一种科学加以研究和应用。1948年美国数学家维纳（Norbert Wiener）出版《控制论》一书，被认为是控制论的创始。控制论是研究各种控制系统的信息和控制的共同规律的科学。21世纪50年代后，由于生产发展的推动，控制论作为从不同领域综合起来的理论和方法，又迅速转移到更加广泛的领域中去，使其应用的范围不断得到扩大。控制论在经济领域的应用形成经济控制论。经济控制论是运用控制论提供的科学方法，研究经济信息和控制的理论方法体系。虽然控制论运用到经济工作起步较晚，并且大都运用到宏观经济管理方面，但是，近几年也逐渐在微观经济中得到应用，并取得了较为明显的成效。

在会计方面，一些会计理论和实践工作者运用控制论的思想与方法，对整个会计工作及资金的使用，费用的开支，人力、物力的消耗等进行严格的控制，取得了一定的效果。控制论，特别是经济控制论在会计领域的运用形成会计控制。会计控制是经济控制中的一部分，如在企业管理中，会计控制是企业管理控制职能的组成部分。所谓会计控制，是会计利用一系列方法，对企事业单位的经济活动，使其按规定的范围和标准以达到预期目标的一种管理活动。它是会计基本职能的一部分，也是会计工作的一部分。

企事业单位的经济活动及其所引起的资金运动，必须受到会计控制。这是由会计所具有的基本职能和企事业单位经济活动及其资金运动的复杂性所决定的。会计本身就具有使企事业单位经济活动及其资金运动适应外界条件变化、不断调整使其运行达到相对稳定或更好的状态，并向预期目标发展的功能。随着社会生产力的不断提高，社会再生产规模不断扩大，生产的社会化程度越来越高，市场经济越来越发达，市场竞争也日趋激烈，因而无论是加强企业内部管理，还是增强企业市场竞争能力，都需要会计控制。企事业单位资金运动如不受到会计控制，任其发展变化，将会浪费资金，企业财产受到损失，缺乏市场竞争能力而被淘汰，影响国民经济的正常发展。

会计控制对于实现企业利润、成本和资金目标具有重要意义：把企业作为一个整体，实行强有力的指挥，进行有机的协调，认真贯彻执行计划或预算；实行企业内部分级归口管理，层层控制，层层保证会计目标的实现；挖掘企业内部生产经营潜力，厉行节约，反对浪费，提高企业经济效益；促使企业按市场需求组织生产经营，以提高劳动生产率和竞争能力；严格执行有关政策、制度和法律，维护财经纪律，保护企业财产，维护企业出资者的合法权益。

第二节　会计控制的内容、种类、原则与程序

一、会计控制的内容

在社会主义市场经济条件下，会计控制的对象是企业、事业、机关、团体等单位的资金运动。企业进行生产、经营活动，事业、机关、团体等单位进行业务活动，都会引起资金运动。企业的生产、经营活动和事业、机关、团体等单位的业务活动又都是由其各层次的管理人员及具体业务人员所经办的。因此，会计控制的对象是各层次管理人员及具体业务人员经办各项经济业务所体现的资金运动。

会计控制企业、事业、机关、团体等单位的资金运动及各层次管理人员、具体业务人员，是为了达到两个方面的目的：一是为了保证各项财产的完整、安全，不被侵占、不受损失，保证各项引起资金运动的经济活动的合理、符合预定目标；二是为了确保各项财产的有效使用，确保各项引起资金运动的经济活动的有效性，能够达到预期经济效益目标。前者在于落实经济责任，后者在于落实效益责任。为了实现上述目的，会计就要控制资金的取得及其使用。在生产企业，要控制资金投入企业，在供应阶段货币资金形态转化为储备资金形态，在生产阶段储备资金形态转化为生产资金形态和成品资金形态，在销售阶段成品资金形态又转化为货币资金形态，其中除继续参加资金周转外，部分货币资金要退出企业。在日常会计工作中，这又具体表现为对资金、成本和利润的控制。资金控制包括流动资产控制、非流动资产控制、负债控制、所有者权益控制。其中流动资产控制又包括货币资金控制、存货资金控制、生产资金控制和结算资金控制；非流动

资产控制又包括固定资产控制、长期投资控制、无形资产及其他资产控制等。成本控制包括产品设计成本控制、产品试制成本控制、材料采购成本控制、产品生产成本控制、产品销售成本控制、产品质量成本控制和责任成本控制等。利润控制包括销售收入控制、期间费用控制、营业外收支控制、税金控制和利润分配控制等。

二、会计控制的种类

按控制论的一般原理，会计控制可按不同的标准分为不同的种类。

（一）按系统运行对控制行为的影响，分为前馈控制和反馈控制

前馈控制就是尽可能在系统（指资金运动系统）发生与预期目标偏差前，根据会计预测的信息，采取相应的措施而实施的控制。

反馈控制就是指如果将系统的输出量与其预期目标不断比较，由此产生一个偏差信息反馈到系统的主体（各级会计管理人员），并做出相应的调节措施与新的输入量叠加在一起，重新输入系统，从而对系统的状态实施控制。反馈控制有正、负反馈之分，正反馈控制是通过反馈，不断扩大输出量与目标值的差异，这是一种恶性循环的表现；负反馈是不断缩小输出量与目标值的差异。会计控制多应采用负反馈控制。

（二）按信息反馈有无回路，分为闭环控制和开环控制

闭环控制。它是在管理过程中有反馈回路的控制，即在管理过程中，依据企业内外部各方面提供的信息，发挥各种经济杠杆作用，促使各核算单位和个人的会计行为，按控制标准或经过调节以实现目标的过程。

开环控制。它是在管理过程中没有反馈回路的控制，即在管理过程中，发挥各种经济杠杆作用，使生产经营活动按既定的某种程序和目标运行，经营成果的好坏，不影响生产经营活动的进行，不改变现行的经营管理方式，也不影响职工的经济利益。

（三）按控制方式，分为程序控制和目标控制

程序控制。它是预定程序进行控制以实现其目标。程序控制要预先确定被控系统的控制目标，根据外部环境系统的影响和系统的状况进行科学的预测并据此编制被控系统行为的程序。如按既定航线运行的海轮和自动车床，在企业会计管理中的按成本计划进行的成本控制。

目标控制，也叫跟踪控制。它是按照被控对象的目标进行的控制。如狗追捕兔子、狼追捕羊、猎手追捕猎物等追捕问题，只预先确定猎取目标，然后跟踪猎取，不需要预先设计好行为的程序。一般企业会计控制都可以采用目标控制，按责任单位层层确定目标，各责任单位可以充分发挥主观能动性和创造性，根据实现目标的状况，随时采取相应措施，进行调整，纠正偏差，确保目标的实现。

（四）按关联结构，可分为集中控制和分散控制

集中控制。它是一个控制器集中进行控制，实现整个系统的目标。如企业利润控制，由企业财会部门集中控制，采取各项措施，实现利润目标。

分散控制。它是由分散的具有相对独立的控制机构进行的控制，以实现上层系统的目标。如企业成本控制，分别由各职能部门和各车间进行控制。分散控制的各个控制器，如企业的各职能部门和各车间，是横向的相对独立和平等的单位，吸收信息多、主动活动多，能有效地进行控制；分别对上一层次系统控制对象的一部分内容进行控制，完成所承担的控制任务；各分散控制器之间要相互交流信息、协调行动，以便共同完成整个系统的任务。

（五）按控制系统状态的轨道，可分为规划控制、随机控制和适应控制

规划控制。它是按照时间来确定系统状态，按照类型制定系统的轨道。如会计按计划管理企业、按时间确定计划进度、按不同类型（如不同部门或项目）制定各系统运行轨道，这里的计划就是控制规划。

随机控制。它是系统的状态定为某个参数的函数，系统状态根据参数的变化而变化。如企业会计管理应根据市场对于某产品的需求量，不断地调整资金供应量和该产品的产量，就属于随机控制。

适应控制。根据以前的控制过程所确定的控制。如会计管理要随时检查被控系统的工作情况与预定计划是否相符、与相关环境及条件是否适应，发现差异，采取控制措施以缩小差异。

三、会计控制的原则

会计控制影响企业生产经营的各个方面及资金运动的各个环节。进行会计控制必须依照经济控制论的基本原理，适应会计控制特点。在进行会计控制时应遵循以下原则。

（一）要合理确定会计控制目标

要坚持会计控制目标的可能性和可达性，会计控制目标不能违背资金运动的客观规律，不能脱离实际、不能过高，使人望而生畏、可望而不可即；也不能太低，必须是经过努力可以达到的平均先进水平。

（二）要保持会计控制信息的准确性和及时性

会计控制离不开信息，因此必须随时掌握准确、真实和适用的会计控制所需要的信息。

（三）要坚持标准

会计控制要按规定的标准进行，不能以某些人的意图、好恶、习惯为标准进行控制；坚持标准，就要对被控系统所涉及的单位或个人，不论是领导还是一般群众，都应平等对待。

（四）要实事求是

进行会计控制要从实际出发，依据一定时期、地点和条件进行合理控制；随着客观情况的变化，如生产经营条件的改变，出现新情况和新问题，甚至意外特殊情况，在坚持标准的同时，要具有灵活性，具体问题具体分析，从而进行具体的控制。

（五）要促进计划或预算的完成

控制不是目的，而只是手段。也就是要通过会计控制，加强经济管理，实行严格的经济核算制，厉行节约，反对浪费，增加生产，扩大流通，减少费用，降低成本，提高经济效益，使会计控制成为促进计划或预算完成的有效途径。

（六）要全面控制与重点控制相结合

会计控制要对资金运动进行全面控制，在生产企业，包括从资金投入企业，经供应、生产和销售的资金形态变化的全过程，生产经营过程中资金、成本和利润的全部内容；同时，也要抓住对影响全局的因素、占收支比重大的项目、重大的措施、内部重大的潜力、当前的重要任务等进行重点控制。

（七）要专业控制与群众控制相结合

会计部门根据现有资料，借助会计方法，对资金运动进行专业控制是必要的；但还应该发动群众参加会计管理，对在本单位内部的各个部门，在经济活动的各个环节的经济业务按规定进行控制。把专业控制与群众控制结合起来，对于计划和预算的完成是很重要的。

（八）要实行内部牵制

牵制是彼此相连、互为制约的关系。会计控制实行内部牵制原则，对正确行使权责是必要的。实行内部牵制，要求凡办理一项经济业务必须经两人（或两人以上）处理和具有两道以上手续。如按会计处理的要求，收付款的出纳业务，应有出纳员凭据收付款，并有记账员根据收付款原始凭证编制记账凭证据以记账，又如仓库的材料或商品的收发，要有仓库保管员凭据收发并保管，同时要有记账人员根据收发凭证据以记账。这样，使保管责任与记录责任分开而又相互制约，保证了对经济业务处理的正确和责任分明。对于小单位，管理人员较少，实行内部牵制要灵活。

（九）要保持会计控制环境的适应性

这项原则包括三项内容：一是会计控制要与企业生产经营过程的状态、特点相适应；二是会计控制还必须以党和国家的方针、政策、法规及企业资产所有者、债权人等的要求为依据；三是会计控制应跟踪和适应外部市场环境的变化。

（十）要保持会计控制方法、手段的先进性

这项原则主要有两层意思：一是控制方法的科学化；二是控制手段应尽量现代化，如加强电子计算机在会计控制中的应用。

四、会计控制的程序

会计控制是一个管理过程，其基本程序如下：

（一）建立控制标准

这是会计控制的起点，也是会计控制的归宿点。

（二）实施并掌握标准

进行会计控制的关键是掌握控制的标准。进行会计控制时，会计控制人员要注意及时观察、调查会计活动、资金运动的实际状况，根据前述控制原则，要严格掌握控制标准，使经济活动及资金运动控制在标准之下。掌握控制标准，除由会计部门进行外，根据权责范围，还要由其他职能部门和群众进行。其方法是将有关的方针、政策、制度、规定和法律，向群众广泛宣传，人人知晓；有关计划（或预算）和定额指标，要层层分解下达各有关部门作为控制标准执行。如企业单位，将管理费用计划分小指标下达各单位作为控制指标。

（三）对比检查、分析差异

将企业经济活动及资金运动的实际状况与控制标准进行比较，通过比较做出恰如其分的评价。如果没有偏差，控制就此结束，同时要提出新的控制标准。如果发现偏差，就要实事求是、客观公正地分析偏差的大小和找出偏差的原因。寻找差异的检查工作通常有以下几种：日常检查，控制月份计划（或预算）和定额的完成；月份检查，控制季度计划（或预算）和定额的完成；季度检查，控制年度计划（或预算）和定额的完成。

在测定差异数和差异度的基础上，要把被控制的对象当作一个系统，分析其产生差异的原因。分析时，采用专业分析与群众分析相结合，以便从实际出发，找出真正的原因。一般来说，产生差异的原因主要有：（1）标准制定不合理，标准与企业实际相脱离；（2）客观条件发生变化，如国家物价政策等有重大调整等；（3）个人过失的影响，如不履行职责，玩忽职守；（4）控制能力太弱，不适应会计管理的要求。只有找出产生偏差的真正原因，才能有的放矢，对症下药，采取有效的控制措施。

在日常会计控制过程中，可以采用编制控制表及检查表等进行控制。如对管理费用的日常控制，可编制费用控制表。根据检查结果及其原因的分析，要及时编写偏离标准的报告。报告的形式，有编制的会计报表，特别是各种内部报表；也有各种分析报告。报告可按单项（事项）编写，主要是对产生重大差异的事项要单项编写；也可综合编写。报告可定期编写，也可根据需要不定期编写。定期编写报告的时间间隔，要考虑所控制的内容及其在失控情况下造成的影响程度。变化大、差异大、失控影响大的，编制报告的时间间隔要短；反之，编制报告的时间间隔可长。

（四）采取措施、校正偏差

有关领导和控制人员，根据差异分析报告，应按不同情况分别处理。对有利的差异，如材料实际消耗比定额降低而节约，费用实际支出比计划减少而节约等，要肯定成绩总结经验，给予奖励并积极推广。对于不利的差异，也就是偏差，如库存材料（或商品）有积压、产品单位成本高于计划成本出现浪费等，要找出产生偏差的原因，根据偏差大小和控制能力，制订纠正偏差的计划。纠正偏差的办法通常有三种：一是修订标准，如果偏差属于编制计划（或预定算）和制定定额不准确，脱离实际较大，可以会同有关部门（人员）调整计划（或预算）。二是改变控制方式，如果偏差属于控制方式不当，就应迅速改变或改进控制方式，如奖惩制度不健全等。三是提高控制能力，在控制实施过程中，如果控制力度不够，就要挖掘各方潜力，提出纠正偏差的有力措施，并积极组织力量实施，迅速纠正偏差。会计控制随资金运动而形成一个不间断的过程，循环往复，不断地促进经济发展和加速资金周转。总之，会计控制过程中：（1）单位决策部门或决策人，根据控制标准下达指令给会计部门进行会计控制；（2）会计部门对被控制的经济活动（资金运动）输入指令，使其在标准控制下进行；（3）会计部门对经济活动（资金运动）进行预测，发现问题，事前采取措施，纠正偏差；（4）通过会计资料系统，对经济活动（资金运动）进行计量，测定受控制实际情况；（5）经济活动（资金运动）的实际情况与标准对比，检查脱离标准的差异，并分析其原因；（6）根据检查结果，编写差异分析报告，及时向单位决策部门（人）反映，单位决策部门（人）根据差异分析报告进行研究，采取措施，纠正偏差，并下达指令（或需要调节）给会计部门又开始新的会计控制，如此周而复始。

会计控制是否充分发挥作用，评价的标准在于它是否及时检查和纠正脱离标准的差异。在发生差异前就能预测并采取措施避免或减少差异，是最佳控制；在发生差异时，能检查出差异，并及时报告和提出纠正差异的措施，是较佳控制；发生差异后，检查和报告差异迟缓，不能提出纠正偏差的有力措施，是一般控制。

第三节　会计控制系统

在企业系统中，会计是一个相对独立的系统。在会计系统中，会计管理系统是一个重要的子系统。会计管理系统按会计管理环节又可分为一系列子系统，会计控制系统就是其中一个子系统。在根据会计决策目标编制财务计划以后，关键在于组织计划的实施，而实行会计控制，按会计控制的内容建立相应的会计控制系统，则是保证完成财务计划重要的环节。会计控制系统是被控系统、会计信息和控制人员组成的有机整体。建立会计控制系统，就是要确定被控系统、建立会计信息反馈系统和确定控制组织系统。

确定被控系统。从财会部门来说，被控对象是各种财务活动及资金运动都要围绕实现它的目标而运行。这些财务活动的财务目标要分解落实到有关职能部门和各车间。因此，确定被控系统是与确定被控对象及其目标落实到单位相联系的。财务目标主要有利润目标、成本目标以及资金目标，将财务目标层层分解落实到责任单位从而形成被控系统。这些责任单位就是被控单位。会计管理的多目标和多层次控制，使会计控制系统交错复杂。利润目标、成本目标和资金目标都要分别分解落实到有关职能部门和车间、班组，一个部门和一个车间可能要落实一项、几项或全部分解目标，使得会计控制系统分解为不同内容的各种会计控制系统及其相应结合运行。被控系统的层次性，要求确定每一层次被控单位应完成的目标。承担单目标的责任单位，如只承担成本目标，相应确定完成该项目标的有关要求；承担多目标的责任单位，如承担成本目标和利润目标等多项目标，也应分别根据不同目标确定完成该项目标的有关要求。确定被控单位完成的目标，要考虑系统与系统外部之间和系统内部各要素之间的相互联系和相互作用，即系统外部条件和内部条件对完成系统目标的影响，使确定的目标是切实可行的。

确定控制组织系统，即由"谁"（单位）来进行控制。一般来说，控制组织单位应是企业内部经济责任单位，负有在控制跨度内管理有关经营活动的责任，有专职或兼职控制人员和健全的控制制度。由于会计控制系统的多目标和多层次，不仅被控系统是多层次的，控制组织系统也是多层次的，各层次控制组织相互联系、相互作用而形成控制组织系统。控制系统的多层次，使得一个职能部门和一个车间具有双重性，对上一层次而言是被控单位，要保证完成承担的目标任务，对下一层次而言又是控制单位，督促与检查被控单位要为完成承担的目标任务而努力。由于控制系统的层次性，确定每一层次控制单位的控制跨度及相应的控制任务，即确定控制内容和相应的具体要求。各层次控制单位的控制任务，是根据控制标准督促与检查被控单位在生产经营活动中实现目标的情况，总结和推广经验，制止和纠正偏差，挖掘潜力，制定措施，以便促进提高经济效益，完成目标任务。为保证各控制单位发挥控制职能完成控制任务，要贯彻责权利相结合的原则，确定控制单位的职责和权限，并把完成控制任务与经济利益相结合。

建立会计信息反馈系统。会计控制的关键在于信息反馈。所谓信息反馈，是系统输出的信息作用于被控对象，对被控对象进行测量而取得实际信息；将实际信息与目标信息（控制标准）进行比较，确定其差异和差异度从而取得反馈信息；将反馈信息通过反馈回路反馈回去，即输入控制单位，以便控制单位根据反馈信息采取相应措施，并再输出信息作用于被控对象，使其实现目标任务。信息反馈是利用系统运动结果，调整系统未来的运动，是"根据过去操作的情况去调整未来的行为"。如在成本控制中，由有关部门将产品材料消耗定额（定额信息）通知材料领用部门（车间）和保管部门（仓库）据以领发材料；当车间领用材料时，实际领用数量与定额数量发生差异，要分析误差原因并及时向有关部门传递信息；有关部门根据领料发生差异的信息，及时采取相应措施纠正偏差。建立会计信息反馈系统，最重要的是使信息传递迅速，做到信息的去路和回路都是畅通的，能以会计凭证、会计报表和电讯等形式及时、正确地传递信息。要使输出的信息得到及时反馈，要建立一些保证制度：（1）日常审核，如日常各项财务收支由专人审核，测定不符合政策、制度、规定和定额的差异；（2）编制报表，如对现金收支、费用开支、材料采购、产品成本、利润和资金等编制日报或旬报、月报，检查计划（定额）执行情况，分析完成情况的原因；（3）召开分析会议，每月或每季召开有各部门和各车间人员参加的经济效益分析会议，对某方面经济效益进行检查和分析，总结经验和教训，拟定措施；（4）定期调查，每隔一定时期进行调查，召开调查会或书面调查，征求有关部门和职工群众对利润、成本和资金管理的意见和建议，通过各种信息反馈渠道，以发挥反馈信息对提高企业经济效益的作用。

选择最优控制。建立的会计控制系统要是一个最优控制系统。在会计控制系统中，被控系统的确定是最优的，确定被控单位应达到的财务目标是能实现的，预测在其实现目标过程中的可能变化是在一定可控区域内，是可以控制的；控制组织系统的确定是最优的，确定控制单位的控制任务是恰当的，能对被控单位的经济活动进行有效的控制，发现偏差，及时采取措施纠正；反馈信息系统是最优的，会计信息的搜集、加工、存储和输出是科学的和可靠的，能做到信息正确和传递及时。同时，通过会计控制系统，能实行最优控制，使实现财务目标的过程是最优过程，对资金控制做到加速资金周转，少占用资金，合理节约使用资金，提高资金使用效益；对成本控制做到尽量降低物化劳动和活劳动消耗，不断降低成本；对利润控制做到增加生产，降低成本，扩大销售，增加积累。在经济发展变化的条件下，通过会计控制系统对实现财务目标的控制，也要使它在动态中取得最佳经济效益，表现为利润、成本和资金指标与其他相关指标，在实现过程中是协调的，在发展上是同步的，各种指标之间的比例关系是适宜的，人力、物力和财力的利用是合理的，处理国家、集体和个人之间的经济关系是正确的。

企业按照财务目标的控制，既可相应建立会计控制系统，适应企业内部、分级分权和财务多目标管理的需求，又可相应建立多目标、多层次的会计控制系统，即利润控制系统、成本控制系统和资金控制系统。

第四节　会计控制方式

会计部门为了充分发挥会计控制的作用，要根据控制标准利用各种方式，特别要做好事前控制和事中（执行中）控制。

一、制度控制

它是按国家有关部门和业务主管部门依据党的方针和政策而制定的制度、规定、办法以及法令、法律等所进行的会计控制。有关会计方面的制度，由国务院有关部门制定基本制度，如《企业财务通则》《企业会计准则》及各大行业会计制度等。国务院业务主管部门和地方有关部门制定或补充具体制度，基层单位制定实施细则、办法等，如制定现金、工资、费用、借款、固定资产、材料、成本、利润、往来结算和内部结算管理或核算制度。会计人员要熟悉并掌握这些制度，以便严格制度控制。

如职工的差旅费，要依据差旅费开支、上下班交通补贴和职工探亲路费等制度规定进行控制，当职工报销差旅费时，要填写差旅费报销凭证，经领导批准，送交出纳或有关人员审核。

出纳人员根据差旅费报销凭证逐项审核，主要审核职工乘坐交通工具的类别和等级、住宿旅店的等级、伙食补助费的地区标准等是否符合有关制度规定：符合规定的计算正确的准予报销，不符合规定的应进行解释并要求重新办理手续。

又如在现金管理中，有的单位规定采用凭单制度：收入现金要填写收款单；支取现金要填写借款单；报销时要填写报销单。通过填写和审核凭单，控制现金的收入和支出。

二、预测控制

它是对将要发生的经济活动或资金运动所进行的会计控制，对重大措施、主要计划（或预算）指标、试制新产品、工程基建项目等，在决定之前，根据有关方针政策和历史资料，对其达到的目标和经济效果进行测算和可行性研究，从中选择最优化方案；在决定之后的执行过程中，根据已完成的情况，考虑计划期各种因素的可能变化，测算其结果，与原定目标比较，测定差异，以便提前采取纠正偏差的措施。会计人员要运用各种预测方法，在经济活动开始之前和进行之中进行预测控制，提高预测的准确性，以便采取措施，避免损失、提高经济效益。

三、定额控制

它是以定额为标准，对经济活动或资金运动所进行的会计控制，在经济活动的各个环节和各个方面，凡制定有定额的，都要以定额为标准领发、耗用和储存，一般不得超过定额，如工业企业，在生产经营活动中，应按材料消耗定额、库存材料定额、劳动定额、费用定额、成本定额和资金定额等严格控制，符合定额的经济业务，要积极支持，保证资金需要；超过定额的经济业务，要分析超过的原因，分别处理。

各级、各单位的核算人员，在日常核算和管理工作中，严格遵守本岗位的定额控制，使经济业务的发生一开始就置于定额控制之下，如使用材料单位（人）向仓库领用材料，要按规定填写定额领料单，仓库保管人员对定额领料单按材料定额审核领料数量，符合定额规定给予发料。

对库存材料（或商品）的定额控制，一般采用账面盘存的方法，即通过设置材料（或商品），连续记录材料（或商品）的收发和结存情况，并与材料（或商品）库存定额对比，检查执行定额情况，测定差异，分析原因，采取措施。

采用账面盘存法对库存材料（或商品）定额控制，其优点在于：反映及时，当材料（或商品）发生收付业务，就能立即通过登记保管账得到反映；也便于及时采取措施、纠正偏差。为此，要做到及时办理材料收付业务，及时登记保管账、及时报告脱离定额的差异、及时采取纠正偏差的措施。如信息传递迟缓或中止，事过境迁，也无济于事。

发挥定额控制的作用，要使定额水平先进、合理，群众经过努力能完成和超额完成，使经济效益得到不断提高；如果定额水平落后、不合理，不能激发群众积极性和创造性，将会影响经济效益，对这种定额要发动群众及时进行修改。

四、计划（或预算）控制

它是以计划（或预算）为标准，对经济活动或资金运动所进行的会计控制。计划（或预算）控制是会计控制中的主要方式。将各种财务计划（或预算）指标模式化并确定控制参数，编制资产负债计划表，作为控制标准。

计划控制要求按计划（或预算）组织经济活动或资金运动，通过职工群众实现计划（或预算）规定的目标。在计划期结束时是否能完成计划（或预算）目标，要加强计划（或预算）执行过程的进度检查，及时揭示计划（或预算）执行中可能发生的差异，采取有力措施，促进计划（或预算）完成。

计划（或预算）的进度检查，可按日、周、旬、月、季进行。如按月度检查年度销售收入计划的实际进度。

五、责任控制

它是通过职工履行岗位责任对经济活动或资金运动所进行的会计控制。责任控制是实行专业控制与群众控制相结合的组织保证。上述各种控制方式，各工作岗位人员不认真执行，也只徒具其名。责任控制就是在经济核算方面贯彻岗位责任制。首先，要划分责任部门。企业一般实行分级分口核算和管理，如工业企业分厂部、车间和班组三级实行内部经济核算制，厂部分职能部门实行内部经济核算制，商业大中型企业分店部、商品部、柜组三级实行内部经济核算制，店部分职能部门实行内部经济核算制。责任部门的划分，要使每个部门（单位）是可以分割的，划分后具有相对独立性，也便于检查。其次，要明确职责和权限。对划分的内部经济核算的责任部门（单位或人），根据贯彻内部经济核算制，实行责任会计，加强内部审核的精神，确定每个岗位所承担的责任和应有的权限，以便检查和考核。

第十二章　企业会计发展的创新研究

第一节　大数据时代会计的发展

随着网络信息化的普及，各个企业也都迎来了自己的大数据时代，无论是企业中的数据还是企业发展所需要的数据，在网络上都可以收集到，这也使得会计的工作变得快捷和更加复杂了，会计可以非常轻松地获得自己需要计算的数据，但同时也需要对较多的数据进行分析。

网络信息的不断发展，使得人们从原来的生产时代进入了信息化时代。人们的生产生活无不充斥着被网络所影响的改变，财务会计为了适应时代的发展也发生了相应的改变，网络信息的到来给企业提供便利的同时，也使企业的生存更加艰难，因此企业需要把握好机会，及时地做出正确的选择，这样才可以为自己的企业在风雨飘摇的市场中寻求一席栖身之地。

一、云会计环境

在网络高速发展的过程中，云计算成了被人们利用率最高的一项科技，在世界各地无论是企业还是个人都会有云计算的需求。它逐渐渗透到我们的生活，不管是做什么行业的企业都需要运用到这项技术，当然如果想要让会计在这个时代得到更好的发展，也必须将这项技术融入到会计的学习中。这种计算方式一经推出，就受到这么多人的追捧，主要原因是它可以运用较低的成本实现较高的收益。传统的信息化环境是需要耗费较大的人力与资金来购买软件与端口的，但是云计算的方式完全不需要运用到这些烦琐而又复杂的过程，只需要向供应商购买自己所需要的这项服务，就可以很快地享受到云计算带来的好处。而且在云端进行的操作，它会实时地帮你进行记录，如果在计算之后想回去看原来的计算过程，也可以登录云端找到历史记录。在云计算的大背景下，会计的工作变得更加便利，需要注意的是云计算的方法应用与会计的计算方法统一之后，企业就可以针对自己需要运用的地方在云端进行购买，然后对自己公司的账目进行处理，可以用较低的成本获得较高效益，解决了财政部分对于会计这方面人力和财力的消耗，非常有助于企业长远的发展。

二、大数据时代对财会人员提出了新的要求

伴随着会计与计算机的融合，大部分的会计工作需要财会人员在计算机上进行操作，这样的方式虽然使财会人员的工作负担起到了减缓的好处，但同时其真实性将得不到保障。尽管计算机中对于会计算法这方面非常的精准，但是也可能由于人为的一些原因，使得会计算术最后的结果产生误差。如果会计人员藏有私心，在计算的过程中，运用不正当的方式，就会使会计最后的结果是非正常的结果。因此伴随着信息化的不断提升，对于财会人员的道德品质有了更高的要求。

在计算机技术加入会计这个范围之后，会计的各项基本操作就发生了变化。比如，在对信息的收集与数据处理上面就要求相关人员具有良好的职业道德，并且遵守法律法规，不然没有专门的人员对其具体工作进行监管就可能导致其做出触犯法律以及道德底线的事情。因此在聘用会计人员的时候，应该在其合同中与其签署保密协议，相关人员要保证进行真实有效的记录，不会存在虚假记账。会计人员如果想要顺应当代社会的发展形势，就必须对自身以及自身所具备的技能做出一定的改变，首先要具有创新意识，敢于在没有探索过的领域发挥自己的想象力，将现有的技术运用到自己擅长的工作中，不断地提升自己的专业化水平与知识能力。

三、大数据时代对会计数据的影响

在以前的会计计算中经常存在估算的概念，但由于现在网络信息的发展，计算机完全可以精准地对会计过程中所产生的数据进行精密的计算，因此不用凭借会计的经验来对数据进行估计分析，可以直接通过计算机的程序来得到正确的结果。提高运用会计获取信息的质量，并且将这一项成果与公司经营相关联去指导具体的工作。

会计的许多属性是具有固定性，是不可人为改变的。例如，会计数据这一概念，它所指的是将实际发生的数字及符号真实地记录下来，不允许相关人员对其进行改变或者笔误记错的情况出现。在我国的一些企业中，对于会计的标准都有各自的特点，没有统一的标准，这使得会计的工作性质具有多样化。公司都会根据自身的实际情况，再结合会计的相关事实做出具体的部署，让公司的会计部门可以为自己的公司提供最高的效益。不同公司的不同处理方式产生的差异往往会产生差异化的会计数据。会计信息质量的优劣很大程度上依赖于 AIS 处理的原始会计数据的质量特征。企业的购销存等一系列经济活动都会产生大量的数据，各个企业在不同时期，或在母子公司之间的不同业务中，都会根据自身的业务流程调整自己的实施战略，这样传统的数据处理就无法满足及时性要求。在大数据时代，经济活动的处理方式集中在云端，企业可以随时根据自己的需要灵活地选择相应的服务。

四、大数据时代面临的挑战

由于信息化的到来非常的突然，科技发展的速度过快，且内容复杂多样，因此还没有时间形成完善的法律体系来对网络世界进行一个监督与管理，这使网络带给我们便利的同时也产生许多无法解决的困难。在大数据时代，任何信息都是共用的，所有的企业都可以共享到很多信息，大家需要在这一变化过程中逐渐的适应，并且合理地进行运用，相关的法律部门也要及时地去研究网络环境对我们生活造成的影响，及时地制定相关法律法规来保护我们身边每一个人的基本权益。

大数据来源的挑战。由于信息化时代的特点是，网络上可以查询到任何一样东西的信息，那么我们所看到的信息的真实性就遭到质疑。它有可能是真实的，也有可能是经过他人的加工与捏造出来的虚假信息，因此在面对这样的信息环境时我们每一个人都需要有判断信息真假的能力，并且合理地运用网络带给我们的便利。

客户认可度的挑战。信息化的发展是一种非常先进、前卫的思想，就会存在一些较传统的企业无法接受这种形式的改变。对于网络带来的任何事物都持有反对排斥的心理，因此会使网络推广的特征遭受到一定的限制作用，这就需要做出改变，去改变这一类企业的固有思想，让它们试着去接受新鲜的事物，为自己的企业带来更好的效益，以存活于现在快速发展的激烈市场中。

网络传输的挑战。由于会计应用计算机来进行计算，那么就需要在网络上来完成一系列的会计核算，有一个弊端是无法忽视的，那就是网络带来的延迟，会因为数据量较大，在传送的过程中消耗较长的时间，以及较大的内存。

会计信息安全难保障。由于计算机的计算可以给人们带来很多的便利，会使人们对这种方式的工作产生一定的依赖性。如果什么数据都输入计算机中，网络就会掌握全部的信息，一旦网络被病毒侵入或者不法分子获取到保密信息，那么个人的信息安全就受到了一定的威胁，因此在会计对信息进行处理的过程中，一些保密信息就不能存在计算机中。并且日积月累的大量数据会对电脑产生一定的负担，这就需要计算机不断地提升应有的性能，总而言之，由于现在网络的相关法律法规还不完善，会让许多不法分子对信息进行泄露与买卖。

内部控制制度缺乏。传统的会计与现在的计算机会计相比也不是一无是处的，也会在一些地方优于现在的会计制度。例如，计算机会计形成的时间较短，其内部的体系还不完整，会有许多存在问题的地方，但是作为传统的会计，是经过不断的改进、不断的优化，经过好多次的实验才形成的，因此具备一定的成熟性，这是现代会计需要对传统会计进行继承与借鉴的地方。

五、大数据时代下会计发展的建议

为了顺应现在社会的快速发展，会计行业如果想要立足于经济市场，就应该合理地掌握信息资源的利用，并且将自己的会计学赋予一定的网络化属性。无论是简单的会计知识，还是会计技巧方面都需要加入网络的方式，在对资源进行收集的时候，要合理地利用企业共享信息的平台，在这个平台上面可以获取到许多有效的信息，但是同时也要注重对平台信息保密性，让每个人的信息安全都可以得到保护。在信息共享平台上面，大家相互分享信息、互相交流工作经验，将各自的资源进行一个合理的整合，充分发挥了集体的智慧，使得会计这个行业发展得更好、更快、更稳定。信息化给会计带来的好处大于坏处，主要提高了会计对于信息处理的效率，同时也使较为复杂的会计算法可以通过计算机的方法变得简单又高效，但是对于网络信息中存在的一些泄露信息以及买卖信息的问题，国家及其相关机构应该实时观察市场中的问题，并确定相对应的解决方案，使得网络化带给我们的好处越来越多，并将其存在的问题找到其根源并解决，让大家可以对网络信息实现可依靠、可相信。

企业转变传统观念。一个企业的发展方向，是由一个企业中的管理者及其相关人员来决定大概的发展趋势，如果想要让企业发展得较好，就必须让管理者掌握先进的思想观念，所以现代信息化社会的发展就应该将管理者从古板老旧的传统观念中解放出来，让他们愿意接受新鲜事，愿意用新的解决方式来解决现在生活中遇到的问题。

就专业性这方面来说，可以提高财会人员的专业知识与职业道德素养。伴随着信息化的不断发展，对财会人员的要求也不断地提升，需要财会人员在掌握其自身专业知识的同时，也要对计算机的网络信息技术有熟练的操作能力，只有将财会人员的专业素养提升上来，才可以使整个公司的发展朝着更好的趋势去发展。

第二节　我国环境会计发展研究

环境会计的不断探索与发展，给我们的生活带来的是非常有利的影响，在其中产生的环境责任会使许多企业收敛自己污染环境的行为，并且对于被破坏的环境也及时进行补救。这可以将整个社会的环境质量都提升上来，并且使我们的经济与环境和谐发展。

自从环境会计这一概念被提出以后就受到了全世界人们的关注，因为当前我们全球的人类所面临的问题，就是环境不断地遭到破坏。因此这一概念一经提出就受到了大多数人的支持。

我国的政府及其相关部门也是非常注重环境会计这一个概念的实质性含义，对环境会计进行了深入的探索与研究，政府也是大力地支持环境会计这一概念的宣传。随着环境会计的不断发展，促使我国的各个企业将自己对于环境污染的责任相对应的降低，会对环境进行一个补偿的作用，因此制定完善的环境和制度，不仅可以使环境会计得到发展，也会使我国的经济效益与环境效益实现相统一，在经济发展的同时也保护环境、爱护环境，达到经济与环境共同发展。

一、我国环境会计发展现状及存在的问题

（一）理论研究方面

近年来，生态环境治理作为国家治理体系现代化的重要组成部分，受到政府部门的高度重视，环境会计也随之兴起和不断发展，对环境会计的研究，受到了学术界和政府的高度关注，国内学者围绕环境会计展开了大量的研究工作。从相关书籍以及期刊中可以看出，我国在对环境这方面的会计中主要从以下几个方面来进行探究：一是环境会计的审核和计算；二是环境会计的信息披露制度；三是排放权交易会计；四是环境成本管理等。环境会计最先出现在西方一些先进国家，这些国家的经济水平较高，科技和人才资源较丰富，因此在对这方面知识有较深的认知，后来随着我国经济水平的不断提升，人们不只追求经济效益，看到环境问题的重要性，因此开始研究和重视环境会计的发展。我国许多学者在这方面取得了较深的造诣，都是通过自己的研究将能源和资源进行整合和有效利用，将会计的专业性知识运用到环境治理中。我国各地政府部门也都投身于环境问题中，制定相关的法律条文，为保护环境提供了强力保证。也有学者从资源成本的角度来看待问题，将成本这个概念与环境中发生的具体问题结合起来，为环境治理问题提供了相关的理论依据。国家的各个企业及个人都在用相关的会计知识来对环境污染和破坏问题思考解决方案，使环境问题与经济问题得到平衡，实现可持续的发展价值。

我国在对环境会计进行探索与研究的过程中不仅取得了一定的成效，同时也发现了一些问题。首先，由于这一概念是从西方国家引入的，我国认为它对实际问题的解决具有一定的指导作用，因此投入了大量的心力让学者进行研究，但是由于没有实验操作的经验，只能从资料或者书上来进行学习，所以它的侧重点是对于理论上的研究，其实际性不强，主要的成就也都是偏理论性的。其次，我国对于环境会计的研究是从较具体的方面来研究，没有从整体的宏观角度来进行分析，由于环境具有不确定性，随着时代的发展，也不能再用原来的角度来看待环境问题，所以会导致在认知上存在一定的偏差，环境会计应该是将微观与宏观相连接，然后研究产生的结果才具有实践性，但显然我国只从微观角度进行研究，并没有对宏观角度做过多的考虑。最后，我国虽然在这方面取得了一些成就，但都是比较一般的成就，没有在原来的基础上获得更高的灵感，创造出更适合时代发展的环境会计。虽然可以供我国现在一般水平使用，但是无法为全球的环境会计提供指导作用，在国际上发表的关于环境会计的期刊也相对较少，只有在我国国内的论文内容相对较多，说明我国的环境会计还没有走向国际舞台。

（二）应用研究方面

由于我国环境会计起步较晚，相关法律法规体系不健全，尚未出台与环境会计信息披露相关的法律法规，对企业与环境会计有关信息披露要求比较笼统和空泛。由于我国企业对于环境会计的认知还没有形成一个完整的体系，只认识简单的部分，还不足以去指导实践活动。了解环境会计的企业只少部分展开，大部分的公司是没有环境会计这一概念的。主要是由于缺乏政府的宣传，并且由于大家都不是很了解，所以各个企业在对环境会计信息披露的这项任务上表现得积极性不强，因此给我国全部企业这一方面信息

披露的管理带来了一定的阻碍作用。这样的发展形式不利于我国企业的长远发展，也导致环境会计在我国的企业中难以得到发展并且没有支持力量。

在国内由于对环境会计知道的人不多，且只有一部分人员的研究，因此对于这方面的相关论文、文献较少。但是国外与国内形成鲜明的对比，由于国外早就有环境会计这一概念的认知，因此他们在对这方面的研究投入了较多的心血，并取得了较高的成就。国外的许多企业都将环境会计列入自己企业的规范制度中，并且进行具体的实施，而我国将这一概念停留为理论研究的阶段，还没有付诸实际行动，人们还没有形成环境会计的这一理念，并且对于这方面的相关工作方法，持有不支持和抵触的太多。政府应该想办法加大对环境会计的宣传以及具体的解说，让更多的人和企业了解到环境会计这一概念，可以为企业和我国经济带来的丰厚效益，推动环境会计在我国的积极发展，将理论研究落实到实际操作上面。

二、环境会计与生态补偿的耦合关系

（一）生态补偿与环境会计互为补充，相互发展

由于我国从理论性的角度对于环境会计已经有了较多的研究，因此在环境抵偿这一方面会为其提供相应的理论依据。所谓的环境补偿就是保护环境，可以获得相应的收益，如果对环境造成污染，就需要支付相应的责任及其处理费用。也就是说，环境补偿的这一概念既是对企业及个人的鼓励和奖赏，也是对污染者与破坏者的惩罚。环境会计在对环境补偿提供理论依据的同时也得到了环境补偿的及时反馈。环境补偿这一概念的提出可以让人们更加重视环境在我们生活中的重要性，二者之间相互配合，共同维护社会的生态平衡及保护环境。环境会计作为一门刚步入探究的学科，还没有自己完整的一套研究体系也没有对其进行彻底的理解，因此无论是从指导性还是理论性上都存在着许多问题没有解决，而环境补偿已经成立和建立了一段时间，有一定的基础和基本完善的体系，也可以推动环境会计的进一步发展，二者之间相互促进使得我国企业越来越重视环境问题，在追求经济效益的同时也要兼顾环境，不然就会对自己破坏的环境负一定的责任。

（二）环境会计发展为生态补偿标准的合理确定提供了依据

一个平等的补偿估算和预测可以为环境抵偿提供操作依据，可以用来衡量企业和个体对资源的消耗以及对环境的损耗程度，运用专业的环境会计补偿机制可以为实现生态价值提供技术支持。在当今的社会发展中，环境问题越来越严重，人们在发展经济的同时，是以牺牲环境为代价的，因此对环境的破坏进行补救和治理，是每个人义不容辞的责任。大到国家，小到个人，每个人都要为自己对环境造成的负担，承担相应的责任，并将环境会计的概念引进生态保护中，对环境抵偿标准的合理确定会更为客观。因此，环境会计的不断发展和完善能够为生态系统的价值补偿和定价提供理论支持。

（三）环境会计的实施有助于生态补偿制度的建设与发展

将经济发展和环境优化两个问题兼顾，不能以破坏环境为代价去发展经济，这是不符合当下人们所追求的时代主题的。政府必须制定对环境保护相对应的法律法规，将保

护环境的意识传达给全体人民，让每个人都有环境保护的意识；让企业明白需要在保护环境的前提下对经济进行发展，在开采资源时要注意不能过量，在工业发展时，尽可能减少污染，否则就需要对环境承担责任；科研人员也要不断探索如何让自然资源进行循环利用，减少资源的耗量，提高资源的利用率。伴随着社会各类人群的一同努力，环境抵偿的体制逐渐得到了支持和发展，对我们的环境起到了一定的保护与绿化作用。

三、生态补偿视域下我国环境会计发展策略

（一）加强以生态补偿为核算内容的环境会计制度建设

环境抵偿虽然是从环境角度来看待问题，但是所运用的解决方法是经济调控，通过经济的方式来制衡人们对环境产生的负担。由于这些年来经济快速的发展，各个国家在追求经济利益的时候，都没有将环境的承载能力考虑到发展中，因此对环境产生了不可弥补的破坏，但近些年来自然灾害频发，像是大自然对我们的警示，人们意识到再这样不顾及环境的盲目发展，迟早有一天会将从大自然中索取的，都归还给大自然，并且环境是我们每个人赖以生存的条件，保护环境应该是我们每个人都要有的责任，因此一系列保护环境的措施逐渐出现。运用会计的方式将自然界中的物质进行统计，并且限制人们的过度开采以及开发，对已经形成破坏的环境制订长期的补救计划。

（二）重构以会计核算和生态补偿机制相衔接的环境会计核算体系

环境会计是通过会计的方法来对环境中的问题进行有效解决，并提出解决措施，最后使环境保护和经济活动都可以得到较好的发展，但由于我国在这方面研究的时间较短、实验经验不足，因此好多想法没有办法付诸行动，提供的更多的是知识上的理论指导，但是在环境抵偿这方面我国做得很好，也拥有较稳固的知识和实验基础。这两者之间也存在着内在联系，它们的共同目标是一样的，都是想让我们生活在更好的环境中，在保护环境的同时发展经济，并且两者之间都是从环境的角度去看待问题，希望可以通过不断努力将生存环境得到更好的保护，并对发生破坏的环境进行补救。环境会计较原来的会计优化的地方在于，它不再只是将发展经济作为唯一的目的，而是看到了现在社会发展过程中的环境问题。随着经济的不断发展，人们对于环境资源的需求越来越大，也会对环境造成一定的负担，使得我们生存的环境条件变得越来越不好，如果还不加以治理的话，将会使我们人类失去生存的家园。在这样的大背景下，提出了环境会计这一概念，这种模式主要是运用会计的相关知识以及各类算法来对环境问题进行严格估计预算，并且引入了其他与环境有关的会计要素，将各类方法与条件都融合在一起提出对环境破坏和造成的负担，人类应该承担相应的责任方法，促使我们生存的环境进行改善，并遏制企业与个人对环境无限的索取，如果企业在对环境造成破坏或者需要环境给予一定的资源的时候，应当对环境支付一定的资金，支付的这部分资金用于缓解环境压力，以及补救被破坏的环境。

（三）完善以环境会计为主要工具的生态补偿监管体制

近年来，在政府和相关部门的大力推动下，环境抵偿工作实践取得了长足的进步，

生态环境保护工作也获得了良好的效果，但是建立和完善环境抵偿机制是一项长期而又复杂的工程，其中涉及环境抵偿主体的界定、补偿标准的合理确定、环境抵偿评价指标体系以及环境抵偿收费制度和环境抵偿公共制度的建设等方方面面，而环境抵偿标准的确定和生态补偿评价指标体系的建立是其中的重点。所以要对环境抵偿的概念进行进一步的优化，争取让改进之后的制度可以去指导现实生活中的问题。环境会计应该配合着抵偿进行监管的作用。当用环境会计作为计量工具时，可以精准地计算出企业和个人在生活工作中对于环境是否产生了影响，通过会计的表达方式将环境责任及环境负担都表述清晰，并对环境发生的破坏收取一定的抵偿费用，这部分费用用于支付环境修复和环境绿化所需要的费用，这种制度的执行需要相关部门的支持，国家相关部门要将环境抵偿落实到实际中去，使环境与生产相统一。

第三节　新经济条件下的会计发展

新经济与传统经济相比具有很多不同的特点，新经济的变化对会计也提出了多方面挑战。会计需要应势而变，新经济需要会计的更多参与。本节在回顾了新经济的特征、会计面临的困境和新经济对会计的期望之后，提出会计需要超越反映职能，服务于宏观经济、政治文明、道德文化和生态文明，以实现会计发展与社会进步的协同。

企业的发展模式与人们生活方式都发生了很大的改变，因此会计这门学科就现在来看，不太符合现在的生活发展模式，如果想要让会计在未来能够得到较好的发展，就需要不断提升会计的相关能力，并且对会计人才提出更高的要求。他们除了掌握自己这门学科之外的知识，还需要对其他各个领域都有所涉及，才能将会计的学习更加多样化，以适用于不同的场合，使会计在发展的社会过程中找到自己的一处安身之所。会计在今后的发展方向，应该以新经济发展为前提，从中寻求与之相协调的方式来发展。

一、新经济的特征

社会上占主导地位的产业决定了社会经济形态。"新经济"一词源于美国，最初是指 20 世纪 90 年代以来信息、生物、材料等新兴技术的飞速发展使得美国实际 GDP 和人均收入史无前例长期强劲增长的现象。"新经济"不仅被理解为经济质量和结构的变化，同时还包括市场运行、社会运转、生产过程和产业组织等发生的巨大变化。发展至今，新经济具有了不同的内涵，人们普遍认为新经济主要是一种持续高增长、低通胀、科技进步快、经济效率高、全球配置资源的经济状态。我国经济在经历了多年的高速增长之后，依靠要素投入的"传统经济"逐渐淡化，依靠知识和技术投入的新经济勃然兴起。新经济的特征主要表现在以下方面：

（一）知识、信息成为经济发展的主导因素

在网络信息占据整个市场之前，全球的经济来源主要源于第二产业的发展，在那个时期，人们普遍追求的都是经济可以为人们带来的收益。成本是当时计量收益多少的一

个基本概念，无论是经济活动中的哪一部分都可以用成本的多少来表示。在企业中员工与老板属于一种雇佣的关系，老板负责向员工支付劳动报酬，员工则为老板做相应的工作来赚取支付报酬，这是在经济活动中最简单、最基础的一种关系。这种阶层的经济活动只能为社会带来较少的收益，每个劳动者的价值得不到合理的体现，但是由于现在已经步入了新时期，国家对高科技以及高素质的人才要求很高，同时需要支付给人才的劳动报酬也就相应的增加，成本不再是决定劳动者获得报酬的因素，其专业知识、综合素养、附加技能都成了评判一个劳动者为社会创造收益的标准。

（二）新经济模式是一种绿色的、先进的、可持续的发展模式

在当今的社会发展模式中，科学与技术的力量非常强大，对于人才以及劳动力的提供也是相当的充裕，企业和个人都在朝着更好的方向发展，但是同时也迎来了一系列的环境问题。这部分环境问题是由原来社会的性质所决定的，在科技还没有这么发达的时候，人们只能依靠对自然资源的开采，以牺牲环境为代价来换取经济利益，虽然也获得了一定的资金，但同时所付出的环境成本也是很大的，需要现在用更多的资金才可以将之前所造成的环境破坏进行弥补。

（三）社会精神文明程度的提升

物质是意识的前提，当人们有了基本的物质水平之后，才会追求意识层面的财富。在工业时期的发展过程中，人民的生活水平普遍较低，没有办法实现全部的温饱，因此会有许多企业及个人在追求利益的同时，没有办法实现精神上的丰富，就可能会对自己做出来的经济活动不做约束，导致许多产品不合规等质量问题，但是在现代的社会发展过程中，人们的生活水平得到了提高，基本生活有了保障，就会更加注重意识层次的满足。不再只对金钱和利益感兴趣，也在不断提升自己的道德与品质。当下的人们普遍受到较高的教育，因此对于人格塑造方面会有较高的修养，也会对自己所做的行为做出一定的约束控制，让商人在追求利益的同时关注环境污染的问题。由此我们可以发现，丰富精神世界可以指导我们在现实生活中做出正确的决定和选择。

二、会计面临的困境

会计的历史变革也是一个具有时代性的长期发展历程，会计学是为了服务企业及其个人的计算方面而产生的，但随着社会经济的不断发展，对会计计算的要求也越来越高，因此会计不能停留在原来传统意义的记账上面，应该学会利用不同时期的优势项目来融合自己的专业技术，并且对社会关注的焦点发挥其应有的作用。会计的整个发展是由简单到复杂、由单一到多样的过程，由最开始的原始社会系绳的方式来计算自己每天的工作量多少到现在可以通过计算机的方式，实现一个企业及公司全部都有关于财务方面的工作，但是会面对一些难以解决的问题，由于社会变化速度快，现在会计的使用显得有些力不从心，没有办法很好地适应时代变化去提出具有针对性的功能，新经济带给我们发展的同时，对会计这个学科提出了新的挑战。

（一）会计前提受到挑战

会计是主要针对各行业的经济领域进行计量，目前根据对具体行业经济计算的统计，会计的计量方向主要是针对各公司的资金往来情况、与他人公司的借贷情况、日常支出资金数量等。但是根据各企业反馈的情况来看，都认为本公司的会计职责分工不清晰，对于一些经济类的概念把握不够，还停留于原来对此定义的固定含义之中，并没有结合新市场条件下对于此含义的扩展更新，这样会干扰外界对公司形象的认知。还有会计在进行公司业务计算时多用线上交易往来的方式进行，不接受传统的纸币结算方式，使公司与公司在合作时受到影响。最后就是会计计算的依据不明确，不接受新的经济知识的更新，总是将目光集中于对企业资产、生产成本的计算，不对影响最大的人工进行统计，财务明细的具体细则也不够清晰，使其所做出的结果与社会和人们的需求相距较远，相应的对会计行业的信任度会下跌。

（二）会计要素设置不科学，影响了会计信息的有用性

一直以来，会计不断地转换自己的职能，目的就是为了更加适应社会发展，然后为企业提供相关的财务工作。无论是哪一个时期影响会计的因素都不相同，但归根结底，都是由于国家经济的发展程度不同，而对会计提出了新的要求，但是要想让会计得到长远的发展，就不能只发展符合企业要求的会计知识，应该从根本上解决问题，从国家层次上的经济发展来寻找会计应该发展的趋势，并制定具体的措施。当前我国面临的主要的问题，就是环境这方面的问题，因此会计应该以解决环境问题为发展目标，对自己的职能进行扩展。将会计相关的属性以及方法与环境学相结合，找到环境污染以及环境破坏的问题，应用会计的核算与预期对环境提前进行补救和预测，并运用自身的专业知识对自然界中的资源进行合理的配置，使资源可以得到充分合理的利用，将专业的会计知识与实际发生的环境问题相结合。

（三）会计局限于微观层面，影响了会计价值的进一步实现

会计这个概念是由于最开始的时候，人们产生劳作之后，为了记下劳动的成果而做的记录，后来为了迎合企业的发展而展开一系列的财务活动，大部分学者将会计这门学科定义为经管的学科，研究会计在经济方面的发展。因为会计涉及的各种活动以及它自身的要素都是围绕着经济活动展开的，因此大家将其定性为与经济最为密切也就可以理解了，但是伴随着我们社会的不断发展，会计不能只解决经济问题，而忽视精神上带给人们的贫瘠，因为人们的生活水平不断提高，除了对于物质方面的追求以外，更多的是对精神层次的丰富以及对于权利的追求。所以要想让会计得到更好的发展，就不应该只关注经济，应该综合地看待现在社会发展中的政治变化与文化输入将这几个因素综合之间的关系，将它们联系起来制定符合时代要求的会计发展方向。

（四）会计视野局限于经济领域，没能反哺政治、文化

总体来看，最初会计的诞生并不是为了经济，而是具有非物质性目的。目前会计学科属于管理学，也曾被归类为经济学，足以见得人们把会计当作经济管理的一部分，定性为属于经济管理学科。这也许是因为近代以来，世界各国都在追求经济的发展。事实上，经济生活仅仅是人们生活的一部分，除了经济生活以外，同时还有精神生活、文化生活。

随着社会的进步，精神生活、文化生活的重要性最终会超过经济生活。政治对会计的影响主要体现在以下几方面：首先，政治影响经济环境，通过经济环境影响会计的发展与变化；其次，不同的政治模式，对会计的目标、职能等的要求不同；最后，不同的政治模式下，人们的行为方式不同，也会影响会计实务的具体操作。会计的目光应该超越经济，关注政治文明、文化建设。

三、新经济对会计的期望

由党召开的全国人民代表大会中的会议内容可以看出，会议主要表达的是在抓经济的同时也要兼顾生态问题，让人们的生活水平得到提高的同时，也保护我们的生存环境。会议的内容不仅为我国的发展提供了指导作用，也为会计在未来的发展提供了大趋势的方向。

（一）宏观经济调控需要会计参与

由于会计是作为经济学较小的一个分支，但是其中的内容却是很完善丰富的，因此可以为我国的经济提供一定的理论支撑。一个国家的综合国力不单单是指其经济发展水平如何，也要看这个国家的政治与文化水平，将这三方面相结合而得到的综合国力水平。会计的应用也同样适用这个道理，会计的发展推动经济的发展，同时也应该观察是否对政治有作用。会计的检查与监管就会为政治方面的工作提供具体的操作能力，会计可以运用自身专业的监管能力，来对政治工作过程中一些不良风气进行缉查监管，并对属于政治方面的财务工作进行查阅，为我国的政治发展贡献自己的一份力量，同时也提高了自己的工作职能，会计在帮助政治发展的同时，也可以使会计在社会中的地位得到提升。因此会计与政治发展之间也存在着密切的联系，如果应用得当的话，会对我国的政治发展产生很好的积极影响。

（二）政治文明提升需要会计支撑

许多学者认为，只有将人的精神层次提高上来才可以为整个社会带来经济效益。价值观念及文化都是密不可分的影响因素，如果想要让一个国家的社会得到进一步的发展，可以从文明的制度入手来解决问题，联系会计的相关知识就可以知道，会计可以精准地算出社会生产过程中所产生的经济效益，以及社会过程中涉及的各类财务问题。如果一个会计的道德素质处于一般水平，可能会受到金钱以及权力的诱惑，对自己的职业产生错误的理解，就会给社会和企业带来一定的损失，所以提高财务人员的思想以及道德品质也是非常重要的。当人们的思想觉悟都提升上来之后，就可以拥有一个公正、公平、公开的社会环境，为我国的发展提供文化上的保障。

（三）社会文明的改善需要会计配合

在工业时期，个人与企业获得了较大的经济利益，同时也对环境造成了许多不可弥补的破坏。因为工业发展的过程中，需要对许多资源进行开采利用，并且会向环境中排放废气和废弃物，那个时期的人们物质生活得不到保障，因为无暇顾及对环境的破坏，只是一味地追求经济利益，提高自己的生活水平，因此工业化带给我们的除了丰厚的经济收益，同时，也使我们赖以生存的生态环境变得恶劣。但对现在的人们来说，物质生活基本达到了满足，需要考虑的是如何将已经破坏的环境进行补救，并且在未来发展经济的时候，一定要注重对环境的保护，切不可再以牺牲环境为代价来获取经济收益。会计就可以在这个时候发挥其专业性的作用，它可以为企业计算出环境责任，并且对于已经破坏的环境找到相应的企业，让其负一定的环境责任。通过精密的计算得出对环境的破坏程度，然后折算成环境补偿费，让企业知道破坏环境是需要承担一定责任的，这一制度的实施需要相关法律法规来作为强力保障，需要国家和政府出台相关法律，宣传保护环境的意识。

（四）生态文明建设需要会计同步

工业社会虽然给人类社会积累了财富，但也使生态环境付出了巨大代价。在发展经济的过程中，人们为了获得足够的利润，总是在破坏自然生态环境，企业在生产过程中虽然获得了利润，却没有考虑对自然环境承担的责任，很多企业开山毁林、大量排放废水废气，导致环境不断恶化。随着新经济时代的到来，社会发展模式发生了新的变化。人们在获得财富的同时，也看到了保护环境的重要性。在这方面，会计准则应该承担自己的责任，这是生态文明建设对会计提出的挑战，同时也是会计未来发展的动力与方向，会计学界与业界应该认真对待这个问题。目前企业财务报告中的会计利润是多方面事项的综合，并没有真正反映企业的收入、成本与费用，特别是生态环境补偿问题。

四、会计职能拓展的领域

最近国家颁布了关于会计行业改进的新要求，此次主要是针对会计的相关理论性概念范围进行修正，确立会计理论概念前进的方向。保持会计职业内容始终要与社会市场和企业的新观念相融合，再加入中国特色关于经济部分的想法，对于其基础性的知识方面要弥补其匮乏的现状，还不能只对大的经济概念进行范围性的钻研，要扩大对具体知识的深入理解。在传统的会计领域人们主要是接触经济概念的大方面，将会计职责纳入政府管理工作之中取得的成果还是比较令人满意的，但是解析具体的经济细则要求还有待人们的开发。同时会计的相关概念还和我国其他领域进行了融合，使我国的服务、金融行业都产生了新的发展模式，而且环境会计的理念被各企业所接受，有效提高了企业之间关于环境问题的认识。

（一）宏观经济

经过我国一些经济学者的观察解析，将会计的职能内容带入了新型企业的具体经营之中，统计后明确了对这些企业进行会计管理方式的运营可以有效增加其经济收益，并且还可以通过各企业公布的结算信息对其未来的经济状况做出预估。新型企业的发展模式对于会计模式的改进也有其特别作用，企业的分股管理的政策融入会计领域之后，提高了会计行业的评价统计能力和对企业经济往来信息的计算速度。目前在定义会计行业相关行为时，首先要看是否符合国家提出的相关经济理念，然后才能开始会计行为大纲规范的制定。还有金融专家提出要将会计统计方式与我国的金融问题相结合来思考，需要为会计的计算提供企业准确的相关信息，否则无论会计将应用公式和规律探究得再清晰，也无法做出准确方向上的估计，同时为了让会计与其他产业进行有效的合作，其自身需要将专业名词进行简化，使双方能够在了解的基础上进行专业解析。

（二）政治文明

有许多经济专家都将会计的相关计量方式与国家经济政策的制定相联系进行分析，认为二者都强调具体方案对于实施过程的重要地位；认为对会计的行为内容进行规范也要结合国家理念的要求，相关准则不能超过国家从整体上对于各行业边界的限定，同时会计的计量改进也要考虑国家发展经济领域的需要，从来国家政治的发展和会计行业的革新都是同步进行的。会计行业对于其从业人员的培训也应该严格把控，在人员对具体企业进行往来资金结算统计时要遵守法治要求，这样就可以借助各行业在法治和经济领域的遵守行为促进社会尽快达成其在文化范围内的要求。各行业和国家对于会计职责规范的管理都比较关注，都想在会计计算审查领域有自己的力量，帮助自己实现不正当的其他私人想法，这种现象会自经济行业向上发展到政治层面，最终使政治内容开始变质。所以目前最好的方案应该是将对政府的会计统计独立于其他部门之外，最好将其公开由人民共同检查，这既能使会计核查方面更加快捷，也能使政府财政更加透明。

（三）社会文化

在人们的固有印象中会将会计定义为企业之间经济计算的工具，对于会计本身的文化内涵却无人挖掘，人们只关注其计算领域的实际应用。在人类长久的文化变迁历史中，产生了许多各行业之间融合的新型产业类型，会计行业的出现就是如此。因为企业之间经济来往比以前任何一个时期都密切，所以其往来资金的具体状况就需要专门的机构来为其统计，会计行业就是在此情况下迅速壮大的，这是经济领域的变化带动会计行业的改进。文化理念的不断更新也使会计产业产生了新面貌，如在社会提倡稳健文化时，会计也是向着这个方向改进。当会计行业秉承着公正和合理合法的观念，对于各企业的资金数据都进行清晰的统计和明确的记录，整个社会的氛围也会更好，这是会计领域带给社会基层文化方面的新气象。所以在我国内部企业、我国和外国企业之间合作交流更加频繁的情况下，更要注重对会计行业具体部分的监管，不断更新会计计算需要的工具，对于社会公共财产的审计应该更加透明，并且将统计核查的每一个具体步骤都认真记录。同时还要吸收国外计算统计的发展经验来创新我国会计审查的方法，减少目前会计对各个项目进行清算的时间成本，提高整体工作效益，使其能为更多需要的主体进行服务。同时还要注意对会计人员的教育培训，使会计行业从内部向外散发诚信理念，这样会计人员进入各个企业就能带动社会的氛围变化。

（四）生态文明

由于资本的贪婪，加之人们认识的局限性，在经济发展的过程中，很多国家的发展都以牺牲环境为代价。企业为了追逐高额利润，大量消耗能源、矿山，排放废水废气，会计利润增加了，可人类生存的环境被破坏了。企业积累了财富，公众却因为环境的恶化，身心健康受到了很大危害。企业的这种做法与人们追求幸福生活的愿望背道而驰。美好的自然环境是人类千百年来赖以生存的基础，同时也是人类为之奋斗的目标。为了促进生态文明建设，在制定会计准则的过程中，要将自然资源、环境保护纳入会计准则研究范围，注重环境会计的研究。在考虑保护自然环境的同时，重新定义资产与负债、费用与利润的内涵，使会计真实核算企业的费用，真实反映企业的利润。从会计制度设计、成本核算，到利润的形成，都要注重生态文明建设。会计工作者也要在实务工作中认真贯彻绿色发展的理念。

会计是环境的产物，同时又反作用于环境。回顾历史，会计在人类文明进程中发挥了重要作用。在新经济条件下，会计环境发生了新的变化，这种变化是挑战也是机遇，会计未来的发展是摆在会计学界面前的崭新课题。总之，会计应顺应时代发展的需要，服务于宏观经济、政治文明、社会文化和生态文明建设，将会计职能与社会需求有机结合，实现会计发展与社会进步的良性互动。

第十三章　企业多元化会计核算模式

第一节　会计核算模式的基本框架

会计的基本前提是财务会计基本假设或会计假设，它是组织财务会计工作必要的前提条件，若离开这些条件，就不能有效地开展会计工作，也无法构建财务会计的理论体系。财务会计的基本前提是从具体的会计实践中抽象出来的，是为了确保会计核算资料的实用性、合理性和可靠性，一般包括会计主体、持续经营、会计期间与货币计量等内容。企业为实现会计目的、确保会计信息质量，要明确会计的一般原则，即会计核算的基本规则和要求，这是做好会计工作的基本要求。因此，企业会计核算人员必须掌握会计核算的基本前提和原则，以会计核算工作支持企业的运行和发展。

一、企业会计核算的基本前提

（一）会计主体

开展会计工作必须明确会计主体，明确会计人员的立足点，解决为谁记账、算账、报账等问题。会计主体独立于其本身的所有者以外，会计反映的是一个特定会计主体的经济业务，而不是企业所有者的财务活动。明确会计主体要求会计人员认识到，他们从事的会计工作是特定主体的会计工作，而不是其他会计主体或企业所有者的会计工作。会计主体的规模没有统一的标准，它可以是独立核算的经济实体、独立的法律个体，也可以是不进行独立核算的内部单位。从财务会计的角度看，会计主体是一个独立核算的经济实体，特别是需要单独反映经营成果与财务状况、编制独立的财务会计报告的实体。

（二）持续经营

持续经营是指会计主体的经营活动，按既定目标持续进行，财务会计的一系列方法是以会计主体持续经营为条件的。只有在持续经营的条件下，企业的资产才能按历史成本计价，固定资产才能按使用年限计提折旧。若企业不具备持续经营的条件，如已经或即将停业，进行清算，则需要处理全部资产，清理全部债权债务。会计处理要采用清算基础。

（三）会计期间

持续经营的企业不能等到结束其经营活动时才进行结算和编制财务会计报告，应定期反映企业的经营成果和财务状况，向相关各方提供信息，要划分会计期间，把持续不断的企业生产经营活动，划分为较短的经营期间。会计期间一般为一年，即会计年度。

把会计年度的起止点定在企业经营活动的淡季一般比较适宜，这是因为在企业营业活动的淡季，各项会计要素的变化较小，对会计要素进行计量，尤其是对计算确定本会计年度的盈亏比较有利。还因淡季的经济业务较少，会计人员能有较为充足的时间办理年度结算业务，有利于及时编制财务会计报告。但随着现代市场经济的发展，目前各个行业企业的所谓淡季并不明显，这样的划分也存在着弊端。因此，我国《企业会计准则》规定，以日历年度作为企业的会计年度，即每年 1 月 1 日至 12 月 31 日为一会计年度。企业为及时提供会计信息、满足各方对会计信息的需求，也可把会计年度划分为更短的期间，如季度和月份。

（四）货币计量

企业会计提供信息要以货币为主要计量尺度。企业的经营活动各不一样、非常复杂。企业会计要综合反映各种经营活动，这就要求统一计量尺度。在现代市场经济环境下，货币最适合充当这种统一的计量尺度。以货币为计量尺度，为会计计量提供了方便，同时也存在一些问题。为简化会计计量、方便会计信息利用，在币值变动较小的条件下，通常不考虑币值变动。但是，因普遍性较高的通货膨胀给企业发展及会计核算带来较大影响，因此出现了通货膨胀会计。这是按物价指数或现时成本数据，把传统成本会计进行调整，考虑消除物价上涨因素对财务报表的影响，或改变某些传统会计原则，真实、科学地反映企业财务状况和经营成果的一种会计方法。

进行会计核算，还要确定记账本位币，在企业的经营业务涉及多种货币的环境下，需确定某一种货币为记账本位币；涉及非记账本位币的业务，需要采用某种汇率折算为记账本位币登记入账。按照我国会计制度与会计准则的规定，境内企业要以人民币作为记账本位币。

二、会计核算的几项原则

（一）会计核算要坚持客观实在的原则

这一原则要求企业的会计记录和财务会计报告要真实、可靠，不可失真，能客观反映企业经济活动。会计核算要以企业实际产生的经营业务为依据，反映实际财务状况和经营成果。真实性和可靠性是会计核算的基本要求。

（二）会计核算要坚持互相比较的原则

为比较不同的投资机会，信息使用者必然要比较不同企业的财务会计报告，以评估各个企业不同的财务状况、经营成果和现金流量状况。所以，企业进行会计核算和编制财务会计报告要遵循互相比较的原则，对同种经营业务，要采用同一会计程序和方法。要遵循国家统一的会计制度，严格按照国家统一的会计制度选择会计政策。

（三）会计核算要坚持一贯性的原则

这一原则要求会计核算方法要遵循同一规律，前后保持一致，不能随意变更。企业会计信息的使用者不仅要通过阅读某一会计期间的财务会计报告，把握企业在一定会计期间的经营成果与财务状况，还要比较企业不同会计期间的财务会计报告，明确企业财务状况和经营成果的变化状况与趋势。企业进行会计核算和编制财务会计报告要遵循一贯性原则。当企业所采用的会计程序和方法已经不符合客观性与相关性原则要求时，企业就不能继续采用，应采用新的会计政策。

（四）会计核算要坚持相关性原则

相关性原则是财务会计的基本原则之一，是指会计信息要同信息使用者的经济决策相关联，即人们可以利用会计信息做出有关的经济决策。对会计信息的相关性要求随着企业内外环境的变化而变化。随着社会主义市场经济体制的不断完善，国家对企业的管理主要是利用经济杠杆进行宏观调控。与之相适应，国家对企业会计信息的需求也出现了变化。随着企业筹资渠道的多元化，企业之间的经济联系也在增强，会计信息的外部使用者已不仅仅是国家，而是扩大到其他投资者、各种债权人等与企业有利害关系的群体。随着企业自主权的扩大，会计信息在企业经营管理中发挥了更大的作用。因此，强调会计信息的相关性，要求企业会计信息在符合国家宏观调控要求的同时，还应满足其他方面的需求。

（五）会计核算要坚持及时性原则

这一原则主要是及时记录与及时报告。①及时记录要求对企业的经济业务及时地进行会计处理，本期的经济业务要在本期内处理。②及时报告是将会计资料及时传送出去，把财务会计报告及时报出，财务会计报告要在会计期间结束后规定的日期内呈报给应报单位或个人。③及时记录与及时报告紧密联系，及时记录是及时报告的前提，而及时报告是会计信息时效性的重要保证。所以，企业会计要把及时记录与及时报告有机统一起来。

（六）会计核算要坚持权责发生制原则

这一原则要求，对会计主体在一定期间内发生的各项业务，凡符合收入确认标准的本期收入，不论款项有没有收到，都要作为本期收入处理；不符合收入确认标准的款项，就是在本期收到，也不能作为本期收入处理。权责发生制所反映的经营成果与现金的收付不一致，它主要应用在需要计算盈亏的会计主体中。采用权责发生制反映企业的财务状况也有局限性，若按照权责发生制反映，有时企业虽然有较高的销售利润率，但现金流动性差，也可能遇到资金周转困难。一般企业是以权责发生制为主，辅之以收付实现制。

（七）会计核算要坚持配比原则

这一原则要求企业的营业收入与营业费用要按它们之间的内在联系正确配比，以便正确计算各个会计期间的盈亏。按营业收入与营业费用之间的不同联系方式，进行配比：一是按营业收入与营业费用之间的因果联系进行直接配比。企业的某些营业收入项目与营业费用项目之间在经济上存在必然的因果关系，这些营业收入是因一定的营业费用而出现的，这些营业费用是为了取得这些营业收入而发生的，凡是这种存在因果关系的营业收入与营业费用就要直接配比。二是按营业收入与营业费用之间存在着时间上的一致关系。某些营业费用项目虽然不存在与营业收入项目之间的因果关系，但要与发生在同一期间的营业收入相配比。

1. 企业财务管理会计核算配比原则的基本含义

在企业进行会计核算的过程中，正确利用配比原则可以较为准确地反映出企业在一定时期内的生产运营情况，体现企业财务的管理效果；同时根据这些信息，可以为企业的管理者在制定企业的发展决策时奠定良好的基础。收入、成本、费用在会计核算中的分配比例可以在很大程度上影响会计结算的效果，只有进行均衡的配比，才可以实现预期的目的。

一般来说，配比原则的含义是在企业会计核算的某一个时间段内所取得的收入以及与收入相关的费用、成本之间的配比程度，或者选定的不是某一个时间段，而是针对某一个会计对象来进行的配比。无论是哪一种，最终的目的都是要科学计算出企业获得的净损益值。实施配比原则的时候，主要根据受益方的利益来确定，在核算中谁受益最多，所要承担的费用就由谁来负责。这一根据的本质特点是承认在会计核算的过程中，损益之间有着一定的因果关系。但需要说明的是，这种因果关系并不是在所有的情况下都有效。在实际的管理过程中，一定要根据相应的配比原则来科学分辨出存在因果关联的直接成本费用，同时还要分辨出不显示直接关联的间接成本费用。在进行某一时间段的会计核算中，一般要确定损益的情况是通过将直接费用和企业的收入进行有效的配比来实现的。如果是用间接费用来确定损益的情况，则是依据与实际相符合的标准，在企业所生产的每一个产品中或者是每一阶段内的收入之间实行分摊的方式，根据收入配比的原则获得具体的损益情况。在企业会计管理具体工作的应用中，配比原则的实施主要包括三方面的内容，这三者之间是相互联系、相互统一的关系：一是企业生产的某一项产品的具体收入和产品在生产中的实际耗费存在着相匹配的关系；二是在企业进行会计核算的时间段内的具体收入同这一时期的具体耗费应该存在着相互匹配的关系；三是企业某一部门的具体收入要同此部门在生产运营过程中的耗费存在着相互匹配的关系。这样才能保证企业财务管理的各个环节都在合理的会计核算的掌控范围之内。

企业财务管理中的会计核算匹配原则在使用过程中要选取适当的方式，才能取得预期的效果。具体的配比方法包括以下两种：

第一种是因果配比方式，通常也被称作对象配比方式。具体的含义是指企业在生产运营中获得的实际收入，要和产生这些收入的费用进行合理的配比，这是为了更加科学、准确地计算出企业进行经济交易时最终所获得的经济利润值。通常情况下，企业为了获得一定的收入，要先行垫付一些生产交易资金，在这一过程中要耗费一些人力、物力、财力，如此就产生了费用、成本、收入三者之间的因果关系，三者是相互对立又相互统一的。一般来说，企业获得的最终收入是一种结果，生成运营过程中的费用和成本是形成收入这一结果的重要原因。为了得到企业经济状况的损益值，就要实行因果配比方式来评估某一项经济活动的利润价值，对其涉及的成本、费用、收入进行科学的核算。

第二种是时间配比方式，通常也被称作期间配比方式，是指企业在同一个时期内对其生产运营活动的生产成本、费用、收入进行的配合对比分析，将分析的焦点集中在会计核算的某一个时间段中，也就是在一个会计期间内，认真确认其各项收入与其成本的关系，确切掌握在该时间段中的经济损益情况，为企业制订下一个时期的发展规划奠定良好的基础。

2.企业财务管理中会计核算的配比原则在实际中的应用

在企业财务管理的会计核算中要正确利用配比的原则，才能使其发挥出应有的作用。首先是要仔细核对企业收入的实际金额，根据直接配比原则确定与之相关的生产成本；其次根据间接配比的原则，核实企业的日常营业税额以及其他一些与企业损益情况有关的金额。具体来看主要体现在以下几个方面：

（1）配比原则要合理应用在企业所销售的产品的业务处理中

通常情况下，进行产品的销售，要依据具体的销售来确认收入的金额。在此过程中，参照已经销售的产品所消耗的费用情况，对成本进行相应的结算，这样做是为了使产品的收入与成本的费用之间的配比关系均衡化。所以在具体的实施过程中，要依据企业具体交易的特征，对每一项交易的实质都进行认真的分析与评估，同时要根据收入确认的具体要求来执行。在一些企业中仍然存在着不合理的情况，包括对已经销售的产品的成本计算不够到位，或者是把获得的相关价款归属于收入的范畴之内。这样在会计进行核算的时候，就对成本的计量准确性造成了一定的误差，也会给企业收入与成本以及费用的配比关系上造成影响，不能真实地反映出企业的经营成果，也会影响企业制定有效的发展决策。因此在企业进行会计核算的过程中，对于收到的价款可以认为是一项债务，不适宜将其归入收入的范畴内，这样就避免了影响正常的利润核算，提高了成本估计的准确性。

（2）在与让渡资产使用权有关系的业务处理中合理运用配比原则，和让渡资产使用权有关系的业务通常与企业的利润有着密不可分的关系

比如，在金融企业中，计算资产负债表每天获得的利息收入中，也会涉及企业生产成本、收入、费用之间的关系。在实施会计核算的过程中，金融企业通常会依据他人使用货币资金的时间以及利率的大小来计算与核对利息的收入状况，同时，所发放的贷款在这一会计期间所确认得到的利息收入应该和这一时期在办理存款时所支出的利息是相配比的关系。通常情况下，企业在生产经营过程中如果涉及让渡资产的使用权，在确定使用费收入的时候，为了让结果更加准确，可以依据相关的合同条款及协议的规定，来确定收费的具体时间，同时选择最为有利的计算方法。和当期存在关联的未来费用，要在本期内实施预提，同所有的预付款项有关的成本费用，进行记录的前提条件是当所有相关的收入都获得之后，这样做的目的是为了进行成本、费用、收入的合理配比。例如，使用成本模式进行计量的具有投资性质的房地产企业在进行会计核算的时候，如果租金的收入是一次性获得的，就应该依据条款分摊到每一个收益期间内，算作其他业务的收入，在当期计提的折旧或者是摊销则算作其他业务的成本，这样就与收入形成了一种对应的关系。此外，如果在经营的过程中出现减值现象的，要做好房地产的减值准备工作，同时将其算作资产减值损失，这样也就构成了一种配比的体系。

（3）要在与公允价值变动损益有关的业务处理中合理利用配比的原则

通常来讲，企业的公允价值变动损益核算在最初核对时，一般会分为两种形式：一种是以公允价值计算，同时其变动被归入到当期损益的金融资产或者是金融负债中；另一种是利用公允价值的计量方式实施后续的计量过程。那么在资产负债表中，企业通常会根据公允价值超出账面余额的差额来贷记公允价值的变动损益科目，同时也会依据公允价值低于账面余额的差额来借记公允价值变动损益科目，以达到预期的效果。当企业在会计核算的过程中，大部分的企业都会把该项科目与配比原则结合起来使用。这样处理存在很多的不当之处，主要体现在以下方面：一是如果企业拥有该项资产当年可以进行出售处理的，可以把该项账户的余额全部结转到投资收益账户中来，这时候该账户反映的是企业在生产运营过程中的潜在收益；二是如果要对该项资产实施跨年处理，那么在处理资产负债表每天的财务管理时，就要将该项目的余额同时结转到本年度的利润账户中，然后通过本年度的利润再结转到资产负债表中，这样在一定程度上也体现了成本、收入的相互平衡。

（4）要在企业的投资收益中合理利用配比原则

一般情况下，企业的投资收益指的是企业在特定时期内通过投资的方式得到的经济收入，该收入要同获得此收入所付出的成本进行相应的配比，这样有利于对企业实际利润的科学计算。需要注意的是，在会计核算中使用成本核算方式的企业，所得到的现金股利在某种程度上是属于长期股权的投资持有时间段内所获得的，如果将此也作为投资收益，就应该使用配比的方式来具体核算企业当期的实际营业利润。如果获得的现金股利是在非持有的时间段内获得的，就不应该作为投资收益，在具体的核算过程中就不能参与到配比原则中来，这样才可以体现配比原则的实际效用。可见通过正确的方式才能将企业会计核算中的配比原则的功效发挥出来，从而对企业的生产运行成本、费用、收入进行科学的计算。还要注意每一环节的全面性。例如，成本就包括制造费用、销售税金及附加费用等，同时要将收入与成本放在同一个时期内来计算，增强核算结果的可靠性，并为企业的经营实践提供更多的参照依据。

（八）谨慎性原则

谨慎性原则，即稳健性原则，在存在不确定因素的条件下进行预计时，采取不造成高估资产或收入的做法，防范损害企业的财务信誉，避免信息使用者对企业的财务状况与经营成果持盲目乐观的态度。这一原则的基本内容是：不预计收入，但预计可能出现的损失；对企业期末资产的估价宁可估低，也不能估高。

1.谨慎性原则的基本要求

谨慎性原则，通俗地说是指在处理企业不确定的经济业务时，应持谨慎的态度。凡是可以预见的损失和费用都应记录和确认，对没有十足把握的收入则不能予以确认和入账。随着会计环境的变化，会计目标从报告经管责任向信息使用者提供有用的会计信息转化，谨慎性原则也逐渐成为具有相关性和可靠性质量特征的会计信息。我国《会计准则》中规定，企业在会计核算时，应当遵循谨慎性原则的要求，不得多计资产或收益，少计负债和费用，也不能计提秘密准备。谨慎性原则的基本要求是：第一，谨慎性原则存在的基础是不确定性的事项。第二，对各种可能发生的事项，特别是费用和损失，财务确认和计量的标准是"合理核算"，对可能发生的费用、负债既不视而不见，也不计提秘密准备。对"合理"的判断则事实上取决于会计人员的职业判断。第三，运用谨慎性原则的目的是在会计核算中充分估计风险损失，避免虚增利润、虚计资产，保证会计信息决策的有用性。

2.谨慎性原则的适用范围

谨慎性原则并不能应用于所有会计业务的处理，只能应用于存在不确定性的业务。不能把谨慎性原则简单地理解为不多计资产或收益、少计负债或费用。当处理真实可靠、能够准确计量的经济业务时，只能如实反映准确计量，不存在谨慎性的问题。会计人员处理不确定性业务主要分为以下几种情况：

（1）会计业务的发生本身具有不确定性

会计处理经济业务时有些具有不确定性，其结果需通过未来不确定事项的发生或不发生予以证实，比较典型的是或有事项。谨慎性原则要求在充分披露或有事项的基础上，对发生具有不确定性的经济业务进行会计处理时，可适度预计或有事项可能引起的负债和损失，尽量不要预计或有事项可能发生的资产和收益。

（2）经济业务确认和会计政策选择时的不确定性

会计规范规定的会计确认和会计政策选择标准一般是抽象、原则化的，是会计实务基本特征的综合性体现，是对会计业务做出的普遍性规定。而会计人员面对的会计业务是具体而复杂的，会计人员在处理具体业务时自然面临着抽象、原则化的标准与具体、特殊的业务之间存在的或多或少、或大或小的差别。在对经济业务进行确认时，需按照会计标准对具体的会计事项进行职业判断。

（3）经济业务计量时的不确定

会计计量是指确定经济业务的发生额。会计人员在处理会计业务时，不仅要对经济业务进行分类确认，还要进行计量记录。在确定经济业务发生大小的时候，对企业发生的经济业务可以分成以下两类：一类是业务的大小可以按照实际发生的各种单据加以证实，只用单据写明的发生金额进行反映即可；另一类是业务发生额的大小无法按照实际发生的单据加以证实，业务发生的金额需由会计人员进行估计确定。在确认和计量过程中，当发生的交易或事项涉及的未来事项不确定时，必须对其予以估计入账。

（4）信息使用者信息需求的不确定性

会计处理的主要目的就是满足信息使用者对企业财务状况、经营成果和财务变动状况等会计信息的需求。但会计信息使用者是多方面的，既有内部管理者，又有外部信息使用者，各方面信息使用者出于自身利益的考虑，其信息关注的重点以及对信息的要求也是不同的。另外，企业经营的过程是持续不断的，信息使用者的信息需求会随着时间的推移，社会状况、经济状况的不断变化呈现出新的特点。从谨慎性原则考虑，企业对外提供的会计信息，特别是会计报告应满足信息使用者各个方面、各个层次和不同时段的要求。企业不可能对各方面信息使用者分别提供报告以满足其个性化的信息需求，这就要求企业应尽量了解企业信息使用者各方面的信息需求，对外披露的会计报告应尽量全面地提供企业各个方面的会计信息，并随着时间的变化不断加以改进，以满足信息使用者的信息需求。

3. 实际运用谨慎性原则中存在的问题

（1）谨慎性原则可能使企业操纵利润具有更强的隐蔽性

谨慎性原则是会计对经营环境中不确定性因素做出的一种反映。比如，存货计提存货跌价准备使得当期利润计算偏低，期末存货价值减少，会导致以后期间销售成本偏低，从而使利润反弹。对于期末存货占资产比重较大的企业（如房地产开发公司），这不失为操纵利润的手段。因此，企业可能在某一会计年度注销巨额呆滞存货，计提巨额存货跌价准备，实现对存货成本的巨额冲销，然后次年就可以顺利实现数额可观的净利润。这种盈余管理只需对期末存货可变现净值做过低估计，而无须在次年大量冲回减值准备即可实现，因而具有更强的隐蔽性。

（2）谨慎性原则具有极大的主观臆断性

谨慎性原则的主观臆断性受会计人员的业务素质、职业判断能力的影响较大，可能导致会计信息的不可验证性。成本与可变现净值中的"可变现净值"如何计量确定在会计制度中表述为："可变现净值，是指企业在正常经营过程中，以估计售价减去估计完工成本及销售所必需的估计费用后的价值。"这三个估计中任何一个估计脱离实际较大，可变现净值就难以计算正确。接受捐赠的固定资产（或无形资产）在无取得发票账单和不存在活跃市场的情况下，制度规定按该接受捐赠的固定资产（或无形资产）的预计未来现金流量计算多少、折现率选用多大，都需要看会计人员的职业判断能力高低。由于谨慎性原则具有主观臆断和不可验证性，致使该原则易被滥用以达到实现虚增企业利润和欺骗外部信息使用者的目的，为企业进行利润操纵和会计欺诈造假提供了"合理"空间，导致会计信息具有不可验证性，造成了会计信息的失真。

（3）会计人员职业水平较低，滥用谨慎性原则

谨慎性原则在运用中的"可选择性"，要求会计人员具有较高的业务素质和职业判断能力。目前，虽然我国会计业的发展较为迅速，但是所培养出的会计人员素质还存在较大的缺陷。一是部分会计人员业务水平较低，难以掌握新的核算要求，更谈不上在会计实务中正确应用新制度。因为新制度中"可选择性"的范围日益扩大，尤其是谨慎性原则应用的许多地方需要会计人员的职业判断，如坏账准备提取的比例、存货可变现净值大小等。二是部分会计人员职业道德素质低下。虽然这些会计人员知道如何准备应用谨慎性原则，但基于特定目的，往往会对这一会计政策进行滥用。

（4）会计政策的可选择性较强，企业资产和利润易被扭曲

会计政策是企业在会计核算过程中所采用的原则、基础和会计处理方法。会计政策选择是企业在公认的会计准则、其他法规等组成的会计规范体系所限定的范围内，管理当局在确认、计量、记录以及报告的整个过程中，对可供选用的特定会计原则、会计基础、具体会计处理方法进行分析、比较，通过主观判断，选择有利的会计原则、程序和方法的行为。如在实际成本计价下，发出存货的成本按什么价格计价，是采用先进先出法还是采用后进先出法或加权平均法，企业做出的任何一种选择，都会使当期利润偏高或偏

低；固定资产采用何种折旧法，也会影响到当期利润的高低。由于会计政策的可选择性较强，导致资产和利润的目的不一定能够完全实现。

4.完善谨慎性原则的对策

（1）进一步完善会计法规

会计准则中存在大量的不确定措辞，比如，"可能""极有可能""极小可能"等，如何界定这些情况便成为影响会计选择和会计处理方法的重要因素，所以在制度法规中应明确规定或说明。比如，对企业的会计核算和信息披露进行严格规范，严格限定企业会计选择、会计估计变更、会计估计差错更正上的权力，尽量减少对同类或类似业务处理方法的多样性和选择性，对不同行业、不同规模企业特有的业务做出分类的规定，某些企业只能适用其中的某一类情况等，从而缩小会计人员人为估计判断的范围，使其估计判断也有章可循。

（2）适当增加财务报表附注，对冲突情况予以充分披露

有必要在信息披露中充分说明谨慎性原则的应用时间、范围和程序，揭示因与其他会计原则的冲突而对企业财务和经营成果的影响程度及其变动情况。对于某些运用谨慎性原则处理的会计事项，应在会计报表报告中加以阐明，不但要反映影响金额，而且应揭示会计事项的真实情况和会计人员的处理方法，以使信息使用者明确事实，独立判断。充分的信息披露能有效地提高信息可比性，从而使与企业有利益的关系者能准确地把握企业的财务状况，防止冲突进一步恶化而误导企业会计信息使用者。

（3）提高企业会计人员的职业判断能力和职业道德

任何会计原则、方法在会计实务中的贯彻和运用都离不开会计行为的主体——会计人员。会计职业判断能力主要是指会计人员在履行职责的过程中，依据现有的法律法规和企业会计政策做出的判断性估计和决策。鉴于会计准则和制度中"可选择性"的范围日益扩大，尤其是如何保证会计人员在应用谨慎性原则时把握好"度"，要求会计人员必须提高职业判断能力，使其能够准确地把握谨慎性原则的实质，在对不确定事项进行估计和判断时，力求客观和公正，避免主观随意性。提高会计职业判断能力可以从以下三个方面入手：其一，应当加强会计职业道德教育，会计人员必须遵纪守法、遵守职业道德；其二，会计人员应系统掌握会计专业知识，练好扎实的基本功，还应具有强烈的责任心，对本职工作态度严谨，立足岗位，踏实苦干；其三，会计人员应不断更新专业知识，加强后续教育，还应主动与相关部门沟通，具有团结协作精神。

（4）加强审计监督，强化企业风险意识

谨慎性原则在实际操作过程中具有较强的倾向性和主观随意性，因此必须加强审计监督，防止滥用和曲解谨慎性原则，避免人为地加剧与其他会计原则的冲突。对企业的内部管理者而言，应认识到谨慎性原则的运用只是会计对风险加以防范和管理的一个环节，管理者不要过分信赖。要强化企业的内在约束机制，提高会计人员的职业道德意识，优化会计行为，从而使谨慎性原则得到合理的运用。充分发挥独立审计的外部监督作用，为谨慎性原则的正确运用构造"防御"体系。为防止企业基于自身利益的考虑不用或滥用谨慎性原则，应加强以独立审计为核心的外部监督体系，确保会计信息公允性和谨慎

性原则的合理运用。

（九）重要性原则

这一原则是在保证全面完整反映企业的财务状况与经营成果的条件下，按一项会计核算内容是否对会计信息使用者的决策产生重大影响，决定对其进行核算的精确程度，以及是不是在会计报表上单独反映：凡是对会计信息使用者的决策有较大影响的业务和项目，要作为会计核算和报告的重点；对不重要的经济业务可以采用简化的核算程序和方法，可不在会计报表上详列。会计核算的重要性原则，在较大程度上是对会计信息的效用与加工会计信息的成本的考虑。若将企业复杂的经济活动都详细记录与报告，不但会提高会计信息的加工成本，还可能让使用者无法有针对性地选择会计信息，反而对正确的经济决策不利。

1. 在设置会计账户中重要性原则的运用

企业的主营业务与其他业务的划分主要是根据其不同的经营业务主次进行。企业主要的生产经营业务就是我们常说的主营业务，会计重要事项就是主营业务在会计核算中的主要反映。因此，专门设置了可以反映出主营业务成本变动、主营业务税金以及附加情况的"主营业务成本"和"主营业务税金及附加"。2016 年 22 号文将"营业税金及附加"改为"税金及附加"，去掉"营业"二字，具体规定为：全面试行营业税改征增值税后，"营业税金及附加"科目名称调整为"税金及附加"科目，该科目核算企业经营活动发生的消费税、城市维护建设税、资源税、教育费附加及房产税、土地使用税、车船使用税、印花税等相关税费；利润表中的"营业税金及附加"项目调整为"税金及附加"项目。由于其他业务相对次要，所以会计利用"其他业务支出"来记录和反映其他业务税金和成本，而不另行记录。

设置"预收或预付账款"账户。企业购买生长周期较长、投资较大且极为紧俏的商品时，必然要预付部分货款给对方，这就是常说的定金。在使用会计账户时，企业应当根据重要程度不同的预付货款进行不同的会计处理。企业预付账款在一定的时期内发生过多，企业预付账款在企业总的资产中所占的比重就会相对增加。因此，预付货款这一重要的企业经济业务，应当设置专门的"预付账款"账户来进行货款核算；相反，预付货款业务较少发生或偶尔发生时，"预付账款"就不存在专门设置的必要，企业可以将会计账户合并到同一账户中集中进行反映，以达到会计账户简化的目的。预收货款和预付货款可采用相同的会计处理方法，按照预收货款重要程度来决定其是进行单独的账户设置还是合并到"应收账户"中进行数据核算。

"投资收益"内容的核算。在企业的会计制度中规定，企业的对外投资收益以及损失均由"投资收益"账户来反映，用贷方余额来反映出企业投资的净收益，而借方余额则反映企业的投资净损失，也不存在分项核算损失和收益账户的必要。

设置银行存款及现金日记账的必要性。在企业银行存款和现金账户设置中，企业会计制度中明确规定其在相应总账的设置之外，并根据企业分类设置的相应的日记账进行核算。现金与银行存款是企业资产中流动性极强的两种，是企业的经济命脉，如不设置银行存款与现金日记账，则可能造成企业资金被盗窃或是挪用等重大的企业经济损失。

因此，企业应当加强对银行存款和现金账户的管理。

2. 会计处理方法中重要性原则的应用

个别计价法按照实际进货单价计算已发出的存货成本，它属于存货计价法中的一种重要计价方法，使企业成本流与存货实物流转一致性得以实现。该方法具有较高的准确性、真实性及合理性，它必须认定结存和发出的存货的具体批次。该方法操作复杂、效率低。因此，对存货数量较多且单价较低的货品，个别计价法并不适用。相对来说，那些较易识别、存货数量少、单位成本高的飞机、船舶等贵重物品才会采用个别计价法，以确保成本的准确合理计算。

进行股票发行手续费与发行佣金等相关费用的具体处理。针对股份公司通过委托其他单位代理发行股票所产生的手续费及佣金等各项费用，其余额为减去股票发行的冻结期间利息收入。如股票的发行溢价不足以抵消的，或无溢价产生的，可直接计入企业的当期损益之中；而金额较大的，可作为长期待摊费用，在两年内摊销完毕，然后计入各期损益。为了保持各期损益的均衡，企业可采用分期平均摊销法，以便会计信息使用者制定正确的企业经营决策。重要性原则在会计处理中的运用较为广泛，且可以根据不同情况进行不同的选择。除上述介绍的几种方法外，还有对出借、出租低值易耗品与包装物进行成本摊销的方法，计提短期的投资跌价准备，处理债券投资中产生的手续费及税金等相关费用，确定企业融资租入的固定资产入账准备价值。

3. 在会计信息披露中重要性原则的应用

财务报告主要由会计报表和会计报表附注、财务情况说明书三部分构成，企业会计信息的对外提供主要依靠财务报表来实现。会计报表附注又可分为补充和说明会计报表中的各个项目、披露并对那些会计报表中表现较为重要的企业财务信息进行说明，由于这些信息对会计信息使用者造成的巨大影响，根据会计重要性原则对这些信息加以披露。

第二节　会计核算模式发展分析

会计是社会发展到一定阶段，为适应管理生产过程的需要而产生的对劳动耗费及劳动成果进行记录、计算、比较和分析的工具。它是一个信息系统，通过对大量原始数据的收集和处理，反映企业财务状况和经营成果，对企业的投资做出正确的决策。

一、手工会计核算模式

手工会计核算是指会计人员主要靠人工进行对原始数据的收集、分类、汇总、计算等形式，通过对原始凭证和记账凭证的两种分类，采用日记账、明细账、辅助账、总账以及会计法规定的会计核算形式，采用"平行登记、错账更正、对账、试算平衡、结账、转账"等记账规则的运用，进行账目处理的会计核算体系。它在传统的会计处理中一直占据主导地位。手工会计核算模式主要有以下特点：

（一）复杂性

信息关系复杂，会计信息主要包括资产、负债、所有者权益、成本、损益等几大部分。这些信息有着相互依存、相互制约的紧密关系，如资产、负债与所有者权益之间的平衡关系，成本与损益之间的消长关系，总括信息与明细信息的核对与统辖关系。信息接口复杂，会计信息是以货币形式综合地反映企业的生产经营活动，其信息的源点和终点触及供、产、销每个环节以及人、财、物等每个部门或单位。信息计算复杂，会计信息的处理过程自始至终离不开各种计算方法，如固定资产折旧的直线法、双倍余额递减法、年数总和法，存货计价的移动加权平均法、先进先出法、个别认定法，产品成本计算的品种法、分批法、分步法等。

（二）有序性

会计系统对经济活动的反映与监督是根据经济业务发生的先后顺序连续不断地进行的，即根据会计主体每一经济交易或事项发生的时间先后顺序，填制和审核会计凭证，设置和登记会计账簿，试算和编制会计报表，进行财务分析。其间，涉及会计信息的判断、确认、分类、计算、组合、复核、记录、再分类、再重组等多个技术环节来生成对内会计报表和对外财务报告，然后再开始下一个会计期间的循环。这些环节环环相扣、循序渐进，不得随意打乱和跳跃。

（三）规范性

会计信息处理具有一整套系统、完整的程序和方法，必须遵循"企业会计准则""企业财务通则"以及行业会计制度的规定，会计信息的收集、处理、交换均必须以有形的实物为载体，如出库单、发票等原始凭证，活页式、订本式的账簿，具有一定格式的会计报表等，对于每一环节的处理结果都具有可验证性，并可追溯其来龙去脉，提供清晰的审计线索。

（四）分散性

由于会计信息系统综合、系统地反映企业经济活动的全貌，使会计信息处理的工作量很大，在手工条件下需要由多名会计人员分工协作才能完成。为避免人工在任何环节与任何时候都可能出现的计算、记录等方面的差错，根据复式记账原理，环环检查、平行登记、账证核对、账账核对、账表核对、试算平衡等技术要贯穿于整个处理过程。

（五）单一性

会计信息的单一性具体表现为以下方面。会计主体单一：会计信息系统仅收集、处理和交换与会计主体直接相关的经济事项的信息，而不包括所在行业的信息，以及与企业有关的国家宏观经济政策或市场信息，如产业结构调整政策、有关股票市价。会计期间单一：手工条件下，会计系统只能以"月"作为最小会计期间来提供会计信息，而不能提供更小单位期间的信息，如某产品的"周成本"或"日成本"。货币计量单一：会计系统只收集、处理和交换能够用货币描述的经济事项的信息，而不包括非货币计量的信息，如企业人力资源的投资与更新、企业环境绿化与"三废"治理的信息。核算方法单一：会计系统只确认会计主体认定的核算方法所生成的信息，而不包括其他备选方法或程序所可能生成的信息，如会计主体认定存货计价采用先进先出法，系统便不能存储和生成后进先出法、加权平均法、个别认定法的存货信息。信息确认单一：会计信息系统仅收集、处理和交换已发生的经济事项的信息（历史成本），而不包括未发生的经济事项的信息，如未决诉讼、潜在的市场利润与风险等。

二、计算机会计核算模式

会计电算化是将计算机技术应用到会计领域，完成数据的自动化。会计电算化的概念有广义和狭义之分，狭义的电算化是以电子计算机为主体的当代电子信息技术在会计工作中的应用；广义的会计电算化是指与实现社会会计工作电算化有关的所有工作。会计电算化通过数据库存入或提取会计信息，打破了传统手工系统会计工作对会计事项分散处理的记账规则。

会计核算在财务工作中十分重要，但随着社会的发展，传统的会计核算模式已无法适应时代发展的需求，而网络技术的飞速发展给会计工作带来了新的契机，信息网络技术开始广泛应用于会计工作中，使财务工作变得十分便利。

（一）信息化环境下企业会计核算模式概述及应用现状

（1）与传统的会计核算模式相比，信息化环境下会计核算模式的基本框架并未改变，依旧遵循其基本原理，通过会计凭证账簿和报表来收集财务信息。同时，在传统模式上也缺乏创新。一些会计核算软件的应用，在一定程度上加大了会计核算的广度、深度和灵活度，增加了其时效性。大量的财务信息、纷繁的数据，通过软件来处理，充分利用网络信息技术，不仅能在短时间内得出精确的数据及分析结果，也解放了人力资源。

（2）会计在长期积累经验和发展的过程中，逐渐形成了传统的核算模式。时至今日，虽然网络技术发展迅速，但传统的会计核算模式仍然是财务会计中重要的部分，具有非同寻常的意义。然而，传统的会计核算模式主要适用于手工核算方法，存在诸多缺陷，也不能适应信息时代会计核算的需求。随着科技的发展、信息时代的到来，企业会计核算也逐渐朝信息化方向发展，克服了许多传统会计核算中存在的问题，使财务工作变得极为便利。

（二）信息化条件下会计核算的优势

信息化的会计核算，即把新兴的计算机网络技术与传统的会计核算模式结合起来，对传统的会计模式进行改良，使会计核算与企业管理形成互动和共享。信息化背景下，一方面会计核算的思想观念和核算方式都有了很大的创新；另一方面又遵循会计核算的基本原则。

1. 深化了会计核算的标准

信息化的会计核算仍以账簿和报表为核算信息的主要方式，保留了传统会计核算的基本内容，但同时又深化了传统的会计核算方式。由于传统的会计核算是采用人工核算的方式，效率很低，因此每次只能采取单一的一种核算方式。然而，运用计算机网络技术，却可以同时采用多种会计核算方式进行核算，满足不同层次的企业管理需要，具有高效性和便捷性。另外，在序时核算中，传统的会计核算方式只能采取三栏式日记账方法。在信息化的环境中，序时核算可以采取的方式不再只是一种，核算的科目也不只是货币资金科目，而是扩大到了其他科目。此外，信息化背景下的会计核算可以在电脑上完成，通过各种软件完成大量的各种各样的复杂型报表。甚至采用二维乃至三维的结构来更加全面和深入地反映一些问题，从而大大提升了会计核算的深度。

2. 增加了会计核算的广度

会计核算广度一般是指会计核算的工作范围。信息化氛围中，会计核算不单单需要借助传统的价值尺度对其进行核算，而且需要采用很多非货币的方式来进行核算，同时也可以根据不同的需要，设置多套账簿，从而解决传统核算模式单一的现状，增加会计核算的广度。

3. 使会计核算的效率提升

信息化的企业会计核算模式在运行过程中使用了各种先进的理论和设备，在核算效率上有了明显的提升。在新的会计核算模式下，企业的经营情况能被更为直观地展现出来，财务人员的工作压力也明显减小，同时核算质量还获得了极大的提升。应用新的成本核算方式使得信息收集和分析变得更为便捷，减少了核算工作所耗费的时间，从而起到控制核算成本的作用。

（三）信息化环境下企业会计核算模式的分析

信息化有效推动了会计核算的发展，深化了传统核算模式的改革，促进了会计核算的深度和广度，提高了会计核算灵活度，增强了会计核算时效，同时也增加了会计核算模式。下面从五类新的核算模式入手，探讨信息化环境下企业会计核算模式的改革。

1. 综合的零级核算模式

为了更好地满足企业经营管理需求，需要对目前存在的一级科目进行分类，以便组建一个较高层次的会计科目，即所谓的零级科目，在该条件下进行的会计核算就属于零级核算模式。

（1）零级核算模式的主要特点

首先，零级核算模式一般是选择随机核算制，可以对各种零级核算随机抽取；其次，一级科目一般是零级核算模式得以进行的基础；最后，重新分类，并由此进行零级核算，这样就可以构建一个概括性的零级科目。

（2）零级核算模式的常规分类

零级核算模式的常规分类口径可以从会计对象、会计要素、会计科目、流动性等几个方面分类。零级核算模式的常规分类口径实现的是"全部分类"，即把所有的一级科目都按照要求划分到某零级科目中，从而实现单一的零级核算。除了从会计对象、会计要素、会计科目、流动性四个方面进行分类外，还可以把所有资产划分成一类，其余的科目不分类；所有者权益不分类，而其余的一级科目需要按照要求分类；将负债划分成一类，其余的科目不分类；按往来科目分类；按资产净值分类。小规模类等不能抵扣增值税的，购入材料按应支付的金额，借记本科目，贷记"银行存款""应付账款""应付票据"等科目。

2. 实时核算模式

实时核算是指在会计核算期内能及时响应的核算，实质是实时操作在会计核算中的主要应用。在实时核算过程中，通常会形成核心的中央数据，其已成为控制随机核算数据的主要指标之一。

（1）实时核算模式的主要特点

通常情况下，实时核算模式具有以下三种特点：第一，采用实时核算制，可以实时提供符合要求的会计信息；第二，根据已编好的核算单位和科目编码进行核算；第三，采用汇总核算方法，这样可以确保实时核算的准确性。

（2）实时核算模式的基本内容

在进行核算过程中，实时核算模式一般会形成核心的中央数据，并将这些数据存储于中央数据表中，根据各级编码汇总和核算单位进行登记和分类，主要包括各级明细分类账和总分类账。其无法对逐笔序时的发生额进行反映，而仅能反映科目编码和核算单位的汇总数据。凭证表一般属于核算的数据源表，它提供的原始数据要在实时核算模式下进行加工。例如，会计电算化就是采用实时核算的一种核算模式，在发生可以用货币计量或以实物计量的经济业务时，会计从业人员将经济业务原始会计信息输入会计软件中，会计软件就可以快速分析和计算。会计电算化和会计软件在运行时都要遵循会计恒等式、核算时要复式记账、平行登记和账账相符等原则，从而确保会计分录、会计凭证的正确度。根据经济业务的特点，经济业务可以是资产类业务、负债类业务、所有者权益类业务、成本类业务及损益类业务，每次输入新增的原始数据，会计软件就可以根据新增的会计信息实时分析和处理系统中已有的会计信息，并快速生成关于资产类、负债类、所有者权益类、成本类和损益类等科目的最新信息。管理者可以随时参考这种实时生成的会计资料，来为公司或企业的发展做出决策。

3. 分组核算模式

通常情况下，需要根据企业经营管理要求，对已有的各级明细科目进行随机概括和分组，这样可以形成一系列符合企业会计核算要求的会计科目，并且可以将这些会计科目定义为分组科目。然后依据分组科目进行分组核算，即所谓的分组核算模式。

（1）分组核算模式的主要特点

分组核算模式包括以下两个方面的特点：第一，采用随机核算制，该过程中需要实时提供新的明细核算指标；第二，在已有明细科目基础上对其重新分组，从而组成全新的明细分组科目，其一般需要进行现场指定。

（2）分组核算模式的主要内容

分组核算模式的主要内容一般是由现存的明细科目分组口径来进行现场随机指定。对于一些比较常用的分组口径，通常会将相关信息保存到分组信息表中，并在后期使用过程中做到随时调用，而不需要重复分组。计算机或会计软件对于新增的会计信息，可以打破传统的分组方式，将系统内的会计信息再次分组，这种分组是瞬间完成的，而且分组的精确度非常高，为后期的会计核算奠定坚实的基础。分组核算模式的常规分组口径有两种：按现金流量大类分组或是按投资种类分组。

4.重组的混合核算模式

根据企业经营管理的需要，对所有科目实施重新分类组合，包含各级和一级明细科目，从而组建一个混合科目，然后根据要求对其实施会计核算，即所谓的混合核算模式。混合核算模式的使用对企业会计核算具有重要意义，其不仅打破了科目的级别特点，而且还能提供新的混合核算指标。

（1）混合核算模式的主要特点

混合核算模式包括以下三个方面的特点：第一，采用随机核算制，一般按照新提供的混合核算指标进行会计核算；第二，不需要对编码级别进行分类就能实现现有科目编码的重组，从而形成新的混合科目，并对其开展混合核算，一般需要在现场指定；第三，一般不需要采用汇总的核算方法，仅选择逐笔序时的核算方法即可。

（2）混合核算模式的主要内容

混合核算模式中所包含的主要内容是由混合科目的口径来决定的。实际上，混合核算属于分组核算和零级核算的结合，使用起来比较灵活。混合核算模式可以对所有会计科目进行重组，不论是一级科目、二级科目还是三级、四级科目，在形成新的混合科目之后，按照重新组合的混合科目进行核算，这种混合的科目组合可以满足企业特定情况下对会计工作的要求，如对企业会计信息进行抽查和试算平衡时，为保证审查工作的公平公正，将企业会计科目全部打乱，再审查企业会计工作是否合规；有时候在试算平衡时，如果花费了很长时间却不能找到哪里出现了错误，那么就可以采用混合模式，打破思维定式，寻找试算不平衡的原因。

5.延伸的辅助核算模式

为了满足企业会计核算需要，可以对已有的底层明细科目进行适当延伸，从而形成若干会计科目，然后根据这些科目进行会计核算就是所谓的辅助核算模式。

（1）辅助核算模式的主要特点

辅助核算模式包括以下三个方面的特点：第一，选择随机核算制，其能为企业会计核算提供比较细致的核算指标；第二，在现有底层明细基础上进行适当延伸，从而构建全新的辅助科目，并根据标准进行辅助核算，一般需要在现场指定；第三，辅助核算模式不仅需要汇总的核算方法，同时也采用了逐笔序时的核算方法。

（2）辅助核算模式的主要内容

辅助核算模式所包含的内容是由编码内外的划分来决定的。辅助核算模式对于那些具有纷繁复杂经济业务的企业和公司具有重要作用。在企业或公司的经济业务特别复杂时，为了方便会计分录工作，会计审核需要给一些经济业务进行辅助编码。这些辅助编码在企业的会计信息中占有一席之地，有效简化了会计人员的工作。

企业会计核算在如今企业发展中起着举足轻重的作用，随着社会的进步和经济的发展，它变得越来越重要。随着我国经济的高速发展和计算信息技术的飞速进步，对企业会计核算也有了更高的要求。因此，我们要不断创新，使之更加适应现代化的需求。

第三节　代理制会计核算模式

财务代理公司能够按照规范要求进行会计核算，为企业经营决策提供所需要的财务信息，无须配备专职财务会计人员进行会计核算，减少了会计人员薪金及劳动保障等用工成本支出，简化了劳动用工管理手续，也不必担心人才流失，照样可以享受高品质、更专业的财务会计服务。

一、企业施行代理制会计核算的必要性

（一）我国企业会计核算中存在的问题

1. 会计工作秩序混乱

我国大部分企业是合伙企业或合作制企业，根据相关法律规定，只有具备相应条件才能取得法人资格，多数企业并不具备企业法人地位，对外往往需要承担无限责任。一旦遭遇经济纠纷或者人员矛盾，就会造成会计工作秩序混乱，会计信息失真的情况比较严重，造假账、编假表、报假数等，缺乏有效的会计核算，不利于责任的明确划分，而且还会因提供无用的会计信息给国家制定宏观经济政策造成失误，给市场经济秩序造成混乱。

2. 会计人员专业素质低

目前，我国企业会计机构设置得较为简陋，会计监督严重弱化，导致职责范围不明朗，总体上难以形成一套可行实用的会计制度和工作流程；同时，多数企业没有专业化的会计人员，更谈不上专业化的会计队伍，往往由非专业人员来兼职，人员专业素质低，更有部分企业的会计工作由企业主一人揽下，缺失明确的分工，以谋取私利或小利益，工作上往往顾此失彼。

3. 会计制度形同虚设

完善的会计制度是推动企业向前发展的强大动力。然而，我国很多企业并没有综合考虑自身经营情况，往往直接搬用大企业的会计制度。同时，会计人员一味听从企业主的意见去工作办事，造成原有会计制度操作性不强、约束力不大，会计工作中有法不依、执法不严、违法不究的情况比较严重。

4. 会计内部规范弱化

一是银行账户多，货币资金管理混乱，公款私存私借、白条抵库现象严重。二是各类票据多，收支凭证乱，普遍存在使用自制收支票据的现象，大量的收支凭证要素不齐。三是违规账目多，会计核算及档案管理混乱，自行设置会计科目，会计报表在编制上较为粗糙，种类不齐全。四是收入不入账，"小金库""账外账"屡禁不止，扩大报销范围和标准。有的财务人员只管付款，不管审核凭证；只管记账，不管监督。有的财务人员认为领导批的就有效，内部控制制度不严，致使应体现的会计信息不能真实、完整地

体现，严重影响了会计工作质量。

（二）我国企业采用代理记账的必要性

《会计法》第三十六条第一款规定："各单位应当根据会计业的需要设置会计机构，或者在有关机构中设置会计人员并设定会计主管人员；不具备设置条件的，应当委托经批准设立从事代理记账业务的中介机构代理记账。"为了具体规范代理记账业务，《代理记账管理法》第十一条规定："依法应当设置会计账簿但不具备设置会计机构或会计人员条件的单位，应当委托代理记账机构办理会计业务。"由此可见，不具备设置会计机构的企业，可以采用代理记账的方式。

现代企业在发展过程中，对会计的要求不再是简单地进行记账就万事大吉了，需要会计出谋划策、运筹帷幄，这就对企业会计提出了更高的要求。由此，具有一定专业水平、专门为企业提供会计咨询服务、为企业的发展和经营提供可靠财务保障的代理记账公司应运而生。记账公司的出现从很大程度上弥补了企业在会计核算中存在的不足，之所以能被接受和推广，主要是其具备以下两方面的因素：

1. 节省成本开支

不具备设置会计机构或会计人员条件的企业，如果聘请能力较高的会计，虽然账务处理能力较强，但是会计的费用相对较高，对小型企业来说难以承受。再加上许多有一定能力的会计不愿到这种类型的企业任职，这就给企业想拥有业务能力强的会计带来一定的难度。

而代理记账公司能为小型企业提供做账、报税、企业咨询、财务顾问等专业性的服务，企业委托代理记账机构来进行会计核算，不仅可以减少会计人员工资及社会保险等费用开支，无须花费较大的成本培养专业人才，也不必担心人才的流失造成企业不必要的经济损失，这样就能以较小的付出，得到专业化、高质量的管理服务，由此可以看出代理记账可以为企业带来诸多方便。

2. 提高企业效益

代理记账公司是经过工商机关审核、注册登记的企业，有固定的办公场所，公司员工一般具备合法代理记账、代理申报纳税、会计业务咨询服务、会计人员培训等资格，对会计电算化和电子申报等现代化手段运用熟练，能满足各类中小型企业对会计工作的要求。企业在委托代理记账时，还可享受代理记账公司根据企业需要提供的税收筹划，从而合理利用税收优惠政策，为企业节省许多不必要的开支。通过代理记账公司的关系网络，很好地提供财务信息，为企业的运营提供便利的条件，有利于企业的经营管理和经济效益的提高。如果代理公司的差错造成企业损失，将由代理公司赔偿。这种责权关系也可解除企业的后顾之忧。

随着社会的发展和进步，经济也在快速发展和提高。许多企业的财务控制目标是"价值最大化"，而代理记账业务既可以为企业节省成本，同时又能够为企业提供专业化的会计服务。虽然企业实施代理记账也存在着一定的问题，比如，代理记账行业自身发展弊端，委托代理记账双方缺乏必要的沟通，代理记账会计人员素质有待提高等，但从总体情况来看，还是利大于弊。如果把代理记账弊端逐步克服，在现有代理记账的基础上逐步完善其自身功能，相关部门做好监管工作，相信代理记账行业对于企业是一个很好的服务机构。而对不具备设置会计机构或会计人员条件的企业来说，利用代理记账来规范会计核算工作也是大势所趋。

因此，企业对自己的定位应该是用较少的成本提供会计信息使用者所需的会计信息。这就是说，企业应该牢牢抓住会计处理方法简单、会计信息简化、会计报表的种类和内容简明且要求不高的特点来选择获取会计信息渠道的方式，以减少企业经营成本和管理费用。同时，还促使企业能及时足额地给国家上缴税金，能给银行提供有效的信息，能促使政府管理当局利用会计信息做作出有效的管理决策。

二、企业会计委托代理制的治理结构效应

（一）有利于扭转会计信息失真的被动局面

众所周知，我国目前会计信息失真严重，企业同样避免不了这种尴尬局面，其原因是多方面的。相对于大中型企业来说，企业的会计机构本来就残缺不齐，会计人员业务素质和职业道德素养普遍比较低，会计基础工作规范化能力偏弱，了解和执行会计法律法规的能力较差，企业的财务管理能力偏低。更甚的是，企业主或管理人员出于个人利益的动机而指使会计人员做假账和提供虚假会计报告时有发生。可以说，低素质的企业会计队伍是造成和加剧我国会计信息失真的一个重要原因。如果我们针对不同规模的企业分别推行不同的会计核算管理制度，比如，实行会计委托代理制度，从而淘汰掉不合格的企业会计队伍，就有利于提高会计信息的真实性、可靠性，进而在某种程度上缓解会计信息失真的现状，对提高反映企业的经营现象或资产状况的质量，为相关部门做正确决策提供真实信息。

（二）有利于完善企业内部控制制度

现存小规模企业的特征集中体现为：所有权和管理权集中于少数人，组织结构简单；经营活动的复杂程度低，会计账目简单；制度和授权存在缺陷；不相容岗位分离有限；企业主（经理）凌驾于内控制度之上；管理人员会计知识有限；企业主（经理）可能支配所有的经营管理活动；注册会计师对会计报表的完整性认定难以获取充分、适当的审计证据；企业主（经理）的品德受到怀疑；企业主（经理）无视存在的内部控制；缺乏成文的内部控制制度，会计记录没有原始凭证支持或没有将原始凭证入账，等等。这些特征决定了企业内部管理的混乱，很大程度上制约着企业的健康发展，削弱了企业的市场竞争水平。推行企业会计委托代理制度，由企业聘请会计中介机构代理记账业务，授权会计中介机构设计会计内部控制制度，可以整顿企业的内部管理秩序，改善公司内部治理结构。其效果集中体现在以下方面：提高企业资金的安全性，健全的企业内控制度保证资金在一个合法的环境内运行，防止资金被不法侵占；提高企业资金的使用效率，树立企业主（经理）的资金时间价值观念，培养企业主（经理）依法治企的意识。

（三）有利于提高企业会计报告的可审性，降低其审计风险

企业会计代理制度的实施对贯彻《会计法》《企业财务会计报告条例》、规范企业

会计行为、促进企业健康发展，都具有非常重要的现实意义，是整顿和规范企业会计工作秩序的重要组成部分。企业会计工作的规范化以及会计信息、会计质量的提高将增强小规模企业的可审性。统一企业会计核算制度，便于注册会计师进行审计判断。此外，企业会计代理制可降低企业审计的固有风险和控制风险。审计风险包括固有风险、控制风险和检查风险。小规模企业的固有风险和控制风险通常较高，企业会计代理制度的推行，进一步规范了企业的会计行为，减少了会计估计法的使用，必然会提高会计报表项目的准确性，降低企业会计报表的固有风险。企业的制度和授权存在缺陷，不相容职责分离有限，内部控制比较薄弱，企业主（经理）凌驾于内部控制之上的可能性较大，因此控制风险通常较难。随着企业会计代理制度的逐步推行，企业主（经理）对内部控制的高度重视以及直接实施一些控制程序，在一定程度上弥补了内部控制的上述缺陷，降低了审计的控制风险和检查风险。

三、企业会计委托代理制的实行重点

（一）企业会计委托代理制度的适用主体要明确

这就要求对实行会计委托代理制度的企业应该有比较明确的界定标准，以保证会计委托代理制度有一个科学合理的适用范围。由于企业的发展速度很快，经营规模、职工人数、资产总额等指标经常变动，因此，企业是否长期实行会计代理制度应该充分考虑原则性和灵活性相统一，要坚持适应事物不断发展的权变管理观念。

（二）企业会计委托代理制度适用的会计核算办法应简单、便于操作，披露的会计信息应通俗易懂、便于理解

这一原则是要求在制定企业会计制度时，应针对企业会计业务的特点，从会计科目的设置到会计报告的编制都应体现简单实用的指导思想。相对于大中型企业而言，企业会计业务比较简单，会计信息使用者也主要限于企业管理部门、政府税务部门以及债权人。因此企业会计核算过程中应强调会计核算办法的简单、易懂和便于操作，充分考虑企业管理人员的能力和水平，兼顾会计核算实施过程中的成本效益原则。这样更利于企业普遍建立起简单、灵活、实用的会计核算系统，及时向信息使用者提供真实完整的会计信息。

（三）企业会计委托代理制度适用的会计准则应适当体现谨慎性原则

自 2001 年起在股份有限公司实行的《企业会计制度》充分运用了谨慎性原则，主要表现是提取八项资产减值准备。从目前我国企业发展的实际情况来看，不少企业面临诸如设备陈旧、技术落后、研发投入不足、竞争能力不强、贷款困难等问题。如果从财务管理的角度来分析，企业要实现稳健经营和健康发展，就需要向社会提供真实可靠的会计信息，避免虚盈实亏的情况发生。而要做到这一点，就应该在实行《企业会计制度》时适当运用谨慎性原则。

（四）企业会计委托代理制度应尽可能地实现委托代理记账与委托代理纳税相统一

企业是推动一国经济发展、实现市场繁荣的重要力量，这就要求企业会计代理制度的实行要兼顾企业纳税的需要。企业会计信息披露对象的重点在企业管理者和政府的税务部门，实现企业会计委托代理和税务委托代理相统一，就会提高企业财务工作效率。

（五）企业会计委托代理制度适用的会计制度应尽可能与国际标准相协调

我国加入世界贸易组织后，会计国际化趋向将更加明显，不论是《企业会计制度》《民间非营利组织会计制度》，还是《企业会计制度》，都尽可能与国际标准相协调，这也是我国开放会计市场的必然结果。企业会计制度与国际会计标准的协调，必将有利于企业在发展过程中吸收更多的国内外风险投资家的资本，增强自身的资金实力，从而赢得更加广阔的发展空间。

四、企业会计委托代理制的保障机制

我国会计中介机构的市场地位已经确立，随着市场经济的发展，会计中介机构已经成为我国市场经济的重要组成部分，它在企业、政府和社会组织之间发挥的沟通、协调作用日益明显，它的社会地位日益突出。会计中介机构的会计委托代理业务是一种市场商业行为，受到市场经济的约束与保护。因此，一旦企业实行会计委托代理制度，它和会计中介机构发生的经济往来就会受到政府会计管理部门的监督，其合法权利自然地应被纳入已经建立起来的市场经济保障机制之中。

另外，提高会计中介机构从业人员的职业道德和业务素质也是企业实行会计委托代理制度的有力保障。近几年，在政府会计管理部门和行业协会的大力指导和管理下，我国会计中介机构逐步走向规范化管理，行业自律行为规范得到贯彻实施，从业人员的素质得到了普遍提高，这是企业实行会计委托代理制度的强力支撑。作为企业会计委托代理业务的受托方，会计中介机构应该积极提升自己的品牌价值，树立行业权威，成为行业典范。会计中介机构的执业注册会计师除了熟悉运用《企业会计制度》，还要坚持准则、诚实守信、严守秘密、热情服务，要有与会计职责相适应的职业道德水平。而作为会计委托代理业务的委托方，企业主（经理）也要熟悉《企业会计制度》和其他相关的会计制度，不得有授意、指使、强令会计中介机构及会计从业人员伪造、变更、隐匿、故意销毁会计资料的违法行为，保证会计原始凭证、资料的真实有效，共同推动企业会计委托代理制度的健康发展。

第十四章 企业会计货币资金管理理论

第一节 货币资金概述

一、货币资金的内容

货币资金是企业经营过程中以货币形态存在的资产，是企业资产的重要组成部分，也是企业资产中流动性较强的一种资产。任何企业要进行生产经营活动都必须拥有货币资金，持有货币资金是进行生产经营活动的基本条件。货币资金作为支付手段，可用于支付各项费用、清偿各种债务及购买其他资产，因而具有普遍的可接受性。根据货币资金的存放地点及其用途的不同，货币资金可分为现金、银行存款、其他货币资金。就会计核算而言，货币资金的核算并不复杂，但由于货币资金具有高度的流动性，因而在组织会计核算过程中，加强货币资金的管理和控制是至关重要的。

二、货币资金的控制

货币资金是企业资产中流动性较强的资产，加强对其管理和控制，对于保障企业资产安全完整、提高货币资金周转和使用效益具有重要的意义。加强对货币资金的控制，应当结合企业生产经营特点，制定相应的控制制度并监督实施。一般说来，货币资金的管理和控制应当遵循如下原则：

（1）严格职责分工。将涉及货币资金不相容的职责分由不同的人员担任，形成严密的内部牵制制度，以减少和降低货币资金管理上舞弊的可能性。

（2）实行交易分开。将现金支出业务和现金收入业务分开进行处理，防止将现金收入直接用于现金支出的"坐支"行为。

（3）实行内部稽核。设置内部稽核单位和人员，建立内部稽核制度，以加强对货币资金管理的监督，及时发现货币资金管理中存在的问题，改进对货币资金的管理控制。

（4）实施定期轮岗制度。对涉及货币资金管理和控制的业务人员实行定期轮换岗位。通过轮换岗位，减少货币资金管理和控制中产生舞弊的可能性，并及时发现有关人员的舞弊行为。

第二节　现金

一、现金的概念及范围

现金是货币资金的重要组成部分，作为通用的支付手段，也是对其他资产进行计量的一般尺度和会计处理的基础。它具有不受任何契约的限制、可以随时使用的特点。可以随时用其购买所需的物资，支付有关的费用，偿还债务，也可以随时存入银行。由于现金是流动性最强的一种货币资金，企业必须对现金进行严格的管理和控制，使现金能在经营过程中合理通畅地流转，提高现金使用效益，保护现金安全。

现金有狭义的概念和广义的概念之分。狭义的现金仅指库存现金，包括人民币现金和外币现金。我国会计实务中定义的现金即为狭义的现金，而很多西方国家较多地采用了广义的现金概念。广义的现金除库存现金外，还包括银行存款，也包括其他符合现金定义、可以普遍接受的流通中的票证，如个人支票、旅行支票、银行汇票、银行本票、邮政汇票等。但下列各项不应列为现金：

（1）企业为取得更高收益而持有的金融市场的各种基金、存款证以及其他类似的短期有价证券，这些项目应列为短期投资。

（2）企业出纳手中持有的邮票、远期支票、被退回或止付的支票、职工借条等。其中，邮票应作为库存办公用品或待摊费用；欠款客户出具的远期支票应作为应收票据；因出票人存款不足而被银行退回或出票人通知银行停止付款的支票，应转为应收账款；职工借条应作为其他应收款。

（3）其他不受企业控制、非日常经营使用的现金。例如，公司债券偿债基金、受托人的存款、专款专储等供特殊用途使用的现金。

二、现金的内部控制

由于现金是交换和流通的手段，又可以当作财富来储蓄，其流动性又最强，因而最容易被挪用或侵占。因此，任何企业都应特别重视现金的管理。现金流动是否合理和恰当，对企业的资金周转和经营成败至关重要。为确保现金的安全与完整，企业必须建立健全现金内部控制制度。而且，由于现金是一项非生产性资产，除存款利息外不能为企业创造任何价值，因此企业的现金在保证日常开支需要的前提下不应持有过多，健全现金内部控制制度有助于企业保持合理的现金存量。

当然，现金内部控制的目的并不是发现差错，而是要减少发生差错、舞弊、欺诈的机会。一个有效的内部控制制度，不允许由单独一个人自始至终地操纵和处理一笔业务的全过程。必须在各自独立的部门之间有明确合理的分工，不允许一个人兼管现金的收入和支付，不允许经管现金的人员兼管现金的账册。内部控制制度在一定程度上起到保护现金资产安全的作用。此外，也可以利用电了计算机监管各项记录的正确性和提高现金收付的工作效率。

健全的现金内部控制制度包括现金收入控制、现金支出控制和库存现金控制三个部分。

（一）现金收入的内部控制

现金收入主要与销售产品或提供劳务的活动有关，所以应健全销售和应收账款的内部控制制度，作为现金收入内部控制制度的基础。

现金收入控制的目的是要保证全部现金收入都无一遗漏地入账。其基本内容有：

（1）签发现金收款凭证（收据）与收款应由不同的经办人员负责办理。一般由销售部经办销售业务的人员填制销货发票和收款收据，会计部门出纳员据以收款，其他会计人员据以入账。处理现金收入业务的全过程由不同人员办理，可以确保销货发票金额、收据金额和入账金额完全一致，能达到防止由单独一个人经办可能发生弊端的目的，起到相互牵制的作用。

（2）一切现金收入必须当天入账，尽可能在当天存入银行，不能在当天存入银行的，应该于次日上午送存银行，防止将现金收入直接用于现金支出的"坐支"行为。

（3）一切现金收入都应无一例外地开具收款收据。对收入款有付款单位开具的凭证，会计部门在收到时，仍应开收据给交款人，以分清彼此责任。

（4）建立"收据销号"制度，监督收入款项的入账，即根据开出收据的存根与已入账的收据联，按编号、金额逐张核对，核对无误后予以注销。作废的收据应全联粘贴在存根上。"收据销号"的目的是确保已开出的收据无一遗漏地收到了款项，且现金收入全部入账。

（5）控制收款收据和销货发票的数量和编号。领用收据应由领用人签收领用数量和起讫编号。收据存根由收据保管人收回，回收时要签收，并负责保管。

要定期核对尚未使用的空白收据，防止短缺遗失。已使用过的收据和发票应清点、登记、封存和保管，并按规定手续审批后销毁。

（6）对于邮政汇款，在收到时应由两人会同拆封，并专门登记有关来源、金额和收据情况。

（7）企业从开户银行提取现金，应当写明用途，加盖预留银行印鉴，经开户银行审核后，予以支付现金。

（二）现金支出的内部控制

现金支出控制的目的是要保证不支付任何未经有关主管认可批准付款的款项。现金支出要遵守国家规定的结算制度和现金管理办法。其基本内容如下：

（1）支付现金要符合国家规定的现金使用范围。根据国务院颁发的《现金管理暂行条例》的规定，下列几种情况允许企业使用现金结算：

①支付职工的工资、津贴；

②个人劳务报酬；

③支付给个人的科学技术、文化艺术、体育等各项奖金；

④向个人收购农副产品或其他物资而支付的款项；

⑤各种劳保、福利费用以及国家规定的对个人的其他支出，如支付的各种抚恤金、退休金、社会保险和社会救济支出；

⑥出差人员必须随身携带的差旅费；

⑦转账结算起点以下（1000元）的零星开支；

⑧中国人民银行规定的其他使用现金的范围。

（2）与付款相关的授权、采购、出纳、记账工作应由不同的经办人员负责，不能职责不分，一人兼管。

（3）支票的签发至少要由两人签字或盖章，以相互牵制、互相监督。

（4）任何款项的支付都必须以原始凭证作为依据，由经办人员签字证明，分管主管人员审批，并经有关会计人员审核后，出纳人员方能据以办理付款。

（5）付讫的凭证要盖销"银行付讫"或"现金付讫"章，并定期装订成册，由专人保管，以防付款凭证遭盗窃、篡改和重复报销等情况的发生。

按照上述内部控制的内容，处理现金支出业务应遵照规定的程序进行。

（三）库存现金的内部控制

库存现金控制的目的是要确定合理的库存现金限额，并保证库存现金的安全、完整。其基本内容如下：

（1）正确核定库存现金限额，超过限额的现金应及时送存银行。库存现金限额应由开户银行和企业共同根据企业的日常零星开支的数额及距离银行远近等因素确定。企业一般保留3~5天的零用现金，最多不得保留超过15天的零用现金。库存现金限额一经确定，超过部分必须在当天或次日上午由企业解交银行。未经银行许可，企业不得擅自坐支现金。确实情况特殊，需坐支现金的，应由企业向银行提交坐支申请，在银行批准的坐支额度内坐支，并按期向银行报告坐支情况。库存现金低于限额时企业可向银行提取现金，补充限额。

（2）出纳人员必须及时登记现金日记账，做到日清月结，不得以不符合财务制度和会计凭证手续的"白条"和单据抵充库存现金；不准谎报用途套取现金；不准用银行账户代其他单位和个人存入或支取现金；不准将单位收入的现金以个人名义存储，即"公款私存"；不准保留账外公款，不得设置小金库等。每天营业终了后要核对库存现金和现金日记账的账面余额，发现账实不符，要及时查明原因并予以处理。

（3）内部审计或稽核人员要定期对库存现金进行核查，也可根据需要进行临时抽查。

在实务中，不同企业由于其业务性质、经营规模、人员数量、现金的来源渠道和支出用途等因素不同，其现金控制制度也不尽相同。然而，不同条件下设立内部控制制度应遵循的基本原则是相同的。其基本原则主要体现在两个方面：第一，实施处理现金业务的合理分工，即现金收支业务包括授权、付款、收款和记录等各个环节，应由不同的人员来完成，以便形成严密的内部牵制制度。第二，加强银行对现金收支的控制和监督，即企业应尽可能保持最少量的库存现金，绝大部分现金应存入银行，主要的现金支出都使用支票通过银行办理。这样，不仅可以减少保存大量库存现金的成本和风险，而且银行提供的对账单也为检查现金收支记录的正确性提供了依据。

三、现金业务的会计处理

为加强对现金的核算，企业应设置"现金"账。"现金"账户借方反映由于现销、提现等而增加的现金，贷方反映由于现购、现金送存银行、发放工资、支付其他费用等而减少的现金。该账户期末借方余额反映企业实际持有的库存现金。

另外，为随时掌握现金收付的动态和库存余额，保证现金的安全，企业必须设置"现金日记账"，按照业务发生的先后顺序逐笔序时登记。每日终了，应根据登记的"现金日记账"结余数与实际库存数进行核对，做到账实相符。月份终了，"现金日记账"的余额必须与"现金"总账的余额核对相符。

有外币现金收支业务的单位，应当按照人民币现金、外币现金的币种设置现金账户进行明细核算。

（一）一般现金业务的账务处理

【例1】签发现金支票，由银行提现2000元。

借：现金 2000

    贷：银行存款 2000

【例2】采购员李林预借3000元差旅费。

借：其他应收款——李林 3000

    贷：现金 3000

【例3】购进原材料，购销双方均为一般纳税人，增值税专用发票上的金额为800元，适用税率为17%，材料已入库。价款以现金支付。

借：原材料 800

应交税金——应交增值税（进项税额）136

    贷：现金 936

（二）现金溢缺的账务处理

企业平时应经常由内部审计部门或稽核人员检查现金的收付存情况。另外，每日终了结算现金收支或财产清查等，发现有待查明原因的现金短缺或溢余，应及时进行账务处理。

发生的现金溢余或短缺通过"待处理财产损益"科目核算。查明原因后，如为现金短缺，属于应由责任人赔偿的部分，由"待处理财产损益"账户转入"其他应收款——××个人"；属于应由保险公司赔偿的部分，由"待处理财产损益"账户转入"其他应收款——应收保险赔款"；属于无法查明的其他原因，根据管理权限，经批准后记入"管理费用"，确认为当期损益。如为现金溢余，属于应支付给有关人员或单位的，由"待处理财产损溢"账户转入"其他应付款——××个人或单位"；属于无法查明原因的现金溢余，经批准后，记入"营业外收入——现金溢余"。

【例4】月末盘点，库存现金 18324.15 元，现金日记账余额为 18414.15 元，发生现金短缺 90 元。经查明，由于出纳员周海工作中的失误造成现金短缺 70 元，其他 20 元无法查明原因。账务处理为：

发生现金短缺时：

借：待处理财产损益——待处理流动资产损益 90

　　贷：现金 90

报批后：

借：其他应收款——应收现金短缺款（周海）70

管理费用 20

　　贷：待处理财产损益——待处理流动资产损益 90

第三节　银行存款

银行存款是企业存放在银行或其他金融机构的货币资金。依国家有关规定，凡是独立核算的单位都必须在当地银行开设账户。企业在银行开设账户以后，超过限额的现金必须存入银行；除按规定限额保留库存现金外，除了在规定的范围内可以用现金直接支付的款项外，在经营过程中所发生的一切货币收支业务，都必须通过银行存款账户进行结算。

一、银行存款账户的管理

（一）银行存款账户的类型

正确开立和使用银行账户是做好资金结算工作的基础，企业只有在银行开立了存款账户，才能通过银行同其他单位进行结算，办理资金的收付。

《银行账户管理办法》将企事业单位的存款账户划分为四类，即基本存款账户、一般存款账户、临时存款账户和专用存款账户。

一般企事业单位只能选择一家银行的一个营业机构开立一个基本存款账户，主要用于办理日常的转账结算和现金收付，企事业单位的工资、奖金等现金的支取只能通过该账户办理；企事业单位可在其他银行的一个营业机构开立一个一般存款账户，该账户可办理转账结算和存入现金，但不能支取现金；临时存款账户是存款人因临时经营活动需要开立的账户，如临时采购资金等；专用存款账户是企事业单位因特定用途需要开立的账户，如基本建设项目专项资金。

（二）银行存款账户的管理

为了加强对基本存款账户的管理，企事业单位开立基本存款账户实行开户许可证制度，必须凭中国人民银行当地分支机构核发的开户许可证办理。对银行存款账户的管理规定如下：

（1）企事业单位不得为还贷、还债和套取现金而多头开立基本存款账户；

（2）不得出租、出借银行账户；

（3）不得违反规定在异地存款和贷款而开立账户；

（4）任何单位和个人不得将单位的资金以个人名义开立账户存储。

二、银行结算方式的种类

在我国，企业日常与其他企业或个人的大量的经济业务往来，都是通过银行结算的，银行是社会经济活动中各项资金流转结算的中心。为了保证银行结算业务的正常开展，使社会经济活动中各项资金得以通畅流转，根据《中华人民共和国票据法》和《票据管理实施办法》，中国人民银行总行对银行结算办法进行了全面的修改和完善，形成了《支付结算办法》，并于 1997 年 12 月 1 日正式施行。

《支付结算办法》规定，企业目前可以选择使用的票据结算工具主要包括银行汇票、商业汇票、银行本票和支票，可以选择使用的结算方式主要包括汇兑、托收承付和委托收款三种结算方式及信用卡，另外还有一种国际贸易采用的结算方式，即信用证结算方式。

（一）银行汇票

银行汇票是由出票银行签发的，由其在见票时按照实际结算金额无条件支付给收款人或持票人的票据。银行汇票具有使用灵活、票随人到、兑现性强等特点，适用于先收款后发货或钱货两清的商品交易。单位和个人各种款项结算，均可使用银行汇票。

银行汇票可以用于转账，填明"现金"字样的银行汇票也可以用于支取现金。银行汇票的付款期为 1 个月。超过提示付款期限不获付款的，持票人须在票据权利时效内向出票银行做出说明，并提供本人身份证件或单位证明，持银行汇票和解讫通知向出票银行请求付款。丧失的银行汇票，失票人可凭人民法院出具的其享有票据权利的证明向出票银行请示付款或退款。

企业支付购货款等款项时，应向出票银行填写"银行汇票申请书"，填明收款人名称、支付人、申请人、申请日期等事项并签章，签章为其预留银行的印鉴。银行受理银行汇票申请书，收妥款项后签发银行汇票，并用压数机压印出票金额，然后将银行汇票和解讫通知一并交给汇款人。

申请人取得银行汇票后即可持银行汇票向填明的收款单位办理结算。银行汇票的收款人可以将银行汇票背书转让给他人。背书转让以不超过出票金额的实际结算金额为限，未填写实际结算金额或实际结算金额超过出票金额的银行汇票不得背书转让。

收款企业在收到付款单位送来的银行汇票时，应在出票金额以内，根据实际需要的款项办理结算，并将实际结算金额和多余金额准确清晰地填入银行汇票和解讫通知的有关栏内。银行汇票的实际结算金额低于出票金额的，其多余金额由出票银行退交申请人。收款企业还应填写进账单并在汇票背面"持票人向银行提示付款签章"处签章，签章应与预留银行的印鉴相同，然后，将银行汇票和解讫通知、进账单一并交开户银行办理结算，银行审核无误后，办理转账。

（二）银行本票

银行本票是由银行签发的、承诺自己在见票时无条件支付确定的金额给收款人或者持票人的票据。银行本票由银行签发并保证兑付，而且见票即付，具有信誉高、支付功能强等特点。用银行本票购买材料物资，销货方可以见票发货，购货方可以凭票提货，债权债务双方可以凭票清偿。收款人将本票交存银行，银行即可为其入账。无论单位还是个人，在同一票据交换区域都可以使用银行本票支付各种款项。

银行本票分为定额本票和不定额本票：定额本票面值分别为 1000 元、5000 元、10000 元、50000 元。在票面划去转账字样的为现金本票。

银行本票的付款期限为自出票日起最长不超过 2 个月，在付款期内银行本票见票即付；超过提示付款期限不获付款的，在票据权利时效内向出票银行做出说明，并提供本人身份证或单位证明，可持银行本票向银行请求付款。

企业支付购货款等款项时，应向银行提交"银行本票申请书"，填明收款人名称、申请人名称、支付金额、申请日期等事项并签章。申请人或收款人为单位的，银行不予签发现金银行本票。出票银行受理银行本票申请书后，收妥款项签发银行本票。不定额银行本票用压数机压印出票金额，出票银行在银行本票上签章后交给申请人。

申请人取得银行本票后，即可向填明的收款单位办理结算。收款单位可以根据需要在票据交换区域内背书转让银行本票。

收款企业在收到银行本票时，应该在提示付款时在本票背面"持票人向银行提示付款签章"处加盖预留银行印鉴，同时填写进账单，连同银行本票一并交给开户银行转账。

（三）商业汇票

商业汇票是出票人签发的、委托付款人在指定日期无条件支付确定的金额给收款人或者持票人的票据。在银行开立存款账户的法人以及其他组织之间须具有真实的交易关系或债权债务关系，才能使用商业汇票。商业汇票的付款期限由交易双方商定，但最长不得超过 6 个月。商业发票的提示付款期限自汇票到期日起 10 日内。

存款人领购商业汇票，必须填写"票据和结算凭证领用单"并加盖预留银行印鉴；存款账户结清时，必须将全部剩余空白商业汇票交回银行注销。

商业汇票可以由付款人签发并承兑，也可以由收款人签发交由付款人承兑。定日付款或者出票后定期付款的商业汇票，持票人应当在汇票到期日前向付款人提示承兑；见票后定期付款的汇票，持票人应当自出票日起 1 个月内向付款人提示承兑。汇票未按规定期限提示承兑的，持票人即丧失对其前手的追索权。付款人应当自收到提示承兑的汇票之日起 3 日内承兑或者拒绝承兑。付款人拒绝承兑的，必须出具拒绝承兑的证明。商业汇票可以背书转让。符合条件的商业汇票的持票人可持未到期的商业汇票连同贴现凭证，向银行申请贴现。

商业汇票按承兑人不同分为商业承兑汇票和银行承兑汇票两种。

1. 商业承兑汇票

商业承兑汇票是由银行以外的付款人承兑。商业承兑汇票按交易双方约定，由销货企业或购货企业签发，但由购货企业承兑。承兑时，购货企业应在汇票正面记载"承兑"字样和承兑日期并签章。承兑不得附有条件，否则视为拒绝承兑。汇票到期时，购货企业的开户银行凭票将票款划给销货企业或贴现银行。销货企业应在提示付款期限内通过开户银行委托收款或直接向付款人提示付款。对异地委托收款的，销货企业可匡算邮程，提前通过开户银行委托收款。汇票到期时，如果购货企业的存款不足以支付票款，开户银行应将汇票退还销货企业，银行不负责付款，由购销双方自行处理。

2. 银行承兑汇票

银行承兑汇票由银行承兑，由在承兑银行开立存款账户的存款人签发。承兑银行按票面金额向出票人收取万分之五的手续费。

购货企业应于汇票到期前将票款足额交存其开户银行，以备由承兑银行在汇票到期日或到期日后的见票当日支付票款。销货企业应在汇票到期时将汇票连同进账单送交开户银行以便转账收款。承兑银行凭汇票将承兑款项无条件转给销货企业，如果购货企业于汇票到期日未能足额交存票款时，承兑银行除凭票向持票人无条件付款外，对出票人尚未支付的汇票金额按照每天万分之五计收罚息。

采用商业汇票结算方式，可以使企业之间的债权债务关系表现为外在的票据，使商业信用票据化，加强约束力，有利于维护和发展社会主义市场经济。对购货企业来说，由于可以延期付款，可以在资金暂时不足的情况下及时购进材料物资，保证生产经营顺利进行。对销货企业来说，可以疏通商品渠道，扩大销售，促进生产。汇票经过承兑，信用较高，可以按期收回货款，防止拖欠，在急需资金时，还可以向银行申请贴现，融通资金，比较灵活。销货企业应根据购货企业的资金和信用情况不同，选用商业承兑汇票或银行承兑汇票；购货企业应加强资金的计划管理，调度好货币资金，在汇票到期以前，将票款送存开户银行，保证按期承付。

（四）支票

支票是单位或个人签发的、委托办理支票存款业务的银行在见票时无条件支付确定的金额给收款人或者持票人的票据。

支票结算方式是同城结算中应用比较广泛的一种结算方式。单位和个人在同一票据交换区域的各种款项结算，均可以使用支票。支票由银行统一印制，支票上印有"现金"字样的为现金支票。支票上印有"转账"字样的为转账支票，转账支票只能用于转账。未印有"现金"或"转账"字样的为普通支票，普通支票可以用于支取现金，也可以用于转账。在普通支票左上角划两条平行线的，为划线支票，划线支票只能用于转账，不得支取现金。

支票的提示付款期限为自出票日起 10 日内，中国人民银行另有规定的除外。超过提示付款期限的，持票人开户银行不予受理，付款人不予付款。转账支票可以根据需要在票据交换区域内背书转让。

存款人领购支票，必须填写"票据和结算凭证领用单"并加盖预留银行印鉴。存款账户结清时，必须将全部剩余空白支票交回银行注销。

企业财会部门在签发支票之前，出纳人员应该认真查明银行存款的账面结余数额，防止签发超过存款余额的空头支票。签发空头支票，银行除退票外，还按票面金额处以 5% 但不低于 1000 元的罚款。持票人有权要求出票人赔偿支票金额 2% 的赔偿金。签发支票时，应使用蓝黑墨水或炭素墨水，将支票上的各要素填写齐全，并在支票上加盖其预留的银行印鉴。出票人预留银行的印鉴是银行审核支票付款的依据。银行也可以与出票人约定使用支付密码，作为银行审核支付支票金额的条件。

（五）信用卡

信用卡是指商业银行向个人和单位发行的，凭以向特约单位购物、消费和向银行存取现金，并且具有消费信用的特制载体卡片。

信用卡按使用对象分为单位卡和个人卡；按信誉等级分为金卡和普通卡。

凡在中国境内金融机构开立基本存款账户的单位可申领单位卡。单位卡可申领若干张，持卡人资格由申领单位法定代表人或其委托的代理人书面指定和注销，持卡人不得出租或转借信用卡。单位卡账户的资金一律从其基本存款账户转账存入，在使用过程中，需要向其账户续存资金的，也一律从其基本存款账户转账存入，不得交存现金，不得将销货收入的款项存入其账户。单位卡一律不得用于 10 万元以上的商品交易、劳务供应款项的结算，不得支取现金。

信用卡在规定的限额和期限内允许善意透支，关于透支额，金卡最高不得超过 10000 元，普通卡最高不得超过 5000 元。透支期限最长为 60 天。透支利息，自签单日或银行记账日起 15 日内按日息万分之五计算；超过 15 日，则按日息万分之十计算；超过 30 日或透支金额超过规定限额的，按日息万分之十五计算。透支计算不分段，按最后期限或者最高透支额的最高利率档次计息。超过规定限额或规定期限，并且经发卡银行催收无效的透支行为称为恶意透支，持卡人使用信用卡不得发生恶意透支。严禁将单位的款项存入个人卡账户中。

单位或个人申领信用卡，应按规定填制申请表，连同有关资料一并送交发卡银行。符合条件并按银行要求交存一定金额的备用金后，银行为申领人开立信用卡存款账户，并发给信用卡。

（六）汇兑

汇兑是汇款人委托银行将其款项支付给收款人的结算方式。单位和个人的各种款项的结算，均可使用汇兑结算方式。

汇兑分为信汇、电汇两种。信汇是指汇款人委托银行通过邮寄方式将款项划转给收款人。电汇是指汇款人委托银行通过电报将款项划给收款人。这两种汇兑方式由汇款人根据需要选择使用。汇兑结算方式适用于异地之间的各种款项结算。这种结算方式划拨款项简便、灵活。

企业采用这一结算方式，付款单位汇出款项时，应填写银行印发的汇款凭证，列明收款单位名称、汇款金额及汇款的用途等项目，送达开户银行，委托银行将款项汇往收汇银行。收汇银行将汇款收进单位存款账户后，向收款单位发出收款通知。

（七）委托收款

委托收款是收款人委托银行向付款人收取款项的结算方式。无论单位还是个人都可凭已承兑的商业汇票、债券、存单等付款人债务证明办理同城或异地款项收取。委托收款还适用于收取电费、电话费等付款人众多且分散的公用事业费等有关款项。

委托收款结算款项划回的方式分为邮寄和电报两种。

企业委托开户银行收款时，应填写银行印制的委托收款凭证和有关的债务证明。在委托收款凭证中写明付款单位名称、收款单位名称、账号及开户银行、委托收款金额的大小写、款项内容、委托收款凭据名称及附寄单证张数等。企业的开户银行受理委托收款后，将委托收款凭证寄交付款单位开户银行，由付款单位开户银行审核，并通知付款单位。

付款单位收到银行交给的委托收款凭证及债务证明，应签收并在3天之内审查债务证明是否真实、是否是本单位的债务，确认之后通知银行付款。

付款单位应在收到委托收款通知的次日起3日内，主动通知银行是否付款。如果不通知银行，银行视同企业同意付款并在第4日，从单位账户中付出此笔委托收款款项。

付款人在3日内审查有关债务证明后，认为债务证明或与此有关的事项符合拒绝付款的规定，应出具拒绝付款理由书和委托收款凭证第五联及持有的债务证明，向银行提出拒绝付款。

（八）托收承付

托收承付是根据购销合同由收款人发货后委托银行向异地付款人收取款项，由付款人向银行承认付款的结算方式。使用托收承付结算方式的收款单位和付款单位，必须是国有企业、供销合作社及经营管理较好，并经开户银行审查同意的城乡集体所有制工业企业。办理托收承付结算的款项，必须是商品交易，以及因商品交易而产生的劳务供应的款项。代销、寄销、赊销商品的款项，不得办理托收承付结算。

托收承付款项划回方式分为邮寄和电报两种，由收款人根据需要选择使用；收款单位办理托收承付，必须具有商品发出的证件或其他证明。托收承付结算每笔的金额起点为10000元，新华书店系统每笔金额起点为1000元。

采用托收承付结算方式时，购销双方必须签有符合《经济合同法》的购销合同，并在合同上写明使用托收承付结算方式。销货企业按照购销合同发货后，填写托收承付凭证，盖章后连同发运证件（包括铁路、航运、公路等运输部门签发的运单、运单副本和邮局包裹回执）或其他符合托收承付结算的有关证明和交易单证送交开户银行办理托收手续。

销货企业开户银行接受委托后，将托收结算凭证回联退给企业，作为企业进行账务处理的依据，并将其他结算凭证寄往购货单位开户银行，由购货单位开户银行通知购货单位承认付款。

购货企业收到托收承付结算凭证和所附单据后，应立即审核是否符合订货合同的规定。按照《支付结算办法》的规定，承付货款分为验单付款与验货付款两种，这在双方签定合同时约定。验单付款是购货企业根据经济合同对银行转来的托收结算凭证、发票账单、托运单及代垫运杂费等单据进行审查无误后，即可承认付款。为了便于购货企业对凭证的审核和筹措资金，结算办法规定承付期为3天，从付款人开户银行发出承付通知的次日算起（承付期内遇法定休假日顺延）。购货企业在承付期内，未向银行表示拒绝付款，银行即视作承付，并在承付期满的次日（法定休假日顺延）上午银行开始营业时，将款项主动从付款人的账户内付出，按照销货企业指定的划款方式，划给销货企业。验货付款是购货企业待货物运达企业，对其进行检验与合同完全相符后才承认付款。

为了满足购货企业组织验货的需要，结算办法规定承付期为10天，从运输部门向购货企业发出提货通知的次日算起。承付期内购货企业未表示拒绝付款的，银行视为同意承付，于10天期满的次日上午银行开始营业时，将款项划给收款人。为满足购货企业组织验货的需要，对收付双方在合同中明确规定，并在托收凭证上注明验货付款期限的，银行从其规定。

对于下列情况，付款人可以在承付期内向银行提出全部或部分拒绝付款：（1）没有签订购销合同或购销合同未订明托收承付结算方式的款项。（2）未经双方事先达成协议，收款人提前交货或因逾期交货付款人不再需要该项货物的款项。（3）未按合同规定的到货地址发货的款项。（4）代销、寄销、赊销商品的款项。（5）验单付款，发现所列货物的品种、规格、数量、价格与合同规定不符。或货物已到，经查验货物与合同规定或发货清单不符的款项。（6）验货付款，经查验货物与合同规定或与发货清单不符的款项。（7）货款已经支付或计算错误的款项。

不属于上述情况的，购货企业不得提出拒付。

购货企业提出拒绝付款时，必须填写"拒绝付款理由书"，注明拒绝付款理由，涉及合同的应引证合同上的有关条款。属于商品质量问题，需要提出质量问题的证明；属于外贸部门进口商品，应当提出国家商品检验或运输等部门出具的证明，向开户银行办理拒付手续。

银行同意部分或全部拒绝付款的，应在拒绝付款理由书上签注意见，并将拒绝付款理由书、拒付证明、拒付商品清单和有关单证邮寄收款人开户银行转交销货企业。

付款人开户银行对付款人逾期支付的款项，根据逾期付款金额和逾期天数，按每天万分之五计算逾期付款赔偿金。逾期付款天数从承付期满日算起。银行审查拒绝付款期间不算作付款人逾期付款，但对无理的拒绝付款而增加银行审查时间的，从承付期满日起计算逾期付款赔偿金。赔偿金实行定期扣付，每月计算一次，于次月3日内单独划给收款人。赔偿金的扣付列为企业销货收入扣款顺序的首位。付款人账户余额不足支付时，应排列在工资之前，并对该账户采取"只收不付"的控制办法，直至足额扣付赔偿金后才准予办理其他款项的支付，由此产生的经济后果由付款人自负。

（九）信用证

信用证结算方式是国际结算的一种主要方式。经中国人民银行批准经营结算业务的商业银行总行以及经商业银行总行批准开办信用证结算业务的分支机构，也可以办理国内企业之间商品交易的信用证结算业务。

采用信用证结算方式的，收款单位收到信用证后，即备货装运，签发有关发票账单，连同运输单据和信用证，送交银行，根据退还的信用证等有关凭证编制收款凭证；付款单位在接到开证行的通知时，根据付款的有关单据编制付款凭证。

企业通过银行办理支付结算时应当认真执行国家各项管理办法和结算制度。中国人民银行颁布的《支付结算办法》规定：

（1）单位和个人办理结算，不准签发没有资金保证的票据或远期支票，套取银行信用；

（2）不得签发、取得或转让没有真实交易和债权债务的票据，套取银行和他人的资金；

（3）不准无理拒绝付款，任意占用他人资金；

（4）不准违反规定开立和使用账户。

三、银行存款业务的会计处理

为正确核算银行存款，企业应按开户银行和其他金融机构、存款种类等，分别设置"银行存款日记账"，由出纳人员根据收付款凭证，按照业务的发生顺序逐笔登记，每日终了应结出余额。该账户借方反映由于销售、收回款项、现金送存银行等而增加的银行存款，贷方反映由于购货、支付款项、提现等而减少的银行存款；期末借方余额，反映企业实际存在银行或其他金融机构的款项。月末"银行存款日记账"账面余额应与"银行存款"总账余额核对相符。

有外币存款的企业，应分别为人民币和各种外币设置"银行存款日记账"进行明细核算。

"银行存款日记账"应定期与"银行对账单"核对。至少每月核对一次。月度终了，企业银行存款日记账账面余额与银行对账单余额之间如有差额，必须逐笔查明原因进行处理，并按月编制"银行存款余额调节表"调节相符。

企业应加强对银行存款的管理，并定期对银行存款进行检查。如果有确凿证据表明存在银行或其他金融机构的款项已经部分不能收回，或者全部不能收回，如吸收存款的单位已宣告破产，其破产财产不足以清偿的部分，或者全部不能清偿的，应当作为当期损失，记入"营业外支出"科目。

【例5】售出商品，双方均为增值税一般纳税人，适用税率17%。增值税专用发票上的金额为100000元，税额为17000元。收到117000元支票，已存入银行。

借：银行存款 117000

　　　　贷：主营业务收入 100000

　　应交税金——应交增值税（销项税额）17000

　　【例 6】签发 80000 元的转账支票，支付前欠购货款。

　　借：应付账款 80000

　　　　贷：银行存款 80000

　　【例 7】将现金 3000 元送存银行。

　　借：银行存款 3000

　　　　贷：现金 3000

四、银行存款余额的调节

　　企业每月应将银行存款日记账余额与银行对账单余额进行核对，以检查企业银行存款记录的正确性。

（一）银行存款余额差异的原因

　　企业银行存款日记账余额与银行对账单余额往往不一致，造成差异的原因是多方面的，主要如下：

　　（1）银行或企业的某一方或双方漏记某一项或几项交易；

　　（2）银行或企业的某一方或双方记账错误；

　　（3）存在未达账项。

　　未达账项是指由于企业与银行取得凭证的时间不同，导致记账时间不一致发生的一方已取得结算凭证且登记入账，而另一方由于尚未取得结算凭证尚未入账的款项。未达账项一般有四种情况：

　　（1）企业已收款入账而银行尚未入账的款项，即企业已收，银行未收。如企业销售产品收到支票，送存银行后即可根据银行盖章退回的"进账单"回单联登记银行存款的增加，但由于银行尚未办妥兑收手续而未入账。在这种情况下，若不考虑其他因素，则企业"银行日记账"余额要大于"银行对账单"余额。

　　（2）企业已付款入账而银行尚未入账的款项，即企业已付，银行未付。如企业开出支票支付购料款，企业根据支票存根、发票等凭证登记银行存款的减少，而银行由于收款人尚未持票向银行兑取而未入账。在这种情况下，若不考虑其他因素，则企业"银行存款日记账"余额要小于"银行对账单"余额。

　　（3）银行已收款入账而企业尚未入账的款项，即银行已收，企业未收。如银行已收妥企业托收的款项，已登记企业银行存款增加，企业由于尚未收到银行的收款通知而未入账，或已收到银行的收账通知但未及时入账。在这种情况下，若不考虑其他因素，则企业"银行存款日记账"余额小于"银行对账单"余额。

　　（4）银行已付款入账而企业尚未入账的款项，即银行已付，企业未付。如银行代企业直接支付的各种费用，银行已作为企业存款的减少入账，但企业尚未接到凭证而未入账，或已收到凭证但尚未及时入账。在这种情况下，若不考虑其他因素，则企业"银行存款日记账"余额要大于"银行对账单"余额。

（二）银行存款余额调节表的编制

企业银行存款日记账余额与银行对账单余额的差异，可通过编制银行存款余额调节表进行调节，并通过核对调节后余额是否一致，进一步检查企业银行存款记录的正确性，保证账实相符。

银行存款余额调节表有两种格式：一种格式是以企业银行存款日记账余额（或银行对账单余额）为起点，加减调整项目，调整到银行对账单余额（或企业银行存款日记账余额）；另一种格式是分别以企业银行存款日记账余额和银行对账单余额为起点，加减各自的调整项目，分别得出两个调节后的余额。在会计实务中较多地采用后一种格式。

【例8】宏大公司 2000 年 12 月 31 日银行存款日记账余额为 693634.48 元，同一日银行对账单余额为 695276.48 元。经逐笔核对，发现以下未达账项：

1.12 月 28 日收到长江股份有限公司偿付货款的 7850 元转账支票一张，企业已将支票送存银行并入账，但银行因尚未办妥内部手续而未入账；

2.12 月 30 日开出的支票 8000 元，持票人迄今未向银行要求兑现；

3. 宏大公司委托银行代收的货款 2000 元，银行已收款入账，但企业因未收到银行的收款通知而未入账；

4. 当期存款利息 300 元，银行已主动划入宏大公司账户，宏大公司应付结算手续费 58 元，银行已直接从公司账户中扣除；

5.12 月 31 日，公司送存银行支票 750 元，银行尚未入账。

如果调节后的银行存款日记账余额与银行对账单余额相符，一般表明双方记账正确（但也不排除存在差错的可能性，如两个差错刚好互相抵消，对余额没有影响）。如果调节后的余额还是有差异，则在已调整了全部未达账项情况下，表明记账有错误，应进一步查找并予以更正；否则，依然存在未调整的未达账项或记账错误。

（三）银行存款余额调节后的账务处理

对造成银行存款日记账与银行对账单余额差异的各项因素，应根据具体情况进行不同的处理。

1. 记账错误的处理

企业通过编制银行存款余额调节表发现的银行记账错误，应及时通知银行，予以更正；对发现的自身记账错误，应根据错误类型采用划线更正法、红字更正法或补充登记法及时编制调整分录并登记入账。

2. 未达账项的处理

按照国际惯例，对于银行已入账，企业未入账的未达账项，应编制调整分录并登记入账。如上例中的未达账项，企业应做如下会计分录：

借：银行存款 2300

　　贷：应收账款 2000

财务费用 300

借：财务费用 58

　　贷：银行存款 58

这种做法的主要理由是：企业在月末不及时记录未达账项，可能会影响资产负债表对企业财务状况的恰当表达，使资产负债表上所表述的相关项目与银行存款余额将会同时不实。因此，企业应及时记录企业未记账的未达账项，以便公允地反映企业的财务状况。

我国现行会计实务对未达账项的处理与上述国际惯例完全不同。我国现行会计制度规定，对于未达账项不能以银行存款余额调节表作为原始凭证，据以调整银行存款账面记录。只有等到有关结算凭证到达企业时，才能据以进行相应的账务处理，且在下一月度应关注上月银行的未达账项是否及时入账。这一做法虽简化了会计核算，防止重复记账，但不利于财务状况的公允表达。因此，参照国际惯例，我国会计实务对未达账项的处理可做如下适当调整：

（1）月末不做账务处理，但对其中重大未达账项应在报表附注中加以披露；

（2）月末先将企业未记录的未达账项登记入账，下月初再将其转回，等收到有关凭证后再做正常处理。

第四节　其他货币资金

在企业的经营资金中，有些货币资金的存放地点和用途与库存现金和银行存款不同，如外埠存款、银行汇票存款、银行本票存款等，需要设置"其他货币资金"账户以集中反映这些资金，以示它们与现金、银行存款的区别。在"其他货币资金"账户之下，可分设外埠存款、银行汇票存款、银行本票存款、信用卡存款、信用证保证金存款、存出投资款等明细账户。现分述如下：

一、外埠存款

外埠存款是指企业到外地进行临时或零星采购时，汇往采购地银行开立采购专户的款项。企业将款项委托当地银行汇往采购地开立专户时，记入"其他货币资金"，收到采购员交来供应单位发票账单等报销凭证时，贷记本科目。将多余的外埠存款转回当地银行时，根据银行的收账通知，借记"银行存款"，贷记"其他货币资金"。

【例9】宏大公司委托其开户银行汇 80000 元给采购地银行开立专户，本是中旬收到销货方的专用发票，该批材料价税合计 70200 元，适用增值税税率17%，材料已入库。几天后收到银行的多余款收账通知，余款已汇往公司当地开户银行，应做如下账务处理：

开立采购专户：

借：其他货币资金——外埠存款 80000

    贷：银行存款 80000

收到发票时：

借：原材料 60000

应交税金——应交增值税（进项税额）10200

    贷：其他货币资金——外埠存款 70200

收到银行的收账通知：

借：银行存款 9800

    贷：其他货币资金——外埠存款 9800

二、银行汇票存款

银行汇票存款是指企业为取得银行汇票按规定存入银行的款项。企业在填送"银行汇票申请书"并将款项交存银行，取得银行汇票后，根据银行盖章退回的申请书存根联借记本科目；企业使用银行汇票后，根据发票账单等有关凭证贷记本科目；如有多余款或因汇票超过付款期等原因而退回款项，根据开户银行转来的银行汇票第四联（多余款收账通知）载明的金额贷记本科目。

三、银行本票存款

银行本票存款是指企业为取得银行本票按规定存入银行的款项。企业向银行提交"银行本票申请书"并将款项交存银行，取得银行本票后，根据银行盖章退回的申请书存根联借记本科目；企业使用银行本票后根据发票账单等有关凭证贷记本科目；因本票超过付款期等原因而要求退款时，应当填制一式两联的进账单，连同本票一并送交银行，根据银行盖章退回的进账单第一联贷记本科目。

四、信用卡存款

信用卡存款是指企业为取得信用卡按照规定存入银行的款项。企业应按照规定填制申请表，连同支票和有关资料一并送交发卡银行，根据银行盖章退回的进账单第一联借记本科目；企业使用信用卡购物或支付有关费用贷记本科目；企业信用卡在使用过程中需要向其账户续存资金的，其处理同申请时的处理。

五、信用证保证金存款

信用证保证金存款是指企业为取得信用证按规定存入银行的保证金。企业向银行申请开立信用证，应按规定向银行提交开证申请书、信用证申请人承诺书和购销合同。企业向银行交纳保证金，根据银行盖章退回的进账单第一联，借记本科目；根据开证行交来的信用证来单通知书及有关单据列明的金额贷记本科目。

【例 10】企业要求银行对其境外供货单位开出信用证 50000 元，根据开户银行盖章退回的进账单第一联，进行如下账务处理：

借：其他货币资金——信用证保证金存款 50000

　　贷：银行存款 50000

企业收到开证行交来的信用证来单通知书及所附发票账单 46800 元，经核对无误后，需进行如下账务处理：

借：物资采购（或原材料）40000

应交税金——应交增值税（进项税额）6800

　　贷：其他货币资金——信用证保证金存款 46800

企业未用完的信用证保证金余额 3200 元转回开户银行，其账务处理为：

借：银行存款 3200

　　贷：其他货币资金——信用证保证金存款 3200

六、存出投资款

存出投资款是指企业已存入证券公司但尚未进行短期投资的现金。企业向证券公司划出资金时，按实际划出的金额借记本科目；购买股票、债券时，按实际发生的金额贷记本科目。

第十五章　企业会计固定资产管理理论

第一节　固定资产概述

一、固定资产的概念及特征

固定资产是指使用期限较长、单位价值较高，并且在使用过程中保持原有实物形态的资产。固定资产具有以下一些基本特征：（1）预计使用年限超过一年或长于一年的一个经营周期，且在使用过程中保持原来的物质形态不变；（2）用于生产经营活动而不是为了出售。（3）价值补偿与实物更新分离。在固定资产的使用过程中，其价值通过折旧逐渐转移出去，但其物质实体却通常并不同时减损，只有在其不能或不宜继续使用时，才对其进行更新处置。

《国际会计准则第16号——不动产、厂场和设备》对固定资产做出定义：固定资产指符合下列各项规定的有形资产：（1）企业所有的用于生产或供应产品和劳务的有形资产，包括为了出租给他人，或为了管理上使用的，还包括为了维修这些资产而持有的其他项目；（2）为可连续使用而购置或建造的；（3）不打算在正常营业过程中出售的。对符合上述标准的资产的租用权，在某些情况下也可以作为固定资产处理。

新修订的《国际会计准则第16号》对固定资产的定义是：固定资产，指具有下列特征的有形资产：（1）预计用于生产、提供商品或劳务、出租或为了行政管理目的而拥有的；（2）预计使用期限超过一个会计期间。

我国的《企业会计准则——固定资产》对固定资产做出定义：固定资产是指同时具有以下特征的有形资产：（1）为生产商品、提供劳务、出租或经营管理而持有的；（2）使用年限超过一年；（3）单位价值较高。

企业中固定资产的判定标准通常有两项：（1）使用期限在一年以上；（2）单位价值在一定标准以上。我国企业会计制度规定："固定资产是指使用期限超过一年的房屋、建筑物、机器、机械、运输工具以及其他与生产、经营有关的设备、器具、工具等。不属于生产、经营主要设备的物品，单位价值在2000元以上，并且使用期限超过2年的，也应当作为固定资产。"企业应当根据企业会计制度及有关规定，结合本单位的具体情况，如经营规模、业务范围的不同，制定适合于本企业的固定资产目录、分类方法、每类或每项固定资产的折旧年限、折旧方法，作为进行固定资产核算的依据。企业制定的固定资产目录、分类方法、每类或每项固定资产的预计使用年限、预计净残值、折旧方法等，应当编制成册，并按照管理权限，经股东大会或董事会，或经理（厂长）会议或类似机构批准，按照法律、行政法规的规定报送有关各方备案，同时备置于企业所在地，以供投资者等有关各方查阅。

我国《企业会计准则——固定资产》规定，固定资产在同时满足以下两个条件时，才能加以确认：（1）该固定资产包含的经济利益很可能流入企业；（2）该固定资产的成本能够可靠的计量。企业在对固定资产进行确认时，应当按照固定资产的定义和确认条件，考虑企业的具体情形加以判断。企业的环保设备和安全设备等资产，虽然不能直接为企业带来经济利益，却有助于企业从相关资产获得经济利益，也应当确认为固定资产，但这类资产与相关资产的账面价值之和不能超过这两类资产可收回金额总额。固定资产的各组成部分，如果各自具有不同的使用寿命或者以不同的方式为企业提供经济利益，从而适用不同的折旧率或折旧方法的，应当单独确认为固定资产。

二、固定资产的分类

企业的固定资产种类繁多、用途各异，在经营活动中起着不同的作用。对固定资产进行合理的分类，有利于加强对固定资产的管理，并提高其使用效率；有利于正确核算固定资产的价值，合理计算折旧及相关费用。

（一）按经济用途分类

生产经营用固定资产指直接参与企业生产过程或直接为生产服务的固定资产，如机器、厂房、设备、工具、器具等。

非生产经营用固定资产指不直接在生产中使用的固定资产，如食堂、宿舍、文教卫生等职工福利方面的建筑物、设备等。

按经济用途分类有利于反映和监督企业各类固定资产之间的组成和变化情况，便于考核固定资产的利用现状，更合理地进行固定资产的配备，充分发挥其效用。

（二）按所有权分类

自有固定资产：企业对该类固定资产享有占有权、处置权，可供长期使用，是企业全部资产的重要构成部分。

租入固定资产：企业通过支付租金取得使用权的固定资产，其租入方式又分为经营性租入和融资性租入两类。经营性租入的固定资产一般在备查簿中登记，而融资租入的固定资产应作为资产入账，在日常使用中为与自有资产相区别，需单独设立明细账进行核算。

（三）按使用情况分类

（1）使用中的固定资产指处于使用过程中的经营性和非经营性固定资产，包括在使用或因季节性生产和修理等原因暂时停止使用的固定资产，以及供替换使用的机器设备等。

（2）未使用固定资产指尚未使用的新增固定资产，调入尚待安装的固定资产，进行改建、扩建的固定资产以及批准停止使用的固定资产。

（3）不需用固定资产指不适用于本企业，准备处理的固定资产。

（4）租出固定资产指企业以收取租金的方式租给外单位使用的固定资产。租出固定资产也属于使用中的固定资产。

（四）按固定资产的经济用途和使用情况综合分类

（1）生产经营用固定资产。

（2）非生产经营用固定资产。

（3）出租固定资产，指在经营性租赁方式下租给外单位使用的固定资产。

（4）不需用固定资产。

（5）未使用固定资产。

（6）土地是指过去已经估价单独入账的土地。因征地而支付的补偿费，应计入与土地有关的房屋、建筑物的价值内，不单独作为土地价值入账。企业取得的土地使用权不能作为固定资产管理。

（7）融资租入固定资产指企业以融资租赁方式租入的固定资产，在租赁期内，应视同自有固定资产进行管理。

不同企业应根据实际需要选择适合本单位的分类标准，对固定资产进行分类，制定固定资产目录。

三、固定资产的计价

（一）固定资产的计价方法

固定资产的计价主要有以下三种方法：

1. 按原始价值计价

按原始价值计价又称按历史成本计价，是指按购建某项固定资产达到可使用状态前所发生的一切合理必要的支出作为入账价值。由于这种计价方法有相应的凭证为依据，具有客观性和可验证性的特点，因此成为固定资产的基本计价标准。当然，这种方法具有不可避免的缺点，当会计环境尤其是通货膨胀率和资本成本率较大时，这种方法无法真实反映资产的价值。正因为如此，有人主张以现时重置成本来代替历史成本作为固定资产的计价依据。但是，由于现时重置成本也是经常变化的，具体操作也相当复杂，因此，我国会计制度仍然采用历史成本来对固定资产进行计价。

2. 按重置价值计价

按重置价值计价又称按重置完全价值计价，按现时重置成本计价，即按现有的生产能力、技术标准，重新购置同样的固定资产所需要付出的代价作为资产的入账价值。

3. 按折余价值计价

按折余价值计价是指按固定资产原始价值或重置完全价值减去已计提折旧后的净额作为入账价值。它可以反映企业占用在固定资产上的资金数量和固定资产的新旧程度。

（二）固定资产价值的构成

固定资产在取得时，应按取得时的成本入账。取得时的成本包括买价、进口关税、运输和保险等相关费用，以及为使固定资产达到预定可使用状态前所必要的支出。《国际会计准则第 16 号——不动产、厂场和设备》规定，固定资产项目的成本包括其买价、进口关税和不能返还的购货税款以及为使这项资产达到预定使用状态所需要支付的直接可归属成本。计算买价时，应扣除一切商业折扣和回扣。直接可归属成本的项目有以下各项：（1）场地整理费；（2）初始运输和装卸费；（3）安装费用；（4）专业人员（如建筑师、工程师）服务费；（5）估计资产拆卸搬移费及场地清理费，这些费用的确认应以《国际会计准则第 23 号——准备、或有负债和或有资产》所确认的准备为限。

固定资产取得时的成本应当根据具体情况分别确定：

1. 购入的不需要经过建造过程即可使用的固定资产，按实际支付的买价、包装费、运输费、安装成本、交纳的有关税金等，作为入账价值。从国外进口的固定资产，其原始成本还应包括按规定支付的关税等。

外商投资企业因采购国产设备而收到税务机关退还的增值税款，冲减固定资产的入账价值。

2. 自行建造的固定资产，按建造该项资产达到预定可使用状态前所发生的全部支出，作为入账价值，包括资本化的借款费用。

3. 投资者投入的固定资产，按投资各方确认的价值，作为入账价值。

4. 融资租入的固定资产，按租赁开始日租赁资产的原账面价值与最低租赁付款额的现值两者中较低者，作为入账价值。如果融资租赁资产占企业资产总额比例等于或小于30% 的，在租赁开始日，企业也可按最低租赁付款额，作为固定资产的入账价值。最低租赁付款额是指在租赁期内，承租人应支付或可能要求支付的各种款项（不包括或有租金和履约成本），加上由承租人或与其有关的第三方担保的资产余值；若预计承租人将会在租赁期满以某价格购买此固定资产，则还包括该买价。

5. 在原有固定资产的基础上进行改建、扩建的，按原固定资产的账面价值，加上由于改建、扩建而使该项资产达到预定可使用状态前发生的支出，减去改建、扩建过程中发生的变价收入，作为入账价值。

6. 企业接受的债务人以非现金资产抵偿债务方式取得的固定资产，或以应收债权换入固定资产的，按应收债权的账面价值加上应支付的相关税费，作为入账价值。涉及补价的，按以下规定确定受让的固定资产的入账价值：

（1）收到补价的，按应收债权的账面价值减去补价，加上应支付的相关税费，作为入账价值。

（2）支付补价的，按应收债权的账面价值加上支付的补价和应支付的相关税费，作为入账价值。

7. 以非货币性交易换入的固定资产，按换出资产的账面价值加上应支付的相关税费，作为入账价值。涉及补价的，按以下规定确定换入固定资产的入账价值：

（1）收到补价的，按换出资产的账面价值加上应确认的收益和应支付的相关税费减去补价后的余额，作为入账价值。

应确认的收益 = 补价 ×（换出资产的公允价值 – 换出资产的账面价值）÷ 换出资产的公允价值

（2）支付补价的，按换出资产的账面价值加上应支付的相关税费和补价，作为入账价值。

8. 接受捐赠的固定资产，应按以下规定确定其入账价值：

（1）捐赠方提供了有关凭据的，按凭据上标明的金额加上应支付的相关税费，作为入账价值。

（2）捐赠方没有提供有关凭据的，按如下顺序确定其入账价值：同类或类似固定资产存在活跃市场的，按同类或类似固定资产的市场价格估计的金额，加上应支付的相关税费，作为入账价值；同类或类似固定资产不存在活跃市场的，按该接受捐赠的固定资产的预计未来现金流量现值，作为入账价值。

（3）如受赠的是旧的固定资产，按照上述方法确定的价值，减去按该项资产的新旧程度估计的价值损耗后的余额，作为入账价值。

9. 盘盈的固定资产，按同类或类似固定资产的市场价格，减去按该项资产的新旧程度估计的价值损耗后的余额，作为入账价值。

10. 经批准无偿调入的固定资产，按调出单位的账面价值加上发生的运输费、安装费等相关费用，作为入账价值。

此外，还要注意以下几点：

（1）固定资产的入账价值中，应当包括企业为取得固定资产而缴纳的契税、耕地占用税、车辆购置税等相关税费；

（2）企业购置计算机硬件所附带的、未单独计价的软件，与所购置的计算机硬件一并作为固定资产管理；

（3）已达到预定可使用状态但尚未办理竣工决算手续的固定资产，可先按估计价值记账，待确定实际价值后，再进行调整。

（三）有关固定资产计价的两个问题

1. 关于固定资产借款费用的处理

专为购建固定资产而借入的款项所发生的借款费用（包括利息、折价或溢价的摊销和辅助费用以及因外币借款而发生的汇兑差额）是否应计入固定资产成本，是固定资产计价的重要问题。《企业会计准则——借款费用》做了如下规定：

（1）以下三个条件同时具备时，因专门借款而发生的利息折价或溢价的摊销和汇兑差额应当开始资本化：①资本支出已经发生；②借款费用已经发生；③为使资产达到预定可使用状态所必要的构建活动已经开始。

资本支出只包括购建固定资产而以支付现金、转移非现金资产或者承担带息债务形式发生的支出。

（2）如果固定资产的购建活动发生正常中断，并且中断时间连续超过 3 个月，应当暂停借款费用的资本化，将其确认为当期费用，直至资产的购建活动重新开始。但如果中断是使购建的固定资产达到预定可使用状态所必要的程序，则借款费用的资本化应当继续进行。

（3）当所购建的固定资产达到预定可使用状态时，应当停止其借款费用的资本化；以后发生的借款费用应当于发生当期确认为费用。

2. 关于固定资产价值的调整

固定资产的价值确定并入账以后，一般不得进行调整，但是在一些特殊情况下对已入账的固定资产的价值也可进行调整。这些情况包括：

（1）根据国家规定对固定资产价值重新估价；

（2）增加补充设备或改良装置；

（3）将固定资产的一部分拆除；

（4）根据实际价值调整原来的暂估价值；

（5）发现原计固定资产价值有错误。

第二节　固定资产的取得

企业拥有固定资产规模的大小和质量高低，直接影响其生产能力及盈利能力。固定资产所占用的资金在企业总资金中占有的比例较大，且周转期长，合理有效地控制固定资产占用的资金对整个企业资金的周转、使用具有重要意义。企业对固定资产的需求量，取决于现有的生产规模、生产能力、企业产品在市场上的竞争能力和现代化程度等因素，特别是直接参与生产的机器设备，更应随生产任务、使用效率等的变化而做相应的调整。所以，企业是否要新增固定资产、采用何种方式增加，应权衡投资效益再做选择，以确保固定资产发挥最佳的效用。企业一旦决定增加固定资产投资，就面临选择何种投资方法的问题。

固定资产增加的方式多种多样，主要有购入、自建自制、接受投资、无偿调入、接受捐赠、融资租入、接受抵债、非货币性交易换入、盘盈、改建扩建等方式。

为核算企业的固定资产，设置"固定资产"账户，该账户反映企业固定资产的原价。其借方发生额，反映企业增加的固定资产的原价；其贷方发生额，反映企业减少的固定资产的原价；期末借方余额，反映企业期末固定资产的账面原价。企业应当设置"固定资产登记簿"和"固定资产卡片"，按固定资产类别、使用部门和每项固定资产进行明细核算。临时租入的固定资产，应当另设备查簿进行登记，不在本科目核算。

一、购入固定资产

购入不需要安装的固定资产，借记"固定资产"，按实际支付（含应支付，下同）的价款，贷记"银行存款"等；购入需要安装的固定资产，先记入"在建工程"，安装完毕交付使用时再转入"固定资产"科目。

二、投资者投入固定资产

企业对接受投资者作价投入的固定资产,按投资各方确认的价值,借记"固定资产"科目；按投资方拥有被投资方的股权，贷记"实收资本"科目；按其差额，贷记"资本公积"科目。

三、无偿调入固定资产

企业按照有关规定并报经有关部门批准无偿调入的固定资产，按调出单位的账面价值加上新的安装成本、包装费、运杂费等，作为调入固定资产的入账价值。企业调入需要安装的固定资产,按调入固定资产的原账面价值以及发生的包装费、运杂费等，借记"在建工程"等科目；按调入固定资产的原账面价值，贷记"资本公积——无偿调入固定资产"科目；按所发生的支出，贷记"银行存款"等科目；发生的安装费用，借记"在建工程"等科目，贷记"银行存款""应付工资"等科目。工程达到可使用状态时，按工程的实际成本，借记"固定资产"科目，贷记"在建工程"科目。

四、接受捐赠固定资产

接受捐赠的固定资产，按确定的入账价值，借记"固定资产"科目；按未来应交的所得税，贷记"递延税款"科目；按确定的入账价值减去未来应交所得税后的余额，贷记"资本公积"科目；按应支付的相关税费，贷记"银行存款"等科目。

外商投资企业接受捐赠的固定资产，按确定的入账价值，借记"固定资产"科目；按应计入待转资产价值的金额，贷记"待转资产价值"科目；按应支付的相关税费，贷记"银行存款"等科目。

五、租入固定资产

企业在生产经营过程中，由于生产经营的临时性或季节性需要，或出于融资等方面的考虑，对于生产经营所需的固定资产可以采用租赁的方式取得。租赁按其性质和形式的不同可分为经营租赁和融资租赁两种。融资租赁是指实质上转移与资产所有权有关的全部风险和报酬的租赁。经营租赁是指融资租赁以外的租赁。

（一）以经营租赁方式租入

采用经营租赁方式租入的资产，主要是为了解决生产经营的季节性、临时性的需要，并不是长期拥有，租赁期限相对较短；资产的所有权与租赁资产相关的风险和报酬仍归属出租方，企业只是在租赁期内拥有资产的使用权；租赁期满，企业将资产退还给出租方。

企业对以经营租赁方式租入的固定资产，不作为本企业的资产入账，当然也无需计提折旧。

（二）融资租入

融资租入的固定资产，应当单设明细科目进行核算。企业应在租赁开始日，按租赁开始日租赁资产的原账面价值与最低租赁付款额的现值两者中较低者作为入账价值，借记"固定资产"科目；按最低租赁付款额，贷记"长期应付款——应付融资租赁款"科目；按其差额，借记"未确认融资费用"科目。租赁期满，如合同规定将设备所有权转归承租企业，应进行转账，将固定资产从"融资租入固定资产"明细科目转入有关明细科目。

六、接受抵债固定资产

企业接受的债务人以非现金资产抵偿债务方式取得的固定资产，或以应收债权换入固定资产的，按应收债权的账面余额，贷记"应收账款"等科目，按该项应收债权已计提的坏账准备，借记"坏账准备"科目，按应支付的相关税费，贷记"银行存款""应交税金"等科目，按下式计算的固定资产入账价值，借记"固定资产"科目：

收到补价的，固定资产入账价值＝应收债权的账面价值＋应支付的相关税费－补价

支付补价的，固定资产入账价值＝应收债权的账面价值＋应支付的相关税费＋补价

按收到（或支付）的补价，借记（或贷记）"银行存款"等科目。

第三节　固定资产的自建与自制

自建、自制固定资产是指企业自己建造房屋、其他建筑物及各种机器设备等。当企业有能力建造，或者当某项资产的建造成本明显低于其外构成本时，企业往往会选择以自己施工筹建的方式取得该资产，以减少相应的费用开支，如自行建造房屋、自制特殊需要的车床等。自行建造固定资产按是否由本企业组织施工人员施工，分为自营工程和出包工程；前者由本企业组织施工人员进行施工，而后者则是将工程项目发包给建造商，由建造商组织施工。

一、自营工程

（一）自行建造固定资产入账价值的确定

企业自行建造的固定资产（亦称在建工程），应按建造过程中所发生的全部支出确定其价值，包括所消耗的材料、人工、其他费用和缴纳的有关税金等，作为入账价值。设备安装工程，应把设备的价值包括在内。

工程达到预定可使用状态前因进行试运转所发生的净支出，计入工程成本。企业的在建工程项目在达到预定可使用状态前所取得的试运转过程中形成的能够对外销售的产品，其发生的成本计入在建工程成本，销售或转为库存商品时，按实际销售收入或按预计售价冲减工程成本。

盘盈、盘亏、报废、毁损的工程物资，减去保险公司过失人赔偿部分后的差额，工程项目尚未完工的，计入或冲减所建工程项目的成本；工程已经完工的，计入当期营业外收支。在建工程发生单项或单位工程报废或毁损，减去残料价值和过失人或保险公司等赔款后的净损失，计入继续施工的工程成本；如为非常原因造成的报废或毁损，或在建工程项目全部报废或毁损，应将净损失直接计入当期营业外支出。

企业应当定期或者至少于每年年度终了，对在建工程进行全面检查，如果有证据表明在建工程已经发生了减值，应当计提减值准备。存在下列一项或若干项情况的，应当计提在建工程减值准备：（1）长期停建并且预计在未来3年内不会重新开工的在建工程；（2）所建项目无论在性能上，还是在技术上已经落后，并且给企业带来的经济利益具有很大的不确定性；（3）其他足以证明在建工程已经发生减值的情形。

所建造的固定资产已达到预定可使用状态，但尚未办理竣工决算的，应当自达到预定可使用状态之日起，根据工程预算造价或者工程实际成本等，按估计的价值转入固定资产，并按本制度关于计提固定资产折旧的规定，计提固定资产的折旧。待办理了竣工决算手续后再做调整。

（二）会计处理

为了对企业自行建造固定资产进行全面准确的核算，设置"工程物资""在建工程""在建工程减值准备"账户。

1. 工程物资

企业为在建工程准备的各种物资，应当按照实际支付的买价、增值税额、运输费、保险费等相关费用，作为实际成本，并按照各种专项物资的种类进行明细核算。企业的工程物资，包括为工程准备的材料、尚未交付安装的需要安装设备的实际成本，以及预付大型设备款和基本建设期间根据项目概算购入为生产准备的工具及器具等的实际成本。企业购入不需要安装的设备，应当在"固定资产"科目核算，不在本科目核算。

本科目应当设置以下明细科目：（1）专用材料；（2）专用设备；（3）预付大型设备款；（4）为生产准备的工具及器具。

企业购入为工程准备的物资，应按实际成本和专用发票上注明的增值税额，借记本科目（专用材料、专用设备），贷记"银行存款""应付账款""应付票据"等。企业为购置大型设备而预付款时，借记本科目（预付大型设备款），贷记"银行存款"；收到设备并补付设备价款时，按设备的实际成本，借记本科目（专用设备），按预付的价款，贷记本科目（预付大型设备款），按补付的价款，贷记"银行存款"等。工程领用工程物资，借记"在建工程"，贷记本科目（专用材料等）；工程完工后对领出的剩余工程物资应当办理退库手续，并做相反的账务处理。工程完工，将为生产准备的工具及器具交付生产使用时，应按实际成本，借记"低值易耗品"，贷记本科目（为生产准备的工具及器具）；工程完工后剩余的工程物资，如转作本企业存货的，按原材料的实际成本或计划成本，借记"原材料"，按可抵扣的增值税进项税额，借记"应交税金——应交增值税（进项税额）"，按转入存货的剩余工程物资的账面余额，贷记本科目；如工程完工后剩余的工程物资对外出售的，应先结转工程物资的进项税额，借记"应交税金——应交增值税（进项税额）"，贷记本科目，出售时，应确认收入并结转相应的成本。

2. 在建工程

本科目核算企业进行基建工程、安装工程、技术改造工程、大修理工程等发生的实际支出，包括需要安装设备的价值。企业根据项目概算购入不需要安装的固定资产、为生产准备的工具器具、购入的无形资产及发生的不属于工程支出的其他费用等，不在本科目核算。本科目的期末借方余额，反映企业尚未完工的基建工程发生的各项实际支出。

本科目应当设置以下明细科目：（1）建筑工程；（2）安装工程；（3）在安装设备；（4）技术改造工程；（5）大修理工程；（6）其他支出。

企业自营的基建工程，领用工程用材料物资时，应按实际成本，借记本科目（建筑工程、安装工程等——××工程），贷记"工程物资"；基建工程领用本企业原材料的，应按原材料的实际成本加上不能抵扣的增值税进项税额，借记本科目（建筑工程、安装工程等——××工程），按原材料的实际成本或计划成本，贷记"原材料"，按不能抵扣的增值税进项税额，贷记"应交税金——应交增值税（进项税额转出）"。采用计划成本进行材料日常核算的企业，还应当分摊材料成本差异。基建工程领用本企业的商品产品时，按商品产品的实际成本（或进价）或计划成本（或售价）加上应交的相关税费，借记本科目（建筑工程、安装工程——××工程），按应交的相关税费，贷记"应交税金——应交增值税（销项税额）"等，按库存商品的实际成本（或进价）或计划成本（或售价），贷记"库存商品"。库存商品采用计划成本或售价的企业，还应当分摊成本差异或商品进销差价。基建工程应负担的职工工资，借记本科目（建筑工程、安装工程——××工程），贷记"应付工资"。企业的辅助生产部门为工程提供的水、电、设备安装、修理、运输等劳务，应按月根据实际成本，借记本科目（建筑工程、安装工程等——××工程），贷记"生产成本——辅助生产成本"等。

基建工程发生的工程管理费、征地费、可行性研究费、临时设施费、公证费、监理费等，借记本科目（其他支出），贷记"银行存款"等；基建工程应负担的税金，借记本科目（其他支出），贷记"银行存款"等。

由于自然灾害等原因造成的单项工程或单位工程报废或毁损，减去残料价值和过失人或保险公司等赔款后的净损失，报经批准后计入继续施工的工程成本，借记本科目（其他支出），贷记本科目（建筑工程、安装工程等——××工程）；如为非正常原因造成的报废或毁损，或在建工程项目全部报废或毁损，应将其净损失直接计入当期营业外支出。工程物资在建设期间发生的盘亏、报废及毁损，其处置损失，报经批准后，借记本科目，贷记"工程物资"；盘盈的工程物资或处置收益，做相反的账务处理。

基建工程达到预定可使用状态前进行负荷联合试车发生的费用，借记本科目（其他支出），贷记"银行存款""库存商品"等；获得的试车收入或按预计售价将能对外销售的产品转为库存商品的，做相反账务处理。

基建工程完工后应当进行清理，已领出的剩余材料应当办理退库手续，借记"工程物资"，贷记本科目。

基建工程完工交付使用时，企业应当计算各项交付使用固定资产的成本，编制交付使用固定资产明细表。

企业应当设置"在建工程其他支出备查簿"，专门登记基建项目发生的构成项目概算内容，但不通过"在建工程"科目核算的其他支出，包括按照建设项目概算内容购置的不需要安装设备、现成房屋、无形资产以及发生的递延费用等。企业在发生上述支出时，应当通过"固定资产""无形资产""长期待摊费用"科目核算。但同时应在"在建工程——其他支出备查簿"中进行登记。

3. 在建工程减值准备

为核算企业的在建工程减值准备，设置"在建工程减值准备"科目。企业发生在建工程减值时，借记"营业外支出——计提的在建工程减值准备"，贷记本科目；如已计提减值准备的在建工程价值又得以恢复，应在原已提减值准备的范围内转回，借记本科目，贷记"营业外支出——计提的在建工程减值准备"。本科目期末贷方余额，反映企业已提取的在建工程减值准备。

二、出包工程

企业采用出包方式进行的自制、自建固定资产工程，"在建工程"账户实际上成为企业与承包单位的结算账户，企业将与承包单位结算的工程价款作为工程成本，通过"在建工程"账户进行核算。

企业发包的基建工程，应于按合同规定向承包企业预付工程款、备料款时，按实际支付的价款，借记"在建工程"科目（建筑工程、安装工程等——××工程），贷记"银行存款"科目；以拨付给承包企业的材料抵作预付备料款的，应按工程物资的实际成本，借记"在建工程"科目（建筑工程、安装工程等——×工程），贷记"工程物资"科目；将需要安装设备交付承包企业进行安装时，应按设备的成本，借记"在建工程"科目（在安装设备），贷记"工程物资"科目；与承包企业办理工程价款结算时，补付的工程款，借记"在建工程"科目（建筑工程、安装工程等——××工程），贷记"银行存款"等科目。

第四节　固定资产的折旧

固定资产折旧是指固定资产在使用过程中，逐渐损耗而消失的那部分价值。固定资产损耗的这部分价值，应当在固定资产的有效使用年限内进行分摊，形成折旧费用，计入各期成本。

一、折旧的性质及计提范围

（一）折旧的性质

固定资产在长期使用过程中，实物形态保持不变，但因使用、磨损及陈旧等原因会发生各种有形和无形的损耗。有形损耗对使用中的固定资产而言，产生于物质磨损；不使用的固定资产也可能发生损耗，如自然气候条件的侵蚀及意外毁损造成的损耗。无形损耗是因技术进步、市场变化、企业规模改变等原因引起的。有的资产因陈旧、不适应大规模生产发展的需要，而导致在其使用年限届满前报废。

固定资产的服务能力随着时间的推移逐步消逝，其价值也随之发生损耗，企业应采用系统合理的方法，将其损耗分摊到各经营期，记作每期的费用，并与当期营业收入相配比。固定资产的成本随着逐期分摊，转移到它所生产的产品或提供的劳务中去，这个过程即为计提折旧，每期分摊的成本称为折旧费用。

企业应当根据固定资产的性质和消耗方式，合理地确定固定资产的预计使用年限和预计净残值，并根据科技发展、环境及其他因素，选择合理的固定资产折旧方法，按照管理权限，经股东大会或董事会、或经理（厂长）会议、或类似机构批准，作为计提折旧的依据。按照法律、行政法规的规定报送有关各方备案，并备置于企业所在地，以供投资者等有关各方查阅。企业已经确定并报送，或备置于企业所在地的有关固定资产预计使用年限和预计净残值、折旧方法等，一经确定不得随意变更；如需变更，仍然应当按照上述程序，经批准后报送有关各方备案，并在会计报表附注中予以说明。

《国际会计准则第 16 号——不动产、厂场和设备》规定，固定资产项目的应折旧金额应当在其使用寿命内系统地摊销，所使用的折旧方法应能反映企业消耗该资产所含经济利益的方式。每期的折旧额应确认为费用，除非将其计入另一项资产的账面金额。

我国《企业会计准则——固定资产》规定，折旧是指在固定资产的使用寿命内，按照确定的方法对应计折旧额进行的系统分摊。其中，应计折旧额是指应当计提折旧的固定资产的原价扣除其预计净残值后的余额；如果已对固定资产计提减值准备，还应当扣除已计提的固定资产减值准备累计金额。使用寿命是指固定资产预期使用的期限。有些固定资产的使用寿命也可以用该资产所能生产的产品或提供的服务的数量来表示。

（二）折旧的范围

固定资产因使用会发生实物磨损，所以使用中的固定资产（如机器设备）均需计提折旧；考虑到无形损耗的原因，对一些未使用、不需用的固定资产，仍应计提折旧。房屋和建筑物不管是否使用均计提折旧；以融资租赁方式租入的固定资产，应当比照自有固定资产进行会计处理，故亦要计提折旧。

具体来讲，企业的下列固定资产应当计提折旧：

（1）房屋和建筑物；

（2）在用的机器设备、仪器仪表、运输工具、工具器具；

（3）季节性停用、大修理停用的固定资产；

（4）融资租入和以经营租赁方式租出的固定资产。

下列固定资产不计提折旧：

（1）房屋、建筑物以外的未使用、不需用固定资产；

（2）以经营租赁方式租入的固定资产：

（3）已提足折旧继续使用的固定资产；

（4）按规定单独估价作为固定资产入账的土地。

已达到预定可使用状态的固定资产，尚未办理竣工决算的，应按估计价值暂估入账，并计提折旧；待办理了竣工决算手续后，再按照实际成本调整原来的暂估价值，同时调整原已计提的折旧额。

已提足折旧的固定资产，如仍可继续使用，不再计提折旧；提前报废的固定资产，未提足的折旧不再补提折旧。所谓提足折旧，是指已经提足该项固定资产应提的折旧总额。应提的折旧总额为固定资产原价减去预计残值加上预计清理费用后的余额。

我国《企业会计准则——固定资产》规定，除以下两种情况外，企业应对所有固定资产计提折旧：（1）已提足折旧仍继续使用的固定资产；（2）按规定单独估价作为固定资产入账的土地。

二、影响折旧的因素

固定资产折旧的计算，涉及固定资产原值、预计净残值、估计使用年限和折旧方法四个要素。

1. 固定资产原值

固定资产原值是固定资产取得时的实际成本，其价值的确定在第二节中已述。

2. 预计净残值

预计净残值指固定资产在报废时，预计残料变价收入扣除清算时清算费用后的净值，也称预计净残值。实物中常用固定资产原值的一定百分比估算。在计算折旧时，把固定资产原值减去估计残值后的余额称为折旧基数或折旧总额。

3. 估计使用年限

在估计时应同时考虑有形损耗和无形损耗，即实物的使用寿命和与经济效用等有关的技术寿命。在科学技术飞速发展的今天，技术密集型企业应更多地考虑无形损耗，合理估计使用年限。

《国际会计准则第 16 号——不动产、厂场和设备》规定，固定资产项目的使用寿命应定期进行复核，如果预期数与原先的估计数相差很大，则应对本期和将来各期的折旧金额进行调整。

我国《企业会计准则——固定资产》规定，企业在确定固定资产的使用寿命时，主要应当考虑下列因素：（1）该资产的预计生产能力或实物产量；（2）该资产的有形损耗，如设备使用中发生磨损、房屋建筑物受到自然侵蚀等；（3）该资产的无形损耗，如因新技术的出现而使现有的资产技术水平相对陈旧、市场需求变化使产品过时等；（4）有关资产使用的法律或者类似的限制。

我国《企业会计准则——固定资产》规定，企业应当根据固定资产的性质和使用情况，合理确定固定资产的使用寿命和预计净残值。除下述定期复核引起使用寿命改变外，固定资产的使用寿命、预计净残值一经选定，不得随意调整。企业应当定期对固定资产的使用寿命进行复核。如果固定资产使用寿命的预期数与原先的估计数有重大差异，则应当相应调整固定资产折旧年限。

4. 折旧方法

不同经营规模、不同性质的企业可根据各自的特点选择相应的折旧方法，比较合理地分摊固定资产的应计折旧总额，反映本单位固定资产的实际使用现状。企业一旦选定了某种折旧方法，应该在相当一段时间内保持不变，除非折旧方法的改变能够提供更可靠的会计信息。在特定会计期，折旧方法的变更应在报表附注中加以说明。

《国际会计准则第 16 号——不动产、厂场和设备》规定，应用于固定资产的折旧方法，应该定期加以复核。如果资产经济利益的预期实现方式有重大改变，折旧方法也应相应地改变以反映这种方式的改变。如果这种折旧方法的改变是必要的，这种改变应作为会计估计变更进行会计处理，本期和未来期间的折旧金额应加以调整。

我国《企业会计准则——固定资产》规定，企业应当根据固定资产所含经济利益预期实现方式选择折旧方法，可选用的折旧方法包括年限平均法、工作量法、双倍余额递减法或者年数总和法。除下述定期复核引起折旧方法改变外，折旧方法一经选定，不得随意调整。企业应当定期对固定资产的折旧方法进行复核。如果固定资产包含的经济利益的预期实现方式有重大改变，则应当相应改变固定资产折旧方法。

计算折旧的四大要素中，除原始成本比较容易确定外，残值和使用年限为估计数，又受到折旧方法选择的影响，其计算结果难免不够精确。

三、折旧方法

固定资产的折旧方法有很多种，如直线法、加速折旧法等，我国会计制度规定，企业可以采用直线法计提折旧，在经有关部门批准的前提下，也可以采用加速折旧法。

（一）直线法

直线法，具体又分为年限平均法和工作量法两种。

1. 年限平均法

年限平均法是各种折旧方法中最简单的一种。固定资产折旧总额在使用年限内平均分摊，每期的折旧额相等。

计算公式表示如下：

年折旧额 =（固定资产原值 – 预计净残值）÷ 估计使用年限

年折旧率 =（1– 预计净残值率）÷ 估计使用年限

其中，预计净残值率 = 预计净残值 ÷ 固定资产原值

月折旧率 = 年折旧率 ÷ 12

月折旧额 = 固定资产原值 × 月折旧率

我国固定资产折旧一般采用年限平均法，这种方法最大的优点是计算简便。

但是，它只考虑固定资产的估计使用时间，而忽略了实际使用的现状。固定资产使用早期，其工作效率相对较高，发生的维修保养费少；后期固定资产工作效率相对较低，发生的维修保养费逐步增加。在整个使用期内，各期费用总额分布均匀，呈递增趋势，而固定资产工作效率呈递减趋势。在其他因素不变的情况下，利润逐年递减。采用年限平均法，不能反映资产的实际使用情况，从而影响到决策者对财务信息的分析判断。

2. 工作量法

工作量法是将固定资产的总折旧额按其估计工作总量（如总生产量、总工作小时等）平均分摊，以求得单位工作量应负担折旧额。

采用年限平均法尽管在实际操作中比较简单，但由于无形损耗的存在，固定资产可能在估计使用年限届满前甚至早期即遭淘汰，导致大部分成本无法通过折旧收回，企业将面临一定的损失。

（二）加速折旧法

加速折旧法是在固定资产使用早期多提折旧，在使用后期少提折旧的一种方法。这种处理的理论依据是，固定资产在使用早期，提供的服务多，为企业创造的效益高；后期随着实物磨损程度加剧，提供的服务量减少，而修理费用增加。如果在资产使用过程中折旧的计提逐年递减，可使固定资产在各年承担的总费用接近，利润平稳。这也弥补了年限平均法的局限。在加速折旧法下，由于早期计提了较多的折旧，即使固定资产提前报废，其成本在前期基本已收回，也不会造成过多损失。加速折旧法主要有双倍余额递减法和年数总和法两种。下面分述之。

1. 双倍余额递减法

在这一方法下，固定资产的折旧率为年限平均法折旧率的 2 倍，账面价值同样随着每期计提的折旧而减少。每期应计提的折旧计算为：

年折旧额 = 递减的账面价值 × 年折旧率 = 递减的账面价值 ×2÷ 折旧年限

其中，第一年的账面价值为固定资产的原始成本（不减估计残值）。

值得注意的是，在固定资产使用的后期，如果期末账面价值扣除预计净残值后的余额，采用直线法在剩余年限内的计提的折旧额比继续使用双倍余额递减法计提的折旧额大，从该会计期开始必须改用直线法。

2. 年限积数法

年限积数法也称年数总和法，是将固定资产应计提的折旧总额按递减的折旧率计算每期的折旧额。

用公式可表示为：

年折旧额 =（固定资产原值 − 估计残值）× 递减的折旧率

折旧率为分数，分母是根据固定资产估计使用年限计算的积数，分子是固定资产尚可使用的年数，即从使用年限起依次递减的自然数。用公式表示为：

年折旧率 = 尚可使用年数 ÷ 预计使用年限的年数总和

　　　　 =（预计使用年限 − 已使用年限）+[预计使用年限 ×（预计使用年限 +1）÷2]

企业一般是按月提取折旧。当月增加的固定资产，当月不提折旧，从下月起计提折旧；当月减少的固定资产，当月照提折旧，从下月起不提折旧。实际中常用的计算公式是：

固定资产月折旧额 = 上月计提的固定资产折旧额 + 上月增加固定资产应计提折旧额 − 上月减少固定资产应计提折旧额

为核算企业固定资产的累计折旧，设置"累计折旧"账户。本科目期末贷方余额，反映企业提取的固定资产折旧累计数。企业按月计提的固定资产折旧，借记"制造费用""营业费用""管理费用""其他业务支出"等科目，贷记"累计折旧"科目。

借：制造费用（生产用固定资产计提的折旧）

营业费用（销售等用固定资产计提的折旧）

管理费用（管理部门用固定资产计提的折旧）

其他业务支出（出租等用固定资产计提的折旧）

应付福利费（福利部门用固定资产计提的折旧）

外商投资企业采购的国产设备退还的增值税款，在设备达到预定可使用状态前收到的，冲减设备的成本，借记"银行存款"科目，贷记"在建工程"等科目；如果采购的国产设备已达到预定可使用状态，应调整设备的账面原价和已提的折旧，借记"银行存款"科目，贷记"固定资产"科目；同时，冲减多提的折旧，借记"累计折旧"科目，贷记"制造费用""管理费用"等科目。如果采购的国产设备已达到预定可使用状态，但税务机关跨年度退还增值税，则应相应调整设备的账面原价和已提的折旧，借记"银行存款"科目，贷记"固定资产"科目；同时，冲减多提的折旧，借记"累计折旧"科目，贷记"以前年度损益调整"科目。

第五节　固定资产使用中的支出

固定资产在使用过程中会发生各种支出，如为了恢复、改进固定资产的性能发生的维修费、保养费支出，固定资产因改建、扩建、增建等原因增加的支出，为了发挥固定资产潜力增加的支出等。这些开支发生时，关键要区分支出的性质，即资本性支出还是收益性支出，进而做出不同的账务处理。

一、影响固定资产数量方面的支出

固定资产因数量增加发生的支出，主要是用于增加企业固定资产实体及在原有基础上的扩建，如房屋加层、增设电子监控设备等。对新增的资产，因其受益期一般与估计使用年限相近，至少在一年以上，所以要把有关支出资本化。购建新固定资产时把全部支出列为固定资产的成本，账务处理参照第二节有关内容。扩建时，把所付出的代价全部计入原资产的成本，在扩建过程中如涉及拆除一部分旧设施，在会计处理上通常不减去拆除旧资产的成本，扩建成本先在"在建工程"账户中归集，完工后一次转入原"固定资产"账户。

二、影响固定资产质量方面的支出

（一）换新

固定资产换新指调换原资产上陈旧或受损的项目，以恢复其应有的性能和生产能力，包括整个资产项目的换新和非经常性的大部件换新。换新后的资产并不提高质量或功能。由于换新项目大小不等，发生的费用在处理上也应有所区别。大型项目，非经常性大部件的更换，作为资本性支出处理，中、小项目的换新，可视同经常性修理，作为收益性支出处理。

（二）维修保养

为了使固定资产保持良好的使用状态，应进行日常的维护保养，如更换螺丝、弹簧，定期添加润滑剂等，这种支出费用较低，发生比较频繁，一般视为收益性支出，记为当期费用。

固定资产随着不断使用，实物磨损加剧，往往会发生局部的损坏，影响其使用效率。为恢复原有的性能，必须对固定资产定期或不定期地加以修理，使之处于正常运转状态。固定资产的修理，按范围的大小和间隔时间长短可分为大修理和中小修理两种。

大修理是对固定资产进行局部更新，通常修理的范围大，间隔时间长，修理次数少，一次修理所花的费用较大。由于大修理费用发生不均匀，企业可采用预提或待摊的方法均衡成本。

中小修理又称经常性修理，是为了维护和保持固定资产正常工作状态进行的修理工作，如更换零部件、排除故障等。其特点是修理范围小，间隔时间短，修理次数多，每次的修理费用少。一般将经常性修理作为收益性支出处理，在支出发生时计入当期费用，即按实际发生数额借记有关成本费用账户，贷记"银行存款"等科目。为了平衡各会计期的费用，或当中小修理费用较大时，也可采用摊销的方法。

值得注意的是，在实际操作上，中小修理、维护保养、换新等很难严格区分，企业应根据规模大小、资产的重要程度等实际情况区别对待。

（三）改良和改善

改良和改善支出主要用于改进固定资产的质量和功能。改良支出较大，能使固定资产的质量或功能有显著的提高，如安装中央空调以取代原有的取暖设施。固定资产改良工程上的所有支出均应作为资本性支出处理，记入资产的成本。在工程进程中，如有被替换的旧资产，则旧资产的成本应从原资产账户中转出。

固定资产改善一般支出较小，质量改进不显著，如一般照明设备的改进。凡属于这种支出的应视为收益性支出，记入本期损益。

我国《企业会计准则——固定资产》规定，与固定资产有关的后续支出，如果使可能流入企业的经济利益超过了原先的估计，如延长了固定资产的使用寿命，或者使产品质量实质性提高，或者使产品成本实质性降低，则应当计入固定资产账面价值，其增计金额不应超过该固定资产的可收回金额；否则，应当确认为费用。

第六节　固定资产减值

固定资产发生损坏、技术陈旧或其他经济原因，导致其可收回金额低于其账面净值，这种情况称为固定资产减值。

企业应当在期末或者至少在每年年度终了，对固定资产逐项进行检查，如果由于市价持续下跌，或技术陈旧、损坏、长期闲置等原因导致其可收回金额低于账面价值的，应当将可收回金额低于其账面价值的差额作为固定资产减值准备。

固定资产减值准备应按单项资产计提。在资产负债表中，固定资产减值准备应当作为固定资产净值的减项反映。

如果企业的固定资产实质上已经发生了减值，应当计提减值准备。当固定资产存在下列情况之一时，应当按照该项固定资产的账面价值全额计提固定资产减值准备：

（1）长期闲置不用，在可预见的未来不会再使用，且已无转让价值；

（2）由于技术进步等原因，已不可使用；

（3）虽然固定资产尚可使用，但使用后产生大量不合格品；

（4）已遭毁损，以至于不再具有使用价值和转让价值；

（5）其他实质上已经不能再给企业带来经济利益的情况。

已全额计提减值准备的固定资产，不再计提折旧。

《国际会计准则第 36 号——资产减值》规定，在每一个资产负债表日，企业应评估是否存在资产可能已经减值的迹象。如果存在这种迹象，企业应估计资产的可收回金额。在估计资产是否存在减值的迹象时，企业至少应考虑下述迹象：

外部信息来源：

（1）资产的市价在当期大幅下跌，其跌幅大大高于因时间推移或正常使用而预计的下跌；

（2）技术、市场、经济或法律等企业经营环境，或是资产的营销市场，在当期发生或在近期将发生重大变化，对企业产生负面影响；

（3）市场利率或市场的其他投资回报率在当期已经提高，从而很可能影响企业计算资产使用价值时采用的折现率，并大幅度降低资产的可收回金额；

（4）报告企业的净资产账面金额大于其市场资本化金额。

内部信息来源：

（1）有证据表明资产已经陈旧过时或实体损坏。

（2）资产的使用或预计使用方式或程度已在当期发生或在近期将发生重大变化，对企业产生负面影响。这些变化包括计划终止或重组该资产所属的经营业务，或计划在以前的预定日期之前处置该资产。

（3）内部报告提供的证据表明，资产的经济绩效已经或将要比预期的差。

当资产的可收回金额小于其账面价值时，资产的账面价值应减计至可收回金额，减计的价值即为资产减值损失。

我国《企业会计准则——固定资产》规定，固定资产的减值是指固定资产的可收回金额低于其账面价值。可收回金额是指资产的销售净价与预期从该资产的持续使用和使用寿命结束时的处置中形成的现金流量的现值两者之中的较高者。其中销售净价是指资产的销售价格减去处置资产所发生的相关税费后的余额。企业应当于期末对固定资产进行检查，如发现存在下列情况，应当计算固定资产的可收回金额，以确定资产是否已经发生减值：（1）固定资产市价大幅度下跌，其跌幅大大高于因时间推移或正常使用而预计的下跌，并且预计在近期内不可能恢复；（2）企业所处经营环境，如技术、市场、经济或法律环境，或者产品营销市场在当期发生或在近期将发生重大变化，并对企业产生负面影响；（3）同期市场利率等大幅度提高，进而很可能影响企业计算固定资产可收回金额的折现率，并导致固定资产可收回金额大幅度降低；（4）固定资产陈旧过时或发生实体损坏等；（5）固定资产预计使用方式发生重大不利变化，如企业计划终止或重组该资产所属的经营业务、提前处置资产等情形，从而对企业产生负面影响；（6）其他有可能表明资产已发生减值的情况。

如果固定资产的可收回金额低于其账面价值，企业应当按可收回金额低于账面价值的差额计提固定资产减值准备，并计入当期损益。已计提减值准备的固定资产，应当按照该固定资产的账面价值以及尚可使用寿命重新计算确定折旧率和折旧额；如果已计提减值准备的固定资产价值又得以恢复，应当按照固定资产价值恢复后的账面价值，以及尚可使用寿命重新计算确定折旧率和折旧额。因固定资产减值准备而调整固定资产折旧额时，对此前已计提的累计折旧不做调整。如果有迹象表明以前期间据以计提固定资产减值的各种因素发生变化，使得固定资产的可收回金额大于其账面价值，则以前期间已计提的减值损失应当转回，但转回的金额不应超过原已计提的固定资产减值准备。

为核算企业提取的固定资产减值准备，设置"固定资产减值准备"账户。本账户按固定资产项目设置明细账。本账户期末贷记余额，反映企业已提取的固定资产减值准备。企业发生固定资产减值时，借记"营业外支出——计提的固定资产减值准备"科目，贷记本科目；如已计提减值准备的固定资产价值又得以恢复，应在原已提减值准备的范围内转回，借记本科目，贷记"营业外支出——计提的固定资产减值准备"科目。

第十六章　会计信息质量的发展研究

第一节　现代会计质量特征研究的发展

一、会计信息的特征

（一）什么使信息有用

财务报告最重要的目标是为企业决策提供有用信息。美国财务会计准则委员会认为，会计信息必须遵从相关性、可靠性、可比性和一致性。

1. 相关性

为使信息相关，会计信息必须足够重要从而能够影响企业决策。会计信息应当能够证实或更正使用者的预测。而且，无论该信息有多重要，相关的信息必须是及时的。例如，对美国西南航空公司或捷蓝航空公司等航空公司而言，石油价格非常重要。管理者需要根据石油价格制定机票价格。如果公司仅按月报告石油价格，那么该信息便不满足及时相关性。相关会计信息应当能够帮助决策者预测未来。目前，美国证券交易委员会要求公司在会计年度结束 60 日内披露财务信息。

2. 可靠性

当信息可靠时，人们才可以依赖它并能够验证它的真实性。可靠信息是不受报告人约束的客观信息。为使信息可靠，财务报表信息必须如实反映，意在反映的信息。例如，2016 年，融创中国（01918）实现销售金额人民币 1553.1 亿元，此信息必须真实且可验证，否则，就会误导投资者。

3. 可比性

除了相关性与可靠性之外，可比性也是有用信息的重要特征之一。可比性是指一个企业的财务信息能够与相似企业的同类信息进行对比，如对一个公司的净收益与另外一个公司的净收益进行比较。当很多财务报表放在一起时，对审计师来说可比性尤为重要。在 GAAP 下，即使是相同经济业务也存在多种会计处理方法，因此公司必须披露它们所选择的会计方法，这样，受过专业教育的投资者可以据此调整报告金额从而达到两家公司可比的目的。

4.一致性

有用的会计信息必须满足一致性。一致性是一种使公司不同时期的财务状况或经营成果连贯和可比的会计信息质量特征。只有当公司在不同时期均使用同一种会计处理方法时，比较才有意义。例如，Darden Restaurants 截至 2015 年 5 月 25 日当期会计年度收入为 66.3 亿美元，截至 2016 年 5 月 27 日当期会计年度收入为 55.7 亿美元。只有当这两个收入是基于相同会计方法确认时，投资者才能分析收入增加的原因。如果收入增加是完全或部分由于公司更改了收入确认的会计处理方法，那么投资者会因此错误判断公司的真实业绩。财务报表使用者的决策依赖于会计准则规定的一致性要求。

（二）财务报告假设

会计核算的范围和揭示的对象是企业，而非股东。企业财务信息与其他企业或个人财务信息的差异被称为会计主体假设（Separate-entity Assumption）。它是指企业财务报表所提供的信息不包含股东个人或其他企业的财务信息。财务报表中的所有项目都用货币计量。这被称为货币计量假设（Monetary-unit Assumption）。

公司至少每年编制一次财务报表。作为内部使用的财务报表，其编制次数会更加频繁。美国证券交易委员会要求上市公司每季度披露财务报告，这使得报表使用者可以比较公司季度业绩。会计人员以财务报告为目的将企业经营期限划分为有意义的若干会计期间，这被称为会计分期假设（Time-period Assumption）。尽管大多数公司每季度披露财务报告，但只有年度财务报告经过审计。大多数公司以日历年度作为会计年度。

会计人员假设企业在可预见的未来会持续经营，这被称为持续经营假设（Going-concern Assumption）。在该假设下，财务报表才有意义。假设一家公司在可预见的未来要停止经营，那么银行会贷款给它吗？如果一家公司即将面临清算，财务报表上的金额将失去意义。如果一家公司停止经营，财务报表中列报清算价值才是有用的。

（三）财务报告原则

除了上述假设外，财务报告遵循四大基本原则。第一个是历史成本原则（Historical-cost Principle），它是指资产按照购置时公司支付的初始成本予以记录。会计人员使用历史成本计价是因为它的公正性和可验证性使得会计信息更加可靠。然而，一些资产和负债却被重新估值作价并反映在财务报表中。在现实中，会出现资产最初以历史成本记录而后调整为市场价值的情况。市场价值是指在正常情况下，资产在市场中销售所得的金额。虽然历史成本原则是一项基本会计原则，但 GAAP 与 IFRS 日渐放宽了公允价值在企业财务报表中的使用范围。在这里，值得权衡的是，我们是需要可靠性强的信息（历史成本准确且有原始凭证作为依据），还是相关性高的信息（公允价值对投资者来说更加有用，但无支持凭证且不够精确）。

第二个原则是收入确认原则（Revenue-recognition Principle）。GAAP 规定只有当收入实现时才能被确认（Recognized）。收入确认意味着收入应当被记录并反映在利润表中。只有当交易真实发生或交易过程已经完成或实质上完成时才可确认收入。销售中收到现金不是确认收入的必要条件。

费用的确认时间依据因其产生的收入的确认时间而定。只有当该费用所产生的收入被确认时，它才可被确认并反映在利润表中。这是第三个原则，被称为配比原则（Matching Principle）。配比原则是利润表编制的基础。费用与因其所产生的收入进行配比。商品销售成本就是配比原则的体现。仅是已售产品的成本才被确认为费用并记录和反映在利润表中。这笔费用与已实现销售的收入配比。未售产品的成本不是费用，直到它被销售后才能确认为费用。费用是产生销售收入发生的成本。若一项成本已经发生但并未被耗尽，那么直至使用前它将被视为一项资产。

第四个原则是充分披露原则（Full-disclosure Principle）。充分披露原则是指公司必须披露会对财务报表使用者产生影响的任何情形或事项。公司在应用该原则时需要做出诸多判断。

为了更好地理解财务报表所涵盖的信息，财务报表编制和应用仍遵循两个基本限制。这两个限制是 GAAP 规定的对财务会计进行约束或控制的财务报告的基本原则，它们分别是重要性原则与稳健性原则。

重要性是指与公司整个财务状况或经营成果相关的交易或事项的金额大小或重要性，即该事项重要到能够影响投资者决策。例如，对捷蓝航空公司与西南航空公司来说，燃料费、职工薪酬和购买或租赁飞机的成本都是重要事项。相反地，如果事项不足以重要到影响投资者决策，它就会被视为不重要。GAAP 对事项重要与否没有严格的规定。例如，假设 2008 年捷蓝航空公司没有确认客户所购买的价值 350 美元的机票收入，但由于该公司当期所有收入总计为 33.8 亿美元，相比之下该错误与遗漏的金额显得微不足道，因此捷蓝航空公司无须更正会计错误。此项交易即被视为不重要。然而，如果存在诸多类似的错误，那么错误金额的总和可能就非常重要，捷蓝航空就应当深入调查并更正它们。

二、新世纪会计质量特征研究的发展

进入 21 世纪，IASB 与 FASB 合作进行一个联合概念框架的研究项目，目的在于制定一个单一的、完整的、高质量的、内在一致的概念框架，于 2010 年 9 月制定了单一的联合概念框架的第 1 章和第 3 章。FASB 随之发布的财务会计公告第 8 号《财务报告的概念框架》也取代了第 2 号概念公告《会计信息的质量特征》。第 8 号概念公告的第 3 章"有用财务信息的质量特征"，其特点概括为两点。

（一）内容与层次都大为简化，结构更为严谨

第 8 号概念公告第 3 章是用来取代原来的第 2 号概念公告的。对比第 2 号概念公告，除第 2 号公告的背景资料之外，其他删减了 73%。而层次结构也由 7 个层次减为 3 个层次，即基本的质量特征、增进的质量特征和信息约束条件。

基本质量特征指"相关性""重要性""如实反映"；增进质量特征指可比性、可稽核性、及时性与可理解性；成本与效益则是约束条件。

第 8 号概念公告第 3 章突出地说明，有用的财务信息至少具备相关性和如实反映两项基本质量特征，但若再具备可比性等四项增进质量特征，就能进一步提高（"增进"

的含义）财务报告信息的质量。这样，财务信息质量特征就显得更为严谨。

（二）几个概念的改进，使信息质量特征服从于通用财务报告的目标

第 8 号概念公告第 3 章修改了几个重要概念。

一是把过去"会计信息的质量特征"（第 2 号概念公告）修改为"有用财务信息的质量特征而提供对决策有用的财务信息"，就是第 1 章规定的通用财务报告的目标。

二是把主要质量和次要质量（原第 2 号概念公告的层次分类）改为基本质量特征与增进质量特征。

三是把基本的质量特征之一的可靠性（原第 2 号概念公告的提法）改为如实反映（Failhful-representation），使之更符合财务信息的特点。因为信息本来就是客观事物的反映。通用财务报告中的财务信息理应如实地反映一个主体客观存在的经济资源，对资源的要求权和引起两者实际变动的现实交易、事项与情况，只有如实反映，才有可能通过财务信息确切描绘主体的经济现实。

上述三个方面概念的修改，使第 3 章财务信息质量特征更贴近财务报表目标。

对于第 8 号概念公告第 3 章，总体上也是应当肯定的，简化与严谨的统一比第 1 章更为突出，但遗憾的是在附录第 3 章的结论从基础上却明确指出，透明度（Transparency）、高质量（High Quality）、内在一致性（Internal Consistency）、真实与公允观点（Trueand Fair View）或公允表述（Fair Presentation）与可信性（Credibility）都被排斥在第 3 章"有用财务信息的质量特征"之外。总的理由是，这些"用语"（表述）不过是基本信息质量与增进信息质量的不同表述（描绘），有些人建议用另外的标准做出信息质量咨询的决策与 FASB 不同，而 FASB 则认为自己的标准是简化、实用并容易接受的。

不过，任何概念出现并流行，都有它的理由。比如，"高质量"一词，现已是 IASB 制定的国际财务报告准则努力的方向。至于"透明度"或"透明的"信息则多次见于美国 SEC 向国会提交的《关于调到市价会计研究》的重要报告之中。而且，早在美国 2002 年制定的《萨班斯—奥克斯利法案》第四章第 401 节"定期报告中的披露"（C）"特别目的实体的报告研究"（2）中的（E）即用了透明度（Transparency）一词，即说"任何 SEC 关于改进在财务报表中与披露报告资产负债表外交易的透明度与质量，必须由发行人向 SEC 填报"。

高质量（主要是对会计准则的质量要求）与透明度（主要是对财务报告信息的质量要求）这两个概念既然如此广泛流行，准则制定机构应当认可、接受并予以定义，自 2004 年 IASB 与 FASB 联合制定概念框架的项目启动以来，经过 7 年的精心研究、讨论和反复征求意见，其中通用财务报告的目标和财务信息的质量特征两个部分，终于完成了研究的应循程序，取得最终的成果。2010 年 9 月，由 FASB 公布的第 8 号概念公告和由 IASB 公布的 2010 年概念框架就是两份内容趋同（甚至一致）、公布的文献形式不同的成果，作为财务报告概念基础和质量要求的两章框架内容。总体上说，这是有着显著改进和提高的高质量框架文献，是编报企业财务报告基础概念的新篇章。虽然联合概念框架才完成两章，但已能预测到，IASB 和 FASB 的合作确能大大提高国际财务报告准则（IFRS）的质量，从而有可能建立起一个全球有威望的制定会计准则的示范和领导机

构。由于财务会计信息是国际商业语言，会计准则将规范这种商业语言，使之按高质量、透明度的要求被各国广泛接受。概念框架则是会计准则的基础，因而，它能使依据会计准则所编制的财务报告更具有可理解性和可比性，能更好地沟通国际投资、理财等活动，这对促进全球经济复苏和各国经济的紧密合作有着重要的意义。

第二节　会计信息质量对投资效率的影响

一、会计信息对投资效率影响的理论分析框架

根据现有的投资理论，影响投资决策的主要因素归纳起来有四个：投资机会、融资成本、项目选择及预期和识别投资机会。早期的投资理论特别是投资机会，Brainard 和 Tobin 认为，在美元的资本市场假设下，决定投资的唯一因素是投资机会。

此后的研究逐渐放宽了这一假设，认为因资本市场存在的信息不对称导致的逆向选择问题，使企业外部融资成本高于内部融资成本，部分公司面临融资约束，从而产生投资不足，这就形成了融资约束理论。同样，因信息不对称导致的股东与经理人、债权人与股东、小股东与大股东之间的代理问题，使一些对公司而言并非最有利的投资项目被选择，从而产生投资过度或投资不足，出现代理问题和产生代理成本，这就形成了投资的代理理论。另外，早期的投资理论假设投资决策者是完全理性的经济人，他们对预测投资前景和捕获投资机会上有超强的能力。实际上，投资决策者由于能力缺陷和掌握信息的不完全，往往不能正确预期和识别投资机会，从而出现投资不足或盲目投资。鉴于投资机会是客观存在的，不受投资决策的影响，所以，影响投资效率的因素就只有三个：融资成本、项目选择及预期和识别投资机会。

1. 融资成本对投资效率的影响

公司想要将识别出的投资机会变成投资，首先得为其融资。由于资本市场存在缺陷，特别是信息不对称，使得逆向选择问题时有发生，导致企业外部融资成本高于内部融资成本，部分公司面临融资约束。大量的研究成果表明，面临融资约束的公司出于较高的融资成本将放弃净现值为正的投资项目，导致投资不足。

在权益资本市场上，Greenwald（1984）、Myers（1984）及 Myers 和 Majluf（1984）认为，由于逆向选择问题，企业在权益融资过程中的权益融资成本将高于内部融资成本。具体表现是，由于经理人拥有比外部投资者更多关于企业投资项目的信息，因此，只有当企业的股价被高估时，他们才会发行股票进行融资。这将会导致两种结果：一是即使企业有良好的投资机会但缺乏资金时，经理人也不愿意通过发行股票进行融资；二是当外部投资者意识到这一点时，他们会在购买股票时索要一个更高的风险溢价，以弥补其可能遭受的损失。这两方面的结果都会导致企业因面临融资约束而产生投资不足。

在债务市场上也存在类似问题。Jaffee 和 Russell（1976）、Stiglitz 和 Weiss（1981）等人认为，在一个贷款人与借款人信息不对称的债务市场中，由于贷款人对借款人的资

信状况、投资项目风险不甚了解，因此，其只能按市场平均利率给借款人放贷，这将使低风险项目的借款人被挤出市场，从而导致市场的平均风险增加。这时，贷款人又不得不提高放贷利率，随着放贷利率提高，整个借贷市场逐渐趋于萎缩或瓦解，产生"信贷配给"，也就是说，即使借款人愿意以市场利率对投资项目进行债务融资，也无法筹集其所需的全部资金。

2. 项目选择对投资效率的影响

若股东与债权人、股东与经理人、大股东与小股东存在代理冲突，则难以保证正确的投资项目被实施。Stein 认为不正确的项目选择会导致公司过度投资，但也有文献认为公司也可能会投资不足。

（1）股东与债权人代理问题对投资效率的影响

股东与债权人代理问题最早由 Jensen 和 Meckling（1976）提出，主要源于股东与债权人的利益冲突。当企业投资项目成功时，股东得到了除债务本息外的所有收益；但当企业投资项目失败时，股东只承担有限损失（企业的组织形式一般是承担有限责任的公司制），而债权人则承担了项目失败的全部后果。因此，股东有强烈的动机实施高风险的投资项目，并从中获得较多收益，但这却是以债权人的利益损失为代价），但债权人在放贷时预期到这一点时，便会要求一个较高的回报率，导致企业的债务融资成本明显高于内部融资成本。

Myers、Berkovitch 和 Kim 从另外一个角度对债务融资的局限进行了解释，并称之为"债务悬置效应"（debt otverhang effect）。他们着重分析了企业在获得债务融资以后的行为。债权人对投资的回报具有优先请求权这一特征使得企业可能会选择那些虽然净现值为正却不足以支付债务本息的投资项目，因为此时的投资回报将全部归债权人所有。债务悬置效应对企业投资行为的影响可以从两个方面来理解：一方面，由于在选择投资项目时面临的上述限制，所以负债率越高的公司越倾向于投资不足；另一方面，这一效应也可以解释为何许多负债率不高但同时拥有良好投资机会的公司在融资过程中不会首选债务融资。

（2）股东与经理人代理问题对投资效率的影响

在管理者与所有者分离的现代公司组织中，作为管理者的经理人可能从自身利益最大化的动机出发，使其选择的投资项目与股东财富最大化目标并不必然一致，从而产生投资过度或投资不足。经理人的私利动机如下：

第一，建立和维持企业帝国。

由于经理人的薪酬、权利、地位、特权等都与企业规模成正比，因此，经理人有强烈的偏好扩大企业规模，构建自己的企业帝国。Donaldson 和 Slone（1984）等人的研究表明，在假设经理人能够通过增加资本控制权获得个人收益的条件下，经理人确实有企业帝国建造的倾向，导致过度投资。但 Stein（2003）的研究却表明，经理人的这一偏好并不必然导致过度投资，也可能导致投资不足。Shleifer 和 Vishny（1989）则从企业帝国的维持角度解释了经理人倾向于投资那些净现值为负但能增加其自身人力资本价值的项目，因为这样的项目能够提高自己的技能，降低被解职的风险。

第二，维持和提高职业声誉。

经理人出于维持和提高自己职业声誉的考虑，会利用投资提升其在劳动力市场的价值，从而导致其在投资上的短期机会主义行为和羊群行为。Narayanan（1985）、Bebchuk 和 Stole（1993）的研究表明，经理人为了维持和提高自己的职业声誉，在进行投资决策时会做出短期对自己有利但有损企业价值的短期机会主义行为。Tmeman（1986）则从羊群效应的角度，论证了无论是拥有高质量投资机会的企业还是低质量企业为了自己的职业"脸面"都将过度投资。

第三，享受舒适宁静的生活。

当得不到有效激励时，经理人会倾向于维持一种"宁静的生活"（Quiet Life），从而缺乏改变公司现状的积极性，这种"懒惰"会对投资产生两方面的影响：一是当面临是否关闭现有业绩糟糕的投资项目时，经理人可能嫌麻烦而不愿关闭，导致过度投资；二是当面临是否新上项目决策时又可能导致投资不足。Bloom 和 Reenen（2007）以问卷调查的形式进一步验证了这一假说。Aggarwal 和 Samwich（2006）也论证了经理人的"懒惰"是投资不足的原因之一。

第四，壕堑效应。

Shleifer 和 Vishny（1989）的研究表明，经理人出于自身保护的目的，往往会偏好投资于自己比较熟悉但未必会增进股东价值的领域，即产生专用性投资。

这样做的结果表现在两方面：一是这些投资决策一旦做出，替换经理人的代价就比较高昂；二是不具备相关知识的外来人很难了解投资项目的运行情况，致使投资项目运行的透明度下降，接管经理人就变得更加困难。这些专用性投资虽然损害了股东价值，却巩固了经理人的地位，产生"壕堑效应"（entrenchment）。

另外，若预期经理人将浪费资金时，投资者将提高融资成本。这属于投资者与经理人代理问题导致的融资成本的提高影响投资效率的情况。总之，由于经理人和股东之间的代理问题既影响了投资项目的选择，也可能增加融资成本，从而都会降低投资效率。

（3）大股东与小股东代理问题对投资效率的影响

尽管 BeHe 和 Means（1932）认为股权高度分散是现代公司的特征之一，但最近的研究文献表明除美国和英国等少数几个国家外，世界上大部分国家的公司股权不是分散而是相当集中的。特别是在新兴市场中，所有权集中度比成熟市场更高。大股东特别是控股股东的出现给公司治理带来了新的代理问题，即大股东与小股东代理问题。大股东利用自己的控制权，侵害小股东的利益，干预公司的投资项目选择，掠夺企业的投资机会而使企业投资不足，或者迫使企业投资于净现值为负，却有利于大股东的投资项目而使企业投资过度。在新兴市场上，由于保护小股东的相关制度体系不健全，这类代理问题影响投资效率的程度就显得尤为严重。

3. 预期和识别投资机会对投资效率的影响

早期的投资理论假设投资决策者是完全理性的经济人，他们对预测投资前景、捕获投资机会、预计投资风险和收益上有着超强的能力，在如此的假设条件下，企业的投资才完全取决于投资机会的多寡。实际上，投资决策者对投资环境的计算能力和认识能力是有限的，不可能无所不知，加上投资决策者掌握和处理信息能力的缺陷，使得他们投资决策能力较差，时常不能够正确地预期投资前景和敏锐地识别到投资机会，从而导致投资不足或盲目投资。

二、会计信息对投资效率的影响

（一）会计信息对投资效率的影响：解决逆向选择问题

无论在权益资本市场上还是债务市场上，高质量的会计信息都能有效地减少信息不对称，解决逆向选择问题，降低融资成本。特别对那些受融资约束的公司而言，会计信息能够缓解融资约束，减少投资不足。

1. 会计信息在权益资本市场上的治理作用

第一，在权益资本市场上，高质量的会计信息能够提高公司的透明度、增强权益证券的流动性、缓解逆向选择问题、减少权益融资成本、改进投资不足。高质量的会计信息及信息披露，能够减少投资者与公司之间的信息不对称，增加了企业透明度。Diamond 和 Verrecchia 认为，增加高质量会计信息的公开披露能够缓解信息不对称，提高股票流动性，吸引投资者对股票的需求，促进股价的提升，降低股票融资成本。

第二，高质量会计信息能够降低权益投资者估计权益证券预期收益的风险水平，使得其索要的回报率降低，从而降低了权益融资成本。高质量的会计信息向投资者传递了公司真实的经营情况，减少了公司经营的不确定性，降低了投资者的主观预测风险，从而减少了投资者要求的回报率，降低了外部融资成本。

第三，高质量会计信息能够降低权益投资者的信息风险，减少逆向选择问题，缓解融资约束。会计信息作为投资决策最重要、最可靠的信息来源，既能够增强权益投资者获取信息的容量和能力，也能够甄别其他信息的真实性，保证交易信息的安全。在规章制度不健全的新兴资本市场（或信息披露环境较差的权益市场）中，会计信息相比其他来源的信息而言，无论从量还是从质上，都显得尤为重要。另外，Stubben（2010）认为，对于那些信息披露质量不高的小公司，会计信息可能是唯一可以"信赖"的信息源。

2. 会计信息在债务市场上的治理作用

会计信息对债权人评价公司资信状况、缓解借贷双方信息不对称、解决债务市场上的逆向选择问题、降低企业融资成本等问题都发挥着重要作用。特别对那些受融资约束的公司而言，高质量的会计信息能够缓解或消除融资约束，减少投资不足。债务融资成本从广义的角度分有两种类型：显性成本和隐性成本。显性成本指偿付的利息和交易费用，隐性成本指债权人因信息不对称索要的风险溢价。借贷双方信息不对称越严重，隐性成本就越高。

会计信息的披露作为提高融资公司透明度、缓解借贷双方信息不对称的重要机制，随着其质量的不断提高，对于缓解或消除融资约束、提高投资效率发挥着举足轻重的作用。Sengupta（1998）以美国上市公司为样本，从实证的角度证实了会计信息（披露）质量与债务融资成本间的负相关关系。这些证据反映出会计信息质量会影响融资成本，从而最终影响投资效率。

（二）会计信息对投资效率的影响：治理代理问题

高质量的会计信息能够监督和约束公司经理人的私利行为，减少其偏离所有者目标的"意愿"，减少代理问题，抑制投资过度。

1. 会计信息的监督和激励作用

会计信息是股东监督经理人的重要信息来源，是债权人监控借款人必不可少的依据，也是监管机构监管股票市场，特别是监管大股东行为、保护中小投资者的重要信息。因此，如果会计信息减少了代理问题，它将有助于提高股东监督经理人、债权人监控经理人及中小股东监督大股东的能力，从而能够增进项目选择的效率和效果（或降低融资成本），提高投资效率。

另外，会计信息常被用来作为薪酬契约的衡量标准和基础，高质量的会计信息能够有效地激励公司经理人选择的"合规"投资项目，减少其偏离所有者目标的"意愿"，减少代理问题，抑制投资过度。

2. 会计信息的契约完善作用

依据契约理论，企业的本质是一个"契约联合体"，也就是说，企业是利益相关者的显性契约与隐性契约的复合体。由于未来的不确定性和缔约人的有限理性、信息的非对称、（缔约）成本限制以及第三方难以证实性，现实中的契约无法准确描述与交易有关的所有未来可能出现的状态以及每种状态下的缔约各方的权利和责任，使契约成为留有"漏洞"的不完备契约。会计信息特别是高质量会计信息的存在，能够减轻债权人与公司的债务契约、股东与经理人的薪酬契约及大股东与中小股东的各种隐性契约的不完备程度，使契约的缔结和执行成本更小，更能够约束契约缔结方的投资行为，从而达到缓解代理问题、提高投资效率的目的。

3. 会计信息的控制权优化作用

企业控制权的归属决定了企业的投资政策和投资方向，而企业控制权的确定与会计信息有着紧密的联系。会计信息影响着控制权在各个区间的配置边界，是利益相关者进行谈判和均衡利益的基础。会计信息质量越高越能清晰地界定控制权的边界，使剩余索取权和控制权相匹配。当高质量会计信息发生变动时，预期自身产权权益将遭受损害的利益相关者就会联合起来，通过内部机制（如内部谈判、罢工等）或外部机制（如经理人市场、并购市场等），相继取得公司控制权、控制公司的投资决策权，防止通过投资的方式来侵占其利益。DeAngelo 也发现会计信息在代理权争夺中起到的重要作用。由此可见，会计信息能够优化公司控制权的配置，均衡利益相关者的利益，降低代理成本，规范投资行为，提高投资效率。

（三）会计信息对投资效率的影响：增强投资决策能力

对投资机会的识别和对投资风险的估计是投资决策的关键，但是，由于投资决策者对投资环境的计算能力和认知能力是有限的，加之获取和处理信息能力的缺陷，使得他们的投资决策能力较差，往往不能够敏锐地识别投资机会和可靠地估计投资风险，导致盲目投资和投资不足。会计信息作为投资决策必不可少的信息来源，能够提供与投资项目预期前景、成长性、预计现金流量及波动等相关信息，对于识别投资机会和估计投资风险，起着其他信息源不可替代的作用。因此，高质量的会计信息有助于提高投资决策者预期和识别投资机会的能力，从而抑制盲目投资和减少投资不足，提高投资效率。

Mc Nichols 和 Stubben 的研究表明，高效的投资决策依赖于对未来投资收益的精准预期，而对项目的成长性和项目产品需求的估计又决定着对投资收益的预期，也就是说，高质量的会计信息既有助于投资决策者对未来形成更精准的预期，也有助于识别更好的投资机会，因此，即使没有逆向选择问题和代理问题，会计信息也有助于提高投资效率。

第三节　内部控制对会计信息质量的影响

内部控制对会计信息质量起到制约、辅助的作用，其所具有的特质功能为会计信息质量提供了保障。内部控制的制约作用具体体现在两方面：第一，内部控制通过对会计记录进行分析总结能及时有效地发现其存在的质量问题。第二，内部控制对会计信息质量的监管是在满足合理合法的条件下进行的。这就使得会计核算过程在监督下完成，同时也将会计信息结果及时地反馈给使用者。内部控制对会计信息质量的辅助作用具体体现在内部控制致力于形成良好的控制环境，为会计信息质量的发展提供相对稳定的内部控制环境。内控环境、内部控制、会计信息质量三者间为顺承关系，内控环境影响内部控制的有效性，内部控制影响财务报告的目标性和方向性。这就对会计信息质量造成影响。内部控制和会计制度是会计信息质量的考核标准，同时也是对会计信息质量的保障，而会计信息质量则是以文字形式对内部控制成效的书面反馈。

一、企业内部控制环境要素对会计信息质量现状的影响

（一）公司治理结构不完善，影响会计信息质量

1. 国有股股权主体缺位

国内很多国企的改革，使得当前许多上市公司的股权结构主要以国有股为主。对国有资产的管理，其所有者表现为国家。但我国缺乏真正能保持和提高国有资产价值的专职部门，一旦企业涉及利益问题时，行政主管部门、地方政府和原国有资产管理局等机构都自称是国有股份的代表，但要对国有企业监督和决议时，又没有机构出面，这就出现了国有资产的所有者缺位，即国有股股权主体缺位。

这种国有股股权主体的缺位现象很容易导致企业缺乏对经营者的监督，企业利润效率不高，使得公司所有者对其缺乏真正意义的监督和约束作用，造成国有股股权主体实质上"虚置"问题，进而弱化了股东对经理人的约束，形成"内部人控制"现象，即经营者实际控制着企业。由于企业的经营管理者掌握着企业的会计信息系统，他们为了一己私利，可能会操纵会计信息资料，形成虚假的会计信息，欺骗会计信息使用者。

2. 股权过于集中

我国大多企业股权结构不够合理，过于集中，我国这种不合理的股权结构主要体现在国有企业国有股所占比例过高，个人股所占比例过低；在民营性质的企业或上市公司中，股权主要掌握在企业创始人等少数人手中，"一股独大"的现象非常严重，他们实际控制着企业。股权过于集中，可能会降低会计信息质量，具体体现在公司的控股母公司对其会计信息的操纵，控股母公司有权对会计政策进行选择，这很容易使其对上市公司的利润进行操纵，具体表现为公司的大股东占用上市公司的资金、担保和互保等。比如，一个经典的案例就是"ST"猴王，一个良好的上市公司就是由于这个原因而濒临破产的。在会计信息披露之前，投资者不知道公司出现的问题；等到信息披露之后，才知道公司存在财务欺诈，但是要想更正，却为时已晚。可见，股权过于集中的企业不利于会计信息质量的提高。

3. "内部人控制"现象严重

"内部人控制"是指由于两权分离（经营者和所有者的不同利益）所导致的经营者实际控制着公司的现象。在我国许多企业中，虽然设置了董事会、监事会，但董事、监事基本上是形同虚设，好多企业董事会独立性不高，对管理层的监督约束不够，董事会实质上掌握在公司内部人手中。这使它在企业中已成了一个不起什么作用的机构，不能代表自己的独立意见，管理者实际控制着公司的运作中心，掌握着企业的会计信息系统。当其利益与集体利益不一致时，管理者可能会为了维护个人利益或其小众利益而破坏集体利益，对会计资料进行伪造、篡改，美化财务报表，以掩饰其不合法利益的存在。

（二）内部机构改置与权责分配不合理，降低会计信息质量

目前，企业内部机制不科学、权利和责任分配不合理也会对会计信息质量产生一定影响。集权或分权把握不当以及企业组织层次过多不利于会计信息的流通。在一些过度集中管理的企业中，由于企业功能的失衡分布，较低层的人员只能被动地接受上级命令，而不是根据市场的具体情况发挥其作用。体现在财务上就是：管理层领导为了一己私利而指使下级会计人员修饰会计信息，同时下级会计人员为了保住饭碗而被动地接受命令伪造会计信息。在一些管理过度分权的企业，下层滥用权力，处于失控状态。反映在财务上就是：企业管理过度分权，下级会计人员权力过大，他们可能会为了个人利益，在不经过上级批准的情况下而私自对会计信息进行操纵，导致会计信息质量低下。

有些企业机构设置层次过多，上下沟通渠道不畅。其对会计信息的影响主要体现在：

1. 由于企业任何一个等级层次上的管理者都可能会为了利益去伪造会计信息，这样下去会计信息流通速度就会变慢，失真现象的可能性就会加大。

2. 由于组织机构臃肿，管理层次多，会计舞弊被发现的可能性就低；再加上其造假的成本较低，这就使企业很容易发生会计信息失真现象。

权责分配不当也会降低会计信息质量。比如，一些企业在权责分配的严格规定上缺乏书面说明，致使企业内部上下管理失衡，容易使会计人员不严格规范自己的本职工作，对信息产生的过程不够重视，容易导致会计工作出错，酿成不可挽回的后果。还有一些岗位没有做到不相容岗位的分离，使得许多会计职务交叉，会计工作难以得到保证。

（三）内部审计机构监督不力，不利于会计信息质量的提高

内部审计的有效性与人员的资格权限和资源利用紧密相关，其职能是为了防止财务舞弊。但是目前我国很多企业未能做到这一点，其内部审计作用没有有效发挥，不能对会计信息起到监督作用，具体有以下两个方面表现：

1. 一些公司领导不够重视内部审计或思想存在误区，不设置内部审计机构，从而导致内部审计缺乏，难以对财务报表起到监督作用，使得财务舞弊现象频发。

2. 有些公司虽设立了内审部门，但其专业人员普遍缺乏，不能正确判断会计信息的相关性与可靠性，其评价监督作用形同虚设，或内审部门实际上与财务部门重合，内审部门名存实亡，不能对企业的控制活动起到评价作用。这两种原因都可能导致会计信息质量低下。在"五粮液集团"财务造假案中，内部审计部门对于主营业务收入10亿元的差错没有及时更正，对外投资损失没有及时披露的行为竟毫无察觉。这表明公司的内控设计存在缺陷，而对其负有监督责任的内部审计部门却毫无察觉，由此可知该公司会计信息质量低下的原因之一就是内部审计监督不力。

（四）不科学的人力资源政策，催生会计信息失真

现代企业制度中，企业的发展离不开人的"软控制"作用，人才素质的高低会影响财务人员的行为能力，容易导致会计信息失真。人才素质的低下可以归结为人力资源管理的不完善、不够科学。反映到财务管理者及其会计人员上，具体体现在以下两方面：

第一，管理人员任命的行政干预，会使得人力资源市场缺乏外部竞争机制。管理者的自我激励和压力相对较小，专享权利而不承担责任，导致管理当局整体素质偏低，缺乏法治观念和道德理念．这样就为其贪污公款、伪造会计报表提供了方便。

第二，财务人员的薪酬、考核、晋升与奖惩制度不完善，会滋生会计造假的氛围。企业会计员工如果经常在薪酬、晋升等方面感觉低于自己的付出时，就会产生职业怠倦，没有进取心和责任感，从而竞争意识薄弱，这样就容易在日常的会计工作中频繁出错，最终导致会计信息严重失真。还有就是会计人员可能不满足自己当前的薪酬所得，就会为了追求高利润而进行会计造假，影响信息质量。这说明，企业应当优化人力资源政策，完善企业关于财务人员的薪酬、考核、晋升与奖惩制度，提高员工的职业道德素质，增强工作责任心。

（五）企业文化建设不到位，滋生会计信息失真氛围

在目前的企业管理中，虽然很多企业积极塑造优秀的企业文化，但是，在塑造过程中出现了认识上的一些误区，影响到会计信息质量的发展，从而对会计信息使用者的经济决策产生了误导。原因主要体现在以下两点：

第一，企业文化建设只注重形式，脱离了企业的经营管理。一些企业在建设企业文化时，不注重企业文化的内涵，只是做一些美化公司环境、在走廊上贴一些措辞有力的口号的表面功夫，这种理解只是建设企业文化过程中微小的一部分；甚至还有些企业领导片面地认为，企业文化与企业管理关系不大，仅是一味地塑造企业精神，其实这种理解也是不全面的。因为企业管理者在管理企业时，会遵循一定的道德标准、学习一些管

理哲学思想，这些标准和思想都归属于企业文化，这就说明企业文化和企业管理是紧密相连、不可分割的。

第二，还有人认为领导倡导的文化就是"企业文化"。有些企业领导以"利润文化"作为企业的文化，一切向利润看齐，缺乏诚信，授意会计人员做假账，不管他们所倡导的理念、精神、价值观等文化因素，员工对文化没有自主选择权。这种管理风格将严重影响企业的健康发展，不能对企业员工起到良好的导向作用。

这种对企业文化的错误理解会严重影响会计信息质量。管理人员对企业文化的错误认识，不会创造一个良好的企业文化氛围，他们往往不注重提升自己的综合素质，致使企业呈现一种不健康的状态。投射到企业财务方面，就会使企业上下级之间沟通不到位，信息反馈渠道不畅，容易造成会计人员对上级人员的误解，进而出现会计人员舞弊。一味以"利润文化"作为企业文化的企业，财务人员可能会形成一种只向利润看齐的思想，在这种思想的控制下，会使其丧失诚信意识，从而表现在会计报表中。

（六）法治教育的缺失导致会计信息质量的低下

良好的法治教育是企业持续健康发展的重要保证，但目前许多企业对法治教育不够重视，缺乏正规化与标准化，教育内容缺乏多样性与实践性，教育者素质偏低。主要反映在以下方面：（1）思想认识有偏差，经常性教育不足。有些企业对于法治教育工作具有错误认识，认为对员工进行严格管理就能够做到不出错，还有些企业认为基层视察只是走马观花，不善于认识法治教育中出现的深层次问题。（2）企业管理者和员工的学历比较低，法律知识比较匮乏，使得法治教育难度加大。（3）企业的教育形式比较传统单一，缺乏多样性和创新性。这类企业对法律教育的缺陷，将影响企业内部控制环境建设，从财务会计角度来讲也会使会计信息质量低下。

法治教育的缺乏对会计信息质量的影响有以下表现：很多企业管理者缺乏足够的法律意识和法治观念，为了突出企业业绩或满足个人利益，对会计人员进行"利润文化"的灌输，不顾国家的法律威严，指使会计人员进行财务作假，粉饰财务报表，用虚假的业绩来占领市场，吸引投资者；同时，企业会计人员为了达到某种私人目的，经常违反法律法规去粉饰会计报表。

二、完善内部控制，提高会计信息质量的针对性意见

（一）构建稳定的内部控制环境

内部控制在企业管理者的认同下才能更好地将内部控制和运营管理有机结合在一起，从而形成良好的内部控制环境，进而才能有效地杜绝滥用职权、徇私舞弊现象的发生。企业管理者对内部控制的认识度并不是很高，内部控制在企业中所占的地位较低，企业的内部控制环境没有得到有效的治理和维护。

当下大多数企业的所有权和经营权处于分离的状态，加之企业内部的组织结构缺乏合理性调整，无形中加剧了内部控制环境中的权力矛盾，权力分散削弱了内部审计的核心力量，将内部审计发展与企业生产经营发展进行拆分，内部控制功能受限，不能发挥

其职能作用，内部控制体系被间接分解。虽然我国《会计法》规定，企业管理层要相应承担《会计法》的法律责任，但由于责任制度没有落实到个人，为其逃避法律追究提供了可能。

因此完善内部控制规定，明令企业落实责任制，要求企业共同执行内部控制要求，从根本上推动中国企业内部控制机制的发展，促进良好的内控环境形成，就变得尤为重要。

（二）免除内部控制的风险评估体系

在市场竞争激烈的当下，加快企业市场占有率势在必行，同时企业的内部控制风险评估机制同样要跟上发展的脚步，建立科学完善的内部控制评价指标体系成为提高会计信息质量的途径之一，有效地杜绝了会计失真和账目虚假的问题。风险评估体系的完善能及时预警可能存在的财务风险，对影响财务状况的风险指标进行分析评估，通过内部控制的有效手段规避财务风险。

现代企业财务风险具体分为已知风险、可预知风险、不可预知风险三类，因此如何发现潜在风险并进行预警，如何针对可能发生的风险做出相应预案，如何在财务风险发生时进行风险嫁接合理规避风险，成为要思索的必由之路，企业自身要形成风险防范意识，在风险评估体系上投入人力、物力，对发生的商业风险案例进行总结，将经验应用于现有的财务风险体系并作用于企业的生产经营中。

（三）形成科学系统的内部会计控制体系

为了完善控制活动，实现控制结果的预期，职责划分、实物控制、业绩评价等作为控制风险活动中必不可少的辅助手段，极大地避免了会计信息失真、财务信息作假现象的发生。因此为完善控制活动，形成科学系统的内部会计体系，企业内部要落实个人责任制，在职责划分的问题上做到分工明确，促进形成各部门、各岗位相互沟通合作、相互制约、各司其职的良好局面。另外，在满足内部会计控制规范的前提下，授权批准控制及不相容职务分离的措施。以"内部牵制"作为不相容职务分离的提出依据，因此单位在设计、建立内控制度时，首先应确定哪些岗位是不相容的；其次是明确规定各个机构和岗位的职责权限，使不相容岗位和职务之间能够相互监督、相互制约，形成有效的制衡机制。对于授权批准控制的措施，企业应明确办理从而极大地杜绝滥用职权、徇私舞弊现象的发生；最后满足各部门之间相互控制的要求，建立部门上下级之间彼此监督、互相牵制的科学系统的内部控制体系。

（四）升级改良现有的信息沟通系统

企业的信息沟通系统对企业的正常运营工作而言起到统筹全局的作用，企业的内部控制效果信息与沟通可以称为整个内部控制的生命线。企业的信息沟通系统作为企业管理者和员工间的中间载体，发挥着重要的作用。对管理者而言，企业的信息沟通系统有利于及时传达上层决策；对员工而言，企业的信息沟通是员工向领导反馈企业运行过程中存在问题的有效途径，有助于企业的管理者及时地发现问题并提出解决办法，保障企业的正常运营。首先，信息沟通的时效性和准确性为管理层在重大生产经营决策问题上提供了参考依据，在一定程度上避免了决策上的失误。其次，高效率的信息沟通系统有助于企业所有者及时了解掌握企业阶段性的运营状况,提供准确、真实、权威的会计信息。另外,企业自身可以丰富现有的沟通方式,拓宽沟通渠道,实现信息沟通传输的多样化,保证黄金信息的有效传达,使得企业能把握市场走向,及时调整产业结构,满足市场需求,实现利润最大化的目标。因此企业的信息沟通是控制执行效果中不可或缺的重要环节。

(五)健全现有的监控体系

随着经济的发展,企业间的市场竞争愈演愈烈,拓展市场、提高市场占有率,成为企业发展的主要目标。企业侧重经济利益的增长,对可能存在的市场风险和财务风险没有足够的重视,从而为企业发展埋下了安全隐患。健全当下监控体系主要从两个方面入手:第一,充分调动企业监事会的工作职能。企业对财务信息的监控是以监事会和内部审计监控为主的监控体系。首先,监事会通过对企业的业务、财务和其他会计的监控资料,并将内部审查结果及时反馈给股东大会,制止损害公司利益的行为发生。其次,监事会对企业内部的财务薄弱环节较为了解,能针对可能出现的财务风险对症下药。因此,相对健全的监事会不仅能极大地减少管理当局的会计失真和账目作假现象,而且能与企业内部的风险防御机制进行互补,保证企业的财务安全,提高资金利用率。第二,企业要发挥内部审计部门的重要作用。内部审计部门的职责是在所有权和经营权分离的背景下,辅助企业董事会对管理层的任务履行情况和工作进度进行报告和反馈,督促企业管理层履行责任并对其进行监督和制约,防止滥用、背离公司盈利目标的不良事件的发生。因此重视企业内部审计机制的发展和应用,保证内部审计的独立性和权威性,从而实现审计结果立足于可靠真实的企业财务资料,督促企业资产运用率的提高。企业监事会和内部审计的发展促进了会计信息质量的提高,提高了经营效率,有助于提高会计信息质量。

第四节　我国的会计信息质量要求

20 世纪 90 年代以前,我国会计界并没有将会计信息质量特征作为专门的研究对象来研究,只是在有关的会计制度中,对编制财务会计报表规定了基本要求:数字真实,即必须以账户记录为依据;内容可靠,即不得臆造数据;项目齐全,即所有报表项目均需要列完整;编报及时,即月报、季报与年报必须在规定期限内报出,不得延误。

在我国,与会计信息质量特征类似的概念是会计原则。

1992 年我国颁布的《企业会计准则》中,并没有明确提出"会计信息质量特征"等名词,但是规定了 12 条会计核算原则,其中有 7 条是针对财务报表所提供的会计信息提出的质量要求,即可靠性、相关性、可比性、一致性、及时性、明晰性和重要性。其中虽未明确提出会计目标和信息质量特征的说法,但通过对其具体内容的分析,也不难发现与会计目标和信息质量特征相似的内容。如表 16-1 所示。

表16-1　会计目标及信息质量特征

会计目标	会计信息质量特征
会计信息应当符合国家宏观经济的要求，满足有关各方面了解企业财务状况和经营成果的需要，满足企业加强内部经济管理的需要	可靠性、相关性
	可比性、一致性
	及时性、可理解性
	谨慎性、完整性
	重要性

具体会计准则实施以后，对会计信息的要求又有所增加，在2001年开始实施的《企业会计制度》中又新增一条"实质重于形式原则"。从表述上看，这些会计原则都是针对企业会计核算提出的一般要求，实质上也是对会计报表质量的要求。

真正体现我国会计信息质量特征的是财政部2006年颁布的《企业会计准则——基本准则》，对以前的基本准则进行了修订后，在新的基本准则中取消了会计原则的提法。其中的第二章《会计信息质量要求》中规定了如下八条具体要求：

（1）可靠性：企业应当以实际发生的交易或者事项为依据进行会计确认、计量和报告，如实反映符合确认和计量要求的各项会计要素及其他相关信息，保证会计信息真实可靠、内容完整。

（2）相关性：企业提供的会计信息应当与财务会计报告使用者的经济决策需要相关，有助于财务会计报告使用者对企业过去、现在或者未来的情况做出评价或者预测。

（3）可理解性：企业提供的会计信息应当清晰明了，便于财务会计报告使用者理解和使用。

（4）可比性：企业提供的会计信息应当具有可比性，包括一致性。同一企业不同时期发生的相同或者相似的交易或者事项，应当采用一致的会计政策，不得随意变更。确需变更的，应当在附注中说明。不同企业发生的相同或者相似的交易或者事项，应当采用规定的会计政策，确保会计信息口径一致、相互可比。

（5）实质重于形式：企业应当按照交易或者事项的经济实质进行会计确认、计量和报告，不应仅以交易或者事项的法律形式为依据。

（6）重要性：企业提供的会计信息应当反映与企业财务状况、经营成果和现金流量等有关的所有重要交易或者事项。

（7）谨慎性：企业对交易或者事项进行会计确认、计量和报告应当保持应有的谨慎，不应高估资产或者收益、低估负债或者费用。

（8）及时性：企业对于已经发生的交易或者事项，应当及时进行会计确认、计量和报告，不得提前或者延后。

从这些要求或原则的内容上看，与国外的会计信息质量特征有很多相似之处，实质上就是我国的会计信息质量特征。只是与国外相比，没有划分层次，没有指出哪些是主要质量要求、哪些是次要质量要求，内涵不深刻，这就在一定程度上影响了会计信息的决策有用性。形成这一局面的原因主要是我国目前市场经济相对落后，资本市场不太发达、会计理论研究缺乏深度，以及会计信息使用者对信息质量要求不高。

在以后一段时间内，我国应借鉴美国等发达国家思路，在构建我国会计信息质量特征时以会计目标的实现为最终目的、以会计实践的可操作性为约束条件。我国会计信息的质量特征主要是公允性和可靠性，其中，公允性包括真实性和中立性，可靠性包括如实反映和可验证性。此外，可比性和及时性应作为理解信息和使用信息的次要特征。

公允性就是要求财务报表提供的信息能公平、公允地反映委托、受托双方的经济利益关系。在我国，会计信息还被认为具有利益协调或参与分配的作用。公允性是利益协调和分配所必须持有的基本立场；真实性要求财务报表信息真实地反映企业的经济现实，针对我国目前会计信息失真严重的实际情况，强调真实性，有利于维护委托方与受托方的经济利益，特别是有利于维护国家这一委托人的经济利益。如果物价变动剧烈，对经济活动造成较大影响，真实性还要求采用适当的物价变动会计模式，来消除财务报表信息的非真实性。中立性，就是不偏不倚地要求财务报表的提供者在具体加工、生成财务报表信息的过程中，不应偏袒任何一方的利益，财务报告的目的是为具有多种不同利益的信息使用者服务，没有一个预定的结果能符合所有使用者的所有利益，尽管会计人员提供信息时不可避免地会受到一些人为的干扰，但中立性要求企业决不能根据某一个或一类使用者的利益，预先确定了所期望的结果，再去选择信息来得到结果。

我国现阶段的会计信息在相关性和可靠性方面还存在着很多问题，从目前我国法律法规的角度来看，我国会计信息的相关性和可靠性是兼顾的。新会计准则对信息有用性有着较为明确的要求："企业应当编制财务会计报告（又称财务报告）。"财务会计报告的目标是向财务会计报告使用者提供与企业财务状况、经营成果和现金流量等有关的会计信息，反映企业管理层受托责任履行情况，有助于财务会计报告使用者做出经济决策。

但是，在我国企业经济决策不是主要依据会计信息的情况下，或者说信息使用者对会计信息的相关性要求并不很高时，会计信息的可靠性问题尤为突出。我国会计信息的可靠性一直是衡量会计信息质量的最重要标准，而多年来的会计信息失真问题总是困扰着各方面的信息使用者，与美国在信息可靠性问题大体已获得解决前提下更关注相关性有很大不同。因此，目前我国应主要强调会计信息的可靠性，在可靠的基础上再讨论相关性。随着我国资本市场的不断完善，会计改革及其国际趋同的不断加快以及信息使用者对会计信息理解能力的增强，我国会计信息的质量特征会日趋完善。

参考文献

[1] 张毓 . 管理会计在提高企业绩效中的应用研究 [J]. 中国市场，2023，（35）：103-106.

[2] 伍芳芳 . "互联网 +" 经济背景下的企业会计优化路径探讨 [J]. 老字号品牌营销，2023，（22）：125-127.

[3] 杜沛阳 . 企业生产经营中应用高级会计理论的探讨 [J]. 商讯，2023，（21）：17-20.

[4] 许金叶，胡玉明 . 引领企业经济复苏之宏观经济政策方向：基于管理会计理论的解读 [J]. 财会月刊，2023，44（19）：18-23.

[5] 李小华 . 高级会计理论在企业生产经营中的应用及优势分析 [J]. 中国企业，2023，（9）：123-125.

[6] 张兆全 . 基于事项会计理论的航空公司会计信息系统建设构想 [J]. 交通财会，2023，（7）：39-47.

[7] 卿静，陈晓谛 . 核算标准化在烟草商业企业的实践应用探究：基于事项会计理论 [J]. 国际商务财会，2023，（11）：38-42.

[8] 孙秀英 . 企业生产经营中高级会计理论运用 [J]. 环渤海经济瞭望，2023，（4）：159-161.

[9] 崔丽芳，郝航 . "互联网 +" 对企业会计核算的影响研究 [J]. 中国市场，2023，（9）：154-156.

[10] 鲁海英 . 基于绿色会计理念的环保财务评价体系构建 [J]. 中外企业文化，2023，（3）：61-63.

[11] 姚艳松 . 高级会计理论在企业生产经营中的应用 [J]. 质量与市场，2023，（6）：61-63.

[12] 张海晏，聂静宜 . 企业可持续发展视角下管理会计应用探析 [J]. 全国流通经济，2022，（33）：165-168.

[13] 韩雪 . 基于价值管理的企业管理会计理论与方法研究 [J]. 中国管理信息化，2022，25（19）：4-7.

[14] 李思锦，薛瑾 . 基于企业经营环境变化的管理会计创新应用研究：评《管理会计理论与实务（第三版）》[J]. 中国油脂，2022，47（7）：158.

[15] 张立婧 . 企业成本会计理论发展探究 [J]. 商场现代化，2022，（7）：184-186.

[16] 堵媛媛.基于价值管理的企业管理会计理论与方法研究 [J].科技经济市场，2022，（4）：109-111.

[17] 刘冬梅.企业生产经营中高级会计理论的应用 [J].财会学习，2022，（5）：76-78.

[18] 李春芳.基于企业人本经济发展观的管理会计理论体系与计量方法创新探讨 [J].产业创新研究，2022，（3）：120-122.

[19] 牛永有.企业管理会计下预算管理体系的构建——评《管理会计理论与实务研究》[J].商业经济研究，2021，（23）：2.

[20] 刘琨.战略管理会计与企业创新决策 [M].厦门：厦门大学出版社，2021.

[21] 王奕欢.成本管理在企业经济结构调整中的战略决策：评《成本管理会计理论与实践》[J].热带作物学报，2021，42（11）.

[22] 丁胜红.企业人本资本会计理论创新研究 [M].南京大学出版社，2021.

[23] 冯巧根.中国管理会计 [M].南京：南京大学出版社，2019.

[24] 陈英.基于管理防御视角下的管理者会计政策选择的研究 [D].西安：西安理工大学，2017.

[25] 黄文翠，梁水玲，吴婷.企业会计理论与实务 [M].北京：人民邮电出版社，2017.

[26] 乔春华.高校管理会计研究 [M].南京：南京东南大学出版社，2015.

[27] 杨西平，秦国华，李爱琴，等.西藏企业财务与会计热点问题研究 [M].厦门：厦门大学出版社，2015.

[28] 王洋.基于价值管理的企业管理会计理论与方法研究 [D].北京：华北电力大学，2015.

[29] 戴璐，孙茂竹.跨学科视角下的管理会计 [M].北京：中国人民大学出版社，2014.

[30] 张亚丽.人力资源权益会计的应用困境、成因和对策 [D].太原：太原理工大学，2014.

[31] 董婷婷.基于人力资源会计理论的企业工资协商制研究 [D].保定：河北大学，2013.

[32] 温琳.利益相关者集体选择视角下的企业会计政策选择研究 [D].北京：中国海洋大学，2013.

[33] 李卫斌.会计价值论 [D].东北财经大学，2012.

[34] 钱秀娜.低碳经济背景下企业碳会计理论体系构建 [D].成都：西南财经大学，2012.

[35] 赵颂.基于行为会计理论的企业会计行为优化研究 [D].保定：河北大学，2011.

[36] 中国会计学会.投资与合同协议内部控制操作指引与典型案例研究 [M].大连：

大连出版社，2010.

[37] 中国会计学会．中国会计学会．企业内部控制自我评价与审计操作指引与典型案例研究 [M]．大连：大连出版社，2010.

[38] 中国会计学会．政府会计理论与准则体系研究 [M]．大连：大连出版社，2010.

[39] 李秋歌．我国企业年金会计理论与实证研究 [D]．焦作：河南理工大学，2009.

[40] 孙晶．企业环境成本管理会计理论框架构建 [D]．内蒙古：内蒙古大学，2009.

[41] 石道金．我国林地与森林生物资产会计研究 [D]．北京：北京林业大学，2008.

[42] 刘丽娜．会计的契约本质与企业会计规则变迁研究 [D]．济南：山东大学，2007.

[43] 马晓霞．勘察设计企业人力资源会计理论及实证研究 [D]．长春：吉林大学，2006.

[44] 王建明．企业绿色会计理论与实践研究 [D]．南京：南京农业大学，2005.

[45] 李士涛．基于企业契约观的会计政策选择研究 [D]．沈阳：东北大学，2005.

[46] 冷冰．论充分披露 [D]．天津：天津财经学院，2004.

[47] 王运传．会计政策选择研究 [D]．厦门：厦门大学，2003.

[48] 杨成文．中国上市公司会计政策选择研究 [D]．泰安：山东农业大学，2002.

[49] 李平．权益理论及其应用问题研究 [D]．上海：复旦大学，2002.

[50] 王蕾．企业环境会计理论与实务研究 [D]．泰安：山东农业大学，2002.